JN064163

運行管理者試験

貨物編

令和6年8月
CBT試験
受験版

問題と解説

公論出版

運行管理者試験
問題と解説 & アプリのご案内

重要問題厳選集 書籍版
貨物編 2024-2025

定価 1,870 円

過去 10 回分以上の過去問を編集部が分析！
よく出題される重要分野を中心に収録！

A5 ｜ 312ページ ｜ ポイント解説 ｜ 模擬試験 2回

※アプリのデザインや内容は変更となる場合がございます

重要問題厳選集 アプリ版
貨物編 App Store / Google Play：1,800 円

2024-2025 2024 年 7 月頃 リリース予定！

インストール方法（リリース後）

特設サイト　右記の二次元コードをご利用ください

各ストア　検索　運行管理者試験　貨物　公論出版

※本書籍発刊時点では、『2023-2024』版が表示されます。
必ず『2024-2025』版かをご確認の上、インストールしてください。

重要問題厳選集の内容をそのままアプリ化！
出題形式を選べる※など便利機能を多数追加！

※①書籍の掲載順、②前回の続きから、③ランダム

誤答管理 ｜ 進行管理 ｜ 広告なし ｜ CBT試験も再現可能?! ブックマーク

はじめに

①本書は、（公財）運行管理者試験センターが行う運行管理者試験（貨物）について、内容をジャンル別に区分し、それぞれに解説を加えたものです。

②過去８回分の受験者数及び合格率は次のとおりです。

回数	1	2	3	4
実施時期	令和６年３月	令和５年８月	令和５年３月	令和４年８月
受験者数	22,493 人	26,293 人	23,759 人	28,804 人
合格率	34.2%	33.5%	34.6%	38.4%
回数	5	6	7	8
実施時期	令和４年３月	令和３年８月	令和３年３月	令和２年８月
受験者数	27,982 人	34,164 人	32,575 人	39,630 人
合格率	32.3%	29.8%	43.9%	30.7%

③各章の順序は、試験問題と同じく、次のとおりとしました。

第１章　貨物自動車運送事業法　　第２章　道路運送車両法
第３章　道路交通法　　第４章　労働基準法
第５章　実務上の知識及び能力

④各章は、**1 法令の要点**、**2 演習問題**、**◆解答＆解説** で構成されています。

⑤ **1 法令の要点** では、過去に出題された問題に関係する法令を、要点を絞って掲載しています。**太字**は特に重要な部分を表しています。

⑥ **2 演習問題** では、過去問題を中心とした演習問題を収録しています。次の３種類の問題で構成しています。

◎（公財）運行管理者試験センターが公表している「運行管理者試験（CBT試験）出題例」令和２年～４年（３回分計90問）

◎筆記試験問題 令和２年８月、３年３月（２回分計60問）

◎編集部収集作成問題

⑦問題の最後の表記は、試験の実施時期を表しています。［R3.3］であれば、令和３年３月実施（令和２年度第２回）の筆記試験の問題、［R4_CBT］であれば「令和４年度運行管理者試験（CBT試験）出題例」の問題となります。

⑧問題の最後の［R3_CBT/R2.8］などの表記は、「令和３年度運行管理者試験（CBT試験）出題例」の問題と令和２年８月実施（令和２年度第１回）の問題が類似していることを表しています。

⑨問題の最後に出題年度の表記がないものは、編集部が過去の出題傾向を分析したうえで作成した問題、収集した問題です。重要度が高い分野を主に追加しています。

⑩⑦⑧の出題年度の後に「改」と表記しているものは、編集部で試験問題を一部改変していることを表しています。試験後の法改正や編集上の都合によって、出題形式や文章を改変した場合等が該当します。なお、本書は**令和６年４月**現在の法令等をもとに編集しています。

⑪「第１章　貨物自動車運送事業法」では、四択問題の内容が多岐にわたっているため、いったん法令根拠ごとに問題を分割し、過去出題例として該当法令に**○×問題と解答**を付記しました。このようにすることで、運送事業法の各条項のどの部分から出題され、また、×の場合はどこが間違っているのかが分かります。第１章については、同じ過去問題がほぼ**２回収録**してあることになります。なお、過去出題例（○×問題）の解説は演習問題の解説を参照してください。

⑫各問題には「☐」マークを付けました。問題の習熟度のチェックなど、用途によってご活用ください。

⑬ **◆解答＆解説** では、間違っている箇所や注意すべき点を<u>太字下線</u>や**イラスト**を用いて解説しています。なお、特筆すべき点がない場合には、解説を省略しています。

⑭各章の最後には、よく出題されるポイントをまとめた「**覚えておこう**」を収録しました。試験前など、短時間で要点を確認するときにご利用下さい。

⑮法令の仕組みについて簡単に説明します。
一つの法は、それに続く政令、省令、告示などを含めて成り立っています。政令、省令、告示などにより、法のより細かい部分が定められています。政令は、内閣が制定する命令、省令は各省大臣が主任の事務につき発する命令をいいます。また、告示は各省庁などが広く一般に向けて行う通知をいいます。
本書で関係する主な法をまとめると、次のとおりとなります。

法　律	政令、省令、告示
貨物自動車運送事業法（運送事業法）	◎貨物自動車運送事業法施行規則（省令）
	◎貨物自動車運送事業輸送安全規則（省令）
	◎自動車事故報告規則（省令）
	◎貨物自動車運送事業者が事業用自動車の運転者に対して行う指導及び監督の指針（省令）
道路運送車両法（車両法）	◎道路運送車両法施行規則（省令）
	◎自動車点検基準（省令）
	◎道路運送車両の保安基準（省令）
	◎道路運送車両の保安基準の細目を定める告示（告示）
道路交通法（道交法）	◎道路交通法施行令（政令）
労働基準法（労基法）	◎自動車運転者の労働時間等の改善のための基準（告示）
労働安全衛生法（安衛法）	◎労働安全衛生規則（告示）

※『自動車運転者の労働時間等の改善のための基準（改善基準告示）』に該当する問題については、令和６年４月１日から適用された新改善基準告示に沿って編集しています。
※令和６年４月現在、運行管理者試験センターより、「法令等の改正があった場合は、改正された法令等の施行後６ヵ月間は改正前と改正後で解答が異なることとなる問題は出題しません。」との発表がなされているため、一部改正を反映していない場合があります。

⑯法令の原文は、次のように表されています。

カッコ内は、その条文の表題を表す。
本書では、主に小見出しで表示してある。

（目的）
第１条　…………………………………
…………………….。
(1)　………………
(2)　………
（定義）
第２条　……………………………
……………………………………。
(1)　……………………………
……………………………
(2)　……………………………
２　……………………………
…………。

第１条第１項という。ただし、第１項の「１」は表記しない。本書では、原則として全て「１」を表記してある。また、その条が第１項しかない場合、区別する必要がないため、第１項を表記しないことがある。

第１条第１項第１号という。ただし、第１項しかない場合、第１条第１号と表記する場合がある。また、本書では第１号、第２号…、を①、②…と表記した。

第２条第１項第１号という。

5-477

※本書の解説では、法令等は以下の略称を用いています。

	名称	本書略称	法令等原文
第1章	貨物自動車運送事業法	運送事業法	
	貨物自動車運送事業輸送安全規則	安全規則	
	自動車事故報告規則	事故報告規則	
	貨物自動車運送事業輸送安全規則の解釈及び運用について	安全規則の解釈及び運用	
	対面による点呼と同等の効果を有するものとして国土交通大臣が定める方法を定める告示	点呼告示	
	貨物自動車運送事業者が事業用自動車の運転者に対して行う指導及び監督の指針	指導及び監督の指針	
	貨物自動車運送事業輸送安全規則第18条第３項、第23条第１項、第24条第１項及び第31条第２項の運行の管理に関する講習の種類等を定める告示	講習の種類等を定める告示	
第2章	道路運送車両法	車両法	
	道路運送車両法施行規則	車両法施行規則	
	自動車点検基準	点検基準	
	道路運送車両の保安基準	保安基準	
	道路運送車両の保安基準の細目を定める告示	細目告示	

	名称	本書略称	法令等原文
第3章	道路交通法	道交法	
	道路交通法施行令	道交法施行令	
	道路交通法施行規則	道交法施行規則	
第4章	労働基準法	労基法	
	労働安全衛生法	安衛法	
	労働安全衛生規則	衛生規則	
	自動車運転者の労働時間等の 改善のための基準	改善基準	
第5章	国土交通省自動車局 自動車運送事業用自動車事故統計年報 （自動車交通の輸送の安全にかかわる情報） （令和４年）	事故統計年報	
	国土交通省自動車局 事業用自動車の交通事故統計 （令和４年版）	交通事故統計	
	内閣府 交通安全白書 令和５年版	交通安全白書	

受験ガイド

1．運行管理者とは

運行管理者は、事業用自動車の安全運行を管理するために、運送事業者の選任を受けた者をいいます。業務は、道路運送法及び貨物自動車運送事業法に基づき、事業用自動車の運転者の乗務割の作成、休憩・睡眠施設の保守管理、運転者の指導監督、点呼による運転者の疲労・健康状態等の把握や安全運行の指示等、事業用自動車の運行の安全を確保するために必要なことを行います。

2．運行管理者試験について

運行管理者試験は、国土交通大臣が指定した指定試験機関の（公財）運行管理者試験センターにより実施されています。受験資格や試験の期日・場所、受験申請手続などについてはあらかじめ公示されます。詳細は下記試験センターのホームページでご確認ください。

公益財団法人
運行管理者試験センター
［HP］https://www.unkan.or.jp/

●試験形式

CBT試験形式で行われます。

※Computer Based Testing の略で、パソコンを使用して行う試験。

●試験実施時期

１年度に２回、８月頃（第１回）と３月頃（第２回）にそれぞれ１ヵ月程度実施されます。

●試験出題分野

配点は１問１点で30点満点です。

出題分野	出題数	試験時間
①貨物自動車運送事業法関係	8問	90分
②道路運送車両法関係	4問	
③道路交通法関係	5問	
④労働基準法関係	6問	
⑤その他運行管理者の業務に関し、必要な実務上の知識及び能力	7問	
合　計	30問	

※法令等の改正があった場合は、法令等の改正施行後６ヵ月は改正部分を問う問題は出題しません。

●合格基準

合格基準は、次の（1）及び（2）の得点が必要です。

合格基準
(1) 原則として、総得点が満点の60％（30問中18問）以上であること。
(2) 前ページの①～④の出題分野ごとに正解が１問以上であり、⑤については正解が２問以上であること。

本書に関する訂正とお問い合わせについて

本書の内容に訂正がある場合は、弊社のホームページに掲載致します。

書籍の訂正について

株式会社公論出版 ホームページ
書籍サポート／訂正
URL：https://kouronpub.com/book_correction.html

本書の内容で分からないことがありましたら、必要事項を明記の上、問合せフォームより、メールにて下記までお問い合わせください。

本書籍に関するお問い合わせ

メール	問合せフォーム	必要事項
✉	（QRコード）	・お客様の氏名とフリガナ ・書籍名 ・該当ページ数 ・問合せ内容

※電話でのお問合せは、受け付けておりません。
※回答まで時間がかかる場合があります。ご了承ください。
※必要事項の記載がない場合、問合せにお答えできませんのでご注意ください。
※キャリアメールをご使用の場合、下記メールアドレスの受信設定を行なってからご連絡ください。
　お問い合わせメールアドレス　inquiry@kouronpub.com
※お問い合わせは、本書の内容に限ります。運行管理者試験の詳細や実施時期、運行管理者の実務等については直接、運行管理者試験センターや最寄りの運輸局等へお問い合わせください。
※お問い合わせの有効期限は、本書籍の発行日から１年間とさせていただきます。

第1章

貨物自動車運送事業法

1　法律の目的と定義

1　法令の要点と○×式過去出題例

■運送事業法の目的［運送事業法第１条］

1．この法律は、貨物自動車運送事業の運営を**適正かつ合理的**なものとするとともに、貨物自動車運送に関するこの法律及びこの法律に基づく**措置の遵守等**を図るための**民間団体等**による**自主的な活動**を促進することにより、**輸送の安全**を確保するとともに、貨物自動車運送事業の**健全な発達**を図り、もって**公共の福祉**の増進に資することを目的とする。

■定　義［運送事業法第２条］

1．この法律において**「貨物自動車運送事業」**とは、一般貨物自動車運送事業、特定貨物自動車運送事業及び貨物軽自動車運送事業をいう。

2．この法律において**「一般貨物自動車運送事業」**とは、**他人の需要**に応じ、有償で、自動車（三輪以上の軽自動車及び二輪の自動車を除く。第３項及び第７項において同じ。）を使用して貨物を運送する事業であって、特定貨物自動車運送事業以外のものをいう。

3．この法律において**「特定貨物自動車運送事業」**とは、**特定の者の需要**に応じ、有償で、自動車を使用して貨物を運送する事業をいう。

4．この法律において**「貨物軽自動車運送事業」**とは、**他人の需要**に応じ、有償で、自動車（三輪以上の軽自動車及び二輪の自動車に限る。）を使用して貨物を運送する事業をいう。

6．この法律において**「特別積合せ貨物運送」**とは、一般貨物自動車運送事業として行う運送のうち、営業所その他の事業場において集貨された貨物の仕分けを行い、集貨された貨物を積み合わせて他の事業場に運送し、当該他の事業場において運送された貨物の配達に必要な仕分けを行うものであって、これらの事業場の間における当該積合せ貨物の運送を定期的に行うものをいう。

7．この法律において**「貨物自動車利用運送」**とは、一般貨物自動車運送事業又は特定貨物自動車運送事業を経営する者が、他の一般貨物自動車運送事業又は特定貨物自動車運送事業を経営する者の行う運送（自動車を使用して行う貨物の運送に係るものに限る。）を利用してする貨物の運送をいう。

過去出題例［法律の目的と定義］

☐1．貨物自動車運送事業とは、一般貨物自動車運送事業、特定貨物自動車運送事業、貨物軽自動車運送事業及び貨物自動車利用運送事業をいう。［R4_CBT］

☐2．貨物自動車運送事業とは、一般貨物自動車運送事業、特定貨物自動車運送事業及び貨物軽自動車運送事業をいう。［R2_CBT］

☐3．一般貨物自動車運送事業とは、特定の者の需要に応じ、有償で、自動車（三輪以上の軽自動車及び二輪の自動車を除く。）を使用して貨物を運送する事業をいう。［R2_CBT］

☐4．貨物軽自動車運送事業とは、他人の需要に応じ、有償で、自動車（三輪以上の軽自動車及び二輪の自動車に限る。）を使用して貨物を運送する事業をいう。［R2_CBT］

☐5．特別積合せ貨物運送とは、特定の者の需要に応じて有償で自動車を使用し、営業所その他の事業場（以下「事業場」という。）において、限定された貨物の集貨を行い、集貨された貨物を積み合わせて他の事業場に運送し、当該他の事業場において運送された貨物の配達に必要な仕分を行うものであって、これらの事業場の間における当該積合せ貨物の運送を定期的に行うものをいう。［R2_CBT/R2.8］

☐6．貨物自動車利用運送とは、一般貨物自動車運送事業、特定貨物自動車運送事業又は貨物軽自動車運送事業を経営する者が他の一般貨物自動車運送事業、特定貨物自動車運送事業又は貨物軽自動車運送事業を経営する者の行う運送（自動車を使用して行う貨物の運送に係るものに限る。）を利用してする貨物の運送をいう。［R2.8］

解答

1…×（貨物自動車利用運送事業は含まれない）：**2…○**：**3…×**（特定の者の需要⇒他人の需要）：**4…○**：**5…×**（一般貨物自動車運送事業として行う運送のうち、営業所その他の事業場において集貨された貨物の仕分けを行う）：**6…×**（貨物軽自動車運送事業は含まれない）

2　演習問題

問１　貨物自動車運送事業に関する次の記述のうち、**正しいものをすべて**選びなさい。なお、解答にあたっては、各選択肢に記載されている事項以外は考慮しないものとする。

☐　１．貨物自動車運送事業法は、貨物自動車運送事業の運営を適正かつ合理的なものとするとともに、貨物自動車運送に関するこの法律及びこの法律に基づく措置の遵守等を図るための民間団体等による自主的な活動を促進することにより、輸送の安全を確保するとともに、貨物自動車運送事業の健全な発達を図り、もって公共の福祉の増進に資することを目的とする。

２．貨物自動車運送事業とは、一般貨物自動車運送事業、特定貨物自動車運送事業及び貨物軽自動車運送事業をいう。

３．一般貨物自動車運送事業とは、他人の需要に応じ、有償で、自動車（三輪以上の軽自動車及び二輪の自動車を除く。）を使用して貨物を運送する事業であって、特定貨物自動車運送事業以外のものをいう。

４．貨物軽自動車運送事業とは、特定の者の需要に応じ、有償で、自動車（三輪以上の軽自動車及び二輪の自動車に限る。）を使用して貨物を運送する事業をいう。

問２　貨物自動車運送事業に関する次の記述のうち、**正しいものを２つ**選びなさい。なお、解答にあたっては、各選択肢に記載されている事項以外は考慮しないものとする。［R2_CBT］

☐　１．貨物自動車運送事業とは、一般貨物自動車運送事業、特定貨物自動車運送事業及び貨物軽自動車運送事業をいう。

２．一般貨物自動車運送事業とは、特定の者の需要に応じ、有償で、自動車（三輪以上の軽自動車及び二輪の自動車を除く。）を使用して貨物を運送する事業をいう。

３．貨物軽自動車運送事業とは、他人の需要に応じ、有償で、自動車（三輪以上の軽自動車及び二輪の自動車に限る。）を使用して貨物を運送する事業をいう。

４．特別積合せ貨物運送とは、特定の者の需要に応じて有償で自動車を使用し、営業所その他の事業場（以下「事業場」という。）において、限定された貨物の集貨を行い、集貨された貨物を積み合わせて他の事業場に運送し、当該他の事業場において運送された貨物の配達に必要な仕分を行うものであって、これらの事業場の間における当該積合せ貨物の運送を定期的に行うものをいう。

◆解答＆解説

問1［解答　1，2，3］

1．運送事業法第1条（運送事業法の目的）第1項。

2．運送事業法第2条（定義）第1項。

3．運送事業法第2条（定義）第2項。

4．「特定の者の需要に応じ」⇒「他人の需要に応じ」。運送事業法第2条（定義）第4項。

問2［解答　1，3］

1．運送事業法第2条（定義）第1項。

2．一般貨物自動車運送事業とは、他人の需要に応じ、有償で、自動車（三輪以上の軽自動車及び二輪の自動車を除く。）を使用して貨物を運送する事業であって、特定貨物自動車運送事業以外のものをいう。運送事業法第2条（定義）第2項。

3．運送事業法第2条（定義）第4項。

4．「特定の者の需要に応じて有償で自動車を使用し、営業所その他の事業場において、限定された貨物の集貨を行い」⇒「一般貨物自動車運送事業として行う運送のうち、営業所その他の事業場において集貨された貨物の仕分けを行い」。運送事業法第2条（定義）第6項。

2　運送事業の許可

1　法令の要点と○×式過去出題例

■一般貨物自動車運送事業の許可［運送事業法第３条］

1．一般貨物自動車運送事業を経営しようとする者は、国土交通大臣の**許可**を受けなければならない。

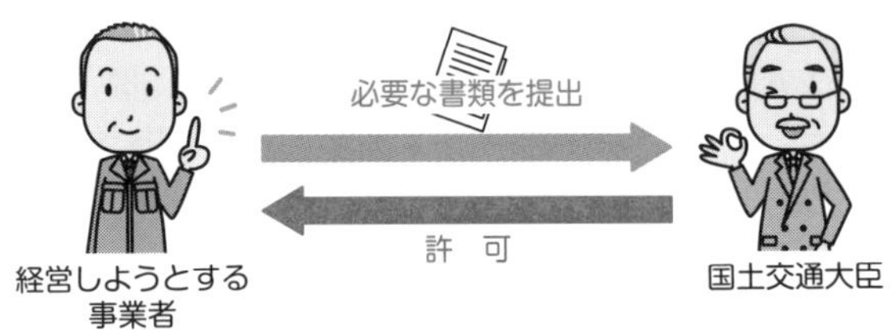

【一般貨物自動車運送事業の許可と申請】

■欠格事由［運送事業法第５条］

1．国土交通大臣は、次に掲げる場合には、一般貨物自動車運送事業の**許可をしてはならない**。

②許可を受けようとする者が、一般貨物自動車運送事業又は特定貨物自動車運送事業の許可の取消しを受け、その取消しの日から**5年**を経過しない者であるとき。

■許可の基準［運送事業法第６条］

1．国土交通大臣は、運送事業法第３条（一般貨物自動車運送事業の許可）の許可の申請が次に掲げる基準に適合していると認めるときでなければ、運送事業法第３条（一般貨物自動車運送事業の許可）の**許可をしてはならない**。

①その事業の計画が過労運転の防止、事業用自動車の安全性その他輸送の安全を確保するため適切なものであること。
②前号に掲げるもののほか、事業用自動車の数、自動車車庫の規模その他の国土交通省令で定める事項に関し、その事業を継続して遂行するために適切な計画を有するものであること。
③その事業を自ら適確に、かつ、継続して遂行するに足る経済的基礎及びその他の能力を有するものであること。

④特別積合せ貨物運送に係るものにあっては、事業場における必要な積卸施設の保有及び管理、事業用自動車の運転者の乗務の管理、積合せ貨物に係る紛失等の事故の防止その他特別積合せ貨物運送を安全かつ確実に実施するため特に必要となる事項に関し適切な計画を有するものであること。

過去出題例 **［運送事業の許可］**

☐1．一般貨物自動車運送事業を経営しようとする者は、国土交通大臣の認可を受けなければならない。［R2.8］

☐2．一般貨物自動車運送事業の許可の取消しを受けた者は、その取消しの日から２年を経過しなければ、新たに一般貨物自動車運送事業の許可を受けることができない。

［R4_CBT］

解答

1…×（認可⇒許可）：**2…×**（２年⇒５年）

3 事業計画

1 法令の要点と○×式過去出題例

■事業計画の変更［運送事業法第９条］

1．一般貨物自動車運送事業者は、**事業計画の変更**（第３項に規定するものを除く。）をしようとするときは、国土交通大臣の**認可**を受けなければならない。

3．一般貨物自動車運送事業者は、**事業用自動車**に関する国土交通省令で定める事業計画の変更をするときは、**あらかじめ**その旨（＊１）を、国土交通省令で定める**軽微な事項**に関する事業計画の変更をしたときは、**遅滞なく**その旨（＊２）を、国土交通大臣に届け出なければならない。

あらかじめ届け出が必要な事業計画の変更（＊１）
①各営業所に配置する**事業用自動車の種別ごとの数の変更**（変更後の事業計画が法第６条［許可の基準］各号（⇒16P）に掲げる基準に適合しないおそれがある場合を除く。）
②各営業所に配置する運行車の数の変更
変更後に遅滞なく届け出が必要な事業計画の変更（＊２）
①**主たる事務所の名称及び位置の変更**
②**営業所又は荷扱所の名称の変更**
③**営業所又は荷扱所の位置の変更**（貨物自動車利用運送のみに係るもの及び地方運輸局長が指定する区域内におけるものに限る。）

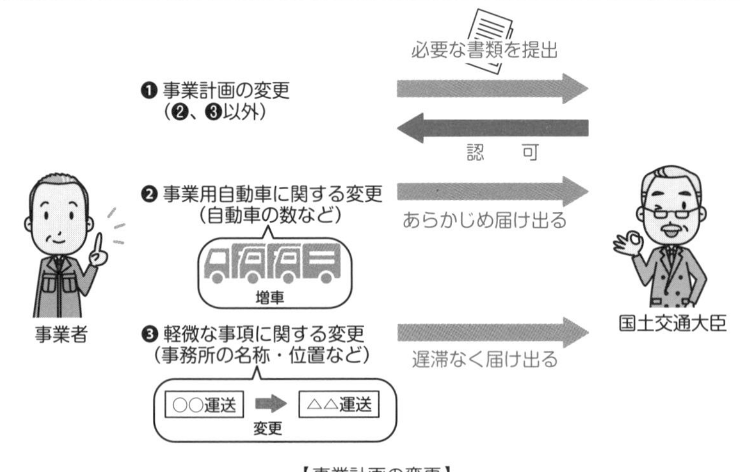

【事業計画の変更】

■ 事業計画の変更の認可の申請［運送事業法施行規則第５条］

1．運送事業法第９条第１項の規定により事業計画の変更の認可を申請しようとする者は、次に掲げる事項を記載した**事業計画変更認可申請書**を提出しなければならない。

①氏名又は名称及び住所並びに法人にあっては、その代表者の氏名
②変更しようとする事項（新旧の対照を明示すること。）
③変更を必要とする理由

過去出題例［事業計画］

- ☐1．一般貨物自動車運送事業者は、「自動車車庫の位置及び収容能力」の事業計画の変更をしたときは、遅滞なくその旨を、国土交通大臣に届け出なければならない。［R3_CBT］
- ☐2．一般貨物自動車運送事業者は、「自動車車庫の位置及び収容能力」の事業計画の変更をするときは、あらかじめその旨を、国土交通大臣に届け出なければならない。［R3.3］
- ☐3．一般貨物自動車運送事業者は、「事業用自動車の運転者及び運転の補助に従事する従業員の休憩又は睡眠のための施設の位置及び収容能力」に係る事業計画の変更をしようとするときは、国土交通大臣の認可を受けなければならない。［R4_CBT/R3_CBT］
- ☐4．一般貨物自動車運送事業者は、「各営業所に配置する事業用自動車の種別ごとの数」の事業計画の変更をしたときは、遅滞なくその旨を、国土交通大臣に届け出なければならない。［R3.3］
- ☐5．一般貨物自動車運送事業者は、「各営業所に配置する事業用自動車の種別ごとの数」の事業計画の変更をするときは、法令に定める場合を除き、あらかじめその旨を、国土交通大臣に届け出なければならない。［R3_CBT］
- ☐6．一般貨物自動車運送事業者は、「主たる事務所の名称及び位置」の事業計画の変更をするときは、あらかじめその旨を、国土交通大臣に届け出なければならない。［R3_CBT］
- ☐7．一般貨物自動車運送事業者は、「主たる事務所の名称及び位置」の事業計画の変更をしたときは、遅滞なくその旨を、国土交通大臣に届け出なければならない。［R3.3］

解答

1…×（遅滞なく届け出る⇒認可を受ける）：**2**…×（あらかじめ届け出る⇒認可を受ける）：**3**…○：**4**…×（遅滞なく⇒あらかじめ）：**5**…○：**6**…×（あらかじめ⇒遅滞なく）：**7**…○

2　演習問題

問１　貨物自動車運送事業に関する次の記述のうち、**正しいものを２つ**選びなさい。なお、解答にあたっては、各選択肢に記載されている事項以外は考慮しないものとする。

☐　1．一般貨物自動車運送事業者は、「各営業所に配置する事業用自動車の種別ごとの数」の事業計画の変更をしたときは、遅滞なくその旨を、国土交通大臣に届け出なければならない。

2．一般貨物自動車運送事業者は、「自動車車庫の位置及び収容能力」の事業計画の変更をするときは、国土交通大臣の認可を受けなければならない。

3．一般貨物自動車運送事業者は、法律の規定により事業計画の変更の認可を申請しようとする者は、所定の事項を記載した事業計画変更認可申請書を提出しなければならない。

4．一般貨物自動車運送事業者は、「営業所又は荷扱所の名称」の事業計画の変更をするときは、あらかじめその旨を、国土交通大臣に届け出なければならない。

問２　一般貨物自動車運送事業者（以下「事業者」という。）の事業計画の変更に関する次の記述のうち、**正しいものを２つ**選びなさい。なお、解答にあたっては、各選択肢に記載されている事項以外は考慮しないものとする。［R3_CBT］

☐　1．事業者は、「自動車車庫の位置及び収容能力」の事業計画の変更をしたときは、遅滞なくその旨を、国土交通大臣に届け出なければならない。

2．事業者は、「各営業所に配置する事業用自動車の種別ごとの数」の事業計画の変更をするときは、法令に定める場合を除き、あらかじめその旨を、国土交通大臣に届け出なければならない。

3．事業者は、「事業用自動車の運転者及び運転の補助に従事する従業員の休憩又は睡眠のための施設の位置及び収容能力」の事業計画の変更をしようとするときは、国土交通大臣の認可を受けなければならない。

4．事業者は、「主たる事務所の名称及び位置」の事業計画の変更をするときは、あらかじめその旨を、国土交通大臣に届け出なければならない。

◆解答＆解説

問1［解答　2，3］

1.「各営業所に配置する事業用自動車の種別ごとの数」の事業計画の変更をするときは、**あらかじめ**その旨を、国土交通大臣に届け出なければならない。運送事業法第９条（事業計画の変更）第３項。

2．運送事業法第９条（事業計画の変更）第１項。

3．運送事業法施行規則第５条（事業計画の変更の認可の申請）第１項。

4．一般貨物自動車運送事業者は、「営業所又は荷扱所の名称」の事業計画の変更をしたときは、**遅滞なく**その旨を、国土交通大臣に届け出なければならない。運送事業法第９条（事業計画の変更）第３項。

問2［解答　2，3］

1．「自動車車庫の位置及び収容能力」の事業計画の変更をしようとするときは、国土交通大臣の**認可を受けなければならない**。運送事業法第９条（事業計画の変更）第１項。

2．運送事業法第９条（事業計画の変更）第３項。

3．運送事業法第９条（事業計画の変更）第１項。

4．「主たる事務所の名称及び位置」の事業計画の変更をしたときは、**遅滞なく**その旨を、国土交通大臣に届け出なければならない。運送事業法第９条（事業計画の変更）第３項。

4　運送約款・掲示・安全管理規程

1　法令の要点と○×式過去出題例

■運送約款［運送事業法第10条］

1．一般貨物自動車運送事業者は、**運送約款**を定め、国土交通大臣の**認可**を受けなければならない。これを変更しようとするときも、**同様**とする。

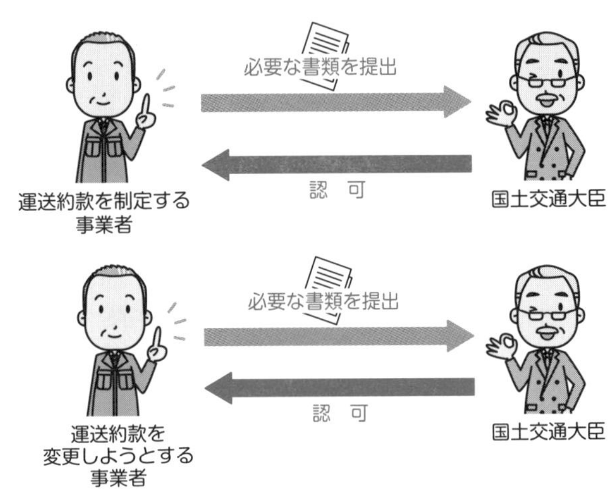

【運送約款の制定と変更】

3．国土交通大臣が標準運送約款を定めて公示した場合（これを変更して公示した場合を含む。）において、一般貨物自動車運送事業者が、標準運送約款と同一の運送約款を定め、又は現に定めている運送約款を標準運送約款と**同一のもの**に変更したときは、その運送約款については、第1項の規定による**認可**を受けたものとみなす。

■運賃及び料金等の掲示［運送事業法第11条］

1．一般貨物自動車運送事業者は、運賃及び料金（個人（事業として又は事業のために運送契約の当事者となる場合におけるものを除く。）を対象とするものに限る。）、運送約款その他国土交通省令で定める事項を主たる事務所その他の営業所において公衆に見やすいように**掲示**しなければならない。

■安全管理規程等［運送事業法第16条］

1．一般貨物自動車運送事業者（その事業の規模が国土交通省令で定める規模未満であるものを除く。以下この条において同じ。）は、**安全管理規程**を定め、国土交通省令で定めるところにより、国土交通大臣に届け出なければならない。これを変更しようとするときも、同様とする。

4．一般貨物自動車運送事業者は、**安全統括管理者**を選任しなければならない。

5．一般貨物自動車運送事業者は、安全統括管理者を選任し、又は解任したときは、国土交通省令で定めるところにより、**遅滞なく**、その旨を国土交通大臣に届け出なければならない。

■安全管理規程を定める貨物自動車運送事業者の事業の規模［安全規則第2条の3］

1．運送事業法第16条（安全管理規程等）第1項の国土交通省令で定める規模は、事業用自動車（被けん引自動車を除く。）の数が**200両**であることとする。

過去出題例［運送約款・掲示・安全管理規程］

☑1．一般貨物自動車運送事業者は、運送約款を定め、又はこれを変更しようとするときは、国土交通大臣の認可を受けなければならない。［R4_CBT］

☑2．国土交通大臣が標準運送約款を定めて公示した場合（これを変更して公示した場合を含む。）において、一般貨物自動車運送事業者が、標準運送約款と同一の運送約款を定め、又は現に定めている運送約款を標準運送約款と同一のものに変更したときは、その運送約款については、国土交通大臣の認可を受けたものとみなす。［R2.8］

☑3．一般貨物自動車運送事業者は、運賃及び料金（個人（事業として又は事業のために運送契約の当事者となる場合におけるものを除く。）を対象とするものに限る。）、運送約款その他国土交通省令で定める事項を主たる事務所その他の営業所において公衆に見やすいように掲示しなければならない。［R3.3］

☑4．事業用自動車（被けん引自動車を除く。）の保有車両数が100両以上の事業者は、安全管理規程を定めて国土交通大臣に届け出なければならない。これを変更しようとするときも、同様とする。［R2.8］

☑5．貨物自動車運送事業法第16条第1項の規定により安全管理規程を定めなければならない事業者は、安全統括管理者を選任したときは、国土交通省令で定めるところにより、遅滞なく、その旨を国土交通大臣に届け出なければならない。［R2.8］

解答

1…○：2…○：3…○：4…×（100両以上⇒200両以上）**：5…○**

2　演習問題

問1　一般貨物自動車運送事業に関する次の記述のうち、**正しいものを２つ**選びなさい。なお、解答にあたっては、各選択肢に記載されている事項以外は考慮しないものとする。

☐ 1．一般貨物自動車運送事業者（その事業の規模が国土交通省令で定める規模未満であるものを除く。）は、安全管理規程を定め、国土交通省令で定めるところにより、国土交通大臣に届け出なければならない。これを変更しようとするときも、同様とする。

2．一般貨物自動車運送事業の許可の取消しを受けた者は、その取消しの日から1年を経過しなければ、新たに一般貨物自動車運送事業の許可を受けることができない。

3．国土交通大臣は、一般貨物自動車運送事業の許可の申請において、その事業の計画が過労運転の防止、事業用自動車の安全性その他輸送の安全を確保するため適切なものであること等、法令で定める許可の基準に適合していると認めるときでなければ、その許可をしてはならない。

4．一般貨物自動車運送事業者は、運送約款を定め、又はこれを変更しようとするときは、あらかじめその旨を、国土交通大臣に届け出なければならない。

問2　貨物自動車運送事業に関する次の記述のうち、**正しいものを２つ**選びなさい。なお、解答にあたっては、各選択肢に記載されている事項以外は考慮しないものとする。［R4_CBT］

☐ 1．一般貨物自動車運送事業者は、「事業用自動車の運転者及び運転の補助に従事する従業員の休憩又は睡眠のための施設の位置及び収容能力」に係る事業計画の変更をしようとするときは、国土交通大臣の認可を受けなければならない。

2．貨物自動車運送事業とは、一般貨物自動車運送事業、特定貨物自動車運送事業、貨物軽自動車運送事業及び貨物自動車利用運送事業をいう。

3．一般貨物自動車運送事業者は、運送約款を定め、又はこれを変更しようとするときは、国土交通大臣の認可を受けなければならない。

4．一般貨物自動車運送事業の許可の取消しを受けた者は、その取消しの日から2年を経過しなければ、新たに一般貨物自動車運送事業の許可を受けることができない。

問３　一般貨物自動車運送事業者（以下「事業者」という。）の事業計画の変更に関する次の記述のうち、**正しいものを２つ**選びなさい。なお、解答にあたっては、各選択肢に記載されている事項以外は考慮しないものとする。［R3.3］

☐ 1．事業者は、「主たる事務所の名称及び位置」の事業計画の変更をしたときは、遅滞なくその旨を、国土交通大臣に届け出なければならない。

2．事業者は、「各営業所に配置する事業用自動車の種別ごとの数」の事業計画の変更をしたときは、遅滞なくその旨を、国土交通大臣に届け出なければならない。

3．事業者は、「自動車車庫の位置及び収容能力」の事業計画の変更をするときは、あらかじめその旨を、国土交通大臣に届け出なければならない。

4．事業者は、運賃及び料金（個人（事業として又は事業のために運送契約の当事者となる場合におけるものを除く。）を対象とするものに限る。）、運送約款その他国土交通省令で定める事項を主たる事務所その他の営業所において公衆に見やすいように掲示しなければならない。

問４　一般貨物自動車運送事業に関する次の記述のうち、**正しいものを１つ**選びなさい。なお、解答にあたっては、各選択肢に記載されている事項以外は考慮しないものとする。［R2.8］

☐ 1．一般貨物自動車運送事業を経営しようとする者は、国土交通大臣の認可を受けなければならない。

2．貨物自動車利用運送とは、一般貨物自動車運送事業、特定貨物自動車運送事業又は貨物軽自動車運送事業を経営する者が他の一般貨物自動車運送事業、特定貨物自動車運送事業又は貨物軽自動車運送事業を経営する者の行う運送（自動車を使用して行う貨物の運送に係るものに限る。）を利用してする貨物の運送をいう。

3．特別積合せ貨物運送とは、特定の者の需要に応じて有償で自動車を使用し、営業所その他の事業場（以下「事業場」という。）において、限定された貨物の集貨を行い、集貨された貨物を積み合わせて他の事業場に運送し、当該他の事業場において運送された貨物の配達に必要な仕分を行うものであって、これらの事業場の間における当該積合せ貨物の運送を定期的に行うものをいう。

4．国土交通大臣が標準運送約款を定めて公示した場合（これを変更して公示した場合を含む。）において、一般貨物自動車運送事業者が、標準運送約款と同一の運送約款を定め、又は現に定めている運送約款を標準運送約款と同一のものに変更したときは、その運送約款については、国土交通大臣の認可を受けたものとみなす。

◆解答＆解説

問1 [解答　1，3]

1．運送事業法第16条（安全管理規程等）第1項。

2．取消しの日から**5年**を経過しなければ、新たに許可を受けることができない。運送事業法第5条（欠格事由）第1項②。⇒16P

3．運送事業法第6条（許可の基準）第1項①。⇒16P

4．運送約款を定め、又はこれを変更しようとするときは、国土交通大臣の**認可を受けなければならない**。運送事業法第10条（運送約款）第1項。

問2 [解答　1，3]

1．運送事業法第9条（事業計画の変更）第1項。⇒18P

2．貨物自動車運送事業には、**貨物自動車利用運送事業は含まれない**。運送事業法第2条（定義）第1項。⇒12P

3．運送事業法第10条（運送約款）第1項。

4．取消しの日から**5年**を経過しなければ、新たに許可を受けることができない。運送事業法第5条（欠格事由）第1項②。⇒16P

問3 [解答　1，4]

1．運送事業法第9条（事業計画の変更）第3項。⇒18P

2．「各営業所に配置する事業用自動車の種別ごとの数」の事業計画の変更をするときは、**あらかじめ**その旨を、国土交通大臣に届け出なければならない。運送事業法第9条（事業計画の変更）第3項。⇒18P

3．「自動車車庫の位置及び収容能力」の事業計画の変更をしようとするときは、国土交通大臣の**認可を受けなければならない**。運送事業法第9条（事業計画の変更）第1項。⇒18P

4．運送事業法第11条（運賃及び料金等の掲示）第1項。

問4 [解答　4]

1．一般貨物自動車運送事業を経営しようとする者は、国土交通大臣の**許可**を受けなければならない。運送事業法第3条（一般貨物自動車運送事業の許可）第1項。⇒16P

2．貨物自動車利用運送には、**貨物軽自動車運送事業は含まれない**。運送事業法第2条（定義）第7項。⇒12P

3．「特定の者の需要に応じて有償で自動車を使用し、営業所その他の事業場において、限定された貨物の集貨を行い」⇒「**一般貨物自動車運送事業として行う運送のうち、営業所その他の事業場において集貨された貨物の仕分けを行い**」。運送事業法第2条（定義）第6項。⇒12P

4．運送事業法第10条（運送約款）第3項。

5 輸送の安全

1 法令の要点

■輸送の安全［運送事業法第17条］

1．一般貨物自動車運送事業者は、次に掲げる事項に関し国土交通省令で定める**基準を遵守**しなければならない。

①**事業用自動車の数**、荷役その他の事業用自動車の運転に附帯する作業の状況等に応じて**必要となる員数**の運転者及びその他の従業員の確保、事業用自動車の運転者がその**休憩又は睡眠**のために利用することができる施設の整備及び管理、事業用自動車の運転者の適切な**勤務時間及び乗務時間**の設定その他事業用自動車の運転者の**過労運転を防止**するために必要な事項
②事業用自動車の定期的な点検及び整備その他事業用自動車の安全性を確保するために必要な事項

2．一般貨物自動車運送事業者は、事業用自動車の運転者が疾病により安全な運転ができないおそれがある状態で事業用自動車を運転することを防止するために必要な**医学的知見**に基づく措置を講じなければならない。

3．一般貨物自動車運送事業者は、事業用自動車の最大積載量を超える積載をすることとなる運送（**過積載による運送**）の引受け、過積載による運送を前提とする事業用自動車の運行計画の作成及び事業用自動車の運転者その他の従業員に対する過積載による**運送の指示**をしてはならない。

①過積載による運送の引受け

②過積載となる運行計画の作成

③運転者等に過積載による運送の指示

【輸送の安全（過積載の禁止）】

5．事業用自動車の運転者及び運転の補助に従事する従業員は、運行の安全を確保するため、国土交通省令で定める事項を**遵守**しなければならない。

2　演習問題

問１　貨物自動車運送事業法に定める一般貨物自動車運送事業者の輸送の安全についての次の文中、A～Cに入るべき字句として**いずれか正しいものを１つ**選びなさい。

［R2_CBT］

1．一般貨物自動車運送事業者は、事業用自動車の（A)、荷役その他の事業用自動車の運転に附帯する作業の状況等に応じて必要となる員数の運転者及びその他の従業員の確保、事業用自動車の運転者がその休憩又は睡眠のために利用することができる施設の整備及び管理、事業用自動車の運転者の適切な勤務時間及び（B）の設定その他事業用自動車の運転者の過労運転を防止するために必要な事項に関し国土交通省令で定める基準を遵守しなければならない。

2．一般貨物自動車運送事業者は、事業用自動車の運転者が疾病により安全な運転ができないおそれがある状態で事業用自動車を運転することを防止するために必要な（C）に基づく措置を講じなければならない。

☐　A　① 種類　　② 数
　　B　① 乗務時間　　② 休息期間
　　C　① 医学的知見　　② 運行管理規程

◆解答＆解説

問１［解答　A－②，B－①，C－①］

1．運送事業法第17条（輸送の安全）第１項①。

2．運送事業法第17条（輸送の安全）第２項。

6 一般貨物自動車運送事業者等による輸送の安全にかかわる情報の公表

1 法令の要点と○×式過去出題例

■一般貨物自動車運送事業者等による輸送の安全にかかわる情報の公表 ［安全規則第２条の８］

1．一般貨物自動車運送事業者等は、毎事業年度の経過後**100日以内**に、輸送の安全に関する基本的な方針その他の輸送の安全に係る情報であって国土交通大臣が告示で定める事項について、**インターネットの利用**その他の適切な方法により公表しなければならない。

2．一般貨物自動車運送事業者等は、法第23条（輸送の安全確保の命令）、第26条（事業改善の命令）又は第33条（許可の取消し等）の規定による処分（輸送の安全に係るものに限る。）を受けたときは、遅滞なく、当該処分の内容並びに当該処分に基づき講じた措置及び講じようとする措置の内容を**インターネットの利用**その他の適切な方法により公表しなければならない。

■一般貨物自動車運送事業者等が公表すべき輸送の安全に係る事項［告示］

1．安全規則第２条の８第１項の規定に基づき、一般貨物自動車運送事業者等が公表すべき輸送の安全に係る事項は、次のとおりとする。

①輸送の安全に関する基本的な方針
②輸送の安全に関する目標及びその達成状況
③自動車事故報告規則第２条に規定する事故に関する統計

過去出題例 ［一般貨物自動車運送事業者等による輸送の安全にかかわる情報の公表］

☐1．一般貨物自動車運送事業者は、毎事業年度の経過後100日以内に、輸送の安全に関する基本的な方針その他の輸送の安全に係る情報であって国土交通大臣が告示で定める①輸送の安全に関する基本的な方針、②輸送の安全に関する目標及びその達成状況、③自動車事故報告規則第２条に規定する事故に関する統計について、インターネットの利用その他の適切な方法により公表しなければならない。［R2.8］

☐２．一般貨物自動車運送事業者は、法第23条（輸送の安全確保の命令）、法第26条（事業改善の命令）又は法第33条（許可の取消し等）の規定による処分（輸送の安全に係るものに限る。）を受けたときは、遅滞なく、当該処分の内容並びに当該処分に基づき講じた措置及び講じようとする措置の内容をインターネットの利用その他の適切な方法により公表しなければならない。［R2.8］

解答

1…○：2…○

2　演習問題

問１　一般貨物自動車運送事業者（以下「事業者」という。）の安全管理規程等及び輸送の安全に係る情報の公表についての次の記述のうち、**誤っているものを１つ**選びなさい。なお、解答にあたっては、各選択肢に記載されている事項以外は考慮しないものとする。［R2. 8］

☐　１．貨物自動車運送事業法（以下「法」という。）第16条第１項の規定により安全管理規程を定めなければならない事業者は、安全統括管理者を選任したときは、国土交通省令で定めるところにより、遅滞なく、その旨を国土交通大臣に届け出なければならない。

２．事業用自動車（被けん引自動車を除く。）の保有車両数が100両以上の事業者は、安全管理規程を定めて国土交通大臣に届け出なければならない。これを変更しようとするときも、同様とする。

３．事業者は、毎事業年度の経過後100日以内に、輸送の安全に関する基本的な方針その他の輸送の安全に係る情報であって国土交通大臣が告示で定める①輸送の安全に関する基本的な方針、②輸送の安全に関する目標及びその達成状況、③自動車事故報告規則第２条に規定する事故に関する統計について、インターネットの利用その他の適切な方法により公表しなければならない。

４．事業者は、法第23条（輸送の安全確保の命令）、法第26条（事業改善の命令）又は法第33条（許可の取消し等）の規定による処分（輸送の安全に係るものに限る。）を受けたときは、遅滞なく、当該処分の内容並びに当該処分に基づき講じた措置及び講じようとする措置の内容をインターネットの利用その他の適切な方法により公表しなければならない。

問２　一般貨物自動車運送事業者（以下「事業者」という。）の安全管理規程等及び輸送の安全に係る情報の公表に関する次の文中、A、B、C、Dに入るべき字句として**いずれか正しいものを１つ**選びなさい。

1．事業用自動車（被けん引自動車を除く。）の保有車両数が（A）以上の事業者は、安全管理規程を定めて国土交通大臣に届け出なければならない。これを変更しようとするときも、同様とする。

2．貨物自動車運送事業法第16条第１項の規定により（B）を定めなければならない事業者は、（C）を選任し、又は解任したときは、国土交通省令で定めるところにより、遅滞なく、その旨を国土交通大臣に届け出なければならない。

3．事業者は、毎事業年度の経過後（D）以内に、輸送の安全に関する基本的な方針その他の輸送の安全に係る情報であって国土交通大臣が告示で定める①輸送の安全に関する基本的な方針、②輸送の安全に関する目標及びその達成状況、③自動車事故報告規則第２条に規定する事故に関する統計について、インターネットの利用その他の適切な方法により公表しなければならない。

☐ A　①　100両　　②　200両

B　①　安全管理規程　　②　運行管理規程

C　①　安全統括管理者　　②　運行管理者

D　①　100日　　②　200日

◆解答＆解説

問1 ［解答　2］

1．運送事業法第16条（安全管理規程等）第1項・第4項・第5項。⇒23P

2．「100両」⇒「200両」。運送事業法第16条（安全管理規程等）第1項。⇒23P・安全規則第2条の3（安全管理規程を定める貨物自動車運送事業者の事業の規模）第1項。⇒23P

3．安全規則第2条の8（一般貨物自動車運送事業者等による輸送の安全にかかわる情報の公表）第1項・「一般貨物自動車運送事業者等が公表すべき輸送の安全に係る事項（告示）」第1項①～③。

4．安全規則第2条の8（一般貨物自動車運送事業者等による輸送の安全にかかわる情報の公表）第2項。

問2 ［解答　A－②，B－①，C－①，D－①］

1．運送事業法第16条（安全管理規程等）第1項。⇒23P・安全規則第2条の3（安全管理規程を定める貨物自動車運送事業者の事業の規模）第1項。⇒23P

2．運送事業法第16条（安全管理規程等）第1項・第4項・第5項。⇒23P

3．安全規則第2条の8（一般貨物自動車運送事業者等による輸送の安全にかかわる情報の公表）第1項・「一般貨物自動車運送事業者等が公表すべき輸送の安全に係る事項（告示）」第1項①～③。

7 過労運転等の防止

1 法令の要点と○×式過去出題例

■過労運転等の防止［安全規則第３条］

《運転者等の選任》

1．一般貨物自動車運送事業者等は、**事業計画**に従い業務を行うに**必要な員数**の事業用自動車の運転者又は特定自動運行保安員※を**常時選任**しておかなければならない。

2．事業用自動車の運転者及び特定自動運行保安員に選任する者は、次の者であってはならない。

①日々雇い入れられる者	②**２ヵ月以内**の期間を定めて使用される者
③試みの使用期間中の者（14日を超えて引き続き使用されるに至った者を除く。）	

※特定自動運行（高速道路等の特定の条件下で、運転者がいない無人状態で自動運行装置（非常時等にすぐに安全な方法で自動停止させる機能を備えているもの）を用いて行う自動運行）（レベル４の自動運転）を行う際に、遠隔地等から自動運行車両を監視・操作する者。

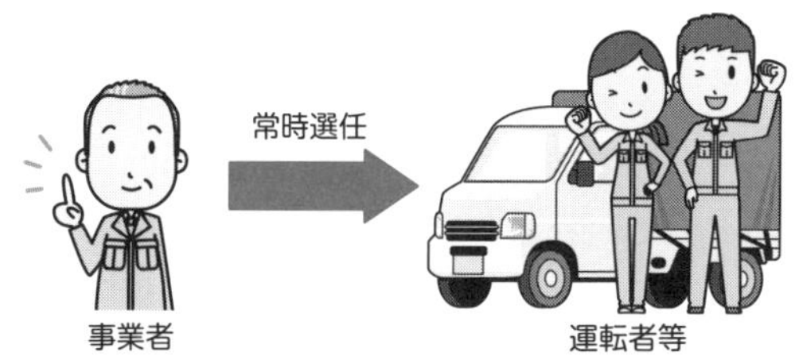

［選任できない運転者等］
①日々雇い入れられる者
②２ヵ月以内の期間を定めて使用される者
③試みの使用期間中の者（14日超で引き続き使用される者を除く）

【運転者等の選任】

《施設の整備・管理・保守》

3．貨物自動車運送事業者は、運転者、特定自動運行保安員及び事業用自動車の運行の業務の補助に従事する従業員（以下「乗務員等」という。）が有効に利用することができるように、**休憩に必要な施設**を**整備**し、及び乗務員等に睡眠を与える必要がある場合にあっては睡眠に必要な施設を**整備**し、並びにこれらの施設を**適切に管理し、及び保守**しなければならない。

休憩施設・睡眠施設
の
整備・管理・保守

〔貨物自動車運送事業輸送安全規則の解釈及び運用について（通達）〕

第３条　過労運転等の防止

２．第３項関係

(1) 休憩・睡眠施設が設けられている場合であっても、次のいずれかに該当する施設は、「有効に利用することができる施設」に**該当しない例**とする。

①乗務員等が実際に休憩、睡眠又は仮眠を必要とする場所に設けられていない施設

②**寝具等必要な設備が整えられていない施設**

③施設・寝具等が、不潔な状態にある施設

《勤務時間及び乗務時間》

４．貨物自動車運送事業者は、休憩又は睡眠のための時間及び勤務が終了した後の休息のための時間が十分に確保されるように、国土交通大臣が告示で定める基準に従って、運転者の**勤務時間**及び**乗務時間**を定め、当該運転者にこれらを遵守させなければならない。

〔貨物自動車運送事業の事業用自動車の運転者の勤務時間及び乗務時間に係る基準（告示）〕

貨物自動車運送事業者が運転者の勤務時間及び乗務時間を定める場合の基準は、運転者の労働時間等の改善が過労運転の防止にも資することに鑑み、改善基準告示とする。なお、運転者が一の運行における最初の勤務を開始してから最後の勤務を終了するまでの時間（ただし、改善基準告示第４条第３項において厚生労働省労働基準局長が定めることとされている自動車運転者がフェリーに乗船する場合における休息期間を除く。）は**144時間**を超えてはならない。

※一の運行とは、運転者が所属する営業所を出発してから当該営業所に帰着するまでをいう。また、144時間は24時間×６日間から算出している。

《業務の禁止①（酒気帯び）》

５．貨物自動車運送事業者は、酒気を帯びた状態にある乗務員等を事業用自動車の運行の業務に従事させてはならない。

運行の業務に
従事させない

〔貨物自動車運送事業輸送安全規則の解釈及び運用について（通達）〕

第３条　過労運転等の防止

４．第５項関係

「酒気を帯びた状態」とは、道路交通法施行令第44条の３に規定する血液中のアルコール濃度0.3mg/mℓ又は呼気中のアルコール濃度0.15mg/ℓ以上であるか否かを**問わないものである**。

《業務の禁止②（疲労）》

６．貨物自動車運送事業者は、乗務員等の**健康状態の把握**に努め、疾病、疲労、**睡眠不足**その他の理由により**安全に運行の業務を遂行**し、又はその補助をすることができないおそれがある乗務員等を事業用自動車の運行の業務に従事させてはならない。

《交替運転者の配置》

７．一般貨物自動車運送事業者等は、運転者が長距離運転又は**夜間の運転**に従事する場合であって、**疲労等**により安全な運転を継続することができないおそれがあるときは、あらかじめ、当該運転者と交替するための運転者を配置しておかなければならない。

《特別積合せ貨物運送》

８．特別積合せ貨物運送を行う一般貨物自動車運送事業者は、当該特別積合せ貨物運送に係る運行系統であって起点から終点までの距離が**100キロメートル**を超えるものごとに、次に掲げる事項について事業用自動車の運行の業務に関する基準を定め、かつ、当該基準の遵守について乗務員等に対する適切な指導及び監督を行わなければならない。

①主な地点間の運行時分及び平均速度
②乗務員等が休憩又は睡眠をする地点及び時間
③運転者が長距離運転又は夜間の運転に従事する場合であって、交替するための運転者を配置するときは、運転を交替する地点

過去出題例［過労運転等の防止］

□1．一般貨物自動車運送事業者は、事業計画に従い業務を行うに必要な員数の事業用自動車の運転者又は特定自動運行保安員を常時選任しておかなければならず、この場合、選任する運転者及び特定自動運行保安員は、日々雇い入れられる者、３ヵ月以内の期間を定めて使用される者又は試みの使用期間中の者（14日を超えて引き続き使用されるに至った者を除く。）であってはならない。［R2.8改］

□2．一般貨物自動車運送事業者は、事業計画に従い業務を行うに必要な員数の運転者又は特定自動運行保安員を常時選任しておかなければならず、この場合、選任する運転者及び特定自動運行保安員は、日々雇い入れられる者、２ヵ月以内の期間を定めて使用される者又は試みの使用期間中の者（14日を超えて引き続き使用されるに至った者を除く。）であってはならない。［R4_CBT改/R3_CBT改］

□3．一般貨物自動車運送事業者は、運転者、特定自動運行保安員及び事業用自動車の運行の業務の補助に従事する従業員（以下「乗務員等」という。）が有効に利用することができるように、休憩に必要な施設を整備し、及び乗務員等に睡眠を与える必要がある場合にあっては睡眠に必要な施設を整備し、並びにこれらの施設を適切に管理し、及び保守しなければならない。［R2.8改］

□4．一般貨物自動車運送事業者は、休憩又は睡眠のための時間及び勤務が終了した後の休息のための時間が十分に確保されるように、国土交通大臣が告示で定める基準に従って、運転者の勤務日数及び乗務距離を定め、当該運転者にこれらを遵守させなければならない。［R2_CBT］

□5．一般貨物自動車運送事業者は、休憩又は睡眠のための時間及び勤務が終了した後の休息のための時間が十分に確保されるように、国土交通大臣が告示で定める基準に従って、運転者の勤務時間及び乗務時間を定め、当該運転者にこれらを遵守させなければならない。［R4_CBT］

□6．運転者が一の運行における最初の勤務を開始してから最後の勤務を終了するまでの時間（ただし、「自動車運転者の労働時間等の改善のための基準」（改善基準告示）の規定において厚生労働省労働基準局長が定めることとされている自動車運転者がフェリーに乗船する場合における休息期間を除く。）は、168時間を超えてはならない。［R4_CBT］

□7．一般貨物自動車運送事業者は、乗務員等の健康状態の把握に努め、疾病、疲労、睡眠不足その他の理由により安全に運行の業務を遂行し、又はその補助をすることができないおそれがある乗務員等を事業用自動車の運行の業務に従事させてはならない。［R3_CBT改］

□8．一般貨物自動車運送事業者は、運転者が長距離運転又は夜間の運転に従事する場合であって、疲労等により安全な運転を継続することができないおそれがあるときは、あらかじめ、当該運転者と交替するための運転者を配置しておかなければならない。［R3_CBT/R2_CBT/R2.8］

☐9. 特別積合せ貨物運送を行う一般貨物自動車運送事業者は、当該特別積合せ貨物運送に係る運行系統であって起点から終点までの距離が200キロメートルを超えるものごとに、所定の事項について事業用自動車の運行の業務に関する基準を定め、かつ、当該基準の遵守について乗務員等に対する適切な指導及び監督を行わなければならない。

［R2_CBT改］

☐10. 特別積合せ貨物運送を行う一般貨物自動車運送事業者は、当該特別積合せ貨物運送に係る運行系統であって起点から終点までの距離が100キロメートルを超えるものごとに、所定の事項について事業用自動車の運行の業務に関する基準を定め、かつ、当該基準の遵守について乗務員等に対する適切な指導及び監督を行わなければならない。

［R4_CBT］

解答

1…×（3ヵ月以内⇒2ヵ月以内）：**2…○**：**3…○**：**4…×**（勤務日数及び乗務距離⇒勤務時間及び乗務時間）：**5…○**：**6…×**（168時間⇒144時間）：**7…○**：**8…○**：**9…×**（200km⇒100km）：**10…○**

2　演習問題

問1　貨物自動車運送事業輸送安全規則に定める貨物自動車運送事業者の過労運転等の防止についての次の文中、A、B、C、Dに入るべき字句として**いずれか正しいものを1つ**選びなさい。［R3. 3改］

☐ 1．一般貨物自動車運送事業者等は、事業計画に従い業務を行うに必要な員数の事業用自動車の運転者又は特定自動運行保安員を常時選任しておかなければならず、この場合、選任する運転者及び特定自動運行保安員は、日々雇い入れられる者、（A）以内の期間を定めて使用される者又は試みの使用期間中の者（14日を超えて引き続き使用されるに至った者を除く。）であってはならない。

2．貨物自動車運送事業者は、運転者、特定自動運行保安員及び事業用自動車の運行の業務の補助に従事する従業員（以下「乗務員等」という。）が有効に利用することができるように、休憩に必要な施設を整備し、及び乗務員等に睡眠を与える必要がある場合にあっては睡眠に必要な施設を整備し、並びにこれらの施設を、（B）しなければならない。

3．貨物自動車運送事業者は、乗務員等の（C）に努め、疾病、疲労、睡眠不足その他の理由により安全に運行の業務を遂行し、又はその補助をすることができないおそれがある乗務員等を事業用自動車の運行の業務に従事させてはならない。

4．一般貨物自動車運送事業者等は、運転者が長距離運転又は夜間の運転に従事する場合であって、（D）により安全な運転を継続することができないおそれがあるときは、あらかじめ、当該運転者と交替するための運転者を配置しておかなければならない。

A	① 1ヵ月	② 2ヵ月
B	① 維持するための要員を確保	② 適切に管理し、及び保守
C	① 運転履歴の把握	② 健康状態の把握
D	① 疲労等	② 酒気帯び

問２　一般貨物自動車運送事業者（以下「事業者」という。）の過労運転の防止等についての法令の定めに関する次の記述のうち、**誤っているものを１つ**選びなさい。なお、解答にあたっては、各選択肢に記載されている事項以外は考慮しないものとする。［R4_CBT改］

☐ 1．運転者が一の運行における最初の勤務を開始してから最後の勤務を終了するまでの時間（ただし、「自動車運転者の労働時間等の改善のための基準」（改善基準告示）の規定において厚生労働省労働基準局長が定めることとされている自動車運転者がフェリーに乗船する場合における休息期間を除く。）は、168時間を超えてはならない。

2．事業者は、休憩又は睡眠のための時間及び勤務が終了した後の休息のための時間が十分に確保されるように、国土交通大臣が告示で定める基準に従って、運転者の勤務時間及び乗務時間を定め、当該運転者にこれらを遵守させなければならない。

3．事業者は、事業計画に従い業務を行うに必要な員数の運転者又は特定自動運行保安員を常時選任しておかなければならず、この場合、選任する運転者及び特定自動運行保安員は、日々雇い入れられる者、２ヵ月以内の期間を定めて使用される者又は試みの使用期間中の者（14日を超えて引き続き使用されるに至った者を除く。）であってはならない。

4．特別積合せ貨物運送を行う事業者は、当該特別積合せ貨物運送に係る運行系統であって起点から終点までの距離が100キロメートルを超えるものごとに、所定の事項について事業用自動車の運行の業務に関する基準を定め、かつ、当該基準の遵守について乗務員等に対する適切な指導及び監督を行わなければならない。

問３　一般貨物自動車運送事業者（以下「事業者」という。）の過労運転等の防止等に関する貨物自動車運送事業輸送安全規則等の規定についての次の記述のうち、**正しいものを２つ**選びなさい。なお、解答にあたっては、各選択肢に記載されている事項以外は考慮しないものとする。

☐　１．事業者は、運転者、特定自動運行保安員及び事業用自動車の運行の業務の補助に従事する従業員（以下、「乗務員等」という。）が有効に利用することができるように、休憩に必要な施設を整備し、及び乗務員等に睡眠を与える必要がある場合にあっては睡眠に必要な施設を整備し、並びにこれらの施設を適切に管理し、及び保守しなければならない。ただし、寝具等必要な設備が整えられていない施設は、有効に利用することができる施設には該当しない。

２．事業者は、運転者が長距離運転又は夜間の運転に従事する場合であって、疲労等により安全な運転を継続することができないおそれがあるときは、あらかじめ、当該運転者と交替するための運転者を配置しておかなければならない。

３．事業者は、休憩又は睡眠のための時間及び勤務が終了した後の休息のための時間が十分に確保されるように、国土交通大臣が告示で定める基準に従って、運転者の勤務日数及び乗務距離を定め、当該運転者にこれらを遵守させなければならない。

４．事業者は、事業計画に従い業務を行うに必要な員数の事業用自動車の運転者又は特定自動運行保安員を常時選任しておかなければならず、この場合、選任する運転者及び特定自動運行保安員は、日々雇い入れられる者、２ヵ月以内の期間を定めて使用される者又は試みの使用期間中の者（７日を超えて引き続き使用されるに至った者を除く。）であってはならない。

問4　一般貨物自動車運送事業者（以下「事業者」という。）の過労運転等の防止等に関する貨物自動車運送事業輸送安全規則等の規定についての次の記述のうち、**正しいものを１つ**選びなさい。なお、解答にあたっては、各選択肢に記載されている事項以外は考慮しないものとする。

□　1．事業者は、事業計画に従い業務を行うに必要な員数の事業用自動車の運転者又は特定自動運行保安員を常時選任しておかなければならず、この場合、選任する運転者及び特定自動運行保安員は、日々雇い入れられる者、３ヵ月以内の期間を定めて使用される者又は試みの使用期間中の者（14日を超えて引き続き使用されるに至った者を除く。）であってはならない。

2．運転者が一の運行における最初の勤務を開始してから最後の勤務を終了するまでの時間（ただし、「自動車運転者の労働時間等の改善のための基準」（改善基準告示）の規定において厚生労働省労働基準局長が定めることとされている自動車運転者がフェリーに乗船する場合における休息期間を除く。）は、168時間を超えてはならない。

3．事業者は、乗務員等の身体に保有するアルコールの程度が、道路交通法施行令第44条の３（アルコールの程度）に規定する呼気中のアルコール濃度１リットルにつき0.15ミリグラム以下であれば事業用自動車の運行の業務に従事させてもよい。

4．特別積合せ貨物運送を行う事業者は、当該特別積合せ貨物運送に係る運行系統であって起点から終点までの距離が100キロメートルを超えるものごとに、所定の事項について事業用自動車の運行の業務に関する基準を定め、かつ、当該基準の遵守について乗務員等に対する適切な指導及び監督を行わなければならない。

◆解答＆解説

問１［解答　Ａ－②，Ｂ－②，Ｃ－②，Ｄ－①］

1．安全規則第３条（過労運転等の防止）第１項・第２項。

2．安全規則第３条（過労運転等の防止）第３項。

3．安全規則第３条（過労運転等の防止）第６項。

4．安全規則第３条（過労運転等の防止）第７項。

問２［解答　１］

1．「168時間を超えてはならない」⇒「**144時間**を超えてはならない」。「貨物自動車運送事業の事業用自動車の運転者の勤務時間及び乗務時間に係る基準（告示）」。

2．安全規則第３条（過労運転等の防止）第４項。

3．安全規則第３条（過労運転等の防止）第１項・第２項。

4．安全規則第３条（過労運転等の防止）第８項。

問３［解答　1，2］

1．安全規則第３条（過労運転等の防止）第３項・「安全規則の解釈及び運用」第３条第２項（１）②。

2．安全規則第３条（過労運転等の防止）第７項。

3．「勤務日数及び乗務距離」⇒「**勤務時間及び乗務時間**」。安全規則第３条（過労運転等の防止）第４項。

4．「７日を超えて」⇒「**14日**を超えて」。安全規則第３条（過労運転等の防止）第１項・第２項。

問４［解答　４］

1．「３ヵ月以内の期間」⇒「**２ヵ月以内の期間**」。安全規則第３条（過労運転等の防止）第１項・第２項。

2．「168時間を超えてはならない」⇒「**144時間**を超えてはならない」。「貨物自動車運送事業の事業用自動車の運転者の勤務時間及び乗務時間に係る基準（告示）」。

3．呼気中のアルコール濃度１リットルにつき0.15ミリグラム以下であるか否かを問わず、**酒気を帯びた状態であれば、事業用自動車の運行の業務に従事させてはならない**。「安全規則の解釈及び運用」第３条第４項。

4．安全規則第３条（過労運転等の防止）第８項。

8 貨物の積載と車庫の位置

1 法令の要点と○×式過去出題例

■貨物の積載方法［安全規則第５条］

1．貨物自動車運送事業者は、事業用自動車に貨物を積載するときは、次に定めるところによらなければならない。

①偏荷重が生じないように積載すること。
②貨物が運搬中に荷崩れ等により事業用自動車から落下することを防止するため、貨物にロープ又はシートを掛けること等必要な措置を講ずること。

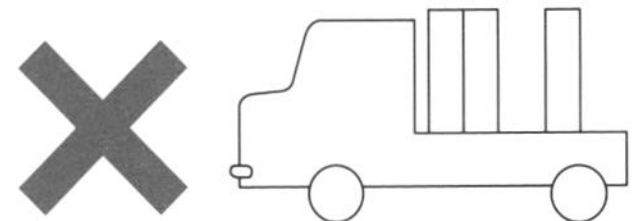
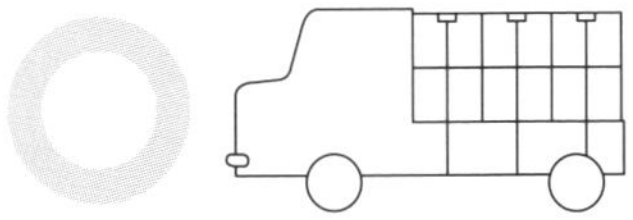
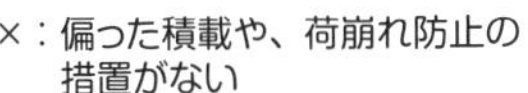

×：偏った積載や、荷崩れ防止の措置がない

○：偏荷重がなく、ロープなどによる荷崩れ防止の措置がある

【貨物の積載方法】

■通行の禁止又は制限等違反の防止［安全規則第５条の２］

1．貨物自動車運送事業者は、次に掲げる行為の防止について、運転者又は特定自動運行保安員（以下、「運転者等」という。）に対する適切な指導及び監督を怠ってはならない。

①道路法第47条（限度超過車両の通行の許可等）第２項の規定※１に違反し、又は政令で定める最高限度を超える車両の通行に関し道路管理者が付した条件（通行経路、通行時間等）に違反して事業用自動車を通行させること。

※１　「車両でその幅、重量、高さ、長さ又は最小回転半径が政令で定める最高限度を超えるものは、道路を通行させてはならない。」という規定。

■自動車車庫の位置［安全規則第６条］

1．**貨物自動車運送事業者**は、事業用自動車の保管の用に供する**自動車車庫**を営業所に**併設**しなければならない。ただし、自動車車庫を営業所に併設して設けることが困難な場合において、当該自動車車庫を当該営業所から自動車の保管場所の確保等に関する法律施行令第１条第１号※に規定する距離を超えない範囲で設けるときは、この限りでない。

※「自動車の使用の本拠の位置との間の距離が、２kmを超えないものであること。」という規定。

荷主への勧告［運送事業法第64条］

1．国土交通大臣は、貨物自動車運送事業者が過労運転の防止、過積載による運行指示の禁止の規定に違反したことにより、輸送の安全確保の命令をする場合、又は一般貨物自動車運送事業者等に対し許可の取り消し等の処分をする場合において、当該命令又は処分に係る違反行為が荷主の指示に基づき行われたことが明らかであるとき、その他当該違反行為が主として荷主の行為に起因するものであると認められ、かつ、当該貨物自動車運送事業者に対する命令又は処分のみによっては、当該違反行為の再発を防止することが困難であると認められるときは、当該荷主に対しても、当該違反行為の再発の防止を図るため適当な措置を執るべきことを**勧告すること**ができる。

過去出題例［貨物の積載と車庫の位置］

☐1．一般貨物自動車運送事業者は、事業用自動車（車両総重量が８トン以上又は最大積載量が５トン以上のものに限る。）に、貨物を積載するときは、偏荷重が生じないように積載するとともに、運搬中に荷崩れ等により事業用自動車から落下することを防止するため、貨物にロープ又はシートを掛けること等必要な措置を講じなければならない。［R4_CBT/R3.3］

☐2．一般貨物自動車運送事業者は、道路法第47条第２項の規定（車両でその幅、重量、高さ、長さ又は最小回転半径が政令で定める最高限度を超えるものは、道路を通行させてはならない。）に違反し、又は政令で定める最高限度を超える車両の通行に関し道路管理者が付した条件（通行経路、通行時間等）に違反して事業用自動車を通行させることを防止するため、運転者に対する適切な指導及び監督を怠ってはならない。

［R4_CBT］

☐3．国土交通大臣は、事業者が過積載による運送を行ったことにより、貨物自動車運送事業法の規定による命令又は処分をする場合において、当該命令又は処分に係る過積載による運送が荷主の指示に基づき行われたことが明らかであると認められ、かつ、当該事業者に対する命令又は処分のみによっては当該過積載による運送の再発を防止することが困難であると認められるときは、当該荷主に対しても、当該過積載による運送の再発の防止を図るため適当な措置を執るべきことを勧告することができる。

［R3.3］

解答

1…×（大きさに関係なく、すべての事業用自動車）：**2…○**：**3…○**

9　点　呼

1　法令の要点と○×式過去出題例

■点呼等［安全規則第７条］

《業務前の点呼》

1．貨物自動車運送事業者は、業務に従事しようとする運転者又は特定自動運行保安員（以下「運転者等」という。）に対して対面により、又は対面による点呼と同等の効果を有するものとして国土交通大臣が定める方法（運行上やむを得ない場合は電話その他の方法）により点呼を行い、次の各号に掲げる事項について**報告**を求め、及び**確認**を行い、並びに事業用自動車の運行の安全を確保するために**必要な指示**を与えなければならない。

①運転者に対しては、**酒気帯び**の有無
②運転者に対しては、**疾病、疲労、睡眠不足**その他の理由により安全な運転をすることができないおそれの有無
③車両法第47条の２（日常点検整備）第１項及び第２項（⇒165P）の規定による**点検**の実施又はその確認

《報告》
酒気帯びの有無
健康状態（疾病・疲労・睡眠不足等）
車両法第47条の２第１項・第２項の実施又は確認

《確認》
酒気帯びの有無
健康状態（疾病・疲労・睡眠不足等）
車両法第47条の２第１項・第２項の実施又は確認
《必要な指示》
運行の安全の確保のための指示

【業務前点呼（運転者の場合）】

④特定自動運行保安員※に対しては、特定自動運行事業用自動車による運行を行うために必要な自動運行装置の設定の状況に関する確認

※ 特定自動運行（高速道路等の特定の条件下で、運転者がいない無人状態で自動運行装置（非常時等にすぐに安全な方法で自動停止させる機能を備えているもの）を用いて行う自動運行）（レベル４の自動運転）を行う際に、遠隔地等から自動運行車両を監視・操作する者。

〔貨物自動車運送事業輸送安全規則の解釈及び運用について（通達）〕

第７条　点呼等

１．第１項、第２項及び第３項関係

(1)**「運行上やむを得ない場合」**とは、遠隔地で業務を開始又は終了するため、業務前点呼又は業務後点呼を運転者等が所属する営業所において対面で実施できない場合等をいい、車庫と営業所が離れている場合及び早朝・深夜等において点呼執行者が営業所に出勤していない場合等は「運行上やむを得ない場合」には該当しない。

なお、当該運転者が所属する営業所以外の当該事業者の営業所で業務を開始又は終了する場合には、より一層の安全を確保する観点から、当該営業所において当該運転者の酒気帯びの有無、疾病、疲労、**睡眠不足**等の状況を可能な限り対面で確認するよう指導すること。

また、点呼は営業所において行うことが原則であるが、営業所と車庫が離れている場合等、必要に応じて運行管理者又は補助者（以下「運行管理者等」という。）を車庫へ派遣して点呼を行う等、対面点呼を確実に実施するよう指導すること。

(2)「その他の方法」とは、携帯電話、業務無線等により運転者等と直接対話できるものでなければならず、電子メール、FAX等一方的な連絡方法は、該当しない。また、電話その他の方法による点呼を運行中に行ってはならない。

(3)「対面による点呼と同等の効果を有するものとして国土交通大臣が定める方法」とは、「点呼告示（⇒６P）」において規定する遠隔点呼及び業務後自動点呼の他、輸送の安全の確保に関する取組が優良であると認められる営業所において、当該営業所の管理する点呼機器を用い、及び当該機器に備えられたカメラ、ディスプレイ等によって、運行管理者等が運転者の酒気帯びの有無、疾病、疲労、睡眠不足等の状況を随時確認でき、かつ、運転者の酒気帯びの状況に関する測定結果を、自動的に記録及び保存するとともに当該運行管理者等が当該測定結果を直ちに確認できる方法をいう。

(4)(3)に規定する「輸送の安全の確保に関する取組が優良であると認められる営業所」とは、全国貨物自動車運送適正化事業実施機関が認定している安全性優良事業所（認定が失効した営業所及び認定が取消された営業所を除く。以下「Ｇマーク営業所」という。）をいう。なお、次のいずれにも該当する一般貨物自動車運送事業者等の営業所にあっては、(5)で定める営業所と当該営業所の車庫間で行う点呼に限り、これと同等として扱う。

①開設されてから３年を経過していること。

②過去３年間所属する貨物自動車運送事業の用に供する事業用自動車の運転者が自らの責に帰する自動車事故報告規則第２条に規定する事故を発生させていないこと。

③過去**３年間**点呼の違反に係る行政処分又は警告を受けていないこと。

④地方貨物自動車運送適正化事業実施機関が行った直近の巡回指導において、総合評価が「D、E」以外であり、点呼の項目の判定が「適」であること又は巡回指導時に総合評価が「D、E」若しくは点呼の項目の判定が「否」であったものの、3ヶ月以内に改善報告書が提出され、総合評価が「A、B、C」であり、点呼の項目の判定が「適」に改善が図られていること。

(5) 同一事業者内のＧマーク営業所において、点呼告示に規定する方法以外の方法により、営業所間、営業所と車庫間又は車庫と車庫間で行う点呼及び(4)なお書きの営業所において点呼告示に規定する方法以外の方法により、営業所と当該営業所の車庫間又は営業所の車庫と当該営業所の他の車庫間で行う点呼（以下「IT点呼」という。）は以下に定めるところにより行うものとする。

①IT点呼の実施方法

ウ　点呼は対面により行うことが原則であることから、IT点呼の実施は、１営業日のうち連続する**16時間以内**とする。ただし、営業所と当該営業所の車庫の間及び営業所の車庫と当該営業所の他の車庫の間でIT点呼を実施する場合にあってはこの限りではない。

②運行管理及び整備管理関係

ア　営業所間（営業所と他の営業所の車庫の間及び営業所の車庫と他の営業所の車庫間を含む。以下同じ。）においてIT点呼を実施した場合、**点呼簿に記録する内容**を、IT点呼実施営業所及び被IT点呼実施営業所の**双方で記録し、保存する**こと。

(13)「酒気帯びの有無」は、道路交通法施行令第44条の3に規定する血液中のアルコール濃度0.3mg/mℓ又は呼気中のアルコール濃度0.15mg/mℓ以上であるか否かを**問わないものである**。

《業務後の点呼》

2．貨物自動車運送事業者は、事業用自動車の運行の業務を終了した運転者等に対して対面により、又は対面による点呼と同等の効果を有するものとして国土交通大臣が定める方法（運行上やむを得ない場合は電話その他の方法）により点呼を行い、当該業務に係る**事業用自動車、道路**及び**運行の状況**について報告を求め、かつ、運転者に対しては酒気帯びの有無について確認を行わなければならない。この場合において、当該運転者等が他の運転者等と交替した場合にあっては、当該運転者等が交替した運転者等に対して行った第３条の２第４項第４号※1又は第17条第４号※2の規定による**通告**についても**報告**を求めなければならない。

※1：「特定自動運行保安員は、業務終了後に、交替する特定自動運行保安員に対し、業務中の特定自動運行事業用自動車、道路及び運行の状況について通告しなければならない」という規定。

※2：「運転者は、業務終了後に、交替する運転者に対し、乗務中の事業用自動車、道路及び運行の状況について通告しなければならない」という規定。

交替しない場合（通常の業務後点呼）

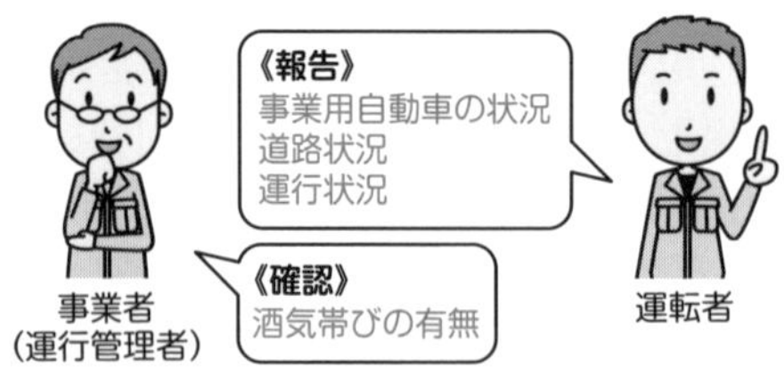

交替した場合［乗務途中でA運転者⇒B運転者に交替］

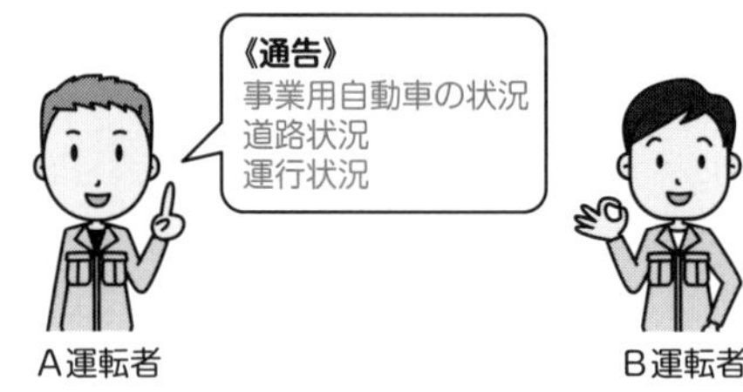

業務終了後それぞれ報告

【業務後点呼（運転者の場合）】

《中間点呼》

3．貨物自動車運送事業者は、業務前及び業務後の点呼の**いずれも対面により、又は対面による点呼と同等の効果を有するものとして国土交通大臣が定める方法で行うことができない**業務を行う運転者等に対し、当該点呼のほかに、当該業務の途中において少なくとも1回対面による点呼と同等の効果を有するものとして国土交通大臣が定める方法（当該方法により点呼を行うことが困難である場合にあっては、電話その他の方法）により点呼を行い、運転者に対しては、酒気帯びの有無及び疾病、疲労、睡眠不足その他の理由により安全な運転をすることができないおそれの有無について報告を求め、及び確認を行い、並びに事業用自動車の運行の安全を確保するために必要な指示をしなければならない。

業務前・業務後いずれも対面で点呼できない場合、業務途中で少なくとも１回電話等で点呼

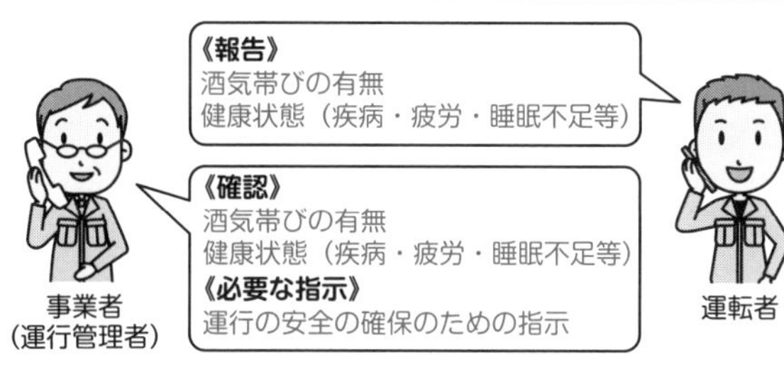

【中間点呼（運転者の場合）】

《補助者による点呼》

〔貨物自動車運送事業輸送安全規則の解釈及び運用について（通達）〕

第７条　点呼等

１．第１項、第２項及び第３項関係

（14）第18条第３項（⇒115P）の規定により補助者を選任し、**点呼の一部**を行わせる場合であっても、当該営業所において選任されている運行管理者が行う点呼は、点呼を行うべき総回数の少なくとも**３分の１以上**でなければならない。

《アルコール検知器の備え》

４．貨物自動車運送事業者は、アルコール検知器（呼気に含まれるアルコールを検知する機器であって、国土交通大臣が告示で定めるものをいう。以下同じ。）を営業所ごとに備え、常時有効に保持するとともに、第１項から第３項の規定により酒気帯びの有無について確認を行う場合には、運転者の状態を目視等で確認するほか、当該運転者の属する**営業所に備えられたアルコール検知器**を用いて行わなければならない。

《点呼の記録内容と保存期間》

５．貨物自動車運送事業者は、第１項から第３項までの規定により点呼を行い、報告を求め、確認を行い、及び指示をしたときは、運転者等ごとに点呼を行った旨、報告、確認及び指示の内容並びに次に掲げる事項を記録し、かつ、その記録を**１年間保存**しなければならない。

①点呼を行った者及び点呼を受けた運転者等の氏名		
②点呼を受けた運転者等が従事する運行の業務に係る事業用自動車の自動車登録番号その他の当該事業用自動車を識別できる表示		
③点呼の日時	④点呼の方法	⑤その他必要な事項

〔貨物自動車運送事業輸送安全規則の解釈及び運用について（通達）〕

第７条　点呼等

２．第４項関係

(3)「アルコール検知器を営業所ごとに備え」とは、営業所若しくは営業所の車庫に設置され、営業所に備え置き（**携帯型アルコール検知器等**）又は営業所に属する事業用自動車に設置されているものをいう。

(4)「常時有効に保持」とは、正常に作動し、**故障がない状態で保持**しておくことをいう。このため、アルコール検知器の製作者が定めた取扱説明書に基づき、適切に使用し、管理し、及び保守するとともに、次のとおり、定期的に故障の有無を確認し、故障がないものを使用しなければならない。

①**毎日**（アルコール検知器を運転者に携行させ、又は自動車に設置されているアルコール検知器を使用させる場合にあっては、運転者の出発前。②において同じ。）確認すべき事項

ア　アルコール検知器の電源が確実に入ること。

イ　アルコール検知器に損傷がないこと。

②毎日確認することが望ましく、少なくとも**１週間に１回以上**確認すべき事項

ア　確実に酒気を帯びていない者が当該アルコール検知器を使用した場合に、アルコールを検知しないこと。

イ　洗口液、液体歯磨き等アルコールを含有する液体又はこれを希釈したものを、スプレー等により口内に噴霧した上で、当該アルコール検知器を使用した場合に、アルコールを検知すること。

(5)「目視等で確認」とは、運転者の顔色、呼気の臭い、応答の声の調子等で確認することをいう。なお、対面でなく電話その他の方法で点呼をする場合には、運転者の応答の声の調子等電話等を受けた運行管理者等が確認できる方法で行うものとする。

過去出題例［点呼］

☐1．貨物自動車運送事業者は、事業用自動車の運行の業務に従事しようとする運転者に対して対面により、又は対面による点呼と同等の効果を有するものとして国土交通大臣が定める方法（運行上やむを得ない場合は電話その他の方法）により点呼を行い、次に掲げる事項について報告を求め、及び確認を行い、並びに事業用自動車の運行の安全を確保するために必要な指示を与えなければならない。［R4_CBT改］

(1) 酒気帯びの有無

(2) 疾病、疲労、睡眠不足その他の理由により安全な運転をすることができないおそれの有無

(3) 道路運送車両法第47条の２第１項及び第２項の規定による点検の実施又はその確認

□2．業務前の点呼は、対面又は対面による点呼と同等の効果を有するものとして国土交通大臣が定める方法（運行上やむを得ない場合は電話その他の方法）により行い、法令で定める事項について報告を求め、及び確認を行い、並びに事業用自動車の運行の安全を確保するために必要な指示を与えなければならない。[R2_CBT改]

□3．業務前の点呼は、対面又は対面による点呼と同等の効果を有するものとして国土交通大臣が定める方法（運行上やむを得ない場合は電話その他の方法）により行われなければならない。なお、対面による点呼と同等の効果を有するものとして国土交通大臣が定める方法とは、点呼告示において規定する遠隔点呼及び業務後自動点呼の他、輸送の安全の確保に関する取組が優良であると認められる営業所において、当該営業所の管理する点呼機器を用いて行う方法をいう。[R3.3改]

□4．貨物自動車運送事業者は、営業所と当該営業所の車庫が離れている場合は、運行上やむを得ない場合として、電話その他の方法により点呼を行うことができる。

[R4_CBT改]

□5．全国貨物自動車運送適正化事業実施機関が認定している安全性優良事業所（Gマーク営業所）以外であっても、①開設されてから3年を経過していること。②過去1年間点呼の違反に係る行政処分又は警告を受けていないことなどに該当する一般貨物自動車運送事業者の営業所にあっては、当該営業所と当該営業所の車庫間で行う点呼に限り、点呼告示に規定する方法以外の方法による点呼（IT点呼）を実施できる。

[R3_CBT改]

□6．次のいずれにも該当する一般貨物自動車運送事業者の営業所にあっては、当該営業所と当該営業所の車庫間で行う点呼に限り、点呼告示に規定する方法以外の方法による点呼（以下「IT点呼」という。）を行うことができる。[R2.8改]

①開設されてから３年を経過していること。

②過去３年間所属する貨物自動車運送事業の用に供する事業用自動車の運転者が自らの責に帰する自動車事故報告規則第２条に規定する事故を発生させていないこと。

③過去３年間点呼の違反に係る行政処分又は警告を受けていないこと。

④貨物自動車運送適正化事業実施機関が行った直近の巡回指導において、総合評価が「D、E」以外であり、点呼の項目の判定が「適」であること。

□7．同一事業者内の全国貨物自動車運送適正化事業実施機関が認定している安全性優良事業所（Gマーク営業所）間でIT点呼を実施した場合、点呼簿に記録する内容を、IT点呼を受ける運転者が所属する営業所で記録、保存すれば、IT点呼を行う営業所で記録、保存することは要しない。[R2_CBT]

□8．同一事業者内の全国貨物自動車運送適正化事業実施機関が認定している安全性優良事業所（Gマーク営業所）間でIT点呼を実施した場合、点呼簿に記録する内容を、IT点呼を行う営業所及びIT点呼を受ける運転者が所属する営業所の双方で記録し、保存すること。[R2.8]

☐9．同一事業者内の全国貨物自動車運送適正化事業実施機関が認定している安全性優良事業所（Gマーク営業所）と当該営業所の車庫間で行うIT点呼の実施は、1営業日のうち連続する16時間以内としなければならない。[R4_CBT改]

☐10．同一事業者内の全国貨物自動車運送適正化事業実施機関が認定している安全性優良事業所（Gマーク営業所）である営業所間で行うIT点呼の実施は、1営業日のうち連続する20時間以内とする。[R3_CBT]

☐11．業務後の点呼は、対面又は対面による点呼と同等の効果を有するものとして国土交通大臣が定める方法（運行上やむを得ない場合は電話その他の方法）により行い、当該業務に係る事業用自動車、道路及び運行の状況並びに他の運転者等と交替した場合にあっては、交替した運転者等に対して行った法令の規定による通告について報告を求め、かつ、運転者に対しては、酒気帯びの有無について確認を行わなければならない。[R3_CBT改/R2_CBT改]

☐12．業務終了後の点呼においては、「道路運送車両法第47条の2第1項及び第2項の規定による点検（日常点検）の実施又はその確認」について報告を求め、及び確認を行わなければならない。[R3.3改]

☐13．業務前及び業務終了後の点呼のいずれも対面又は対面による点呼と同等の効果を有するものとして国土交通大臣が定める方法で行うことができない業務を行う運転者等に対しては、業務前及び業務終了後の点呼のほかに、当該業務の途中において少なくとも1回対面による点呼と同等の効果を有するものとして国土交通大臣が定める方法（当該方法により点呼を行うことが困難である場合にあっては、電話その他の方法）により点呼を行い、運転者に対しては、酒気帯びの有無及び疾病、疲労、睡眠不足その他の理由により安全な運転をすることができないおそれの有無について報告を求め、及び確認を行い、並びに事業用自動車の運行の安全を確保するために必要な指示をしなければならない。[R3_CBT改]

☐14．2日間にわたる運行（営業所から出発し1日目を遠隔地で終了、2日目に営業所に戻るもの。）については、1日目の業務前の点呼及び2日目の業務後の点呼についてはいずれも対面で行うことができることから、業務前の点呼及び業務後の点呼のほかに、当該業務途中において少なくとも1回対面による点呼と同等の効果を有するものとして国土交通大臣が定める方法により点呼（中間点呼）を行う必要はない。

[R4_CBT改]

☐15. ２日間にわたる運行（１日目の業務が営業所以外の遠隔地で終了し、２日目の業務開始が１日目の業務を終了した地点となるもの。）については、１日目の業務後の点呼及び２日目の業務前の点呼のいずれも対面又は対面による点呼と同等の効果を有するものとして国土交通大臣が定める方法で行うことができないことから、２日目の業務については、業務前の点呼及び業務後の点呼（業務後の点呼は対面で行う。）のほかに、当該業務途中において少なくとも１回対面による点呼と同等の効果を有するものとして国土交通大臣が定める方法により点呼（中間点呼）を行わなければならない。［R3.3改］

☐16. 運行管理者の業務を補助させるために選任された補助者に対し、点呼の一部を行わせる場合にあっても、当該営業所において選任されている運行管理者が行う点呼は、点呼を行うべき総回数の少なくとも２分の１以上でなければならない。［R2.8］

☐17. 貨物自動車運送事業輸送安全規則第７条第４項（点呼等）に規定する「アルコール検知器を営業所ごとに備え」とは、営業所又は営業所の車庫に設置されているアルコール検知器をいい、携帯型アルコール検知器は、これにあたらない。［R2_CBT］

☐18. 運転者等が所属する営業所において、対面又は対面による点呼と同等の効果を有するものとして国土交通大臣が定める方法により、運転者に対して業務前の点呼を行う場合は、法令の規定により酒気帯びの有無について、運転者の顔色、呼気の臭い、応答の声の調子等を目視等により確認するほか、当該営業所に備えられたアルコール検知器を用いて確認を行わなければならない。［R3.3改］

☐19. 貨物自動車運送事業者は、点呼に用いるアルコール検知器を常時有効に保持しなければならない。このため、確実に酒気を帯びていない者が当該アルコール検知器を使用した場合に、アルコールを検知しないこと及び洗口液等アルコールを含有する液体又はこれを希釈したものをスプレー等により口内に噴霧した上で、当該アルコール検知器を使用した場合にアルコールを検知すること等により、定期的に故障の有無を確認しなければならない。［R2.8］

解答

1…○：2…○：3…○：4…×（車庫と営業所が離れている場合は「運行上やむを得ない場合」には含まれない）：**5…×**（②過去1年間点呼の違反に係る⇒②過去３年間点呼の違反に係る）：**6…○：7…×**（点呼簿に記録する内容は、双方の営業所で記録し、保存する）：**8…○：9…×**（営業所と当該営業所の車庫間でIT点呼を実施する場合は、16時間以内という規定は適用されない。）：**10…×**（20時間以内⇒16時間以内）：**11…○：12…×**（業務後の点呼では日常点検の報告・確認は必要ない）：**13…○：14…○：15…×**（２日目に対面で業務後の点呼を行うため、中間点呼は必要ない）：**16…×**（２分１以上⇒３分の１以上）：**17…×**（携帯型アルコール検知器も含まれる）：**18…○：19…○**

2　演習問題

問１　貨物自動車運送事業の事業用自動車の運転者又は特定自動運行保安員に対し、各点呼の際に報告を求め、及び確認を行わなければならない事項として、A、B、Cに入るべき字句を**下の枠内の選択肢（１～６）**から選びなさい。

【業務前点呼】
⑴　運転者に対しては、酒気帯びの有無
⑵　運転者に対しては、（A）
⑶　道路運送車両法の規定による点検の実施又はその確認

【業務後点呼】
⑴　業務に係る事業用自動車、道路及び運行の状況
⑵　（B）
⑶　運転者に対しては、酒気帯びの有無

【中間点呼】
⑴　運転者に対しては、（C）
⑵　運転者に対しては、疾病、疲労、睡眠不足その他の理由により安全な運転をすることができないおそれの有無

□　１．道路運送車両法の規定による点検の実施又はその確認
２．業務に係る事業用自動車、道路及び運行の状況
３．貨物の積載状況
４．疾病、疲労、睡眠不足その他の理由により安全な運転をすることができないおそれの有無
５．酒気帯びの有無
６．他の運転者等と交替した場合にあっては法令の規定による通告

問2　貨物自動車運送事業の事業用自動車の運転者又は特定自動運行保安員（以下「運転者等」という。）に対する点呼に関する次の記述のうち、**正しいものを２つ**選びなさい。なお、解答にあたっては、各選択肢に記載されている事項以外は考慮しないものとする。

□　1．業務前及び業務終了後の点呼のいずれも対面又は対面による点呼と同等の効果を有するものとして国土交通大臣が定める方法で行うことができない業務を行う運転者等に対しては、業務前及び業務終了後の点呼のほかに、当該業務の途中において少なくとも１回対面による点呼と同等の効果を有するものとして国土交通大臣が定める方法（当該方法により点呼を行うことが困難である場合にあっては、電話その他の方法）により点呼を行い、運転者に対しては、酒気帯びの有無及び疾病、疲労、睡眠不足その他の理由により安全な運転をすることができないおそれの有無について報告を求め、及び確認を行い、並びに事業用自動車の運行の安全を確保するために必要な指示をしなければならない。

2．同一事業者内の全国貨物自動車運送適正化事業実施機関が認定している安全優良事業所（Ｇマーク営業所）である営業所間で行うIT点呼の実施は、１営業日のうち連続する16時間以内とする。

3．業務終了後の点呼における運転者に対する酒気帯びの有無については、当該運転者からの報告と目視等による確認で酒気を帯びていないと判断できる場合は、アルコール検知器を用いての確認は実施する必要はない。

4．業務終了後の点呼においては、「道路運送車両法第47条の２第１項及び第２項の規定による点検（日常点検）の実施又はその確認」について報告を求め、及び確認を行わなければならない。

問３　貨物自動車運送事業の事業用自動車の運転者に対する点呼についての法令等の定めに関する次の記述のうち、**正しいものをすべて**選びなさい。なお、解答にあたっては、各選択肢に記載されている事項以外は考慮しないものとする。

［R4_CBT改］

□　１．貨物自動車運送事業者は、事業用自動車の運行の業務に従事しようとする運転者に対して対面により、又は対面による点呼と同等の効果を有するものとして国土交通大臣が定める方法（運行上やむを得ない場合は電話その他の方法）により点呼を行い、次に掲げる事項について報告を求め、及び確認を行い、並びに事業用自動車の運行の安全を確保するために必要な指示を与えなければならない。

(1)　酒気帯びの有無

(2)　疾病、疲労、睡眠不足その他の理由により安全な運転をすることができないおそれの有無

(3)　道路運送車両法第47条の２第１項及び第２項の規定による点検の実施又はその確認

２．２日間にわたる運行（営業所から出発し１日目を遠隔地で終了、２日目に営業所に戻るもの。）については、１日目の業務前の点呼及び２日目の業務後の点呼についてはいずれも対面で行うことができることから、業務前の点呼及び業務後の点呼のほかに、当該業務途中において少なくとも１回対面による点呼と同等の効果を有するものとして国土交通大臣が定める方法により点呼（中間点呼）を行う必要はない。

３．同一事業者内の全国貨物自動車運送適正化事業実施機関が認定している安全性優良事業所（Gマーク営業所）と当該営業所の車庫間で行うIT点呼の実施は、１営業日のうち連続する16時間以内としなければならない。

４．貨物自動車運送事業者は、営業所と当該営業所の車庫が離れている場合は、運行上やむを得ない場合として、電話その他の方法により点呼を行うことができる。

問４　貨物自動車運送事業の事業用自動車の運転者又は特定自動運行保安員（以下「運転者等」という。）に対する点呼についての法令等の定めに関する次の記述のうち、**正しいものをすべて**選びなさい。なお、解答にあたっては、各選択肢に記載されている事項以外は考慮しないものとする。［R3_CBT改］

1．業務前及び業務終了後の点呼のいずれも対面又は対面による点呼と同等の効果を有するものとして国土交通大臣が定める方法で行うことができない業務を行う運転者等に対しては、業務前及び業務終了後の点呼のほかに、当該業務の途中において少なくとも１回電話等により点呼（中間点呼）を行わなければならない。当該点呼においては、①運転者に対しては、酒気帯びの有無、②運転者に対しては、疾病、疲労、睡眠不足その他の理由により安全な運転をすることができないおそれの有無について報告を求め、及び確認を行い、並びに事業用自動車の運行の安全を確保するために必要な指示をしなければならない。

2．業務後の点呼は、対面又は対面による点呼と同等の効果を有するものとして国土交通大臣が定める方法（運行上やむを得ない場合は電話その他の方法）により行い、当該業務に係る事業用自動車、道路及び運行の状況並びに他の運転者等と交替した場合にあっては、交替した運転者等に対して行った法令の規定による通告について報告を求め、かつ、運転者に対しては、酒気帯びの有無について確認を行わなければならない。

3．全国貨物自動車運送適正化事業実施機関が認定している安全性優良事業所（Ｇマーク営業所）以外であっても、①開設されてから３年を経過していること。②過去１年間点呼の違反に係る行政処分又は警告を受けていないことなどに該当する一般貨物自動車運送事業者の営業所にあっては、当該営業所と当該営業所の車庫間で行う点呼に限り、点呼告示に規定する方法以外の方法による点呼（IT点呼）を実施できる。

4．同一事業者内の全国貨物自動車運送適正化事業実施機関が認定している安全性優良事業所（Ｇマーク営業所）である営業所間で行うIT点呼の実施は、１営業日のうち連続する20時間以内とする。

問５　貨物自動車運送事業の事業用自動車の運転者又は特定自動運行保安員（以下「運転者等」という。）に対する点呼についての法令等の定めに関する次の記述のうち、**正しいものをすべて**選びなさい。なお、解答にあたっては、各選択肢に記載されている事項以外は考慮しないものとする。［R2_CBT改］

☐　１．業務前の点呼は、対面又は対面による点呼と同等の効果を有するものとして国土交通大臣が定める方法（運行上やむを得ない場合は電話その他の方法）により行い、法令で定める事項について報告を求め、及び確認を行い、並びに事業用自動車の運行の安全を確保するために必要な指示を与えなければならない。

２．業務後の点呼は、対面又は対面による点呼と同等の効果を有するものとして国土交通大臣が定める方法（運行上やむを得ない場合は電話その他の方法）により行い、当該業務に係る事業用自動車、道路及び運行の状況並びに他の運転者等と交替した場合にあっては、交替した運転者等に対して行った法令の規定による通告について報告を求め、かつ、運転者に対しては、酒気帯びの有無について確認を行わなければならない。

３．同一事業者内の全国貨物自動車運送適正化事業実施機関が認定している安全性優良事業所（Gマーク営業所）間でIT点呼を実施した場合、点呼簿に記録する内容を、IT点呼を受ける運転者が所属する営業所で記録、保存すれば、IT点呼を行う営業所で記録、保存することは要しない。

４．貨物自動車運送事業輸送安全規則第７条第４項（点呼等）に規定する「アルコール検知器を営業所ごとに備え」とは、営業所又は営業所の車庫に設置されているアルコール検知器をいい、携帯型アルコール検知器は、これにあたらない。

問６　貨物自動車運送事業の事業用自動車の運転者又は特定自動運行保安員（以下「運転者等」という。）に対する点呼に関する次の記述のうち、**正しいものをすべて**選びなさい。なお、解答にあたっては、各選択肢に記載されている事項以外は考慮しないものとする。［R3.3改］

☐ 1．業務前の点呼は、対面又は対面による点呼と同等の効果を有するものとして国土交通大臣が定める方法（運行上やむを得ない場合は電話その他の方法）により行われなければならない。なお、対面による点呼と同等の効果を有するものとして国土交通大臣が定める方法とは、点呼告示において規定する遠隔点呼及び業務後自動点呼の他、輸送の安全の確保に関する取組が優良であると認められる営業所において、当該営業所の管理する点呼機器を用いて行う方法をいう。

2．運転者等が所属する営業所において、対面又は対面による点呼と同等の効果を有するものとして国土交通大臣が定める方法により、運転者に対して、業務前の点呼を行う場合は、法令の規定により酒気帯びの有無について、運転者の顔色、呼気の臭い、応答の声の調子等を目視等により確認するほか、当該営業所に備えられたアルコール検知器を用いて確認を行わなければならない。

3．２日間にわたる運行（１日目の業務が営業所以外の遠隔地で終了し、２日目の業務開始が１日目の業務を終了した地点となるもの。）については、１日目の業務後の点呼及び２日目の業務前の点呼のいずれも対面又は対面による点呼と同等の効果を有するものとして国土交通大臣が定める方法で行うことができないことから、２日目の業務については、業務前の点呼及び業務後の点呼（業務後の点呼は対面で行う。）のほかに、当該業務途中において少なくとも１回対面による点呼と同等の効果を有するものとして国土交通大臣が定める方法により点呼（中間点呼）を行わなければならない。

4．業務終了後の点呼においては、「道路運送車両法第47条の２第１項及び第２項の規定による点検（日常点検）の実施又はその確認」について報告を求め、及び確認を行わなければならない。

問7　貨物自動車運送事業の事業用自動車の運転者等に対する点呼についての法令等の定めに関する次の記述のうち、**誤っているものを1つ**選びなさい。なお、解答にあたっては、各選択肢に記載されている事項以外は考慮しないものとする。[R2.8改]

☐　1．次のいずれにも該当する一般貨物自動車運送事業者の営業所にあっては、当該営業所と当該営業所の車庫間で行う点呼に限り、点呼告示に規定する方法以外の方法による点呼（以下「IT点呼」という。）を行うことができる。

①開設されてから3年を経過していること。

②過去3年間所属する貨物自動車運送事業の用に供する事業用自動車の運転者が自らの責に帰する自動車事故報告規則第2条に規定する事故を発生させていないこと。

③過去3年間点呼の違反に係る行政処分又は警告を受けていないこと。

④貨物自動車運送適正化事業実施機関が行った直近の巡回指導において、総合評価が「D、E」以外であり、点呼の項目の判定が「適」であること。

2．同一事業者内の全国貨物自動車運送適正化事業実施機関が認定している安全性優良事業所（Gマーク営業所）間でIT点呼を実施した場合、点呼簿に記録する内容を、IT点呼を行う営業所及びIT点呼を受ける運転者が所属する営業所の双方で記録し、保存すること。

3．貨物自動車運送事業者は、点呼に用いるアルコール検知器を常時有効に保持しなければならない。このため、確実に酒気を帯びていない者が当該アルコール検知器を使用した場合に、アルコールを検知しないこと及び洗口液等アルコールを含有する液体又はこれを希釈したものをスプレー等により口内に噴霧した上で、当該アルコール検知器を使用した場合にアルコールを検知すること等により、定期的に故障の有無を確認しなければならない。

4．運行管理者の業務を補助させるために選任された補助者に対し、点呼の一部を行わせる場合にあっても、当該営業所において選任されている運行管理者が行う点呼は、点呼を行うべき総回数の少なくとも2分の1以上でなければならない。

◆解答＆解説

問1 ［解答　A－4，B－6，C－5］

安全規則第７条（点呼等）第１項・第２項・第３項。

問2 ［解答　1，2］

1．安全規則第７条（点呼等）第３項。
2．「安全規則の解釈及び運用」第７条第１項（5）①ウ。
3．運転者に対する酒気帯びの有無は目視等による確認だけではなく、必ず運転者の所属する営業所に備えられた**アルコール検知器を用いて確認しなければならない**。安全規則第７条(点呼等）第４項。
4．業務終了後の点呼においては、道路運送車両法第47条の２第１項及び第２項の規定による点検（日常点検）の実施又はその確認についての**報告・確認は必要ない**。業務前の点呼において報告・確認が必要な事項である。安全規則第７条（点呼等）第２項。

問3 ［解答　1，2］

1．安全規則第７条（点呼等）第１項①～③。
2．安全規則第７条（点呼等）第３項。
3．IT点呼の実施は、１営業日のうち連続する16時間以内としなければならないと定められているが、**営業所と当該営業所の車庫間**及び営業所の車庫と当該営業所の他の車庫の間でIT点呼を実施する場合は**この限りではない**。「安全規則の解釈及び運用」第７条第１項（5）①ウ。
4．**車庫と営業所が離れている場合は「運行上やむを得ない場合」には含まれないため、電話等による点呼はできない。**必要に応じて運行管理者や補助者を派遣して、対面点呼を確実に実施する。「安全規則の解釈及び運用」第７条第１項（1）。

問4 ［解答　1，2］

1．安全規則第７条（点呼等）第３項。
2．安全規則第７条（点呼等）第２項。
3．「②過去1年間点呼の違反に係る行政処分」⇒「②過去**３年間**点呼の違反に係る行政処分」。「安全規則の解釈及び運用」第７条第１項（4）③。
4．「20時間以内」⇒「**16時間以内**」。「安全規則の解釈及び運用」第７条第１項（5）①ウ。

問5 ［解答　1，2］

1．安全規則第７条（点呼等）第１項①～③。
2．安全規則第７条（点呼等）第２項。
3．点呼簿に記録する内容は、IT点呼実施営業所及び被IT点呼実施営業所の**双方で記録し、保存**しなければならない。「安全規則の解釈及び運用」第７条第１項（5）②ア。
4．営業所又は営業所の車庫に設置するアルコール検知器には、**携帯型アルコール検知器も含まれる**。「安全規則の解釈及び運用」第７条第２項（3）。

問6［解答　1，2］

1．安全規則第７条（点呼等）第１項。

2．安全規則第７条（点呼等）第１項・第４項・「安全規則の解釈及び運用」第７条第２項（５）。

3．２日間にわたる運行であるが、２日目に業務後の点呼を対面で行うため、中間点呼を**行う必要はない**。業務前及び乗務後の点呼のいずれも対面で行うことができない場合に中間点呼を行う。安全規則第７条（点呼等）第３項。

4．業務終了後の点呼においては、道路運送車両法第47条の２第１項及び第２項の規定による点検（日常点検）の実施又はその確認についての**報告・確認は必要ない**。業務前の点呼において報告・確認が必要な事項である。安全規則第７条（点呼等）第２項。

問7［解答　4］

1．「安全規則の解釈及び運用」第７条第１項（４）①～④。

2．「安全規則の解釈及び運用」第７条第１項（５）②ア。

3．「安全規則の解釈及び運用」第７条第２項（４）。

4．「２分の１以上」⇒「**３分の１以上**」。「安全規則の解釈及び運用」第７条第１項（14）。

10　業務の記録・運行記録計・事故の記録

1　法令の要点と○×式過去出題例

■業務の記録［安全規則第８条］

《記録事項》

1．一般貨物自動車運送事業者等は、事業用自動車に係る運転者又は特定自動運行保安員（以下「運転者等」という。）の業務について、当該業務を行った**運転者等ごと**に次に掲げる事項を記録させ、かつ、その記録を**１年間保存**しなければならない。

①運転者等の氏名
②運転者等が従事した運行の業務に係る事業用自動車の自動車登録番号等
③**業務の開始**及び**終了の地点**及び**日時**並びに主な経過地点及び**業務に従事した距離**
④業務を交替した場合にあっては、その地点及び日時
⑤休憩又は睡眠をした場合にあっては、その地点及び日時
⑥車両総重量が**８トン以上**又は最大積載量が**５トン以上**の普通自動車である事業用自動車の運行の業務に従事した場合にあっては、次に掲げる事項 イ．**貨物の積載状況** ロ．荷主の都合により集貨又は配達を行った地点（以下「集貨地点等」という。）で待機した場合にあっては、次に掲げる事項 (1) 集貨地点等 (2) 集貨地点等への到着の日時を荷主から指定された場合にあっては、当該日時 (3) 集貨地点等に到着した日時 (4) 集貨地点等における積込み又は取卸し（以下「荷役作業」という。）の開始及び終了の日時 (5) 集貨地点等で、当該一般貨物自動車運送事業者等が、貨物の荷造り、仕分その他の貨物自動車運送事業に附帯する業務（以下「附帯業務」という。）を実施した場合にあっては、附帯業務の開始及び終了の日時 (6) 集貨地点等から出発した日時 ハ．集貨地点等で、当該一般貨物自動車運送事業者等が、荷役作業又は附帯業務（以下「荷役作業等」という。）を実施した場合（荷主との契約書に実施した荷役作業等の全てが明記されている場合にあっては、当該荷役作業等に要した時間が１時間以上である場合に限る。）にあっては、次に掲げる事項（ロに該当する場合にあっては、(1) 及び (2) に掲げる事項を除く。）

(1) 集貨地点等
(2) 荷役作業等の開始及び終了の日時
(3) 荷役作業等の内容
(4) (1) から (3) までに掲げる事項について荷主の確認が得られた場合にあっては、荷主が確認したことを示す事項、当該確認が得られなかった場合にあっては、その旨

⑦道路交通法に規定する交通事故若しくは自動車事故報告規則第２条に規定する**事故**又は著しい運行の**遅延**その他の異常な状態が発生した場合にあっては、その概要及び原因

⑧運行の途中において、運行指示書の携行が必要な業務を行うことになった場合には、その指示内容

〔貨物自動車運送事業輸送安全規則の解釈及び運用について（通達）〕

第８条　業務の記録

１．業務の記録は運転者等の業務の実態を把握することを目的とするものであるから、事業者に対し、次の要領で記録し、過労の防止及び過積載による運送の防止等業務の適正化の資料として十分活用するよう指導すること。

(1) **10分未満**の休憩については、その**記録を省略**しても差しつかえない。

(3) 規則第８条第１項第６号イについては、過積載による運送の有無を判断するために記録するものであるので、貨物の重量又は貨物の個数、貨物の荷台等への積付状況等を可能な限り詳細に記録させること。また、規則第８条第１項第６号ロについては、集貨地点等における到着日時から出発日時までの時間のうち、業務（荷積み、荷卸し、附帯作業等）及び休憩に係る時間を控除した時間（以下「待機時間」という。）が**30分未満**の場合は、**記録を省略**して差しつかえない。なお荷主の都合とは、事業者としての運行計画又は運行指示によらない、荷主の指示等によるものをいい、事業者の都合により生じた待機時間は、これに含まない。

■ 運行記録計による記録［安全規則第９条］

1．一般貨物自動車運送事業者等は、次に掲げる事業用自動車に係る運転者等の業務について、当該事業用自動車の**瞬間速度**、**運行距離**及び**運行時間**を運行記録計により記録し、かつ、その記録を**１年間**保存しなければならない。

①車両総重量が**７トン以上**又は最大積載量が**４トン以上**の普通自動車である事業用自動車
②①の事業用自動車に該当する被けん引自動車をけん引するけん引自動車である事業用自動車
③②に掲げる事業用自動車のほか、**特別積合せ貨物運送**に係る運行系統に配置する事業用自動車

■ 事故の記録［安全規則第９条の２］

1．一般貨物自動車運送事業者等は、**事業用自動車に係る事故**が発生した場合には、次に掲げる事項を記録し、その記録を当該事業用自動車の運行を管理する営業所において**３年間**保存しなければならない。

①**乗務員等**の氏名
②事業用自動車の自動車登録番号その他の当該事業用自動車を識別できる表示
③事故の発生日時
④事故の発生場所
⑤事故の当事者（乗務員等を除く。）の氏名
⑥事故の概要（損害の程度を含む。）
⑦**事故の原因**
⑧**再発防止対策**

過去出題例［業務の記録・運行記録計・事故の記録］

☐1．一般貨物自動車運送事業者は、車両総重量が８トン以上又は最大積載量が５トン以上の普通自動車である事業用自動車の運行の業務に運転者等を従事させた場合にあっては、当該業務を行った運転者等ごとに貨物の積載状況を「業務の記録」に記録させ、かつ、その記録を１年間保存しなければならない。［R3_CBT改/R3.3改］

☐2．事業用自動車に係る運転者等の業務について、休憩又は睡眠をした場合にあっては、その地点及び日時を、当該業務を行った運転者等ごとに「業務の記録」（法令に規定する運行記録計に記録する場合は除く。）に記録させなければならない。ただし、10分未満の休憩については、その記録を省略しても差しつかえない。［R2.8改］

☐3．車両総重量が８トン以上又は最大積載量が５トン以上の普通自動車である事業用自動車の運行の業務に従事する運転者等は、当該業務において、法令の規定に基づき作成された運行指示書に「貨物の積載状況」が記録されている場合は、業務の記録に当該事項を記録したものとみなされる。［R4_CBT/R2.8改］

☐4．事業用自動車に係る運転者等の業務について、車両総重量が８トン以上又は最大積載量が５トン以上の普通自動車である事業用自動車の運行の業務に従事した場合にあって、荷主の都合により集貨又は配達を行った地点（以下「集貨地点等」という。）で30分以上待機したときは、①集貨地点等、②集貨地点等に到着した日時、③集貨地点等における積込み又は取卸しの開始及び終了の日時、④集貨地点等から出発した日時等を、当該業務を行った運転者等ごとに「業務の記録」（法令に規定する運行記録計に記録する場合は除く。）に記録させなければならない。［R2.8改］

☐5．事業用自動車の運転者等の業務について、道路交通法に規定する交通事故若しくは自動車事故報告規則に規定する事故又は著しい運行の遅延その他の異常な事態が発生した場合にあっては、その概要及び原因を「業務の記録」に記録させ、かつ、その記録を１年間保存すること。［R3.3改］

☐6．事業用自動車に係る運転者等の業務について、道路交通法に規定する交通事故若しくは自動車事故報告規則に規定する事故又は著しい運行の遅延その他の異常な事態が発生した場合にあっては、その概要及び原因について、当該業務を行った運転者等ごとに「業務の記録」（法令に規定する運行記録計に記録する場合は除く。）に記録をさせなければならない。［R2.8改］

☐7．運転者等の業務について、当該事業用自動車の瞬間速度、運行距離及び運行時間を運行記録計により記録しなければならない車両は、車両総重量が８トン以上又は最大積載量が５トン以上の普通自動車である。［R3_CBT改/R2.8改］

☐8．一般貨物自動車運送事業者は、特別積合せ貨物運送に係る運行系統に配置する事業用自動車に係る運転者等の業務について、運行記録計による記録を行わなければならない。［R3.3改］

☐9．一般貨物自動車運送事業者が、貨物自動車運送事業輸送安全規則に定める「事故の記録」として記録しなければならない事故とは、死者又は負傷者を生じさせたものと定められており、物損事故については、当該記録をしなければならないものに該当しない。［R3.3］

解答

1…○：2…○：3…×（記録を省略することはできない）**：4…○：5…○：6…○：7…×**（車両総重量が８t以上又は最大積載量が５t以上⇒車両総重量が７t以上又は最大積載量が４t以上）**：8…○：9…×**（物損事故も該当する）

2 演習問題

問１　一般貨物自動車運送事業者（以下「事業者」という。）の貨物の積載等に関する次の記述のうち、**正しいものを２つ**選びなさい。なお、解答にあたっては、各選択肢に記載されている事項以外は考慮しないものとする。

☐ １．事業者は、道路法第47条第２項の規定（車両でその幅、重量、高さ、長さ又は最小回転半径が政令で定める最高限度を超えるものは、道路を通行させてはならない。）に違反し、又は政令で定める最高限度を超える車両の通行に関し道路管理者が付した条件（通行経路、通行時間等）に違反して事業用自動車を通行させることを防止するため、運転者又は特定自動運行保安員（以下、「運転者等」という。）に対する適切な指導及び監督を怠ってはならない。

２．事業者は、事業用自動車（車両総重量が８トン以上又は最大積載量が５トン以上のものに限る。）に、貨物を積載するときは、偏荷重が生じないように積載するとともに、運搬中に荷崩れ等により事業用自動車から落下することを防止するため、貨物にロープ又はシートを掛けること等必要な措置を講じなければならない。

３．事業者は、車両総重量が７トン以上又は最大積載量が４トン以上の普通自動車である事業用自動車に係る運転者等の業務について、当該事業用自動車の瞬間速度、運行距離及び運行時間を運行記録計により記録し、かつ、その記録を１年間保存しなければならない。

４．事業用自動車に係る運転者等の業務について、車両総重量が８トン以上又は最大積載量が５トン以上の普通自動車である事業用自動車の運行の業務に従事した場合にあっては、「貨物の積載状況」を「業務の記録」に記録させなければならない。ただし、当該業務において、法令の規定に基づき作成された運行指示書に「貨物の積載状況」が記載されているときは、「業務の記録」への当該事項の記録を省略することができる。

問２　一般貨物自動車運送事業者（以下「事業者」という。）の過労運転等の防止等についての法令の定めに関する次の記述のうち、**誤っているものを１つ**選びなさい。なお、解答にあたっては、各選択肢に記載されている事項以外は考慮しないものとする。［R3_CBT改］

☐ 1．事業者は、事業計画に従い業務を行うに必要な員数の運転者又は特定自動運行保安員を常時選任しておかなければならず、この場合、選任する運転者及び特定自動運行保安員は、日々雇い入れられる者、２ヵ月以内の期間を定めて使用される者又は試みの使用期間中の者（14日を超えて引き続き使用されるに至った者を除く。）であってはならない。

2．運転者等の業務について、当該事業用自動車の瞬間速度、運行距離及び運行時間を運行記録計により記録しなければならない車両は、車両総重量が８トン以上又は最大積載量が５トン以上の普通自動車である。

3．事業者は、運転者、特定自動運行保安員及び事業用自動車の運行の業務の補助に従事する従業員（以下「乗務員等」という。）の健康状態の把握に努め、疾病、疲労、睡眠不足その他の理由により安全に運行の業務を遂行し、又はその補助をすることができないおそれがある乗務員等を事業用自動車の運行の業務に従事させてはならない。

4．事業者は、運転者が長距離運転又は夜間の運転に従事する場合であって、疲労等により安全な運転を継続することができないおそれがあるときは、あらかじめ、当該運転者と交替するための運転者を配置しておかなければならない。

問３　一般貨物自動車運送事業者（以下「事業者」という。）の過労運転等の防止等についての法令の定めに関する次の記述のうち、**正しいものを２つ**選びなさい。なお、解答にあたっては、各選択肢に記載されている事項以外は考慮しないものとする。

［R2. 8改］

☐ 1．事業者は、事業計画に従い業務を行うに必要な員数の事業用自動車の運転者又は特定自動運行保安員を常時選任しておかなければならず、この場合、選任する運転者及び特定自動運行保安員は、日々雇い入れられる者、３ヵ月以内の期間を定めて使用される者又は試みの使用期間中の者（14日を超えて引き続き使用されるに至った者を除く。）であってはならない。

2．事業者は、運転者、特定自動運行保安員及び事業用自動車の運行の業務の補助に従事する従業員（以下「乗務員等」という。）が有効に利用することができるように、休憩に必要な施設を整備し、及び乗務員等に睡眠を与える必要がある場合にあっては睡眠に必要な施設を整備し、並びにこれらの施設を適切に管理し、及び保守しなければならない。

3．事業者は、運転者が長距離運転又は夜間の運転に従事する場合であって、疲労等により安全な運転を継続することができないおそれがあるときは、あらかじめ、当該運転者と交替するための運転者を配置しておかなければならない。

4．運転者等の業務について、当該事業用自動車の瞬間速度、運行距離及び運行時間を運行記録計により記録しなければならない車両は、車両総重量が８トン以上又は最大積載量が５トン以上の普通自動車である。

問４　一般貨物自動車運送事業者が運転者に記録させる業務の記録についての次の記述のうち、**誤っているものを１つ**選びなさい。なお、解答にあたっては、各選択肢に記載されている事項以外は考慮しないものとする。［R2.8改］

□　1．事業用自動車に係る運転者又は特定自動運行保安員（以下、「運転者等」という。）の業務について、休憩又は睡眠をした場合にあっては、その地点及び日時を、当該業務を行った運転者等ごとに「業務の記録」（法令に規定する運行記録計に記録する場合は除く。以下同じ。）に記録させなければならない。ただし、10分未満の休憩については、その記録を省略しても差しつかえない。

2．事業用自動車に係る運転者等の業務について、道路交通法に規定する交通事故若しくは自動車事故報告規則に規定する事故又は著しい運行の遅延その他の異常な事態が発生した場合にあっては、その概要及び原因について、当該業務を行った運転者等ごとに「業務の記録」に記録させなければならない。

3．事業用自動車に係る運転者等の業務について、車両総重量が８トン以上又は最大積載量が５トン以上の普通自動車である事業用自動車の運行の業務に従事した場合にあって、荷主の都合により集貨又は配達を行った地点（以下「集貨地点等」という。）で30分以上待機したときは、①集貨地点等、②集貨地点等に到着した日時、③集貨地点等における積込み又は取卸しの開始及び終了の日時、④集貨地点等から出発した日時等を、当該業務を行った運転者等ごとに「業務の記録」に記録させなければならない。

4．事業用自動車に係る運転者等の業務について、車両総重量が８トン以上又は最大積載量が５トン以上の普通自動車である事業用自動車の運行の業務に従事した場合にあっては、「貨物の積載状況」を「業務の記録」に記録させなければならない。ただし、当該業務において、法令の規定に基づき作成された運行指示書に「貨物の積載状況」が記載されているときは、「業務の記録」への当該事項の記録を省略することができる。

◆解答＆解説

問1［解答　1，3］

1．安全規則第5条の2（通行の禁止又は制限等違反の防止）第1項①。⇒43P

2．事業用自動車の大きさに関係なく、すべての事業用自動車について、偏荷重の防止及び荷崩れ等による落下の防止のために必要な措置を講じなければならない。安全規則第5条（貨物の積載方法）第1項。⇒43P

3．安全規則第9条（運行記録計による記録）第1項①。

4．運行指示書に「貨物の積載状況」が記載されている場合であっても、業務の記録に当該事項を記録しなければならない。安全規則第8条（業務の記録）第1項⑥。

問2［解答　2］

1．安全規則第3条（過労運転等の防止）第1項・第2項。⇒33P

2．「車両総重量が8トン以上又は最大積載量が5トン以上」⇒「車両総重量が7トン以上又は最大積載量が4トン以上」。安全規則第9条（運行記録計による記録）第1項①。

3．安全規則第3条（過労運転等の防止）第6項。⇒33P

4．安全規則第3条（過労運転等の防止）第7項。⇒33P

問3［解答　2，3］

1．「3ヵ月以内の期間」⇒「2ヵ月以内の期間」。安全規則第3条（過労運転等の防止）第1項・第2項。⇒33P

2．安全規則第3条（過労運転等の防止）第3項。⇒33P

3．安全規則第3条（過労運転等の防止）第7項。⇒33P

4．「車両総重量が8トン以上又は最大積載量が5トン以上」⇒「車両総重量が7トン以上又は最大積載量が4トン以上」。安全規則第9条（運行記録計による記録）第1項①。

問4［解答　4］

1．安全規則第8条（業務の記録）第1項⑤・「安全規則の解釈及び運用」第8条第1項（1）。

2．安全規則第8条（業務の記録）第1項⑦。

3．安全規則第8条（業務の記録）第1項⑥・「安全規則の解釈及び運用」第8条第1項（3）。

4．運行指示書に「貨物の積載状況」が記載されている場合であっても、業務の記録に当該事項を記録しなければならない。安全規則第8条（業務の記録）第1項⑥。

11 運行指示書

1 法令の要点と○×式過去出題例

■運行指示書による指示等［安全規則第９条の３］

《記載事項》

1．一般貨物自動車運送事業者等は、業務前及び業務後の点呼の**いずれも**対面により、又は対面による点呼と同等の効果を有するものとして国土交通大臣が定める方法で行うことができない業務を含む運行ごとに、次に掲げる事項を記載した運行指示書を**作成し**、これにより事業用自動車の運転者等に対し適切な指示を行い、及びこれを当該運転者等に**携行**させなければならない。

①運行の**開始**及び**終了**の地点及び日時	②乗務員等の氏名
③運行の経路並びに**主な経過地**における**発車**及び**到着**の日時	
④運行に際して注意を要する箇所の位置	
⑤乗務員等の休憩地点及び休憩時間（休憩がある場合に限る。）	
⑥乗務員等の運転又は業務の**交替の地点**（交替がある場合に限る。）	
⑦その他、運行の安全を確保するために必要な事項	

《運行途中における変更》

2．一般貨物自動車運送事業者等は、運行指示書の作成を要する運行の途中において、第１項①又は③に掲げる事項に**変更が生じた場合**には、運行指示書の写しに当該変更の内容を記載し、これにより運転者等に対し電話その他の方法により当該変更の内容について適切な指示を行い、及び当該**運転者等が携行している運行指示書**に当該変更の内容を**記載**させなければならない。

《運行途中での運行指示書の作成》

3．一般貨物自動車運送事業者等は、運行指示書の作成を要しない運行の途中において、事業用自動車の運転者等に業務前及び業務後の点呼のいずれも対面により、又は対面による点呼と同等の効果を有するものとして国土交通大臣が定める方法で行うことができない業務を行わせることとなった場合には、当該業務以後の運行について、第１項に掲げる事項を記載した運行指示書を作成し、及びこれにより当該運転者等に対し電話その他の方法により適切な指示を行わなければならない。

《指示書の保存》

4．一般貨物自動車運送事業者等は、運行指示書及びその写しを**運行の終了の日**から**1年間保存**しなければならない。

過去出題例 ［**運行指示書**］

☐1．一般貨物自動車運送事業者は、運行の途中において、運行の開始及び終了の地点及び日時に変更が生じた場合には、運行指示書の写しに当該変更の内容を記載し、これにより運転者等に対し電話その他の方法により当該変更の内容について適切な指示を行い、及び当該運転者等が携行している運行指示書に当該変更の内容を記載させなければならない。［R2_CBT］

☐2．一般貨物自動車運送事業者等は、法令の規定により運行指示書を作成した場合には、当該運行指示書を、運行を計画した日から１年間保存しなければならない。［R3_CBT］

☐3．一般貨物自動車運送事業者は、法令の規定により運行指示書を作成した場合には、当該運行指示書及びその写しを、運行の終了の日から１年間保存しなければならない。［R3.3］

解答

1…○：2…×（運行を計画した日⇒運行の終了の日）**：3…○**

2　演習問題

問１　一般貨物自動車運送事業者（以下「事業者」という。）の運行指示書による指示等に関する次の記述のうち、**正しいものを２つ**選びなさい。なお、解答にあたっては、各選択肢に記載されている事項以外は考慮しないものとする。

☐ 1．事業者は、業務前及び業務後の点呼のいずれも対面により、又は対面による点呼と同等の効果を有するものとして国土交通大臣が定める方法で行うことができない業務を含む運行ごとに、「運行の開始及び終了の地点及び日時」等の所定の事項を記載した運行指示書を作成し、これにより事業用自動車の運転者等に対し適切な指示を行い、及びこれを当該運転者等に携行させなければならない。

2．事業者は、運行指示書の作成を要する運行の途中において、「運行の経路並びに主な経過地における発車及び到着の日時」に変更が生じた場合には、運行指示書の写しに当該変更の内容を記載し、これにより運転者等に対し電話その他の方法により、当該変更の内容について適切な指示を行わなければならない。この場合、当該運転者等が携行している運行指示書への当該変更内容の記載を省略させることができる。

3．事業者は、運行指示書の作成を要しない運行の途中において、事業用自動車の運転者等に業務前及び業務後の点呼のいずれも対面により、又は対面による点呼と同等の効果を有するものとして国土交通大臣が定める方法で行うことができない業務を行わせることとなった場合には、当該業務以後の運行について、所定の事項を記載した運行指示書を作成し、及びこれにより当該運転者等に対し電話その他の方法により適切な指示を行わなければならない。

4．事業者は、法令の規定により運行指示書を作成した場合には、当該運行指示書を、運行を計画した日から１年間保存しなければならない。

問２　一般貨物自動車運送事業者（以下「事業者」という。）の過労運転等の防止等についての法令の定めに関する次の記述のうち、**誤っているものを１つ**選びなさい。なお、解答にあたっては、各選択肢に記載されている事項以外は考慮しないものとする。［R2_CBT改］

☐ １．事業者は、休憩又は睡眠のための時間及び勤務終了後の休息のための時間が十分に確保されるように、国土交通大臣が告示で定める基準に従って、運転者の勤務時間及び乗務時間を定め、当該運転者にこれらを遵守させなければならない。

２．事業者は、運転者が長距離運転又は夜間の運転に従事する場合であって、疲労等により安全な運転を継続することができないおそれがあるときは、あらかじめ、当該運転者と交替するための運転者を配置しておかなければならない。

３．事業者は、運行の途中において、運行の開始及び終了の地点及び日時に変更が生じた場合には、運行指示書の写しに当該変更の内容を記載し、これにより運転者等に対し電話その他の方法により当該変更の内容について適切な指示を行い、及び当該運転者等が携行している運行指示書に当該変更の内容を記載させなければならない。

４．特別積合せ貨物運送を行う事業者は、当該特別積合せ貨物運送に係る運行系統であって起点から終点までの距離が200キロメートルを超えるものごとに、所定の事項について事業用自動車の運行の業務に関する基準を定め、かつ、当該基準の遵守について乗務員等に対する適切な指導及び監督を行わなければならない。

問３　一般貨物自動車運送事業者（以下「事業者」という。）の事業用自動車の運行等の記録に関する次の記述のうち、**誤っているものを１つ**選びなさい。なお、解答にあたっては、各選択肢に記載されている事項以外は考慮しないものとする。

［R3. 3改］

☐ １．事業者は、法令の規定により運行指示書を作成した場合には、当該運行指示書及びその写しを、運行の終了の日から１年間保存しなければならない。

２．事業用自動車の運転者等の業務について、道路交通法に規定する交通事故若しくは自動車事故報告規則に規定する事故又は著しい運行の遅延その他の異常な事態が発生した場合にあっては、その概要及び原因を「業務の記録」に記録させ、かつ、その記録を１年間保存すること。

３．事業者は、特別積合せ貨物運送に係る運行系統に配置する事業用自動車に係る運転者等の業務について、運行記録計による記録を行わなければならない。

４．事業者が、貨物自動車運送事業輸送安全規則に定める「事故の記録」として記録しなければならない事故とは、死者又は負傷者を生じさせたものと定められており、物損事故については、当該記録をしなければならないものに該当しない。

問４　一般貨物自動車運送事業者（以下「事業者」という。）の過労運転等の防止等についての法令の定めに関する次の記述のうち、**正しいものをすべて**選びなさい。なお、解答にあたっては、各選択肢に記載されている事項以外は考慮しないものとする。

□ 1．事業者は、運転者、特定自動運行保安員及び事業用自動車の運行の業務の補助に従事する従業員（以下、「乗務員等」という。）が有効に利用することができるように、休憩に必要な施設を整備し、乗務員等に睡眠を与える必要がある場合にあっては睡眠に必要な施設を整備しなければならない。ただし、寝具等必要な設備が整えられていない施設は、有効に利用することができる施設には該当しない。

2．事業者は、運行指示書の作成を要する運行の途中において、運行の開始及び終了の地点及び日時に変更が生じた場合には、運行指示書の写しに当該変更の内容を記載し、これにより運転者等に対し電話その他の方法により、当該変更の内容について適切な指示を行わなければならない。この場合、当該運転者等が携行している運行指示書については、当該変更の内容を記載させることを要しない。

3．運転者が一の運行における最初の勤務を開始してから最後の勤務を終了するまでの時間（ただし、「自動車運転者の労働時間等の改善のための基準」の規定において厚生労働省労働基準局長が定めることとされている自動車運転者がフェリーに乗船する場合における休息期間を除く。）は、144時間を超えてはならない。

4．特別積合せ貨物運送を行う事業者は、当該特別積合せ貨物運送に係る運行系統であって起点から終点までの距離が150キロメートルを超えるものごとに、所定の事項について事業用自動車の運行の業務に関する基準を定め、かつ、当該基準の遵守について乗務員等に対する適切な指導及び監督を行わなければならない。

◆解答＆解説

問１ ［解答　１，３］

1．安全規則第９条の３（運行指示書による指示等）第１項。

2．運行の経路並びに主な経過地における発車及び到着の日時に変更が生じた場合は、運転者等が携行している運行指示書にも**変更内容を記載させなければならない。記載を省略させることはできない**。安全規則第９条の３（運行指示書による指示等）第２項。

3．安全規則第９条の３（運行指示書による指示等）第３項。

4．「運行を計画した日から」⇒「**運行の終了の日から**」。安全規則第９条の３（運行指示書による指示等）第４項。

問２ ［解答　４］

1．安全規則第３条（過労運転等の防止）第４項。⇒33P

2．安全規則第３条（過労運転等の防止）第７項。⇒33P

3．安全規則第９条の３（運行指示書による指示等）第２項。

4．「200キロメートル」⇒「**100キロメートル**」。安全規則第３条（過労運転等の防止）第８項。⇒33P

問３ ［解答　４］

1．安全規則第９条の３（運行指示書による指示等）第４項。

2．安全規則第８条（業務の記録）第１項⑦。⇒63P

3．安全規則第９条（運行記録計による記録）第１項③。⇒65P

4．事業用自動車に係る事故であるため、物損事故であっても**「事故の記録」として記録しなければならない**。安全規則第９条の２（事故の記録）第１項。⇒65P

問４ ［解答　１，３］

1．安全規則第３条（過労運転等の防止）第３項。⇒33P・「安全規則の解釈及び運用」第３条第２項（１）②。⇒34P

2．運行の開始及び終了の地点及び日時に変更が生じた場合は、運転者等が携行している運行指示書にも**変更内容を記載させなければならない。記載を省略させることはできない**。安全規則第９条の３（運行指示書による指示等）第２項。

3．「貨物自動車運送事業の事業用自動車の運転者の勤務時間及び乗務時間に係る基準（告示）」。⇒34P

4．「150キロメートル」⇒「**100キロメートル**」。安全規則第３条（過労運転等の防止）第８項。⇒33P

12 適正な取引の確保

1 法令の要点と○×式過去出題例

■適正な取引の確保［安全規則第９条の４］

1．一般貨物自動車運送事業者等は、運送条件が明確でない運送の引受け、運送の直前若しくは開始以降の運送条件の変更、荷主の都合による集貨地点等における待機又は運送契約によらない附帯業務の実施に起因する運転者の過労運転又は過積載による運送その他の輸送の安全を阻害する行為を防止するため、荷主と密接に連絡し、及び協力して、**適正な取引の確保**に努めなければならない。

過去出題例［適正な取引の確保］

☐1．一般貨物自動車運送事業者は、運送条件が明確でない運送の引受け、運送の直前若しくは開始以降の運送条件の変更、荷主の都合による集貨地点等における待機又は運送契約によらない附帯業務の実施に起因する運転者の過労運転又は過積載による運送その他の輸送の安全を阻害する行為を防止するため、荷主と密接に連絡し、及び協力して、適正な取引の確保に努めなければならない。［R3.3］

解答

1…○

２　演習問題

問１　一般貨物自動車運送事業者（以下「事業者」という。）の貨物の積載等に関する次の記述のうち、**誤っているものを１つ**選びなさい。なお、解答にあたっては、各選択肢に記載されている事項以外は考慮しないものとする。［R3.3改］

☐ １．事業者は、車両総重量が８トン以上又は最大積載量が５トン以上の普通自動車である事業用自動車の運行の業務に運転者等を従事させた場合にあっては、貨物の積載状況を当該業務を行った運転者ごとに業務の記録をさせなければならない。

２．事業者は、事業用自動車に貨物を積載するときに偏荷重が生じないように積載するとともに、運搬中に荷崩れ等により事業用自動車から落下することを防止するため、貨物にロープ又はシートを掛けること等必要な措置を講じなければならないとされている。この措置を講じなければならないとされる事業用自動車は、車両総重量が８トン以上又は最大積載量が５トン以上のものに限られる。

３．事業者は、運送条件が明確でない運送の引受け、運送の直前若しくは開始以降の運送条件の変更、荷主の都合による集貨地点等における待機又は運送契約によらない附帯業務の実施に起因する運転者の過労運転又は過積載による運送その他の輸送の安全を阻害する行為を防止するため、荷主と密接に連絡し、及び協力して、適正な取引の確保に努めなければならない。

４．国土交通大臣は、事業者が過積載による運送を行ったことにより、貨物自動車運送事業法の規定による命令又は処分をする場合において、当該命令又は処分に係る過積載による運送が荷主の指示に基づき行われたことが明らかであると認められ、かつ、当該事業者に対する命令又は処分のみによっては当該過積載による運送の再発を防止することが困難であると認められるときは、当該荷主に対しても、当該過積載による運送の再発の防止を図るため適当な措置を執るべきことを勧告することができる。

◆解答＆解説

問１［解答　２］

１．安全規則第８条（業務の記録）第１項⑥イ。⇒63P

２．事業用自動車の大きさに関係なく、すべての事業用自動車について、偏荷重の防止及び荷崩れ等による落下の防止のために必要な措置を講じなければならない。安全規則第５条（貨物の積載方法）第１項。⇒43P

３．安全規則第９条の４（適正な取引の確保）第１項。

４．運送事業法第64条（荷主への勧告）第１項。⇒44P

13 運転者等台帳

1 法令の要点と○×式過去出題例

■ 運転者等台帳［安全規則第９条の５］

1．一般貨物自動車運送事業者等は、運転者等ごとに、①から⑨までに掲げる事項を記載し、かつ、⑩に掲げる写真を貼り付けた**一定の様式の運転者等台帳を作成**し、これを当該運転者等の属する営業所に備えて置かなければならない。

①作成番号及び作成年月日
②事業者の氏名又は名称
③運転者等の氏名、生年月日及び住所
④**雇入れ**の年月日及び**運転者等に選任**された年月日
⑤運転者に対しては、**運転免許**に関する次の事項 イ．運転免許証の番号及び有効期限　ロ．運転免許の年月日及び種類 ハ．運転免許に条件が付されている場合は、当該条件
⑥**事故**を引き起こした場合は、その概要
⑦道交法第108条の24の規定による**通知**を受けた場合は、その概要
⑧運転者等の健康状態
⑨運転者に対しては、安全規則第10条第２項（⇒81P）の規定に基づく**指導**の実施及び**適性診断**の受診の状況
⑩運転者等台帳の作成前６月以内に撮影した単独、上三分身、無帽、正面、無背景の写真

《転任等による台帳の保存》

2．一般貨物自動車運送事業者等は、運転者が転任、退職その他の理由により運転者でなくなった場合には、直ちに、当該運転者に係る前項の運転者等台帳に運転者でなくなった年月日及び理由を記載し、これを**３年間保存**しなければならない。

過去出題例［運転者等台帳］

☐1．一般貨物自動車運送事業者は、運転者が転任、退職その他の理由により運転者でなくなった場合には、直ちに、当該運転者に係る法令に基づき作成した運転者等台帳に運転者でなくなった年月日及び理由を記載し、これを１年間保存しなければならない。

［R3_CBT改］

解答

1…×（１年間保存⇒３年間保存）

2　演習問題

問１　一般貨物自動車運送事業者（以下「事業者」という。）の事業用自動車の運行に係る記録等に関する次の記述のうち、**正しいものを２つ**選びなさい。なお、解答にあたっては、各選択肢に記載されている事項以外は考慮しないものとする。

［R3_CBT改］

□ 1．同一事業者内の全国貨物自動車運送適正化事業実施機関が認定している安全性優良事業所（Gマーク営業所）間でIT点呼を実施した場合、点呼簿に記録する内容を、IT点呼を行う営業所及びIT点呼を受ける運転者が所属する営業所の双方で記録し、保存すること。

2．事業者は、運転者に対して、車両総重量が８トン以上又は最大積載量が５トン以上の普通自動車である事業用自動車の運行の業務に従事させた場合にあっては、当該業務を行った運転者等ごとに貨物の積載状況を「業務の記録」に記録させ、かつ、その記録を１年間保存しなければならない。

3．事業者は、法令の規定により運行指示書を作成した場合には、当該運行指示書を、運行を計画した日から１年間保存しなければならない。

4．事業者は、運転者が転任、退職その他の理由により運転者でなくなった場合には、直ちに、当該運転者に係る法令に基づき作成した運転者等台帳に運転者でなくなった年月日及び理由を記載し、これを１年間保存しなければならない。

◆解答＆解説

問１［解答　1，2］

1．「安全規則の解釈及び運用」第７条第１項（５）②ア。⇒46P

2．安全規則第８条（業務の記録）第１項⑥イ。⇒63P

3．「運行を計画した日から」⇒「**運行の終了の日から**」。安全規則第９条の３（運行指示書による指示等）第４項。⇒71P

4．「１年間保存」⇒「**３年間保存**」。安全規則第９条の５（運転者等台帳）第２項。

14 特別な指導［1］

1 法令の要点と○×式過去出題例

■従業員に対する指導及び監督［安全規則第10条］

1．貨物自動車運送事業者は、国土交通大臣が告示で定めるところにより、当該貨物自動車運送事業に係る主な**道路の状況**その他の事業用自動車の運行に関する状況、その状況の下において事業用自動車の運行の安全を確保するために必要な**運転の技術**及び法令に基づき自動車の運転に関して**遵守すべき事項**について、運転者に対する適切な**指導及び監督**をしなければならない。この場合においては、その日時、場所及び内容並びに指導及び監督を行った者及び受けた者を記録し、かつ、その記録を営業所において**3年間**保存しなければならない。

《特別な指導と適性診断の受診》

2．一般貨物自動車運送事業者等は、国土交通大臣が告示で定めるところにより、次に掲げる運転者に対して、事業用自動車の運行の安全を確保するために遵守すべき事項について特別な指導を行い、かつ、国土交通大臣が告示で定める**適性診断**であって国土交通省令の規定により国土交通大臣の認定を受けたものを受けさせなければならない。

①死者又は負傷者（自賠法施行令（⇒103P）で定める傷害を受けた者）が生じた事故を引き起こした者（→ 事故惹起※運転者という。）
②運転者として新たに雇い入れた者（→ 初任運転者という。）
③高齢者（**65才**以上の者）（→ 高齢運転者という。）

※惹起は「事件や問題などを引き起こすこと」を意味する。

《非常用器具の取扱いの指導》

4．貨物自動車運送事業者は、事業用自動車に備えられた**非常信号用具**及び**消火器**の取扱いについて、当該事業用自動車の乗務員等に対する**適切な指導**をしなければならない。

《従業員に対する指導及び監督のための措置》

5．**貨物自動車運送事業者**は、従業員に対し、効果的かつ適切に指導及び監督を行うため、輸送の安全に関する基本的な**方針の策定**その他の国土交通大臣が告示で定める**措置を講じなければならない**。

【従業員に対する指導及び監督のための措置】

過去出題例［特別な指導［1］］

☐1．一般貨物自動車運送事業者は、事業用自動車の運行の安全を確保するために必要な運転の技術及び法令に基づき自動車の運転に関して遵守すべき事項等について、運転者に対する適切な指導及び監督をしなければならない。この場合においては、その日時、場所及び内容並びに指導及び監督を行った者及び受けた者を記録し、かつ、その記録を営業所において3年間保存すること。［R2_CBT］

☐2．運行管理者は、従業員に対し、効果的かつ適切に指導及び監督を行うため、輸送の安全に関する基本的な方針を策定し、かつ、これに基づき指導及び監督を行うこと。［R2.8］

解答

1…○：2…×（運行管理者⇒貨物自動車運送事業者）

15 特別な指導［2］

1 法令の要点と○×式過去出題例

■ 貨物自動車運送事業者が事業用自動車の運転者に対して行う指導及び監督の指針（国土交通省告示）

《第１章　一般的な指導及び監督の指針》

１　目的

事業用自動車の運転者は、大型の自動車を運転したり、多様な地理的、気象的状況の下で運転したりすることから、道路の状況その他の運行の状況に関する判断及びその状況における運転について、高度な能力が要求される。このため、貨物自動車運送事業者は、事業用自動車の運転者に対して**継続的かつ計画的に指導及び監督**を行い、他の運転者の模範となるべき運転者を育成する必要がある。そこで、貨物自動車運送事業者が事業用自動車の運転者に対して行う一般的な指導及び監督は、貨物自動車運送事業法その他の法令に基づき運転者が遵守すべき事項に関する知識のほか、事業用自動車の運行の安全を確保するために必要な**運転に関する技能及び知識を習得**させることを目的とする。

２　指導及び監督の内容

（６）危険物を運搬する場合に留意すべき事項

危険物（自動車事故報告規則（昭和26年運輸省令第104号）第２条第５号に規定するものをいう。以下同じ。）を運搬する場合においては、危険物に該当する貨物の種類及び運搬する危険物の性状を理解させるとともに、危険物を運搬する前に確認すべき事項並びに危険物の取扱い方法、積載方法及び運搬方法について留意すべき事項を理解させる。また、運搬中に危険物が飛散又は漏えいした場合に安全を確保するためにとるべき方法を指導し、習得させる。この場合において、タンクローリにより危険物を運搬する場合にあっては、これを安全に運搬するために留意すべき事項を理解させる。

（７）適切な運行の経路及び当該経路における道路及び交通の状況

①当該貨物自動車運送事業に係る主な道路及び交通の状況をあらかじめ把握させるよう指導するとともに、これらの状況を踏まえ、事業用自動車を安全に運転するために留意すべき事項を指導する。この場合、交通事故の事例又は自社の事業用自動車の運転者が運転中に他の自動車又は歩行者等と衝突又は接触するおそれがあったと認識した事例（いわゆる「ヒヤリ・ハット体験」）を説明すること等により運転者に理解させる。

（10）交通事故に関わる運転者の生理的及び心理的要因並びにこれらへの対処方法

長時間連続運転等による過労、睡眠不足、医薬品等の服用に伴い誘発される眠気、飲酒が身体に与える影響等の生理的要因及び慣れ、自らの運転技能への過信による集中力の欠如等の心理的要因が交通事故を引き起こすおそれがあることを事例を説明することにより理解させるとともに、安全規則第３条第４項の規定に基づき事業用自動車の運転者の勤務時間及び乗務時間に係る基準を定める告示に基づく事業用自動車の運転者の勤務時間及び乗務時間を理解させる。また、運転中に疲労や眠気を感じたときは運転を中止し、休憩するか、又は睡眠をとるよう指導するとともに、**飲酒運転、酒気帯び運転及び覚せい剤等の使用の禁止を徹底**する。

３　指導及び監督の実施に当たって配慮すべき事項

（１）運転者に対する指導及び監督の意義についての理解

貨物自動車運送事業者は、貨物自動車運送事業法その他の法令に基づき運転者が遵守すべき事項に関する知識のほか、事業用自動車の運行の安全を確保するために必要な運転に関する技能及び知識を運転者に習得させることについて、重要な役割を果たす責務を有していることを理解する必要がある。

（２）計画的な指導及び監督の実施

貨物自動車運送事業者は、運転者の指導及び監督を継続的、計画的に実施するための基本的な計画を作成し、計画的かつ体系的に指導及び監督を実施することが必要である。

（４）参加・体験・実践型の指導及び監督の手法の活用

運転者が事業用自動車の運行の安全を確保するために必要な技能及び知識を体験に基づいて習得し、その必要性を理解できるようにするとともに、運転者が交通ルール等から逸脱した運転操作又は知識を身に付けている場合には、それを客観的に把握し、是正できるようにするため、参加・体験・実践型の指導及び監督の手法を積極的に活用することが必要である。例えば、交通事故の事例を挙げ、その要因及び対策について、必要により運転者を少人数のグループに分けて話し合いをさせたり、イラスト又はビデオ等の視聴覚教材又は運転シミュレーターを用いて交通事故の発生する状況等を間接的又は擬似的に体験させたり、実際に事業用自動車を運転させ、技能及び知識の習得の程度を認識させたり、実験により事業用自動車の死角、内輪差及び制動距離を確認させたりするなど手法を工夫することが必要である。

《第２章　特定の運転者に対する特別な指導の指針》

一般貨物自動車運送事業者等は、安全規則第10条第２項の規定に基づき、第１章の一般的な指導及び監督に加え、第２章１（略）に掲げる目的を達成するため、２の各号に掲げる事業用自動車の運転者に対し、それぞれ当該各号に掲げる内容について、３に掲げる事項に配慮しつつ指導を実施し、安全規則第９条の５第１項に基づき、指導を実施した年月日及び指導の具体的内容を運転者台帳に記載するか、又は、指導を実施した年月日を運転者台帳に記載したうえで指導の具体的内容を記録した書面を運転者台帳に添付するものとする。また、４の各号に掲げる運転者に対し、当該各号に掲げる方法により適性診断を受診させ、受診年月日及び適性診断の結果を記録した書面を同項に基づき運転者台帳に添付するものとする。

さらに、５に掲げる事項により、運転者として新たに雇い入れた者に対し、雇い入れる前の事故歴を把握した上で、必要に応じ、特別な指導を行い、適性診断を受けさせるものとする。

２　指導の内容及び時間

（１）事故惹起運転者＊1に対する特別な指導の内容及び時間

内　容	時　間
①事業用自動車の運行の安全の確保に関する法令等	①から⑤までについて**合計6時間以上**実施すること。⑥については、可能な限り実施することが望ましい。
②交通事故の事例の分析に基づく再発防止対策	
③交通事故に関わる運転者の生理的及び心理的要因並びにこれらへの対処方法	
④交通事故を防止するために留意すべき事項	
⑤危険の予測及び回避	
⑥安全運転の実技	

＊１：死者又は重傷者を生じた交通事故を引き起こした運転者及び軽傷者を生じた交通事故を引き起こし、かつ、当該事故前の３年間に交通事故を引き起こしたことがある運転者

（２）初任運転者＊2に対する特別な指導の内容及び時間

内　容	時　間
①貨物自動車運送事業法その他の法令に基づき運転者が遵守すべき事項、事業用自動車の運行の安全を確保するために必要な運転に関する事項等	15時間以上実施すること。
②安全運転の**実技**	**20時間以上**実施すること。

＊２：安全規則第３条第１項（⇒33P）に基づき運転者として常時選任するために新たに雇い入れた者（当該貨物自動車運送事業者において初めて事業用自動車に乗務する前**３年間**に他の一般貨物自動車運送事業者等によって運転者として常時選任されたことがある者を除く。）

（３）高齢運転者に対する特別な指導

適性診断の結果を踏まえ、個々の運転者の加齢に伴う身体機能の変化の程度に応じた事業用自動車の安全な運転方法等について、運転者が**自ら考える**よう指導する。

３　特別な指導の実施に当たって配慮すべき事項

（１）指導の実施時期

①事故惹起運転者

当該交通事故を引き起こした後**再度事業用自動車に乗務する前**に実施する。ただし、やむを得ない事情がある場合には、再度乗務を開始した後**１ヵ月以内**に実施する。なお、外部の専門的機関における指導講習を受講する予定である場合は、この限りでない。

②初任運転者

当該貨物自動車運送事業者において**初めて事業用自動車に乗務する前**に実施する。ただし、やむを得ない事情がある場合には、乗務を開始した後**１ヵ月以内**に実施する。

③高齢運転者

適性診断の結果が判明した後**１ヵ月以内**に実施する。

４　適性診断の受診

（１）事故惹起運転者

当該交通事故を引き起こした後再度事業用自動車に乗務する前に次に掲げる事故惹起運転者の区分ごとにそれぞれ特定診断Ⅰ（①に掲げる者のための適性診断として国土交通大臣が認定したものをいう。）又は特定診断Ⅱ（②に掲げる者のための適性診断として国土交通大臣が認定したものをいう。）を受診させる。ただし、やむを得ない事情がある場合には、**乗務を開始した後１ヵ月以内に受診させる**。

①死者又は重傷者を生じた交通事故を引き起こし、かつ、当該事故前の**１年間**に交通事故を引き起こしたことがない者及び軽傷者を生じた交通事故を引き起こし、かつ、当該事故前の**３年間**に交通事故を引き起こしたことがある者
②死者又は重傷者を生じた交通事故を引き起こし、かつ、当該事故前の**１年間**に交通事故を引き起こしたことがある者

（２）運転者として常時選任するために新たに雇い入れた者であって当該貨物自動車運送事業者において初めて事業用自動車に乗務する前３年間に初任診断（初任運転者のための適性診断として国土交通大臣が認定したものをいう。）を受診したことがない者

当該貨物自動車運送事業者において**初めて事業用自動車に乗務する前**に初任診断を受診させる。ただし、**やむを得ない事情がある場合**には、**乗務を開始した後１ヵ月以内**に受診させる。

（３）高齢運転者

適齢診断（高齢運転者のための適性診断として国土交通大臣が認定したものをいう。）を**65歳に達した日以後１年以内**（65歳以上の者を新たに運転者として選任した場合は、選任の日から１年以内）**に１回**受診させ、その後**３年以内ごとに１回**受診させる。

5　新たに雇い入れた者（初任運転者）の事故歴の把握

（１）一般貨物自動車運送事業者等は、安全規則第３条第１項（過労運転等の防止）に基づき運転者を常時選任するために新たに雇い入れた場合には、当該運転者について、自動車安全運転センター法に規定する自動車安全運転センターが交付する無事故・無違反証明書または運転記録証明書等により、雇い入れる前の事故歴を把握し、事故惹起運転者に該当するか否かを確認すること。

（２）（１）の確認の結果、当該運転者が事故惹起運転者に該当した場合であって、事故惹起運転者に対する特別な指導を受けていない場合には、特別な指導を行うこと。

（３）（１）の確認の結果、当該運転者が事故惹起運転者に該当した場合であって、事故惹起運転者の適性診断を受診していない場合には、適性診断を受けさせること。

過去出題例［特別な指導［２］］

☐1．一般貨物自動車運送事業者は、危険物を運搬する場合、その運転者に対し、消防法（昭和23年法律第186号）その他の危険物の規制に関する法令に基づき、運搬する危険物の性状を理解させるとともに、取扱い方法、積載方法及び運搬方法について留意すべき事項を指導しなければならない。また、運搬中に危険物が飛散又は漏えいした場合に安全を確保するためにとるべき方法を指導し、習得させなければならない。

［R4_CBT］

☐2．一般貨物自動車運送事業者が行う初任運転者に対する特別な指導は、法令に基づき運転者が遵守すべき事項、事業用自動車の運行の安全を確保するために必要な運転に関する事項などについて、６時間以上実施するとともに、安全運転の実技について、15時間以上実施すること。［R3_CBT/R2_CBT］

☐3．一般貨物自動車運送事業者は、初任運転者に対する特別な指導について、当該事業者において初めて事業用自動車に乗務する前に実施すること。ただし、やむを得ない事情がある場合には、乗務を開始した後１ヵ月以内に実施すること。

［R3_CBT/R2_CBT］

☐4．一般貨物自動車運送事業者は、事故惹起運転者に対する特別な指導については、当該交通事故を引き起こした後再度事業用自動車に乗務する前に実施する。ただし、やむを得ない事情がある場合には、再度乗務を開始した後１ヵ月以内に実施する。なお、外部の専門的機関における指導講習を受講する予定である場合は、この限りではない。［R3_CBT］

☐5．一般貨物自動車運送事業者は、法令に基づき事業用自動車の運転者として常時選任するために新たに雇い入れた場合には、当該運転者について、自動車安全運転センターが交付する無事故・無違反証明書又は運転記録証明書等により、事故歴を把握し、事故惹起運転者に該当するか否かを確認すること。また、確認の結果、当該運転者が事故惹起運転者に該当した場合であって、特別な指導を受けていない場合には、特別な指導を実施すること。［R2_CBT］

解答

1…○：2…×（６時間以上⇒15時間以上，15時間以上⇒20時間以上）**：3…○：4…○：5…○**

2　演習問題

問１　一般貨物自動車運送事業者（以下「事業者」という。）の事業用自動車の運行の安全を確保するために、事業者が行う国土交通省告示で定める特定の運転者に対する特別な指導の指針に関する次の文中、A、B、Cに入るべき字句として**いずれか正しいものを１つ**選びなさい。［R4_CBT］

☐　１．事業者は、適齢診断（高齢運転者のための適性診断として国土交通大臣が認定したもの。）を運転者が65才に達した日以後１年以内に１回受診させ、その後（A）以内ごとに１回受診させること。

２．事業者は、初任運転者に対する特別な指導について、当該事業者において初めて事業用自動車に乗務する前に実施すること。ただし、やむを得ない事情がある場合には、乗務を開始した後（B）以内に実施すること。

３．事業者が行う初任運転者に対する特別な指導は、法令に基づき運転者が遵守すべき事項、事業用自動車の運行の安全を確保するために必要な運転に関する事項などについて、15時間以上実施するとともに、安全運転の実技について、（C）以上実施すること。

A	① ２年	② ３年
B	① １ヵ月	② ３ヵ月
C	① 20時間	② 30時間

問２　一般貨物自動車運送事業者の事業用自動車の運行の安全を確保するために、事業者が行う国土交通省告示で定める特定の運転者に対する特別な指導の指針に関する次の文中、A、B、Cに入るべき字句として**いずれか正しいものを１つ**選びなさい。

［R2. 8］

☐ 1．軽傷者（法令で定める傷害を受けた者）を生じた交通事故を引き起こし、かつ、当該事故前の（A）間に交通事故を引き起こしたことがある運転者に対し、国土交通大臣が告示で定める適性診断であって国土交通大臣の認定を受けたものを受診させなければならない。

2．運転者として常時選任するために新たに雇い入れた者（当該貨物自動車運送事業者において初めて事業用自動車に乗務する前（B）間に他の一般貨物自動車運送事業者等によって運転者として常時選任されたことがある者を除く。）に対して、特別な指導を行わなければならない。

この指導の時期については、当該貨物自動車運送事業者において初めて事業用自動車に乗務する前に実施する。ただし、やむを得ない事情がある場合には、乗務を開始した後（C）以内に実施する。

A　①　1年　　②　3年
B　①　1年　　②　3年
C　①　1ヵ月　　②　3ヵ月

問３　一般貨物自動車運送事業者（以下「事業者」という。）の事業用自動車の運行の安全を確保するために、国土交通省告示等に基づき運転者に対して行わなければならない指導監督及び特定の運転者に対して行わなければならない特別な指導に関する次の記述のうち、**誤っているものを１つ**選びなさい。なお、解答にあたっては、各選択肢に記載されている事項以外は考慮しないものとする。

□ １．危険物（自動車事故報告規則（昭和26年運輸省令第104号）第２条第５号に規定するものをいう。以下同じ。）を運搬する場合においては、危険物に該当する貨物の種類及び運搬する危険物の性状を理解させるとともに、危険物を運搬する前に確認すべき事項並びに危険物の取扱い方法、積載方法及び運搬方法について留意すべき事項を理解させる。

２．事業者は、高齢運転者に対する特別な指導については、国土交通大臣が認定した高齢運転者のための適性診断の結果を踏まえ、個々の運転者の加齢に伴う身体機能の変化の程度に応じた事業用自動車の安全な運転方法等について運転者が自ら考えるよう指導する。この指導は、当該適性診断の結果が判明した後１ヵ月以内に実施する。

３．事業者が行う初任運転者に対する特別な指導は、安全運転の実技について、実車を用いて10時間以上実施すること。

４．事業者は、事故惹起運転者に対する特別な指導については、当該交通事故を引き起こした後、再度事業用自動車に乗務する前に実施すること。ただし、やむを得ない事情がある場合には、再度乗務を開始した後１ヵ月以内に実施すること。なお、外部の専門的機関における指導講習を受講する予定である場合は、この限りでない。

問４　一般貨物自動車運送事業者（以下「事業者」という。）の貨物の積載方法等に関する次の記述のうち、**正しいものを２つ**選びなさい。なお、解答にあたっては、各選択肢に記載されている事項以外は考慮しないものとする。[R4_CBT]

☐ 1．事業者は、危険物を運搬する場合、その運転者に対し、消防法（昭和23年法律第186号）その他の危険物の規制に関する法令に基づき、運搬する危険物の性状を理解させるとともに、取扱い方法、積載方法及び運搬方法について留意すべき事項を指導しなければならない。また、運搬中に危険物が飛散又は漏えいした場合に安全を確保するためにとるべき方法を指導し、習得させなければならない。

2．事業者は、事業用自動車（車両総重量が８トン以上又は最大積載量が５トン以上のものに限る。）に、貨物を積載するときは、偏荷重が生じないように積載するとともに、運搬中に荷崩れ等により事業用自動車から落下することを防止するため、貨物にロープ又はシートを掛けること等必要な措置を講じなければならない。

3．事業者は、道路法第47条第２項の規定（車両でその幅、重量、高さ、長さ又は最小回転半径が政令で定める最高限度を超えるものは、道路を通行させてはならない。）に違反し、又は政令で定める最高限度を超える車両の通行に関し道路管理者が付した条件（通行経路、通行時間等）に違反して事業用自動車を通行させることを防止するため、運転者に対する適切な指導及び監督を怠ってはならない。

4．車両総重量が８トン以上又は最大積載量が５トン以上の普通自動車である事業用自動車の運行の業務に従事する運転者等は、当該業務において、法令の規定に基づき作成された運行指示書に「貨物の積載状況」が記録されている場合は、業務の記録に当該事項を記録したものとみなされる。

問5　一般貨物自動車運送事業者（以下「事業者」という。）の事業用自動車の運行の安全を確保するために、国土交通省告示等に基づき運転者に対して行わなければならない指導監督及び特定の運転者に対して行わなければならない特別な指導に関する次の記述のうち、**誤っているものを１つ**選びなさい。なお、解答にあたっては、各選択肢に記載されている事項以外は考慮しないものとする。［R3_CBT］

☐ 1．事業者は、事故惹起運転者に対する特別な指導については、当該交通事故を引き起こした後再度事業用自動車に乗務する前に実施する。ただし、やむを得ない事情がある場合には、再度乗務を開始した後１ヵ月以内に実施する。なお、外部の専門的機関における指導講習を受講する予定である場合は、この限りではない。

2．運転者は、乗務を終了して他の運転者と交替するときは、交替する運転者に対し、当該乗務に係る事業用自動車、道路及び運行の状況について通告すること。この場合において、交替して乗務する運転者は、当該通告を受け、当該事業用自動車の制動装置、走行装置その他の重要な装置の機能について、これを点検すること。

3．事業者は、初任運転者に対する特別な指導について、当該事業者において初めて事業用自動車に乗務する前に実施すること。ただし、やむを得ない事情がある場合には、乗務を開始した後１ヵ月以内に実施すること。

4．事業者が行う初任運転者に対する特別な指導は、法令に基づき運転者が遵守すべき事項、事業用自動車の運行の安全を確保するために必要な運転に関する事項などについて、６時間以上実施するとともに、安全運転の実技について、15時間以上実施すること。

問6　一般貨物自動車運送事業者（以下「事業者」という。）の事業用自動車の運行の安全を確保するために、国土交通省告示に基づき運転者に対して行わなければならない指導監督及び特定の運転者に対して行わなければならない特別な指導に関する次の記述のうち、**誤っているものを１つ**選びなさい。なお、解答にあたっては、各選択肢に記載されている事項以外は考慮しないものとする。［R2_CBT］

☐ 1．事業者は、初任運転者に対する特別な指導について、当該事業者において初めて事業用自動車に乗務する前に実施すること。ただし、やむを得ない事情がある場合には、乗務を開始した後１ヵ月以内に実施すること。

2．事業者が行う初任運転者に対する特別な指導は、法令に基づき運転者が遵守すべき事項、事業用自動車の運行の安全を確保するために必要な運転に関する事項などについて、６時間以上実施するとともに、安全運転の実技について、15時間以上実施すること。

3．事業者は、事業用自動車の運行の安全を確保するために必要な運転の技術及び法令に基づき自動車の運転に関して遵守すべき事項等について、運転者に対する適切な指導及び監督をしなければならない。この場合においては、その日時、場所及び内容並びに指導及び監督を行った者及び受けた者を記録し、かつ、その記録を営業所において３年間保存すること。

4．事業者は、法令に基づき事業用自動車の運転者として常時選任するために新たに雇い入れた場合には、当該運転者について、自動車安全運転センターが交付する無事故・無違反証明書又は運転記録証明書等により、雇い入れる前の事故歴を把握し、事故惹起運転者に該当するか否かを確認すること。

問７　一般貨物自動車運送事業者（以下「事業者」という。）の事業用自動車の運行の安全を確保するために、国土交通省告示に基づき運転者に対して行わなければならない指導監督及び特定の運転者に対して行わなければならない特別な指導に関する次の記述のうち、**誤っているものを１つ**選びなさい。なお、解答にあたっては、各選択肢に記載されている事項以外は考慮しないものとする。

☐ 1．事業者は、軽傷者（法令で定める傷害を受けた者）を生じた交通事故を引き起こし、かつ、当該事故前の１年間に交通事故を引き起こした運転者に対し、国土交通大臣が告示で定める適性診断であって国土交通大臣の認定を受けたものを受診させること。

2．事業者が行う初任運転者に対する特別な指導は、法令に基づき運転者が遵守すべき事項、事業用自動車の運行の安全を確保するために必要な運転に関する事項などについて、15時間以上実施するとともに、安全運転の実技について、20時間以上実施すること。

3．事業者は、適齢診断（高齢運転者のための適性診断として国土交通大臣が認定したもの。）を運転者が65才に達した日以後１年以内に１回受診させ、その後３年以内ごとに１回受診させること。

4．事業者は、事業用自動車の運行の安全を確保するために必要な運転の技術及び法令に基づき自動車の運転に関して遵守すべき事項について、運転者に対する適切な指導及び監督をすること。この場合においては、その日時、場所及び内容並びに指導及び監督を行った者及び受けた者を記録し、かつ、その記録を営業所において３年間保存すること。

◆解答＆解説

問1［解答　A－②，B－①，C－①］

1．「指導及び監督の指針」第2章4（3）。

2．「指導及び監督の指針」第2章3（1）②。

3．「指導及び監督の指針」第2章2（2）。

問2［解答　A－②，B－②，C－①］

1．「指導及び監督の指針」第2章4（1）①。

2．「指導及び監督の指針」第2章2（2）・第2章3（1）②。

問3［解答　3］

1．「指導及び監督の指針」第1章2（6）。

2．「指導及び監督の指針」第2章2（3）・第2章3（1）③。

3．事業者が行う初任運転者に対する特別な指導は、安全運転の実技について、実車を用いて20時間以上実施すること。「指導及び監督の指針」第2章2（2）。

4．「指導及び監督の指針」第2章3（1）①。

問4［解答　1，3］

1．「指導及び監督の指針」第1章2（6）。

2．事業用自動車の大きさに関係なく、すべての事業用自動車について、偏荷重の防止及び荷崩れ等による落下の防止のために必要な措置を講じなければならない。安全規則第5条（貨物の積載方法）第1項①・②。⇒43P

3．安全規則第5条の2（通行の禁止又は制限等違反の防止）第1項①。⇒43P

4．運行指示書に「貨物の積載状況」が記録されている場合であっても、業務の記録に当該事項を記録しなければならない。安全規則第8条（業務の記録）第1項⑥。⇒63P

問5［解答　4］

1．「指導及び監督の指針」第2章3（1）①。

2．安全規則第17条（運転者）第1項④・⑤。⇒96P

3．「指導及び監督の指針」第2章3（1）②。

4．初任運転者に対する特別な指導は、法令に基づき運転者が遵守すべき事項、事業用自動車の運行の安全を確保するために必要な運転に関する事項などについて、15時間以上実施するとともに、安全運転の実技について、20時間以上実施すること。「指導及び監督の指針」第2章2（2）。

問６［解答　２］

１．「指導及び監督の指針」第２章３（１）②。

２．初任運転者に対する特別な指導は、法令に基づき運転者が遵守すべき事項、事業用自動車の運行の安全を確保するために必要な運転に関する事項などについて、15時間以上実施するとともに、安全運転の実技について、20時間以上実施すること。「指導及び監督の指針」第２章２（２）。

３．安全規則第10条（従業員に対する指導及び監督）第１項。

４．「指導及び監督の指針」第２章５（１）。

問７［解答　１］

１．「当該事故前の１年間」⇒「当該事故前の３年間」。「指導及び監督の指針」第２章４（１）①。

２．「指導及び監督の指針」第２章２（２）。

３．「指導及び監督の指針」第２章４（３）。

４．安全規則第10条（従業員に対する指導及び監督）第１項。⇒81P

16　異常気象時等における措置

1　法令の要点

■異常気象時等における措置［安全規則第11条］

1．**貨物自動車運送事業者**は、異常気象その他の理由により輸送の安全の確保に支障を生ずるおそれがあるときは、乗務員等に対する**適切な指示**その他輸送の安全を確保するために**必要な措置**を講じなければならない。

17　乗務員・運転者

1　法令の要点と○×式過去出題例

■乗務員［安全規則第16条］

1．貨物自動車運送事業者の運転者及び事業用自動車の運転の補助に従事する従業員は、事業用自動車の乗務について、次に掲げる事項を遵守しなければならない。

①酒気を帯びて乗務しないこと。
②過積載をした事業用自動車に乗務しないこと。
③事業用自動車に貨物を積載するときは、第５条（貨物の積載方法）（⇒43P）に定めるところにより積載すること。
④事業用自動車の故障等により踏切内で**運行不能**となったときは、**速やかに**列車に対し適切な**防護措置**をとること。

■運転者［安全規則第17条］

1．貨物自動車運送事業者の運転者は、前条に定めるもののほか、事業用自動車の乗務について、次に掲げる事項を遵守しなければならない。

①**酒気を帯びた状態**にあるときは、その旨を貨物自動車運送事業者に申し出ること。
①の２　**疾病、疲労、睡眠不足**その他の理由により安全な運転をすることができないおそれがあるときは、その旨を貨物自動車運送事業者に申し出ること。
②車両法第47条の２（日常点検整備）第１項及び第２項（⇒165P）の規定による点検を実施し、又はその確認をすること。

③乗務を開始しようとするとき、安全規則第７条（点呼等）第３項（⇒45P）に規定する乗務の途中及び乗務を終了したときは、同条第１項から第２項までの規定により貨物自動車運送事業者が行う点呼を受け、貨物自動車運送事業者にこれらの規定による報告をすること。
④乗務を終了して他の運転者と交替するときは、交替する運転者に対し、当該乗務に係る事業用自動車、道路及び運行の状況について通告すること。
⑤他の運転者と交替して乗務を開始しようとするときは、当該他の運転者から前号の規定による通告を受け、当該事業用自動車の**制動装置、走行装置その他の重要な装置の機能について点検をする**こと。
⑥安全規則第８条（業務の記録）第１項（⇒63P）の規定による記録（同条第２項の規定により、同条第１項の規定により記録すべき事項を運行記録計による記録に付記する場合にあっては、その付記による記録）をすること（一般貨物自動車運送事業者等の運転者に限る）。
⑦安全規則第９条の３（運行指示書による指示等）第１項（⇒71P）の規定により一般貨物自動車運送事業者等が作成する運行指示書を乗務中携行し、同条第２項の規定により運行指示書の記載事項に変更が生じた場合に**携行している運行指示書**に当該変更の内容を**記載**すること。
⑧踏切を通過するときは、変速装置を**操作しない**こと。

過去出題例 ［乗務員・運転者］

☐1．事業用自動車の運転者は、①乗務を開始しようとするとき、②乗務前及び乗務後の点呼のいずれも対面で行うことができない乗務の途中、③乗務を終了したときは、法令に規定する点呼を受け、事業者に所定の事項について報告をすること。［R3.3］

☐2．事業用自動車の運転者は、乗務を終了して他の運転者と交替するときは、交替する運転者に対し、当該乗務に係る事業用自動車、道路及び運行の状況について通告すること。この場合において、交替して乗務する運転者は、当該通告を受け、当該事業用自動車の制動装置、走行装置その他の重要な装置の機能について、これを点検すること。［R3_CBT］

☐3．事業用自動車の運転者は、乗務を終了して他の運転者と交替するときは、交替する運転者に対し、当該乗務に係る事業用自動車、道路及び運行の状況について通告すること。この場合において、交替して乗務する運転者は、当該通告を受け、当該事業用自動車の制動装置、走行装置その他の重要な装置の機能について異常のおそれがあると認められる場合には、点検すること。［R3.3］

☐4．事業用自動車の運転者は、運行指示書の作成を要する運行の途中において、運行の経路並びに主な経過地における発車及び到着の日時に変更が生じた場合には、営業所の運行指示書の写しをもって、運転者が携行している運行指示書への当該変更内容の記載を省略することができる。［R3.3］

☐5．事業用自動車の運転者は、踏切を通過するときは変速装置を操作しないで通過しなければならず、また、事業用自動車の故障等により踏切内で運行不能となったときは、速やかに列車に対し適切な防護措置をとること。［R3.3］

解答

1…○：2…○：3…×（必ず点検しなければならない）：4…×（記載を省略することはできない）：5…○

2　演習問題

問１　次の記述のうち、一般貨物自動車運送事業者の運転者（以下「運転者」という。）が遵守しなければならない事項として**誤っているものを１つ**選びなさい。なお、解答にあたっては、各選択肢に記載されている事項以外は考慮しないものとする。

☐　1．運転者は、乗務を開始しようとするとき、乗務前及び乗務後の点呼のいずれも対面で行うことができない乗務の途中及び乗務を終了したときは、法令に規定する点呼を受け、事業者に所定の事項について報告をすること。

2．法令の定めにより運行指示書の作成を要する運行の途中において、運行の経路並びに主な経過地における発車及び到着の日時に変更が生じた場合に、運転者は携行している運行指示書に当該変更の内容を記載すること。

3．運転者は、事業用自動車に乗務したときは、①乗務した事業用自動車の自動車登録番号その他の当該事業用自動車を識別できる表示、②乗務の開始及び終了の地点及び日時並びに主な経過地点及び乗務した距離等所定の事項を「業務の記録」（法令に規定する運行記録計に記録する場合は除く。）に記録すること。

4．運転者は、乗務を終了して他の運転者と交替するときは、交替する運転者に対し、当該乗務に係る事業用自動車、道路及び運行の状況について通告すること。この場合において、交替して乗務する運転者は、当該通告を受け、当該事業用自動車の制動装置、走行装置その他の重要な装置の機能について点検の必要性があると認められる場合には、これを点検すること。

問２　次の記述のうち、一般貨物自動車運送事業者の事業用自動車の運転者（以下「運転者」という。）が遵守しなければならない事項として**正しいものを２つ**選びなさい。なお、解答にあたっては、各選択肢に記載されている事項以外は考慮しないものとする。［R3.3］

☐ 1．運転者は、①乗務を開始しようとするとき、②乗務前及び乗務後の点呼のいずれも対面で行うことができない乗務の途中、③乗務を終了したときは、法令に規定する点呼を受け、事業者に所定の事項について報告をすること。

2．運転者は、踏切を通過するときは変速装置を操作しないで通過しなければならず、また、事業用自動車の故障等により踏切内で運行不能となったときは、速やかに列車に対し適切な防護措置をとること。

3．運転者は、乗務を終了して他の運転者と交替するときは、交替する運転者に対し、当該乗務に係る事業用自動車、道路及び運行の状況について通告すること。この場合において、交替して乗務する運転者は、当該通告を受け、当該事業用自動車の制動装置、走行装置その他の重要な装置の機能について異常のおそれがあると認められる場合には、点検すること。

4．運転者は、運行指示書の作成を要する運行の途中において、運行の経路並びに主な経過地における発車及び到着の日時に変更が生じた場合には、営業所の運行指示書の写しをもって、運転者が携行している運行指示書への当該変更内容の記載を省略することができる。

問３　一般貨物自動車運送事業者（以下「事業者」という。）の過労運転等の防止等についての法令の定めに関する次の記述のうち、**正しいものをすべて**選びなさい。なお、解答にあたっては、各選択肢に記載されている事項以外は考慮しないものとする。

☐　１．事業用自動車の運転者（以下「運転者」という。）は、酒気を帯びた状態にあるとき、又は疾病、疲労、睡眠不足その他の理由により安全な運転をすることができないおそれがあるときは、その旨を事業者に申し出なければならない。

２．事業用自動車の運転者は、踏切を通過するときは、エンストを防止するために変速装置を操作して走行しなければならない。

３．事業者は、休憩又は睡眠のための時間及び勤務が終了した後の休息のための時間が十分に確保されるように、国土交通大臣が告示で定める基準に従って、運転者の勤務日数及び乗務距離を定め、当該運転者にこれらを遵守させなければならない。

４．事業者は、事業計画に従い業務を行うに必要な員数の運転者又は特定自動運行保安員を常時選任しておかなければならず、この場合、選任する運転者及び特定自動運行保安員は、日々雇い入れられる者、２ヵ月以内の期間を定めて使用される者又は試みの使用期間中の者（14日を超えて引き続き使用されるに至った者を除く。）であってはならない。

◆解答＆解説

問1 ［解答　4］

1．安全規則第17条（運転者）第１項③。

2．安全規則第17条（運転者）第１項⑦。

3．安全規則第17条（運転者）第１項⑥。

4．点検の必要性があると認められる場合だけではなく、**必ず点検しなければならない**。安全規則第17条（運転者）第１項④・⑤。

問2 ［解答　1，2］

1．安全規則第17条（運転者）第１項③。

2．安全規則第16条（乗務員）第１項④・安全規則第17条（運転者）第１項⑧。

3．異常のおそれがあると認められる場合だけではなく、**必ず点検しなければならない**。安全規則第17条（運転者）第１項④・⑤。

4．運行の経路並びに主な経過地における発車及び到着の日時に変更が生じた場合には、携行している運行指示書へ**変更内容を記載しなければならない**。安全規則第17条（運転者）第１項⑦。

問3 ［解答　1，4］

1．安全規則第17条（運転者）第１項①・①の２。

2．踏切を通過するときは、変速装置を**操作しないこと**。安全規則第17条（運転者）第１項⑧。

3．「勤務日数及び乗務距離」⇒「**勤務時間及び乗務時間**」。安全規則第３条（過労運転等の防止）第４項。⇒33P

4．安全規則第３条（過労運転等の防止）第１項・第２項。⇒33P

18　事故の報告［1］（定義・報告書）

1　法令の要点と○×式過去出題例

■事故の報告［運送事業法第24条］

1．一般貨物自動車運送事業者は、その事業用自動車が転覆し、火災を起こし、その他国土交通省令で定める重大な事故を引き起こしたときは、遅滞なく、事故の種類、原因その他国土交通省令で定める**事項**を国土交通大臣に**届け出なければならない**。

■事故の定義［事故報告規則第2条］

1．この省令で「事故」とは、次のいずれかに該当する自動車の事故をいう。

各号	事故の区分	事故の定義
第1号	転覆事故	自動車が転覆（道路上において路面と**35度以上**傾斜）したもの
	転落事故	自動車が道路外に転落（**落差が0.5m以上**）したもの
	火災事故	自動車又はその積載物が火災したもの
	鉄道事故	自動車が**鉄道車両（軌道車両を含む。）と衝突又は接触したもの**
第2号	**衝突事故**	**10台以上**の自動車の衝突又は接触を生じたもの
第3号	**死傷事故**	**死者又は重傷者**を生じたもの
第4号	**負傷事故**	**10人以上**の負傷者を生じたもの
第5号	**積載物漏えい事故**	積載されている危険物、火薬類、高圧ガス等の**全部若しくは一部が飛散し、**又は**漏えい**したもの
第6号	**落下事故**	自動車に積載されたコンテナが落下したもの
第8号	**法令違反事故**	**酒気帯び運転**、無免許運転、大型自動車等無資格運転、麻薬等運転を伴うもの
第9号	**疾病事故**	**運転者又は特定自動運行保安員の疾病**により、事業用自動車の運行を継続することができなくなったもの（睡眠時無呼吸症候群（SAS）が疑われる居眠り運転、漫然運転を伴う事故も含む。）
第10号	救護義務違反事故	救護義務違反があったもの
第11号	**運行不能事故**	自動車の装置（原動機、動力伝達装置、燃料装置、車輪・車軸、操縦装置など、道路運送車両法第41条第1項各号に掲げる装置）の**故障**により、自動車が運行できなくなったもの

第12号	**車輪脱落事故**	**車輪の脱落**、被けん引自動車の分離を生じたもの（故障によるものに限る）
第13号	鉄道障害事故	橋脚、架線その他の鉄道施設を損傷し、**3時間以上**本線において鉄道車両の運転を休止させたもの
第14号	高速道路障害事故	高速自動車国道又は自動車専用道路において、**3時間以上**自動車の通行を禁止させたもの
第15号	前各号に掲げるもののほか、自動車事故の発生の防止を図るために国土交通大臣が特に必要と認めて報告を指示したもの	

※第7号は旅客に係わる事故のため省略。

Check 重傷者の定義

事故報告規則第2条第3号の「**重傷者**」とは、次の傷害を受けた者とする。

重傷	《自賠法施行令第5条第2号》 ▪脊柱の骨折（脊髄に損傷有）　▪上腕又は前腕の骨折（合併症有） ▪大腿又は**下腿**の骨折　▪内臓の破裂（腹膜炎併発有） ▪**14日以上**病院に**入院**することを要する傷害で医師の治療（通院）を要する期間が**30日以上**のもの 《自賠法施行令第5条第3号》 ▪脊柱の骨折　▪上腕又は前腕の骨折　▪内臓の破裂 ▪**入院**することを要する傷害で、医師の治療（通院）を要する期間が**30日以上**のもの ▪**14日以上**病院に**入院**することを要する傷害
軽傷	《自賠法施行令第5条第4号》 ▪**11日以上**医師の治療（通院）を要する傷害

※試験では、事故による負傷者が重傷者の定義に該当するかどうかがポイントとなる。該当しない場合は死傷事故（事故報告規則第2条第1項第3号）とならないため、事故報告の必要はない。

■報告書の提出［事故報告規則第3条］

1．貨物自動車運送事業者（貨物軽自動車運送事業者を除く。）は、その使用する自動車について事故報告規則第2条各号の事故があった場合には、当該事故があった日（救護義務違反事故にあっては事業者等が当該救護義務違反があったことを知った日、国土交通大臣が特に必要と認めて報告を指示した事故にあっては当該指示があった日）から**30日以内**に、当該事故ごとに自動車事故**報告書**（以下、報告書）**3通**を当該**自動車の使用の本拠の位置**を管轄する運輸監理部長又は運輸支局長を経由して、国土交通大臣に**提出**しなければならない。

《報告書に添付する内容》

2．事故報告規則第２条第11号（運行不能事故）及び第12号（車輪脱落事故）に掲げる事故の場合には、報告書に次に掲げる事項を記載した書面及び故障の状況を示す略図又は写真を**添付**しなければならない。

①当該自動車の自動車検査証の有効期間
②当該自動車の使用開始後の総走行距離
⑤当該部品を取り付けてから事故発生までの当該自動車の走行距離

過去出題例 ［事故の報告［１］（定義・報告書）］

☐1．事業用自動車の運転者が運転操作を誤り、当該事業用自動車が道路の側壁に衝突した後、運転者席側を下にして転覆した状態で道路上に停車した。この事故で、当該運転者が10日間の医師の治療を要する傷害を負った。この場合、一般貨物自動車運送事業者は、自動車事故報告規則に基づき国土交通大臣に報告しなければならない。
［R4_CBT］

☐2．事業用自動車の運転者がハンドル操作を誤り、当該自動車が車道と歩道の区別がない道路を逸脱し、当該道路との落差が0.3メートルの畑に転落した。この場合、一般貨物自動車運送事業者は、自動車事故報告規則に基づき国土交通大臣に報告しなければならない。［R3_CBT］

☐3．事業用自動車が雨天時に緩い下り坂の道路を走行中、先頭を走行していた自動車が速度超過によりカーブを曲がりきれずにガードレールに衝突する事故を起こした。そこに当該事業用自動車を含む後続の自動車が止まりきれずに次々と衝突する事故となり、８台の自動車が衝突したが負傷者は生じなかった。この場合、一般貨物自動車運送事業者は、自動車事故報告規則に基づき国土交通大臣に報告しなければならない。
［R2_CBT］

☐4．事業用自動車が交差点に停車していた貨物自動車に気づくのが遅れ、当該事業用自動車がこの貨物自動車に追突し、さらに後続の自家用乗用自動車３台が関係する玉突き事故となり、この事故により８人が軽傷を負った。この場合、一般貨物自動車運送事業者は、自動車事故報告規則に基づき国土交通大臣に報告しなければならない。
［R4_CBT］

☐5．事業用自動車が左折したところ、左後方から走行してきた自転車を巻き込む事故を起こした。この事故で、当該自転車に乗車していた者に通院による40日間の医師の治療を要する傷害を生じさせた。この場合、一般貨物自動車運送事業者は、自動車事故報告規則に基づき国土交通大臣に報告しなければならない。［R3_CBT］

☐6．事業用自動車が右折の際、原動機付自転車と接触し、当該原動機付自転車が転倒した。この事故で、原動機付自転車の運転者に通院による30日間の医師の治療を要する傷害を生じさせた。この場合、一般貨物自動車運送事業者は、自動車事故報告規則に基づき国土交通大臣に報告しなければならない。［R4_CBT/R2_CBT］

☐7．事業用自動車の運転者が高速自動車国道を走行中、ハンドル操作を誤り、道路の中央分離帯に衝突したことにより、当該事業用自動車に積載していた消防法に規定する危険物の高圧ガスが一部漏えいした。この事故により当該自動車の運転者が軽傷を負った。この場合、一般貨物自動車運送事業者は、自動車事故報告規則に基づき国土交通大臣に報告しなければならない。［R3_CBT］

☐8．事業用自動車の運転者がハンドル操作を誤り、当該事業用自動車が道路の側壁に衝突した。その衝撃により積載されていた消防法第２条第７項に規定する危険物である灯油の一部が道路に漏えいした。この場合、一般貨物自動車運送事業者は、自動車事故報告規則に基づき国土交通大臣に報告しなければならない。［R4_CBT/R2_CBT］

☐9．事業用自動車の運転者が、運転中に胸に強い痛みを感じたので、直近の駐車場に駐車し、その後の運行を中止した。当該運転者は狭心症と診断された。この場合、事故報告書を国土交通大臣に提出しなければならない。［R2.8］

☐10．事業用自動車が走行中、アクセルを踏んでいるものの速度が徐々に落ち、しばらく走行したところでエンジンが停止して走行が不能となった。再度エンジンを始動させようとしたが、燃料装置の故障によりエンジンを再始動させることができず、運行ができなくなった。この場合、一般貨物自動車運送事業者は、自動車事故報告規則に基づき国土交通大臣に報告しなければならない。［R3_CBT］

☐11．高速自動車国道を走行中の事業用けん引自動車のけん引装置が故障し、事業用被けん引自動車と当該けん引自動車が分離した。この場合、一般貨物自動車運送事業者は、自動車事故報告規則に基づき国土交通大臣に報告しなければならない。［R2_CBT］

☐12．事業用自動車が鉄道車両（軌道車両を含む。）と接触する事故を起こした場合には、当該事故のあった日から15日以内に、自動車事故報告規則に定める自動車事故報告書（以下「事故報告書」という。）を当該事業用自動車の使用の本拠の位置を管轄する運輸支局長等を経由して、国土交通大臣に提出しなければならない。［R2.8］

☐13．自動車の装置（道路運送車両法第41条第１項各号に掲げる装置をいう。）の故障により、事業用自動車が運行できなくなった場合には、国土交通大臣に提出する事故報告書に当該事業用自動車の自動車検査証の有効期間、使用開始後の総走行距離等所定の事項を記載した書面及び故障の状況を示す略図又は写真を添付しなければならない。
［R2.8改］

解答

1…○：**2…×**（落差0.3mのため、報告は必要ない）：**3…×**（衝突車両が10台未満のため、報告は必要ない）：**4…×**（衝突車両が10台未満、負傷者が10人未満のため、報告は必要ない）：**5…×**（軽傷のため、報告は必要ない）：**6…×**（軽傷のため、報告は必要ない）：**7…○**：**8…○**：**9…○**：**10…○**：**11…○**：**12…×**（15日以内⇒30日以内）：**13…○**

2 演習問題

問１　次の自動車事故に関する記述のうち、一般貨物自動車運送事業者が自動車事故報告規則に基づき国土交通大臣に**報告を要するものを２つ**選びなさい。なお、解答にあたっては、各選択肢に記載されている事項以外は考慮しないものとする。

［R4_CBT］

☐ １．事業用自動車が右折の際、原動機付自転車と接触し、当該原動機付自転車が転倒した。この事故で、原動機付自転車の運転者に30日間の通院による医師の治療を要する傷害を生じさせた。

２．事業用自動車の運転者が運転操作を誤り、当該事業用自動車が道路の側壁に衝突した後、運転者席側を下にして転覆した状態で道路上に停車した。この事故で、当該運転者が10日間の医師の治療を要する傷害を負った。

３．事業用自動車の運転者がハンドル操作を誤り、当該事業用自動車が道路の側壁に衝突した。その衝撃により積載されていた消防法第２条第７項に規定する危険物である灯油の一部が道路に漏えいした。

４．事業用自動車が交差点に停車していた貨物自動車に気づくのが遅れ、当該事業用自動車がこの貨物自動車に追突し、さらに後続の自家用乗用自動車３台が関係する玉突き事故となり、この事故により８人が軽傷を負った。

問２　次の自動車事故に関する記述のうち、一般貨物自動車運送事業者が自動車事故報告規則に基づき国土交通大臣への**報告を要するものを２つ**選びなさい。なお、解答にあたっては、各選択肢に記載されている事項以外は考慮しないものとする。

［R3_CBT］

☐ １．事業用自動車が左折したところ、左後方から走行してきた自転車を巻き込む事故を起こした。この事故で、当該自転車に乗車していた者に通院による40日間の医師の治療を要する傷害を生じさせた。

２．事業用自動車が走行中、アクセルを踏んでいるものの速度が徐々に落ち、しばらく走行したところでエンジンが停止して走行が不能となった。再度エンジンを始動させようとしたが、燃料装置の故障によりエンジンを再始動させることができず、運行ができなくなった。

３．事業用自動車の運転者がハンドル操作を誤り、当該自動車が車道と歩道の区別がない道路を逸脱し、当該道路との落差が0.3メートルの畑に転落した。

４．事業用自動車の運転者が高速自動車国道を走行中、ハンドル操作を誤り、道路の中央分離帯に衝突したことにより、当該事業用自動車に積載していた消防法に規定する危険物の高圧ガスが一部漏えいした。この事故により当該自動車の運転者が軽傷を負った。

問３　次の自動車事故に関する記述のうち、一般貨物自動車運送事業者が自動車事故報告規則に基づき国土交通大臣への**報告を要するものを２つ**選びなさい。なお、解答にあたっては、各選択肢に記載されている事項以外は考慮しないものとする。

［R2_CBT］

☐ 1．事業用自動車の運転者がハンドル操作を誤り、当該事業用自動車が道路の側壁に衝突した。その衝撃により積載されていた消防法第２条第７項に規定する危険物である灯油の一部が道路に漏えいした。

2．事業用自動車が右折の際、原動機付自転車と接触し、当該原動機付自転車が転倒した。この事故で、当該原動機付自転車の運転者に通院による30日間の医師の治療を要する傷害を生じさせた。

3．事業用自動車が雨天時に緩い下り坂の道路を走行中、先頭を走行していた自動車が速度超過によりカーブを曲がりきれずにガードレールに衝突する事故を起こした。そこに当該事業用自動車を含む後続の自動車が止まりきれずに次々と衝突する事故となり、８台の自動車が衝突したが負傷者は生じなかった。

4．高速自動車国道を走行中の事業用けん引自動車のけん引装置が故障し、事業用被けん引自動車と当該けん引自動車が分離した。

問４　次の自動車事故に関する記述のうち、一般貨物自動車運送事業者が自動車事故報告規則に基づく国土交通大臣への**報告を要するものを２つ**選びなさい。なお、解答にあたっては、各選択肢に記載されている事項以外は考慮しないものとする。

☐ 1．事業用自動車が左折したところ、左後方から走行してきた自転車を巻き込む事故を起こした。この事故で、当該自転車に乗車していた者に通院による40日間の医師の治療を要する傷害を生じさせた。

2．事業用自動車の運転者がハンドル操作を誤り、当該自動車が車道と歩道の区別がない道路を逸脱し、当該道路との落差が0.3メートルの畑に転落した。

3．事業用自動車の運転者が道路のガードレールに衝突する物損事故を起こした。警察官への当該事故の報告の際、当該運転者が道路交通法に規定する酒気帯び運転をしていたことが明らかとなった。

4．事業用自動車の運転者が走行中に意識がもうろうとしてきたので直近の駐車場に駐車させ、その後の運行を中止した。後日、当該運転者は脳梗塞と診断された。

◆解答＆解説

問１［解答　２，３］

1．通院による30日間の医師の治療のみの傷害は重傷者の定義に該当しないため、報告を要しない。事故報告規則第２条（事故の定義）第１項第３号（死傷事故）。

2．**転覆事故**（運転者席側を下にして転覆（道路上において路面と35度以上傾斜））に該当するため、**報告を要する**。事故報告規則第２条（事故の定義）第１項第１号（転覆事故）。

3．**積載物漏えい事故**に該当するため、**報告を要する**。事故報告規則第２条（事故の定義）第１項第５号（積載物漏えい事故）。

4．衝突車両が10台未満のため衝突事故には該当しない。また、負傷者が８人のため負傷事故にも該当しないため、報告を要しない。事故報告規則第２条（事故の定義）第１項第２号（衝突事故）・第４号（負傷事故）。

問２［解答　２，４］

1．通院による40日間の医師の治療のみの傷害は重傷者の定義に該当しないため、報告を要しない。事故報告規則第２条（事故の定義）第１項第３号（死傷事故）。

2．**運行不能事故**に該当するため、**報告を要する**。事故報告規則第２条（事故の定義）第１項第11号（運行不能事故）。

3．畑に転落しているが落差が0.5m未満であるため、報告を要しない。事故報告規則第２条（事故の定義）第１項第１号（転落事故）。

4．**積載物漏えい事故**に該当するため、**報告を要する**。事故報告規則第２条（事故の定義）第１項第５号（積載物漏えい事故）。

問３［解答　１，４］

1．**積載物漏えい事故**に該当するため、**報告を要する**。事故報告規則第２条（事故の定義）第１項第５号（積載物漏えい事故）。

2．通院による30日間の医師の治療のみの傷害は重傷者の定義に該当しないため、報告を要しない。事故報告規則第２条（事故の定義）第１項第３号（死傷事故）。

3．衝突車両が10台未満は衝突事故に該当しないため、報告を要しない。事故報告規則第２条（事故の定義）第１項第２号（衝突事故）。

4．故障により被けん引車の分離が生じたものは**車輪脱落事故**に該当するため、**報告を要する**。事故報告規則第２条（事故の定義）第１項第12号（車輪脱落事故）。

問４［解答　３，４］

1．通院による40日間の医師の治療のみの傷害は重傷者の定義に該当しないため、報告を要しない。事故報告規則第２条（事故の定義）第１項第３号（死傷事故）。

2．畑に転落しているが落差が0.5m未満であるため、報告を要しない。事故報告規則第２条（事故の定義）第１項第１号（転落事故）。

3．**法令違反事故（酒気帯び運転）**に該当するため、**報告を要する**。事故報告規則第２条（事故の定義）第１項第８号（法令違反事故）。

4．**疾病事故**に該当するため、**報告を要する**。事故報告規則第２条（事故の定義）第１項第９号（疾病事故）。

19 事故の報告［2］（速報）

1　法令の要点と○×式過去出題例

■速　報［事故報告規則第４条］

1．貨物自動車運送事業者は、その使用する自動車について、次の各号のいずれかに該当する事故があったとき又は国土交通大臣の指示があったときは、事故報告書の提出のほか、電話その他適当な方法により、**24時間以内においてできる限り速やかに**、その事故の概要を運輸監理部長又は運輸支局長に速報しなければならない。

②死傷事故（事故報告規則第２条第３号）であって次に掲げるもの イ．**２人以上の死者**を生じたもの（旅客自動車運送事業者等が使用する自動車が引き起こした事故にあっては、１人） ロ．**５人以上の重傷者**を生じたもの ハ．旅客に１人以上の重傷者を生じたもの
③**負傷事故**（事故報告規則第２条第４号：**10人以上の負傷者**を生じたもの）
④積載物漏えい事故（事故報告規則第２条第５号） ただし、自動車が**転覆し**、転落し、火災を起こし、又は鉄道車両、**自動車その他の物件と衝突**し、若しくは接触したことにより生じたものに限る
⑤法令違反事故（事故報告規則第２条第８号） ただし、**酒気帯び運転**があったものに限る

※①は旅客に係わる事故のため省略。

※②～⑤に関する事故が発生した場合は、**「速報＋報告書」の提出**。それ以外は報告書のみの提出となる。

過去出題例［**事故の報告［２］（速報）**］

☐1．事業用自動車が、交差点で信号待ちで停車していた乗用車の発見が遅れ、ブレーキをかける間もなく追突した。この事故で、当該事業用自動車の運転者が30日の医師の治療を要する傷害を負うとともに、追突された乗用車の運転者１人が死亡した。この事故は事故報告規則に基づき運輸支局長等に速報しなければならない。［R3.3］

☐2．事業用自動車が高速道路を走行中、前方に渋滞により乗用車が停止していることに気づくのが遅れ、追突事故を引き起こした。この事故で、乗用車に乗車していた５人が重傷（自動車事故報告規則で定める傷害をいう。）を負い、当該高速道路の通行が２時間禁止された。この事故は事故報告規則に基づき運輸支局長等に速報しなければならない。［R3.3］

☐3．事業用自動車が高速自動車国道法に定める高速自動車国道において、路肩に停車中の車両に追突したため、後続車６台が衝突する多重事故が発生し、この事故により６人が重傷、４人が軽傷を負った。この場合、24時間以内においてできる限り速やかに、その事故の概要を運輸支局長等に速報することにより、国土交通大臣への事故報告書の提出を省略することができる。［R2.8］

☐4．消防法に規定する危険物である灯油を積載した事業用のタンク車が、運搬途中の片側１車線の一般道のカーブ路においてハンドル操作を誤り、転覆し、積み荷の灯油の一部がタンクから漏えいする単独事故を引き起こした。この事故で、当該タンク車の運転者が軽傷を負った。この事故は事故報告規則に基づき運輸支局長等に速報しなければならない。［R3.3］

☐5．事業用自動車が交差点において乗用車と出会い頭の衝突事故を起こした。双方の運転者は共に軽傷であったが、当該事業用自動車の運転者が事故を警察官に報告した際、その運転者が道路交通法に規定する酒気帯び運転をしていたことが発覚した。この事故は事故報告規則に基づき運輸支局長等に速報しなければならない。［R1.8］

☐6．事業用自動車の運転者が一般道路を走行中、ハンドル操作を誤り積載されたコンテナを落下させた。この事故は事故報告規則に基づき運輸支局長等に速報しなければならない。［R3.3］

解答

1…×（１人死亡、及び軽傷のため、速報の必要がない）：**2…○**：**3…×**（報告書の提出も必要である）：**4…○**：**5…○**：**6…×**（落下事故は、速報の必要がない）

2 演習問題

問1　自動車事故に関する次の記述のうち、一般貨物自動車運送事業者が自動車事故報告規則に基づき運輸支局長等に**速報を要するものを２つ**選びなさい。なお、解答にあたっては、各選択肢に記載されている事項以外は考慮しないものとする。

☐ 1．事業用自動車が交差点において乗用車と出会い頭の衝突事故を起こした。双方の運転者は共に軽傷であったが、当該事業用自動車の運転者が事故を警察官に報告した際、その運転者が道路交通法に規定する酒気帯び運転をしていたことが発覚した。

2．事業用自動車の運転者がハンドル操作を誤り、当該自動車が車道と歩道の区別がない道路を逸脱し、当該道路との落差が0.3メートルの畑に転落した。ただし、積載物の漏えいはなかった。

3．事業用自動車の運転者が走行中に意識がもうろうとしてきたので直近の駐車場に駐車させ、その後の運行を中止した。後日、当該運転者は脳梗塞と診断された。

4．事業用自動車が高速自動車国道法に定める高速自動車国道において、路肩に停車中の車両に追突した。そこに当該事業用自動車の後続車６台が次々と衝突する多重事故となった。この事故により６人が重傷、４人が軽傷を負った。

問2　自動車事故に関する次の記述のうち、一般貨物自動車運送事業者が自動車事故報告規則に基づき運輸支局長等に**速報を要するものを２つ**選びなさい。なお、解答にあたっては、各選択肢に記載されている事項以外は考慮しないものとする。

☐ 1．事業用自動車が交差点に停車していた乗用車に気づくのが遅れ、追突した。さらに後続の自家用乗用自動車２台が関係する玉突き事故となり、この事故により４人が重傷、５人が軽傷を負った。

2．事業用自動車の運転者が雨の日の高速自動車国道を走行中、スリップして横転した。これにより、当該事業用自動車に積載していた火薬類取締法に規定する火薬類が飛散した。この事故により当該自動車の運転者が軽傷を負った。

3．事業用自動車が交差点において乗用車と接触する事故を起こした。双方の運転者は共に軽傷であったが、当該事業用自動車の運転者が事故を警察官に報告した際、その運転者が道路交通法に規定する酒気帯び運転をしていたことが発覚した。

4．事業用自動車が高速自動車国道法に定める高速自動車国道を走行中、前方に事故で停車していた乗用車の発見が遅れたため、当該乗用車に追突した。そこに当該事業用自動車の後続車が追突する多重事故となった。この影響で、当該高速自動車国道が３時間にわたり自動車の通行が禁止となった。

問3　自動車事故に関する次の記述のうち、一般貨物自動車運送事業者が自動車事故報告規則に基づき運輸支局長等に**速報を要するものを2つ**選びなさい。なお、解答にあたっては、各選択肢に記載されている事項以外は考慮しないものとする。[R3.3]

☐ 1．事業用自動車の運転者が一般道路を走行中、ハンドル操作を誤り積載されたコンテナを落下させた。

2．事業用自動車が、交差点で信号待ちで停車していた乗用車の発見が遅れ、ブレーキをかける間もなく追突した。この事故で、当該事業用自動車の運転者が30日の医師の治療を要する傷害を負うとともに、追突された乗用車の運転者1人が死亡した。

3．事業用自動車が高速道路を走行中、前方に渋滞により乗用車が停止していることに気づくのが遅れ、追突事故を引き起こした。この事故で、乗用車に乗車していた5人が重傷（自動車事故報告規則で定める傷害をいう。）を負い、当該高速道路の通行が2時間禁止された。

4．消防法に規定する危険物である灯油を積載した事業用のタンク車が、運搬途中の片側1車線の一般道のカーブ路においてハンドル操作を誤り、転覆し、積み荷の灯油の一部がタンクから漏えいする単独事故を引き起こした。この事故で、当該タンク車の運転者が軽傷を負った。

問４　一般貨物自動車運送事業者の自動車事故報告規則に基づく自動車事故報告書の提出等に関する次の記述のうち、**正しいものを２つ**選びなさい。なお、解答にあたっては、各選択肢に記載されている事項以外は考慮しないものとする。[R2.8改]

☐ 1．事業用自動車が鉄道車両（軌道車両を含む。）と接触する事故を起こした場合には、当該事故のあった日から15日以内に、自動車事故報告規則に定める自動車事故報告書（以下「事故報告書」という。）を当該事業用自動車の使用の本拠の位置を管轄する運輸支局長等を経由して、国土交通大臣に提出しなければならない。

2．事業用自動車の運転者が、運転中に胸に強い痛みを感じたので、直近の駐車場に駐車し、その後の運行を中止した。当該運転者は狭心症と診断された。この場合、事故報告書を国土交通大臣に提出しなければならない。

3．事業用自動車が高速自動車国道法に定める高速自動車国道において、路肩に停車中の車両に追突したため、後続車６台が衝突する多重事故が発生し、この事故により６人が重傷、４人が軽傷を負った。この場合、24時間以内においてできる限り速やかに、その事故の概要を運輸支局長等に速報することにより、国土交通大臣への事故報告書の提出を省略することができる。

4．自動車の装置（道路運送車両法第41条第１項各号に掲げる装置をいう。）の故障により、事業用自動車が運行できなくなった場合には、国土交通大臣に提出する事故報告書に当該事業用自動車の自動車検査証の有効期間、使用開始後の総走行距離等所定の事項を記載した書面及び故障の状況を示す略図又は写真を添付しなければならない。

◆解答＆解説

問1［解答　1，4］

1．法令違反事故のうち、酒気帯び運転は速報を要する。事故報告規則第4条（速報）第1項⑤。
2．転落事故は、速報を要しない。また、積載物漏えい事故にも該当しないため、速報を要しない。事故報告規則第4条（速報）第1項④。
3．疾病事故は速報を要しない。
4．死傷事故（重傷者が5人以上）に該当するため、速報を要する。事故報告規則第4条（速報）第1項②ロ。

問2［解答　2，3］

1．重傷者が5人以上（死傷事故）又は負傷者が10人以上（負傷事故）の場合は速報を要するが、いずれにも該当しないため、速報を要しない。事故報告規則第4条（速報）第1項②ロ。
2．転覆（横転）により積載物が漏えいした場合は、速報を要する。事故報告規則第4条（速報）第1項④。
3．法令違反事故のうち、酒気帯び運転は速報を要する。事故報告規則第4条（速報）第1項⑤。
4．高速道路障害事故は、速報を要しない。

問3［解答　3，4］

1．落下事故は、速報を要しない。
2．死傷事故（死者が2人以上）又は負傷事故（負傷者が10人以上）のいずれにも該当しないため、速報を要しない。事故報告規則第4条（速報）第1項②イ・③。
3．死傷事故（重傷者が5人以上）に該当するため、速報を要する。事故報告規則第4条（速報）第1項②ロ。
4．転覆により積載物が漏えいした場合は、速報を要する。事故報告規則第4条（速報）第1項④。

問4［解答　2，4］

1．「15日以内」⇒「30日以内」。事故報告規則第2条（事故の定義）第1項第1号（鉄道事故）⇒102P・事故報告規則第3条（報告書の提出）第1項。⇒103P
2．事故報告規則第2条（事故の定義）第1項第9号（疾病事故）。⇒102P・事故報告規則第3条（報告書の提出）第1項。⇒103P
3．事故により6人が重傷を負った「死傷事故」に該当するため、「速報＋報告書」を提出しなければならない。報告書を省略することはできない。事故報告規則第2条（事故の定義）第1項第3号（死傷事故）⇒102P・事故報告規則第3条（報告書の提出）第1項。⇒103P・事故報告規則第4条（速報）第1項②ロ。
4．事故報告規則第2条（事故の定義）第1項第11号（運行不能事故）。⇒102P・事故報告規則第3条（報告書の提出）第2項。⇒103P

20 運行管理者の選任

1 法令の要点と○×式過去出題例

■運行管理者等の選任［安全規則第18条］

1．一般貨物自動車運送事業者等は、事業用自動車（被けん引自動車を除く。以下この項において同じ。）の運行を管理する営業所ごとに、当該営業所が運行を管理する事業用自動車の数を**30で除して得た数**（その数に１未満の端数があるときは、これを切り捨てるものとする。）に**１を加算**して得た数以上の運行管理者を選任しなければならない。ただし、５両未満の事業用自動車の運行を管理する営業所であって、地方運輸局長が当該事業用自動車の種別、地理的条件その他の事情を勘案して当該事業用自動車の運行の安全の確保に支障を生ずるおそれがないと認めるものについては、この限りでない。

営業所における事業用自動車の両数（被けん引自動車を除く）	運行管理者数
１両～29両まで	１人
30両～59両まで	２人
60両～89両まで	３人
90両～119両まで	４人
120両～149両まで	５人

▪法令では30両以上の場合、次式により算出された人数（１未満の端数は切り捨て）以上の運行管理者を選任するよう規定している。

$$\text{運行管理者の選任数の最低限度} = \frac{\text{事業用自動車の両数（被けん引車を除く）}}{30} + 1$$

《統括運行管理者の選任》

2．ひとつの営業所において複数の運行管理者を選任する一般貨物自動車運送事業者等は、それらの業務を統括する運行管理者（統括運行管理者）を**選任しなければならない**。

《補助者の選任》

3．一般貨物自動車運送事業者等は、運行管理者資格者証を有する者又は国土交通大臣が告示で定める運行の管理に関する講習であって国土交通省令で定める規定により国土交通大臣の認定を受けたものを修了した者のうちから、運行管理者の業務を補助させるための者（以下「補助者」という。）を**選任することができる**。

〔**貨物自動車運送事業輸送安全規則の解釈及び運用について（通達）**〕

第18条　運行管理者等の選任

3．第３項の補助者の選任については、運行管理者の履行補助として**業務に支障が生じない場合に限り**、同一事業者の他の営業所の補助者又は事業者が道路運送法第４条の一般旅客自動車運送事業の許可又は同法第43条の特定旅客自動車運送事業の許可を受けている場合については、旅客自動車運送事業の用に供する事業用自動車の運行を管理する営業所の旅客自動車運送事業の補助者を**兼務しても差し支えない**。ただし、その場合には、各営業所において、運行管理業務が適切に遂行できるよう運行管理規程に運行管理体制等について明記し、その体制を整えておくこと。

4．補助者は、運行管理者の履行補助を行う者であって、代理業務を行える者ではない。ただし、第７条の点呼に関する業務については、その一部を補助者が行うことができるものとする。

5．補助者が行う補助業務は、運行管理者の指導及び監督のもと行われるものであり、補助者が行うその業務において、以下に該当するおそれがあることが確認された場合には、直ちに運行管理者に**報告**を行い、**運行の可否の決定等**について**指示を仰ぎ**、その結果に基づき各運転者に対し指示を行わなければならない。

　イ．運転者が酒気を帯びている

　ロ．**疾病、疲労、睡眠不足**その他の理由により安全な運転をすることができない

　ハ．無免許運転、大型自動車等無資格運転

　ニ．過積載運行

　ホ．最高速度違反行為

過去出題例 [運行管理者の選任]

☐1．一般貨物自動車運送事業者は、事業用自動車（被けん引自動車を除く。）の運行を管理する営業所ごとに、当該営業所が運行を管理する事業用自動車の数を30で除して得た数（その数に1未満の端数があるときは、これを切り捨てるものとする。）に1を加算して得た数以上の運行管理者を選任しなければならない。[R4_CBT/R2_CBT]

☐2．一般貨物自動車運送事業者は、法令に規定する運行管理者資格者証を有する者又は国土交通大臣が告示で定める運行の管理に関する講習であって国土交通大臣の認定を受けたもの（基礎講習）を修了した者のうちから、運行管理者の業務を補助させるための者（補助者）を選任することができる。[R2_CBT]

☐3．一般貨物自動車運送事業者は、運行管理者の業務を補助させるための者（補助者）の選任については、運行管理者の履行補助として業務に支障が生じない場合であっても、同一事業者の他の営業所の補助者を兼務させることはできない。[R4_CBT]

解答

1…○：2…○：3…×（業務に支障が生じない場合に限り、同一事業者の他の営業所の補助者を兼務させることができる）

21　運行管理者の業務

1　法令の要点と○×式過去出題例

■運行管理者［運送事業法第18条］

1．一般貨物自動車運送事業者は、事業用自動車の運行の安全の確保に関する業務を行わせるため、国土交通省令で定めるところにより、運行管理者資格者証の交付を受けている者のうちから、運行管理者を選任しなければならない。

3．一般貨物自動車運送事業者は、第１項の規定により運行管理者を選任したときは、**遅滞なく**、その旨を国土交通大臣に届け出なければならない。これを解任したときも、同様とする。

■運行管理者の業務［安全規則第20条］

1．運行管理者は、次に掲げる業務を行わなければならない。

◇運転者以外の者の運行業務禁止 ①一般貨物自動車運送事業者により運転者（特定自動運行貨物運送を行う場合にあっては、特定自動運行保安員）として**選任された者以外の者**を事業用自動車の運行の業務に従事させないこと。
◇休憩等の設備の管理 ②貨物自動車運送事業者が整備した乗務員等が休憩又は睡眠のために利用することができる施設を適切に**管理する**こと。
◇乗務割の作成 ③貨物自動車運送事業者が定めた、事業用自動車の運転者の**勤務時間及び乗務時間の範囲内**において、乗務割を作成し、これに従い運転者を事業用自動車に乗務させること。
◇運行業務の禁止 1 ④酒気を帯びた状態にある乗務員等を事業用自動車の運行の業務に従事させないこと。
◇運行業務の禁止 2 ④の２　乗務員等の健康状態の把握に努め、**疾病、疲労、睡眠不足**その他の理由により安全な運転をし、又はその補助をすることができないおそれがある乗務員等を事業用自動車の運行の業務に従事させないこと。
◇交替運転者の配置 ⑤運転者が長距離運転または夜間の運転に従事する場合であって、疲労等により安全な運転を継続することができないおそれがあるときは、あらかじめ、交替するための運転者を**配置**すること。

◇過積載の防止

⑥過積載による運送の防止について、運転者その他の従業員に対する適切な**指導及び監督**を行うこと。

◇貨物の積載方法

⑦偏荷重が生じないように、また、貨物の落下防止を図るため、貨物の積載方法について、従業員に対する**指導及び監督**を行うこと。

◇通行の禁止又は制限等違反の防止

⑦の２　通行の禁止又は制限等違反の防止について、運転者等に対する指導及び監督を行うこと。

◇点呼とその記録

⑧事業用自動車の運転者等に対して点呼を行い、報告を求め、確認を行い、及び指示を与え、並びに記録し、及びその記録を**１年間保存**し、並びに運転者に対して使用するアルコール検知器を**常時有効に保持**すること。

◇業務の記録と保存

⑨事業用自動車の運転者等に対し、業務ごとにその内容を記録させ、及びその記録を**１年間保存**すること。

◇運行記録計の管理

⑩運行記録計により事業用自動車の瞬間速度、運行距離及び運行時間を記録しなければならない場合において、運行記録計を**管理**し、及びその記録を**１年間保存**すること。

◇運行記録ができない車両の運行禁止

⑪運行記録計により記録しなければならない場合において、運行記録計により記録することのできない事業用自動車を**運行の用に供さない**こと。

◇事故の記録と保存

⑫事業用自動車に係る交通事故が発生した場合は、事故の発生日時等の所定事項を記録し、及びその記録を当該事業用自動車の運行を管理する営業所において**３年間保存**すること。

◇運行指示書の作成と携行

⑫の２　運行指示書を作成し、及びその写しに変更の内容を記載し、運転者等に対し適切な指示を行い、運行指示書を事業用自動車の運転者等に携行させ、及び変更の内容を記載させ、並びに運行指示書及びその写しを**１年間保存**すること。

◇運転者等台帳の作成と備え置き

⑬運転者等台帳を作成し、営業所に備え置くこと。

◇従業員に対する指導及び監督・特別な指導・非常用器具の取扱いの指導 ⑭貨物自動車運送事業に係る主な道路の状況その他の事業用自動車の運行に関する状況、その状況の下において事業用自動車の運行の安全を確保するために必要な運転の技術及び法令に基づき自動車の運転に関して遵守すべき事項について、乗務員等に対する適切な**指導及び監督**を行い、日時・場所・内容並びに指導及び監督を行った者及び受けた者を記録し、かつ、その記録を営業所において**３年間保存**すること。事故惹起運転者、初任運転者及び高齢運転者に対し特別な指導を行うこと。また、非常信号用具及び消火器の取扱いについて、当該自動車の乗務員等に対し、適切な**指導**を行うこと。
◇適性診断の受診 ⑭の２　事故惹起運転者、初任運転者及び高齢運転者に対し適性診断を**受診させる**こと。
◇異常気象時の指示 ⑮異常気象その他の理由により輸送の安全の確保に支障が生ずるおそれがあるときは、事業用自動車の乗務員等に対する必要な指示その他輸送の安全のために必要な**措置を講ずる**こと。
◇補助者に対する指導及び監督 ⑯一般貨物自動車運送事業者により、運行管理者の業務を補助させるための者（補助者）が選任されている場合は、補助者に対する**指導及び監督**を行うこと。
◇従業員に対する指導及び監督 ⑰事故報告規則第５条の規定（国土交通大臣等による事故警報）により定められた**事故防止対策**に基づき、事業用自動車の運行の安全の確保について、従業員に対する**指導及び監督**を行うこと。

《事業者に対する助言》

3．運行管理者は、一般貨物自動車**運送事業者等に対し**、事業用自動車の運行の安全の確保に関し必要な事項について**助言**を行うことができる。

過去出題例［運行管理者の業務］

☐1．運行管理者は、事業計画に従い業務を行うに必要な員数の事業用自動車の運転者等を常時選任しておくこと。［R2_CBT改］

☐2．運行管理者は、乗務員等が有効に利用することができるように、休憩に必要な施設を整備し、及び乗務員等に睡眠を与える必要がある場合にあっては睡眠に必要な施設を整備し、並びにこれらの施設を適切に管理し、及び保守すること。

［R4_CBT改/R3_CBT改］

☐3．運行管理者は、休憩又は睡眠のための時間及び勤務が終了した後の休息のための時間が十分に確保されるように、国土交通大臣が告示で定める基準に従って、運転者の勤務時間及び乗務時間を定め、当該運転者にこれらを遵守させること。［R3.3］

☐4．運行管理者は、法令の規定により、運転者等に対して点呼を行い、報告を求め、確認を行い、及び指示を与え、並びに記録し、及びその記録を保存し、並びに運転者に対して使用する国土交通大臣が告示で定めるアルコール検知器を備え置くこと。

［R3_CBT改］

☐5．運行管理者は、法令の規定により、運転者等に対して点呼を行い、報告を求め、確認を行い、及び指示を与え、並びに記録し、及びその記録を保存し、並びに運転者に対して使用する国土交通大臣が告示で定めるアルコール検知器を常時有効に保持すること。

［R2_CBT改］

☐6．運行管理者は、運転者等に対して、法令の規定により点呼を行い、報告を求め、確認を行い、及び指示をしたときは、運転者等ごとに点呼を行った旨、報告、確認及び指示の内容並びに法令で定める所定の事項を記録し、かつ、その記録を１年間保存すること。［R3.3改］

☐7．運行管理者は、事業用自動車に係る事故が発生した場合には、法令の規定により「事故の発生場所」等の所定の事項を記録し、及びその記録を３年間保存すること。

［R3.3］

☐8．運行管理者は、法令の規定により、運行指示書を作成し、及びその写しに変更の内容を記載し、運転者等に対し適切な指示を行い、運行指示書を事業用自動車の運転者等に携行させ、及び変更の内容を記載させ、並びに運行指示書及びその写しの保存をすること。［R3_CBT/R2.8］

☐9．運行管理者は、法令の規定により、運転者等ごとに運転者等台帳を作成し、営業所に備え置くこと。［R4_CBT改］

☐10．運行管理者は、運転者等に対し、業務を開始しようとするとき、法令に規定する業務の途中及び業務を終了したときは、法令の規定により、点呼を受け、報告をしなければならないことについて、指導及び監督を行うこと。［R2_CBT改］

☐11．運行管理者は、運行管理規程を定め、かつ、その遵守について運行管理業務を補助させるため選任した者（補助者）及び運転者に対し指導及び監督を行うこと。

［R4_CBT改］

☐12．運行管理者は、事業用自動車に備えられた非常信号用具及び消火器の取扱いについて、当該事業用自動車の乗務員等に対する適切な指導を行うこと。

［R4_CBT改/R3.3］

☐13．運行管理者は、法令の規定により、死者又は負傷者（法令に掲げる傷害を受けた者）が生じた事故を引き起こした者等特定の運転者等に対し、国土交通大臣が告示で定める適性診断であって国土交通大臣の認定を受けたものを受けさせること。［R3_CBT］

☐14. 運行管理者は、法令の規定により、運転者として常時選任するために新たに雇い入れた者であって当該貨物自動車運送事業者において初めて事業用自動車に乗務する前3年間に初任診断（初任運転者のための適性診断として国土交通大臣が認定したもの）を受診したことがない者に対して、当該診断を受診させること。[R2_CBT/R2.8]

☐15. 運行管理者は、自動車事故報告規則第5条（事故警報）の規定により定められた事故防止対策に基づき、事業用自動車の運行の安全の確保について、事故を発生させた運転者に限り、指導及び監督を行うこと。[R2.8]

解答

1…×（運転者等を常時選任するのは貨物自動車運送事業者の業務）：**2…×**（施設の整備・保守・管理は貨物自動車運送事業者の業務）：**3…×**（勤務時間及び乗務時間を定めるのは貨物自動車運送事業者の業務）：**4…×**（備え置くこと⇒常時有効に保持すること）：**5…○**：**6…○**：**7…○**：**8…○**：**9…○**：**10…○**：**11…×**（運行管理規程を定めるのは、貨物自動車運送事業者の業務）：**12…○**：**13…○**：**14…○**：**15…×**（すべての運転者に対して行う）

2　演習問題

問1　次の記述のうち、一般貨物自動車運送事業の運行管理者の行わなければならない業務として、<u>正しいものを2つ</u>選びなさい。なお、解答にあたっては、各選択肢に記載されている事項以外は考慮しないものとする。

☐ 1. 法令の規定により、運転者等に対して点呼を行い、報告を求め、確認を行い、及び指示を与え、並びに記録し、及びその記録を保存し、並びに運転者に対して使用する国土交通大臣が告示で定めるアルコール検知器を備え置くこと。

2. 車両総重量が8トン以上又は最大積載量が5トン以上の普通自動車である事業用自動車について、法令に規定する運行記録計により記録することのできないものを運行の用に供さないこと。

3. 法令の規定により、運行指示書を作成し、及びその写しに変更の内容を記載し、運転者等に対し適切な指示を行い、運行指示書を事業用自動車の運転者等に携行させ、及び変更の内容を記載させ、並びに運行指示書及びその写しの保存をすること。

4. 一般貨物自動車運送事業者等に対し、事業用自動車の運行の安全の確保に関し必要な事項について助言を行うこと。

問2　次の記述のうち、一般貨物自動車運送事業の運行管理者の行わなければならない業務として、**誤っているものを1つ**選びなさい。なお、解答にあたっては、各選択肢に記載されている事項以外は考慮しないものとする。

□ 1．法令の規定により、運転者等に対して点呼を行い、報告を求め、確認を行い、及び指示を与え、並びに記録し、及びその記録を保存し、並びに運転者に対して使用する国土交通大臣が告示で定めるアルコール検知器を常時有効に保持すること。

2．乗務員等の健康状態の把握に努め、疾病、疲労、睡眠不足その他の理由により安全な運転ができないおそれがある乗務員等及び酒気を帯びた状態にある乗務員等を事業用自動車の運行の業務に従事させないこと。

3．事業用自動車に係る事故（ただし、物損事故は除く。）が発生した場合には、事故の発生日時等所定の事項を記録し、その記録を当該事業用自動車の運行を管理する営業所において3年間保存すること。

4．偏荷重が生じないよう、また、貨物の落下防止を図るため、貨物の積載方法について、従業員に対する指導及び監督を行うこと。

問3　次の記述のうち、一般貨物自動車運送事業の運行管理者が行わなければならない業務として、**正しいものを2つ**選びなさい。なお、解答にあたっては、各選択肢に記載されている事項以外は考慮しないものとする。［R4_CBT改］

□ 1．乗務員等が有効に利用することができるように、休憩に必要な施設を整備し、及び乗務員に睡眠を与える必要がある場合にあっては睡眠に必要な施設を整備し、並びにこれらの施設を適切に管理し、及び保守すること。

2．運行管理規程を定め、かつ、その遵守について運行管理業務を補助させるため選任した者（補助者）及び運転者に対し指導及び監督を行うこと。

3．事業用自動車に備えられた非常信号用具及び消火器の取扱いについて、当該事業用自動車の乗務員等に対する適切な指導を行うこと。

4．法令の規定により、運転者等ごとに運転者等台帳を作成し、営業所に備え置くこと。

問4　次の記述のうち、一般貨物自動車運送事業の運行管理者の行わなければならない業務として**正しいものを２つ**選びなさい。なお、解答にあたっては、各選択肢に記載されている事項以外は考慮しないものとする。［R3_CBT改］

☐　1．乗務員等が有効に利用することができるように、休憩に必要な施設を整備し、及び乗務員等に睡眠を与える必要がある場合にあっては睡眠に必要な施設を整備し、並びにこれらの施設を適切に管理し、及び保守すること。

2．法令の規定により、死者又は負傷者（法令に掲げる傷害を受けた者）が生じた事故を引き起こした者等特定の運転者等に対し、国土交通大臣が告示で定める適性診断であって国土交通大臣の認定を受けたものを受けさせること。

3．法令の規定により、運転者等に対して点呼を行い、報告を求め、確認を行い、及び指示を与え、並びに記録し、及びその記録を保存し、並びに運転者に対して使用するアルコール検知器を備え置くこと。

4．法令の規定により、運行指示書を作成し、及びその写しに変更の内容を記載し、運転者等に対し適切な指示を行い、運行指示書を事業用自動車の運転者等に携行させ、及び変更の内容を記載させ、並びに運行指示書及びその写しの保存をすること。

問5　次の記述のうち、一般貨物自動車運送事業の運行管理者の行わなければならない業務として、**誤っているものを１つ**選びなさい。なお、解答にあたっては、各選択肢に記載されている事項以外は考慮しないものとする。［R2_CBT改］

☐　1．事業計画に従い業務を行うに必要な員数の事業用自動車の運転者等を常時選任しておくこと。

2．運転者等に対し、業務を開始しようとするとき、法令に規定する業務の途中及び業務を終了したときは、法令の規定により、点呼を受け、報告をしなければならないことについて、指導及び監督を行うこと。

3．法令の規定により、運転者として常時選任するために新たに雇い入れた者であって当該貨物自動車運送事業者において初めて事業用自動車に乗務する前３年間に初任診断（初任運転者のための適性診断として国土交通大臣が認定したもの）を受診したことがない者に対して、当該診断を受診させること。

4．法令の規定により、運転者等に対して点呼を行い、報告を求め、確認を行い、及び指示を与え、並びに記録し、及びその記録を保存し、並びに運転者に対して使用するアルコール検知器を常時有効に保持すること。

問6　次の記述のうち、貨物自動車運送事業の運行管理者の行わなければならない業務として**誤っているものを1つ**選びなさい。なお、解答にあたっては、各選択肢に記載されている事項以外は考慮しないものとする。［R3.3改］

☐ 1．運転者等に対して、法令の規定により点呼を行い、報告を求め、確認を行い、及び指示をしたときは、運転者等ごとに点呼を行った旨、報告、確認及び指示の内容並びに法令で定める所定の事項を記録し、かつ、その記録を1年間保存すること。

2．事業用自動車に係る事故が発生した場合には、法令の規定により「事故の発生場所」等の所定の事項を記録し、及びその記録を3年間保存すること。

3．事業用自動車に備えられた非常信号用具及び消火器の取扱いについて、当該事業用自動車の乗務員等に対する適切な指導を行うこと。

4．休憩又は睡眠のための時間及び勤務が終了した後の休息のための時間が十分に確保されるように、国土交通大臣が告示で定める基準に従って、運転者の勤務時間及び乗務時間を定め、当該運転者にこれらを遵守させること。

問7　次の記述のうち、一般貨物自動車運送事業の運行管理者が行わなければならない業務として、**正しいものを2つ**選びなさい。なお、解答にあたっては、各選択肢に記載されている事項以外は考慮しないものとする。［R2.8改］

☐ 1．自動車事故報告規則第5条（事故警報）の規定により定められた事故防止対策に基づき、事業用自動車の運行の安全の確保について、事故を発生させた運転者に限り、指導及び監督を行うこと。

2．法令の規定により、運転者として常時選任するため新たに雇い入れた者であって当該貨物自動車運送事業者において初めて事業用自動車に乗務する前3年間に初任診断（初任運転者のための適性診断として国土交通大臣が認定したもの）を受診したことがない者に対して、当該診断を受診させること。

3．従業員に対し、効果的かつ適切に指導及び監督を行うため、輸送の安全に関する基本的な方針を策定し、かつ、これに基づき指導及び監督を行うこと。

4．法令の規定により、運行指示書を作成し、及びその写しに変更の内容を記載し、運転者等に対し適切な指示を行い、運行指示書を事業用自動車の運転者等に携行させ、及び変更の内容を記載させ、並びに運行指示書及びその写しの保存をすること。

◆解答＆解説

問１［解答　３，４］

1．「アルコール検知器を備え置くこと」⇒「アルコール検知器を常時有効に保持すること」。安全規則第20条（運行管理者の業務）第１項⑧。

2．「車両総重量が８トン以上又は最大積載量が５トン以上」⇒「車両総重量が７トン以上又は最大積載量が４トン以上」。安全規則第20条（運行管理者の業務）第１項⑪・安全規則第９条（運行記録計による記録）第１項①。⇒65P

3．安全規則第20条（運行管理者の業務）第１項⑫の２。

4．安全規則第20条（運行管理者の業務）第３項。

問２［解答　３］

1．安全規則第20条（運行管理者の業務）第１項⑧。

2．安全規則第20条（運行管理者の業務）第１項④の２。

3．物損事故も事業用自動車に係る事故であるため、「事故の記録」として記録しなければならない。安全規則第９条の２（事故の記録）第１項・安全規則第20条（運行管理者の業務）第１項⑫。

4．安全規則第20条（運行管理者の業務）第１項⑦。

問３［解答　３，４］

1．休憩施設及び睡眠施設を整備・管理・保守するのは、貨物自動車運送事業者の業務。運行管理者はそれらの施設を適切に管理しなければならない。安全規則第20条（運行管理者の業務）第１項②・安全規則第３条（過労運転等の防止）第３項。⇒33P

2．運行管理規程を定めるのは、貨物自動車運送事業者の業務。安全規則第20条（運行管理者の業務）第１項⑭・⑯・安全規則第21条（運行管理規程）第１項。⇒130P

3．安全規則第20条（運行管理者の業務）第１項⑭。

4．安全規則第20条（運行管理者の業務）第１項⑬。

問４［解答　２，４］

1．休憩施設及び睡眠施設を整備・管理・保守するのは、貨物自動車運送事業者の業務。運行管理者はそれらの施設を適切に管理しなければならない。安全規則第20条（運行管理者の業務）第１項②・安全規則第３条（過労運転等の防止）第３項。⇒33P

2．安全規則第20条（運行管理者の業務）第１項⑭の２。

3．「アルコール検知器を備え置くこと」⇒「アルコール検知器を常時有効に保持すること」。安全規則第20条（運行管理者の業務）第１項⑧。

4．安全規則第20条（運行管理者の業務）第１項⑫の２。

問5［解答　1］

1．必要な員数の事業用自動車の運転者等を常時選任しておくのは、**貨物自動車運送事業者の業務**。運行管理者は、選任された者以外の者を事業用自動車の運行の業務に従事させないこと。安全規則第20条（運行管理者の業務）第１項①・安全規則第３条（過労運転等の防止）第１項。⇒33P

2．従業員に対する指導及び監督には、点呼の実施と報告の徹底が含まれる。安全規則第20条（運行管理者の業務）第１項⑭。

3．安全規則第20条（運行管理者の業務）第１項⑭の２・「指導及び監督の指針」第２章４（２）。⇒86P

4．安全規則第20条（運行管理者の業務）第１項⑧。

問6［解答　4］

1．安全規則第20条（運行管理者の業務）第１項⑧。

2．安全規則第20条（運行管理者の業務）第１項⑫。

3．安全規則第20条（運行管理者の業務）第１項⑭。

4．運転者の勤務時間及び乗務時間を定めるのは、**貨物自動車運送事業者の業務**。運行管理者は、貨物自動車運送事業者が定めた勤務時間及び乗務時間の範囲内において、乗務割を作成し、これに従い運転者を事業用自動車に乗務させる。安全規則第20条（運行管理者の業務）第１項③・安全規則第３条（過労運転等の防止）第４項。⇒33P

問7［解答　2，4］

1．事故を発生させた運転者に限らず、**すべての運転者に対し**、指導及び監督を行う。安全規則第20条（運行管理者の業務）第１項⑰。

2．安全規則第20条（運行管理者の業務）第１項⑭の２・「指導及び監督の指針」第２章４（２）。⇒86P

3．従業員に対する指導及び監督のための基本的な方針を策定するのは、**貨物自動車運送事業者の業務**。安全規則第10条（従業員に対する指導及び監督）第５項。⇒81P

4．安全規則第20条（運行管理者の業務）第１項⑫の２。

Check　事業者と運行管理者の業務の違い［編集部］

出題頻度が高い「事業者と運行管理者の業務の違い」は以下のとおり。

運転者の選任	事業者	必要な員数の運転者を**常時選任**しておく。
	運行管理者	選任された者以外の者を**運行の業務に従事させない。**
補助者の選任	事業者	補助者を**選任する。**
	運行管理者	補助者に対する指導及び監督。
休憩施設・睡眠施設	事業者	**整備・管理・保守する。**
	運行管理者	**管理のみ**。整備及び保守の義務はない。
勤務時間・乗務時間	事業者	勤務時間・乗務時間を**定める。**
	運行管理者	事業者によって定められた時間の範囲内で**乗務割を作成し、乗務させる。**
運行管理規程	事業者	運行管理規程を**定める。**
	運行管理者	運行管理規程を**遵守する。**
自動車車庫	事業者	自動車車庫を**営業所に併設する。**
	運行管理者	自動車車庫に関する**業務規定はない。**
従業員に対する指導・監督	事業者	輸送の安全に関する**基本的な方針を策定し、**これに基づき指導・監督をする。
	運行管理者	法令の規定により定められた**事故防止対策**に基づき、**運行の安全の確保**について指導・監督をする。
アルコール検知器	事業者	アルコール検知器を**備え置く。**
	運行管理者	アルコール検知器を**常時有効に保持する。**

22 運行管理者資格者証

1 法令の要点と○×式過去出題例

■ 運行管理者資格者証［運送事業法第19条］

1．国土交通大臣は、次の各号のいずれかに該当する者に対し、運行管理者資格者証を交付する。

①運行管理者試験に合格した者
②事業用自動車の運行の安全の確保に関する業務について国土交通省令で定める一定の実務の経験その他の要件を備える者

2．国土交通大臣は、前項の規定（運行管理者資格者証の交付の規定）にかかわらず、次の各号のいずれかに該当する者に対しては、運行管理者資格者証の**交付を行わないこと**ができる。

①運送事業法（以下、法律という。）第20条の規定により運行管理者資格者証の返納を命ぜられ、その日から**5年**を経過しない者
②法律若しくは法律に基づく命令又はこれらに基づく処分に違反し、法律の規定により罰金以上の刑に処せられ、その執行を終わり、又はその執行を受けることがなくなった日から５年を経過しない者

■ 運行管理者資格者証の返納［運送事業法第20条］

1．国土交通大臣は、運行管理者資格者証の交付を受けている者がこの法律若しくはこの法律に基づく命令又はこれらに基づく**処分に違反**したときは、その運行管理者資格者証の**返納**を命ずることができる。

過去出題例［運行管理者資格者証］

☐1．国土交通大臣は、運行管理者資格者証の交付を受けている者が、貨物自動車運送事業法若しくはこの法律に基づく命令又はこれらに基づく処分に違反したときは、その運行管理者資格者証の返納を命ずることができる。また、運行管理者資格者証の返納を命ぜられ、その日から５年を経過しない者に対しては、運行管理者資格者証の交付を行わないことができる。［R2_CBT］

解答

1…○

23 運送事業者による運行管理

1 法令の要点と○×式過去出題例

■運行管理者等の義務［運送事業法第22条］

1．運行管理者は、**誠実**にその業務を行わなければならない。

《必要な権限の委譲》

2．一般貨物自動車運送事業者は、運行管理者に対し、第18条第2項の国土交通省令で定める業務（運行管理者の業務）を行うため**必要な権限**を与えなければならない。

《助言の尊重等》

3．一般貨物自動車運送事業者は、運行管理者がその業務として行う**助言を尊重**しなければならず、事業用自動車の運転者その他の従業員は、運行管理者がその業務として行う**指導**に従わなければならない。

■運行管理規程［安全規則第21条］

1．一般貨物自動車運送事業者等は、運行管理者の**職務及び権限**、統括運行管理者を選任しなければならない営業所にあってはその**職務及び権限**、並びに事業用自動車の**運行の安全の確保**に関する業務の**処理基準**に関する規程（**運行管理規程**）を定めなければならない。

2．前項の運行管理規程に定める運行管理者の**権限**は、少なくとも第20条（運行管理者の業務）に規定する業務を処理するに足りるものでなければならない。

■運行管理者の講習［安全規則第23条］

1．一般貨物自動車運送事業者等は、国土交通大臣が告示で定めるところにより、次に掲げる**運行管理者**に国土交通大臣が告示で定める講習であって国土交通省令の規定により国土交通大臣の認定を受けたものを受けさせなければならない。

①死者若しくは重傷者（自賠法施行令 ⇒103P）が生じた事故を引き起こした事業用自動車の運行を管理する営業所又は運送事業法第33条（許可の取消）の規定による処分（輸送の安全に係るものに限る。）の原因となった違反行為が行われた営業所において選任している者
②運行管理者として**新たに選任した者**
③最後に国土交通大臣が認定する講習を受講した日の属する年度の翌年度の末日を経過した者

〔貨物自動車運送事業輸送安全規則の解釈及び運用について（通達）〕

第23条　運行管理者の講習

2．**新たに選任した運行管理者**とは、**当該事業者において初めて選任された者**のことをいい、当該事業者において過去に運行管理者として選任されていた者や他の営業所で選任されていた者は、新たに選任した運行管理者に該当しない。ただし**他の事業者**において運行管理者として選任されていた者であっても当該事業者において運行管理者として選任されたことがなければ新たに選任した運行管理者とする。

■貨物自動車運送事業輸送安全規則第18条第３項、第23条第１項、第24条第１項及び第31条第２項の運行の管理に関する講習の種類等を定める告示（国土交通省令）

第３条（運行管理者に受けさせなければならない運行の管理に関する講習）

1．安全規則第23条第１項の規定により受けさせなければならない運行の管理に関する講習については、次条及び第５条に定めるところによる。

第４条（基礎講習及び一般講習）

1．一般貨物自動車運送事業者等は、**新たに選任した運行管理者**に、選任届出をした日の属する年度（やむを得ない理由がある場合にあっては、当該年度の翌年度）に**基礎講習又は一般講習**（基礎講習を受講していない当該運行管理者にあっては、基礎講習）を受講させなければならない。

2．一般貨物自動車運送事業者等は、次に掲げる場合には、当該事故又は当該処分（当該事故に起因する処分を除く。）に係る**営業所に属する運行管理者**に、事故等があった日の属する年度及び翌年度（やむを得ない理由がある場合にあっては、当該年度の翌年度及び翌々年度、前項、この項又は次項の規定により既に当該年度に基礎講習又は一般講習を受講させた場合にあっては、翌年度）に**基礎講習又は一般講習**を受講させなければならない。

①死者又は重傷者（自賠法施行令 ⇒103P）を生じた事故を引き起こした場合
②運送事業法第33条（許可の取消）の規定による処分（輸送の安全に係るものに限る。）の原因となった違反行為をした場合

3．一般貨物自動車運送事業者等は、運行管理者に、第１項又は第２項の規定により最後に基礎講習又は一般講習を受講させた日の属する年度の翌々年度以後２年ごとに基礎講習又は一般講習を受講させなければならない。

第５条（特別講習）

1．一般貨物自動車運送事業者等は、前条第２項各号に掲げる場合には、事故等に係る**営業所に属する運行管理者**（当該営業所に複数の運行管理者が選任されている場合にあっては、統括運行管理者及び事故等について相当の責任を有する者として運輸監理部長又は運輸支局長が指定した運行管理者）に、**事故等があった日**（運輸監理部長又は運輸支局長の指定を受けた運行管理者にあっては、当該指定の日）から**１年**（やむを得ない理由がある場合にあっては、１年６月）**以内**においてできる限り速やかに**特別講習**を受講させなければならない。

過去出題例［運送事業者による運行管理］

□1．一般貨物自動車運送事業者は、運行管理者がその業務として行う助言を尊重しなければならず、事業用自動車の運転者その他の従業員は、運行管理者がその業務として行う指導に従わなければならない。［R4_CBT］

□2．一般貨物自動車運送事業者は、運行管理者に対し、法令で定める業務を行うため必要な権限を与えなければならない。［R4_CBT］

□3．一般貨物自動車運送事業者は、新たに選任した運行管理者に、選任届出をした日の属する年度（やむを得ない理由がある場合にあっては、当該年度の翌年度）に基礎講習又は一般講習（基礎講習を受講していない当該運行管理者にあっては、基礎講習）を受講させなければならない。ただし、他の事業者において運行管理者として選任されていた者にあっては、この限りでない。［R2_CBT］

解答

1…○：2…○：3…×（他の事業者で運行管理者に選任されていた者であっても新たに選任した運行管理者に含まれる）

2　演習問題

問1　貨物自動車運送事業法に定める運行管理者等の義務についての次の文中、A、B、C、Dに入るべき字句として**正しいものを下の枠内の選択肢（①～⑧）**から選びなさい。［R3_CBT］

☐ 1．運行管理者は、（A）にその業務を行わなければならない。

2．一般貨物自動車運送事業者は、運行管理者に対し、法令で定める業務を行うため必要な（B）を与えなければならない。

3．一般貨物自動車運送事業者は、運行管理者がその業務として行う（C）を尊重しなければならず、事業用自動車の運転者その他の従業員は、運行管理者がその業務として行う（D）に従わなければならない。

① 指導	② 適切	③ 権限	④ 指示
⑤ 助言	⑥ 地位	⑦ 勧告	⑧ 誠実

問2　貨物自動車運送事業法等における運行管理者等の義務及び選任についての次の記述のうち、**誤っているものを1つ**選びなさい。なお、解答にあたっては、各選択肢に記載されている事項以外は考慮しないものとする。［R4_CBT］

☐ 1．一般貨物自動車運送事業者は、事業用自動車（被けん引自動車を除く。）の運行を管理する営業所ごとに、当該営業所が運行を管理する事業用自動車の数を30で除して得た数（その数に1未満の端数があるときは、これを切り捨てるものとする。）に1を加算して得た数以上の運行管理者を選任しなければならない。

2．一般貨物自動車運送事業者は、運行管理者がその業務として行う助言を尊重しなければならず、事業用自動車の運転者その他の従業員は、運行管理者がその業務として行う指導に従わなければならない。

3．一般貨物自動車運送事業者は、運行管理者の業務を補助させるための者（補助者）の選任については、運行管理者の履行補助として業務に支障が生じない場合であっても、同一事業者の他の営業所の補助者を兼務させることはできない。

4．一般貨物自動車運送事業者は、運行管理者に対し、法令で定める業務を行うため必要な権限を与えなければならない。

問３　貨物自動車運送事業法に定める一般貨物自動車運送事業者（以下「事業者」という。）の輸送の安全等についての次の記述のうち、**誤っているものを１つ**選びなさい。なお、解答にあたっては、各選択肢に記載されている事項以外は考慮しないものとする。

☐　１．事業者は、事業用自動車（被けん引自動車を除く。）の運行を管理する営業所ごとに、当該営業所が運行を管理する事業用自動車の数を40で除して得た数（その数に１未満の端数があるときは、これを切り捨てるものとする。）に１を加算して得た数以上の運行管理者を選任しなければならない。

２．運行管理者の補助者が行う点呼において、過積載運行であることが確認された場合には、直ちに運行管理者に報告を行い、運行の可否の決定等について指示を仰ぎ、その結果に基づき運転者に対し指示を行わなければならない。

３．事業者は、法令の規定により運行管理者を選任したときは、遅滞なく、その旨を国土交通大臣に届け出なければならない。

４．事業者は、新たに選任した運行管理者に、選任届出をした日の属する年度（やむを得ない理由がある場合にあっては、当該年度の翌年度）に基礎講習又は一般講習（基礎講習を受講していない当該運行管理者にあっては、基礎講習）を受講させなければならない。

問４　一般貨物自動車運送事業者（以下「事業者」という。）の運行管理者の選任等に関する次の記述のうち、**誤っているものを１つ**選びなさい。なお、解答にあたっては、各選択肢に記載されている事項以外は考慮しないものとする。[R2_CBT]

☐ １．事業者は、事業用自動車（被けん引自動車を除く。）の運行を管理する営業所ごとに、当該営業所が運行を管理する事業用自動車の数を30で除して得た数（その数に１未満の端数があるときは、これを切り捨てるものとする。）に１を加算して得た数以上の運行管理者を選任しなければならない。

２．国土交通大臣は、運行管理者資格者証の交付を受けている者が、貨物自動車運送事業法若しくはこの法律に基づく命令又はこれらに基づく処分に違反したときは、その運行管理者資格者証の返納を命ずることができる。また、運行管理者資格者証の返納を命ぜられ、その日から５年を経過しない者に対しては、運行管理者資格者証の交付を行わないことができる。

３．事業者は、法令に規定する運行管理者資格者証を有する者又は国土交通大臣が告示で定める運行の管理に関する講習であって国土交通大臣の認定を受けたもの（基礎講習）を修了した者のうちから、運行管理者の業務を補助させるための者（補助者）を選任することができる。

４．事業者は、新たに選任した運行管理者に、選任届出をした日の属する年度（やむを得ない理由がある場合にあっては、当該年度の翌年度）に基礎講習又は一般講習（基礎講習を受講していない当該運行管理者にあっては、基礎講習）を受講させなければならない。ただし、他の事業者において運行管理者として選任されていた者にあっては、この限りでない。

問５　一般貨物自動車運送事業者（以下「事業者」という。）の運行管理者の選任等に関する次の記述のうち、**誤っているものを１つ**選びなさい。なお、解答にあたっては、各選択肢に記載されている事項以外は考慮しないものとする。[R1.8]

☐　１．事業者は、事業用自動車（被けん引自動車を除く。）70両を管理する営業所においては、３人以上の運行管理者を選任しなければならない。

２．事業者は、法令に規定する運行管理者資格者証を有する者又は国土交通大臣の認定を受けた基礎講習を修了した者のうちから、運行管理者の業務を補助させるための者（補助者）を選任することができる。

３．運行管理者の補助者が行う補助業務は、運行管理者の指導及び監督のもと行われるものであり、補助者が行う点呼において、疾病、疲労、睡眠不足等により安全な運転をすることができないおそれがあることが確認された場合には、直ちに運行管理者に報告を行い、運行の可否の決定等について指示を仰ぎ、その結果に基づき運転者に対し指示を行わなければならない。

４．事業者は、新たに選任した運行管理者に、選任届出をした日の属する年度（やむを得ない理由がある場合にあっては、当該年度の翌年度）に基礎講習又は一般講習を受講させなければならない。ただし、他の事業者において運行管理者として選任されていた者にあっては、この限りでない。

◆解答＆解説

問1 ［解答　A－⑧，B－③，C－⑤，D－①］

運送事業法第22条（運行管理者等の義務）第１項・第２項・第３項。

問2 ［解答　３］

1．安全規則第18条（運行管理者等の選任）第１項。⇒115P

2．運送事業法第22条（運行管理者等の義務）第３項。

3．補助者は、運行管理者の履行補助として業務に支障が生じない場合に限り、同一事業者の他の営業所の補助者を兼務させることができる。「安全規則の解釈及び運用」第18条第３項。⇒116P

4．運送事業法第22条（運行管理者等の義務）第２項。

問3 ［解答　１］

1．「40で除して」⇒「30で除して」。安全規則第18条（運行管理者等の選任）第１項。⇒115P

2．「安全規則の解釈及び運用」第18条（運行管理者等の選任）第５項二。

3．運送事業法第18条（運行管理者）第３項。

4．「講習の種類等を定める告示」第４条（基礎講習及び一般講習）第１項。

問4 ［解答　４］

1．安全規則第18条（運行管理者等の選任）第１項。⇒115P

2．運送事業法第19条（運行管理者資格者証）第２項①・運送事業法第20条（運行管理者資格者証の返納）第１項。⇒129P

3．安全規則第18条（運行管理者等の選任）第３項。⇒115P

4．「新たに選任した運行管理者」とは、当該事業者において初めて選任された者のことをいう。他の事業者で選任されていた者であっても当該事業者において初めて選任された者には、基礎講習又は一般講習を受講させなければならない。「講習の種類等を定める告示」第４条（基礎講習及び一般講習）第１項・「安全規則の解釈及び運用」第23条第２項。

問5 ［解答　４］

1．車両数が60両～89両の場合、運行管理者は最低３人必要。安全規則第18条（運行管理者等の選任）第１項。⇒115P

運行管理者の選任数の最低限度＝ $\frac{70}{30}+1=3.33\cdots\fallingdotseq 3$ 人

2．安全規則第18条（運行管理者等の選任）第３項。⇒115P

3．「安全規則の解釈及び運用」第18条第５項ロ。⇒116P

4．「新たに選任した運行管理者」とは、当該事業者において初めて選任された者のことをいう。他の事業者で選任されていた者であっても当該事業者において初めて選任された者には、基礎講習又は一般講習を受講させなければならない。「講習の種類等を定める告示」第４条（基礎講習及び一般講習）第１項・「安全規則の解釈及び運用」第23条第２項。

覚えておこう －貨物自動車運送事業法編－

◇貨物自動車運送事業の種類

一般貨物自動車運送事業	他人の需要に応じ、有償で、自動車（三輪以上の軽自動車及び二輪の自動車を除く）を使用して貨物を運送する事業で、**特定貨物自動車運送事業以外**のもの
貨物軽自動車運送事業	他人の需要に応じ、有償で、自動車（三輪以上の軽自動車及び二輪の自動車に限る）を使用して貨物を運送する事業
特定貨物自動車運送事業	**特定の者**の需要に応じ、有償で、自動車（三輪以上の軽自動車及び二輪の自動車を除く）を使用して貨物を運送する事業

◇許可・認可・届け出・届出書の提出

許可	一般貨物自動車運送事業の経営
認可	運送約款の制定又は変更、事業計画の変更※
届け出	安全管理規程の制定又は変更
	事業用自動車に関する変更（種別毎の数等）は**あらかじめ**届け出る
	軽微な事業計画の変更（主たる事務所の名称・位置等）は**遅滞なく**届ける

※従業員の休憩等のための施設の位置及び収容能力、自動車車庫の位置及び収容能力など。

◇過労運転の防止

運転者の選任	運転者等を**常時選任**しておく。ただし、日々雇い入れられる者、期間内（**2ヵ月以内**）の者、試用期間（**14日以下**）の者は選任できない。
休憩等の施設	休憩・睡眠施設（寝具等必要な設備が整えられている施設）を**整備**し、適切に**管理**、**保守**する。
勤務時間及び乗務時間	**勤務時間**及び**乗務時間**を定める。
業務の禁止	**酒気帯び状態の者**を運行の業務に従事させない。
	乗務員等の健康状態の把握に努め、疾病、疲労、睡眠不足等により安全に運行の業務を遂行し、又はその補助をすることが**できないおそれがある者**を運行の業務に従事させない。
交替運転者の配置	長距離又は夜間の運転に際し、疲労により安全な運行を継続できないおそれがある時は、あらかじめ、交替運転者を**配置する。**
業務基準の設定	起点から終点までの距離が**100km**を超えるものごとに運行の業務に関する基準を定める。（特別積み合わせ運送）

◆事業者の業務

運賃及び料金等の掲示	主たる事務所、営業所に**公衆に見やすいよう**に掲示する。
従業員の指導・監督	従業員の指導、監督のための**方針の策定及び措置**を講じる。
点検の基準の作成	事業用自動車の使用条件を考慮し、定期に行う**点検の基準を作成**する。
車庫の位置	事業用自動車を保管する**車庫を営業所に併設する。**

◆運転者等に対して行う点呼

業務前点呼	**対面**又は対面と同等の効果を有するものとして国土交通大臣が定める方法（運行上やむを得ない場合は電話その他の方法）で行う。①運転者に対しては、**酒気帯び**の有無、②運転者に対しては、疾病、疲労、睡眠不足等により**安全運転ができないおそれ**の有無、③**日常点検及び運行前点検の実施**についての報告を求め、確認を行い、安全確保のための指示をする。
業務後点呼	**対面**又は対面と同等の効果を有するものとして国土交通大臣が定める方法（運行上やむを得ない場合は電話その他の方法）で行う。①**事業用自動車の状況**、②**道路及び運行の状況**についての報告を求め、また、他の運転者等と交替した場合は、交替した運転者等に対し行った事業用自動車、道路及び運行の状況についての**通告**について報告を求め、③運転者に対しては、**酒気帯び**の有無について確認する。
中間点呼	業務前、業務後の点呼の**いずれも対面により、又は対面による点呼と同等の効果を有するものとして国道交通大臣が定める方法で行うことができない業務**を行う運転者等に対し、当該点呼のほかに、業務途中で少なくとも**1回対面による点呼と同等の効果を有するものとして国土交通大臣が定める方法（当該方法により点呼を行うことが困難である場合にあっては、電話その他の方法）**により、運転者に対しては、①**酒気帯び**の有無、②疾病、疲労、睡眠不足その他の理由により**安全運転ができないおそれ**の有無についての報告を求め、確認を行い、安全確保のための指示をする。
酒気帯びの有無についての確認は**アルコール検知器**（営業所に備えられたものに限る）により行う。	
補助者に行わせる場合であっても**3分の1以上**は運行管理者が行う。	
酒気を帯びた状態とは、呼気中のアルコール濃度が0.15mg/ℓ以上で**あるか否かは問わない。**	

まとめ①

事業者による運行管理

必要な権限の委譲	運行管理者に対し、業務を行うために**必要な権限**を与える。
助言の尊重	運行管理者が業務として行う**助言を尊重**する。また、運転者等は、運行管理者が業務として行う**指導に従う**。
運行管理規程	運行管理者の職務及び権限等に関する運行管理規程を**定める**。
指導及び監督	運行管理者に対し、業務の適確な処理及び運行管理規程の遵守について、適切な**指導及び監督を行う**。
講習①	新たに選任した運行管理者に国土交通大臣の認定を受けた**講習※を受けさせる**。
講習②	事故を起こした営業所の運行管理者に事故の日から**１年以内**に特別講習を受講させる。

※運行管理者の代理の者及び補助者の受講は不可。

記録内容・保存期間等

業務の記録	◎**業務開始**と**業務終了地点**、**日時**、主な**経過地点**と**運行の業務に従事した距離** ◎休憩などをした場合は、その**地点**及び**日時**（10分未満の休憩は省略可） ◎車両総重量**８ｔ**以上、最大積載量**５ｔ**以上の事業用自動車に乗務した場合は、貨物の**積載状況** ◎自動車事故報告規則第２条の事故又は著しい運行の遅延など異常な事態が発生した場合には、その**概要及び原因** ◎**１年間**保存
運行記録計	◎車両総重量**７ｔ**以上又は最大積載量**４ｔ**以上の事業用自動車の乗務については**運行記録計**により、瞬間速度、運行距離、運行時間を記録する ◎**１年間**保存
運行指示書	◎運転者等に**携行させる**。また、運行途中に変更が生じた場合は運転者等が携行している運行指示書にも**変更内容を記載**させる ◎運行の**終了の日から１年間**保存
運転者等台帳	◎運転免許証の番号と有効期限、年月日及び種類等 ◎転任等により運転者等でなくなった場合は運転者等台帳に記入して保存 ◎**３年間**保存

◇特別な指導と適性診断

≪特別な指導≫

運転者の別	指導時間	指導時期
事故惹起者	**6時間**以上（安全運転の実技を除く）	**再度**乗務する前※1
初任者	運送事業法その他の法令に基づき運転者が遵守すべき事項、運行の安全を確保するために必要な運転に関する事項等：**15時間以上**	**初めて**乗務する前※2
	安全運転の実技：**20時間以上**	
高齢者	※3	適性診断の結果後**1ヵ月以内**

※1：やむを得ない事情がある場合には、再度乗務開始後1ヵ月以内。
※2：やむを得ない事情がある場合には、乗務開始後1ヵ月以内。
※3：指導時間は設けられていないが、適性診断の結果により、運転者自ら考えるように指導する。
◎日時・場所等を記録し3年間保存。

≪適性診断≫

運転者の別	受診要件	受診時期
事故惹起者	※1	**再度**乗務する前※3
初任者	※2	**初めて**乗務する前※4
高齢者	**満65歳**の運転者	**65歳**に達した日以後**1年以内に1回**※5

※1：死傷事故を起こし、この事故前の1年間に交通事故を引き起こした者。死傷事故を起こし、この事故前の1年間に交通事故を引き起こしていない者。軽傷事故を起こし、この事故前の3年間に交通事故を引き起こした者。
※2：初めて乗務する前3年間に初任運転者の適性診断を受診していない者。
※3：やむを得ない場合は、再度乗務開始後1ヵ月以内。
※4：やむを得ない場合は、乗務開始後1ヵ月以内。
※5：その後、3年以内ごとに1回受診させる。

◇運転者の遵守事項

疾病、疲労、睡眠不足等により安全な運行ができないおそれがあるときは、**事業者に申し出る。**
他の運転者等と交替して業務を開始するときは、他の運転者等から**通告**を受け、事業用自動車の制動装置、走行装置その他の重要な装置の機能の**点検をする。**
運行指示書の作成を要する運行では、運行指示書を**携行**し、運行の途中で記載事項に変更があった場合は携行している運行指示書にも**変更内容を記載**する。

◇事故の定義

転落事故	自動車が道路外に**転落（落差が0.5m以上）**したもの。
衝突事故	**10台以上**の自動車の衝突又は接触。
死傷事故	死者、**重傷者（入院＋30日以上の医師の治療又は14日以上の入院）**を生じたもの。
負傷事故	**10人以上**の負傷者を生じたもの。
積載物漏えい事故	積載されている危険物、火薬類、高圧ガス等の**全部もしくは一部が飛散**し、又は**漏えい**したもの。
法令違反事故	**酒気帯び運転**、無免許運転、麻薬等運転を伴うもの。
疾病事故	運転者等の**疾病**（脳梗塞、心筋梗塞など）により、運転を継続できなくなったもの。
運行不能事故	自動車の**装置**（動力伝達装置、燃料装置等）**の故障**により運行できなくなったもの。
車輪脱落事故	故障による**車輪の脱落**、被けん引自動車の分離。
鉄道障害事故	橋脚、架線その他の鉄道施設を損傷し、**３時間以上**本線において鉄道車両の運転を休止させたもの。
高速道路障害事故	高速自動車国道又は自動車専用道路において、**３時間以上**自動車の通行を禁止させたもの。

◇事故報告書と速報（貨物自動車運送事業関係のみ）

報告書	自動車事故報告規則に定める事故の場合、**30日以内**※に報告書**３通**を運輸支局長等を経由し、国土交通大臣に提出。
速報	下記に該当する事故の場合には、**24時間以内**できる限り速やかに運輸支局長等に電話等で速報。 ①**２人以上の死者**を生じたもの ②**５人以上の重傷者**を生じたもの ③**10人以上の負傷者**を生じたもの ④自動車に積載された危険物などの全部若しくは一部が飛散し、または**漏えい**したもの（転覆、転落、火災、又は鉄道車両、自動車等との衝突・接触により生じたものに限る） ⑤**酒気帯び運転**によるもの

※救護義務違反事故の場合はその事故を知った日から30日以内。

◇運行管理者の選任数

$$\text{選任数の最低限度} = \frac{\textbf{事業用自動車の車両数}\text{（被けん引自動車除く※）}}{30} + 1$$

※被けん引自動車の車両数は事業用自動車の車両数に含まれないことに注意する。

◇運行管理者の業務

施設の管理	休憩施設及び睡眠施設を適切に**管理**する。
乗務割の作成	勤務時間及び乗務時間の範囲内で**乗務割を作成**し、乗務させる。
運行業務の禁止	健康状態を**把握し**、疾病、疲労、睡眠不足等で**安全運転できないもの**又は**酒気帯び状態のもの**を運行の業務に従事させない。
点呼と記録保存	運転者等に点呼を行い、報告を求め、確認を行い、指示を与える。点呼の記録をし、**1年間**保存する。
アルコール検知器	常時有効に保持する。
事故記録と保存	事業用自動車に係る交通事故が発生した場合、所定事項を記録し、その記録を営業所に**3年間**保存する。
運行指示書の作成	運行指示書を作成し、運転者等に指示し、及び**携行**させる。
従業員に対する指導及び監督	◎運転者に対し、日常点検を実施し、確認することについて**指導及び監督を行う**。 ◎運転者に対し、点呼を受け、事業者に報告をしなければならないことについて、**指導及び監督を行う**。
非常用器具の取扱指導	非常信号用具、消火器の取扱いについて乗務員等に対し適切な**指導を行う**。
異常気象時の指示	異常気象等により安全確保に支障が出そうな場合、乗務員等に対し必要な指示をし、安全のために**必要な措置を講ずる**。
事故防止策の指導等	事故報告規則第5条により定められた事故防止対策に基づき、運行の安全確保について従業員に**指導及び監督を行う**。
補助者	補助者に対する**指導・監督を行う**。

◇運行管理者の講習

①新たに選任した運行管理者（※1）（※2）	選任の**届出をした日の属する年度**（やむを得ない理由がある場合は当該年度の翌年度）に**基礎講習**又は**一般講習**（基礎講習を受講していない場合は基礎講習）を受講させる。
②死者又は重傷者を生じた事故を起こした営業所の運行管理者（※2）	事故等が**あった日の属する年度及び翌年度**（やむを得ない理由がある場合は当該年度の翌年度及び翌々年度。既に年度内に当該講習を受講した場合は翌年度）に**基礎講習**又は**一般講習**を受講させる。
③輸送の安全に係る許可の取消処分を受けた営業所の運行管理者（※2）	（同上）
②、③の運行管理者	事故等が**あった日から1年**（やむを得ない理由がある場合は1年6ヵ月）以内にできる限り速やかに**特別講習**を受講させる。

（※1）当該事業者において初めて選任された者をいう。
（※2）最後に基礎講習又は一般講習を受講した年度の翌々年度以降2年毎に当該講習を受講させる。

◇事業者の遵守事項と運行管理者の業務のまとめ

<table>
<tr><th rowspan="2">事項</th><th rowspan="2">事業者</th><th rowspan="2">運行管理者</th><th colspan="2">参考法令（安全規則）</th></tr>
<tr><th>事業者</th><th>運行管理者</th></tr>
<tr><td>運転者</td><td>運転者を選任</td><td>選任された運転者以外の運行業務禁止</td><td>３条１項</td><td>20条１項①</td></tr>
<tr><td>休憩・睡眠施設</td><td>整備・管理・保守</td><td>管理</td><td>３条３項</td><td>20条１項②</td></tr>
<tr><td>勤務時間・乗務時間</td><td>勤務時間・乗務時間を定める</td><td>勤務時間・乗務時間の範囲内で乗務割作成及び乗務を指示</td><td>３条４項</td><td>20条１項③</td></tr>
<tr><td>酒気帯び</td><td colspan="2">運行の業務に従事することを禁止</td><td>３条５項</td><td>20条１項④</td></tr>
<tr><td>疾病・疲労睡眠不足等</td><td colspan="2">運行の業務に従事することを禁止</td><td>３条６項</td><td>20条１項④の２</td></tr>
<tr><td>交替運転者の配置</td><td colspan="2">長距離運転・夜間運転の交替運転者の配置</td><td>３条７項</td><td>20条１項⑤</td></tr>
<tr><td>過積載</td><td colspan="2">過積載防止の指導・監督</td><td>４条</td><td>20条１項⑥</td></tr>
<tr><td>貨物の積載</td><td>適切な積載措置</td><td>積載方法の指導・監督</td><td>５条</td><td>20条１項⑦</td></tr>
<tr><td>通行の禁止・制限等違反の防止</td><td colspan="2">通行の禁止・制限等違反の防止の指導・監督</td><td>５条の２</td><td>20条１項⑦の２</td></tr>
<tr><td>自動車車庫</td><td>営業所に併設※１</td><td></td><td>６条</td><td></td></tr>
<tr><td rowspan="2">点呼</td><td colspan="2">点呼の実施・記録・保存（１年間）</td><td rowspan="2">７条</td><td rowspan="2">20条１項⑧</td></tr>
<tr><td>アルコール検知器の設置・有効に保持</td><td>アルコール検知器を有効に保持</td></tr>
<tr><td>業務記録</td><td colspan="2">運転者等ごとに業務を記録・保存（１年間）</td><td>８条</td><td>20条１項⑨</td></tr>
<tr><td>運行記録計</td><td>運行記録計の記録・保存（１年間）</td><td>運行記録計の管理・保存（１年間）</td><td>９条</td><td>20条１項⑩</td></tr>
<tr><td>運行記録計使用不能車</td><td></td><td>運行記録計使用不能車の運行禁止</td><td></td><td>20条１項⑪</td></tr>
<tr><td>事故の記録</td><td colspan="2">事故の記録・保存（３年間）</td><td>９条の２</td><td>20条１項⑫</td></tr>
<tr><td>運行指示書</td><td colspan="2">指示書作成･指示･運転者への携行･変更内容の記載･保存（１年間）</td><td>９条の３</td><td>20条１項⑫の２</td></tr>
<tr><td>運転者等台帳</td><td colspan="2">運転者等台帳の作成・営業所への備え置き※２</td><td>９条の５</td><td>20条１項⑬</td></tr>
<tr><td>指導・監督</td><td colspan="2">従業員に対する指導・監督、運転者※３への特別な指導・記録保存（３年間）</td><td>10条１項</td><td>20条１項⑭</td></tr>
<tr><td>適性診断</td><td colspan="2">運転者※３の適性診断の受診</td><td>10条２項</td><td>20条１項⑭の２</td></tr>
<tr><td>異常気象</td><td colspan="2">異常気象時の乗務員への指示・措置</td><td>11条</td><td>20条１項⑮</td></tr>
<tr><td>補助者</td><td>補助者の選任</td><td>補助者に対する指導・監督</td><td>18条３項</td><td>20条１項⑯</td></tr>
<tr><td>事故の報告</td><td>事故の報告</td><td>事故防止対策に基づく従業員への指導・監督</td><td>事業法24条</td><td>20条１項⑰</td></tr>
</table>

※１：併設が困難な場合は、営業所から２km以内。
※２：運転者等でなくなった場合は３年間保存する。
※３：事故惹起運転者、初任運転者、高齢運転者のこと。

第2章

道路運送車両法

1　法律の目的と定義

1　法令の要点

■この法律の目的［車両法第１条］

1．この法律は、道路運送車両に関し、**所有権**についての公証等を行い、並びに**安全性の確保**及び**公害の防止**その他の環境保全並びに整備についての技術の向上を図り、併せて自動車の**整備事業**の健全な発達に資することにより、**公共の福祉を増進**することを目的とする。

■自動車の種別［車両法第３条］

1．この法律に規定する**普通自動車、小型自動車、軽自動車、大型特殊自動車**及び**小型特殊自動車**の別は、自動車の大きさ及び構造並びに原動機の種類及び総排気量又は定格出力を基準として、別表第１（省略）に定める。

2　演習問題

問１　道路運送車両法の目的についての次の文中、A～Dに入るべき字句として**いずれか正しいものを１つ**選びなさい。

この法律は、道路運送車両に関し、（A）についての公証等を行い、並びに（B）及び（C）その他の環境の保全並びに整備についての技術の向上を図り、併せて自動車の整備事業の健全な発達に資することにより、（D）ことを目的とする。

☐　A　１．所有権　　２．取得
B　１．運行の安全性の確保　　２．安全性の確保
C　１．騒音の防止　　２．公害の防止
D　１．道路交通の発達を図る　　２．公共の福祉を増進する

◆解答＆解説

問１［解答　A－1，B－2，C－2，D－2］
車両法第１条（この法律の目的）第１項。

2 登録制度

1 法令の要点

■ 登録の一般的効力［車両法第４条・第５条］

《車両法第４条》

1．自動車（軽自動車、小型特殊自動車及び二輪の小型自動車を除く。）は、自動車登録ファイルに登録を受けたものでなければ、これを**運行の用に供してはならない**。

《車両法第５条》

1．登録を受けた自動車の**所有権の得喪**（とくそう）は、登録を受けなければ、**第三者に対抗することができない**。

■ 自動車登録番号標の封印等［車両法第11条］

4．自動車の所有者は、自動車登録番号標に取り付けられた封印が滅失し、または毀（き）損したときは、国土交通大臣又は封印取付受託者の行う**封印の取付け**を受けなければならない。

5．何人も、国土交通大臣若しくは封印取付受託者が取付けをした封印又はこれらの者が封印の取付けをした自動車登録番号標は、これを取り外してはならない。ただし、整備のため特に必要があるときその他の国土交通省令で定めるやむを得ない事由に該当するときは、この限りでない。

■ 変更登録［車両法第12条］

1．自動車の**所有者**は、登録されている次の内容について変更があったときは、その事由があった日から**15日以内**に、国土交通大臣の行う変更登録の申請をしなければならない。ただし、移転登録又は永久抹消登録の申請をすべき場合は、この限りでない。

①型式	②車台番号	③原動機の型式	④**所有者の氏名、名称、住所**
⑤**使用の本拠の位置**			

■ 移転登録［車両法第13条］

1．新規登録を受けた自動車（以下「登録自動車」という。）について所有者の変更があったときは、**新所有者**は、その事由があった日から**15日以内**に、国土交通大臣の行う移転登録の申請をしなければならない。

Check　変更登録と移転登録［編集部］

第12条第１項のただし書きの規定により、移転登録をする場合は変更登録の必要がなくなる。このため、所有者の変更があった場合は「移転登録」の規定が優先される。変更登録の規定は、所有者の住所変更などの際に適用される。

■永久抹消登録［車両法第15条］

1．登録自動車の**所有者**は、次に掲げる場合には、その事由があった日（当該自動車が使用済自動車の解体である場合にあっては、解体報告記録がなされたことを知った日）から**15日以内**に、永久抹消登録の申請をしなければならない。

①登録自動車が滅失し、解体し（整備又は改造のために解体する場合を除く。）、又は自動車の**用途を廃止**したとき。

■一時抹消登録［車両法第16条］

2．一時抹消登録を受けた自動車（国土交通省令で定めるものを除く。）の所有者は、次に掲げる場合には、その事由があった日（当該事由が使用済自動車の解体である場合にあっては、解体報告記録がなされたことを知った日）から**15日以内**に、国土交通省令で定めるところにより、その旨を国土交通大臣に届け出なければならない。

①当該自動車が滅失し、解体し（整備又は改造のために解体する場合を除く。）、又は自動車の用途を廃止したとき。
②当該自動車の車台が当該自動車の新規登録の際存したものでなくなったとき。

■自動車登録番号標の表示の義務［車両法第19条］

1．自動車は、第11条第１項の規定により国土交通大臣又は自動車登録番号標交付代行者から交付を受けた自動車登録番号標を国土交通省令で定める位置に、かつ、被覆しないことその他当該自動車登録番号標に記載された自動車登録番号の識別に支障が生じないものとして国土交通省令で定める方法により**表示**しなければ運行の用に供してはならない。

■自動車登録番号標の表示［車両法施行規則第８条の２］

1．自動車登録番号標の位置は、自動車の**前面及び後面**であって、自動車登録番号標に記載された自動車登録番号の識別に支障が生じないものとして告示で定める位置とする。

■ 自動車登録番号標の廃棄等［車両法第20条］

2．登録自動車の所有者は、当該自動車の使用者が整備命令等により自動車の使用の停止を命ぜられ、規定により自動車検査証を返納したときは、**遅滞なく**、当該自動車登録番号標及び封印を取りはずし、自動車登録番号標について国土交通大臣の**領置を受けなければならない**。

■ 打刻の塗まつ等の禁止［車両法第31条］

1．何人も、自動車の車台番号又は原動機の型式の打刻を**塗まつ**し、その他車台番号又は原動機の型式の識別を**困難**にするような行為をしてはならない。ただし、整備のため特に必要な場合その他やむを得ない場合において、国土交通大臣の許可を受けたとき、又は車両法第32条※の規定による命令を受けたときは、この限りでない。

※車両法第32条は、車台番号又は原動機の型式の打刻を有しないときなどは、所有者に対し、車台番号もしくは原動機の型式の打刻を受け、もしくはその打刻を塗まつすべきことを命ずる、というもの。

■ 許可基準等［車両法第35条］

6．臨時運行の許可を受けた者は、臨時運行の許可の有効期間が満了したときは、その日から**5日以内**に、当該行政庁に臨時運行許可証及び臨時運行許可番号標を返納しなければならない。

■ 臨時運行許可番号標表示等の義務［車両法第36条］

1．臨時運行の許可に係る自動車は、次に掲げる要件を満たさなければ、これを運行の用に供してはならない。

①臨時運行許可番号標を国土交通省令で定める位置に、かつ、被覆しないことその他当該臨時運行許可番号標に記載された番号の識別に支障が生じないものとして国土交通省令で定める方法により表示していること。
②臨時運行許可証を備え付けていること。

Check 車両法に関する日数のまとめ［編集部］

15日以内	変更登録（第12条）、移転登録（第13条）、永久抹消登録（第15条）、一時抹消登録（第16条）、自動車検査証記録事項の変更（第67条）⇒156P、自動車検査証の返納（第69条）⇒157P
5日以内	臨時運行許可証の返納（第35条）

2　演習問題

問1　自動車の登録等についての次の記述のうち、**誤っているものを1つ**選びなさい。なお、解答にあたっては、各選択肢に記載されている事項以外は考慮しないものとする。

☐ 1．臨時運行の許可を受けた者は、臨時運行許可証の有効期間が満了したときは、その日から5日以内に、当該臨時運行許可証及び臨時運行許可番号標を行政庁に返納しなければならない。

2．自動車の所有者は、当該自動車の使用の本拠の位置に変更があったときは、道路運送車両法で定める場合を除き、その事由があった日から30日以内に、国土交通大臣の行う変更登録の申請をしなければならない。

3．何人も、国土交通大臣の許可を受けたときを除き、自動車の車台番号又は原動機の型式の打刻を塗まつし、その他車台番号又は原動機の型式の識別を困難にするような行為をしてはならない。

4．登録自動車の所有者は、当該自動車の使用者が整備命令等により自動車の使用の停止を命ぜられ、規定により自動車検査証を返納したときは、遅滞なく、当該自動車登録番号標及び封印を取りはずし、自動車登録番号標について国土交通大臣の領置を受けなければならない。

問2　道路運送車両法の自動車の登録等についての次の記述のうち、**誤っているものを1つ**選びなさい。なお、解答にあたっては、各選択肢に記載されている事項以外は考慮しないものとする。

☐ 1．登録自動車について所有者の変更があったときは、新所有者は、その事由があった日から30日以内に、国土交通大臣の行う移転登録の申請をしなければならない。

2．自動車は、自動車登録番号標を国土交通省令で定める位置に、かつ、被覆しないことその他当該自動車登録番号標に記載された自動車登録番号の識別に支障が生じないものとして国土交通省令で定める方法により表示しなければ、運行の用に供してはならない。

3．何人も、国土交通大臣若しくは封印取付受託者が取付けをした封印又はこれらの者が封印の取付けをした自動車登録番号標は、これを取り外してはならない。ただし、整備のため特に必要があるときその他の国土交通省令で定めるやむを得ない事由に該当するときは、この限りでない。

4．登録を受けた自動車の所有権の得喪(とくそう)は、登録を受けなければ、第三者に対抗することができない。

問３　道路運送車両法の自動車の登録等についての次の記述のうち、**正しいものを２つ**選びなさい。なお、解答にあたっては、各選択肢に記載されている事項以外は考慮しないものとする。

☐ 1．臨時運行の許可を受けた者は、臨時運行許可証の有効期間が満了したときは、その日から15日以内に、当該臨時運行許可証及び臨時運行許可番号標を行政庁に返納しなければならない。

2．何人も、国土交通大臣の許可を受けたときを除き、自動車の車台番号又は原動機の型式の打刻を塗まつし、その他車台番号又は原動機の型式の識別を困難にするような行為をしてはならない。

3．道路運送車両法に規定する自動車の種別は、自動車の大きさ及び構造並びに原動機の種類及び総排気量又は定格出力を基準として定められ、その別は、普通自動車、小型自動車、軽自動車、大型特殊自動車、小型特殊自動車である。

4．自動車の所有者は、当該自動車の使用の本拠の位置に変更があったときは、道路運送車両法で定める場合を除き、その事由があった日から30日以内に、国土交通大臣の行う変更登録の申請をしなければならない。

問４　自動車の登録等についての次の記述のうち、**正しいものを２つ**選びなさい。なお、解答にあたっては、各選択肢に記載されている事項以外は考慮しないものとする。

［R3_CBT］

☐ 1．登録自動車について所有者の変更があったときは、新所有者は、その事由があった日から30日以内に、国土交通大臣の行う移転登録の申請をしなければならない。

2．登録自動車の所有者は、当該自動車が滅失し、解体し（整備又は改造のために解体する場合を除く。）、又は自動車の用途を廃止したときは、その事由があった日（使用済自動車の解体である場合には解体報告記録がなされたことを知った日）から15日以内に、永久抹消登録の申請をしなければならない。

3．臨時運行の許可を受けた者は、臨時運行許可証の有効期間が満了したときは、その日から15日以内に、当該臨時運行許可証及び臨時運行許可番号標を行政庁に返納しなければならない。

4．道路運送車両法に規定する自動車の種別は、自動車の大きさ及び構造並びに原動機の種類及び総排気量又は定格出力を基準として定められ、その別は、普通自動車、小型自動車、軽自動車、大型特殊自動車、小型特殊自動車である。

問5　道路運送車両法の自動車の登録等についての次の記述のうち、**誤っているものを1つ**選びなさい。なお、解答にあたっては、各選択肢に記載されている事項以外は考慮しないものとする。[R3.3]

☐ 1．登録自動車について所有者の変更があったときは、新所有者は、その事由があった日から15日以内に、国土交通大臣の行う移転登録の申請をしなければならない。

2．登録自動車の所有者は、当該自動車が滅失し、解体し（整備又は改造のために解体する場合を除く。）、又は自動車の用途を廃止したときは、その事由があった日（使用済自動車の解体である場合には解体報告記録がなされたことを知った日）から15日以内に、永久抹消登録の申請をしなければならない。

3．自動車登録番号標及びこれに記載された自動車登録番号の表示は、国土交通省令で定めるところにより、自動車登録番号標を自動車の前面及び後面の任意の位置に確実に取り付けることによって行うものとする。

4．何人も、国土交通大臣若しくは封印取付受託者が取付けをした封印又はこれらの者が封印の取付けをした自動車登録番号標は、これを取り外してはならない。ただし、整備のため特に必要があるときその他の国土交通省令で定めるやむを得ない事由に該当するときは、この限りでない。

問6　自動車の登録等についての次の記述のうち、**誤っているものを1つ**選びなさい。なお、解答にあたっては、各選択肢に記載されている事項以外は考慮しないものとする。[R4_CBT]

☐ 1．登録自動車の所有者は、当該自動車の使用者が道路運送車両法の規定により自動車の使用の停止を命ぜられ、同法の規定により自動車検査証を返納したときは、その事由があった日から30日以内に、当該自動車登録番号標及び封印を取りはずし、自動車登録番号標について国土交通大臣に届け出なければならない。

2．自動車は、自動車登録番号標を国土交通省令で定める位置に、かつ、被覆しないことその他当該自動車登録番号標に記載された自動車登録番号の識別に支障が生じないものとして国土交通省令で定める方法により表示しなければ、運行の用に供してはならない。

3．道路運送車両法に規定する自動車の種別は、自動車の大きさ及び構造並びに原動機の種類及び総排気量又は定格出力を基準として定められ、その種別は、普通自動車、小型自動車、軽自動車、大型特殊自動車、小型特殊自動車である。

4．登録自動車について所有者の変更があったときは、新所有者は、その事由があった日から15日以内に、国土交通大臣の行う移転登録の申請をしなければならない。

◆解答＆解説

問１［解答　２］

１．車両法第35条（許可基準等）第６項。

２．「30日以内」⇒「15日以内」。車両法第12条（変更登録）第１項⑤。

３．車両法第31条（打刻の塗まつ等の禁止）第１項。

４．車両法第20条（自動車登録番号標の廃棄等）第２項。

問２［解答　１］

１．「30日以内」⇒「15日以内」。車両法第13条（移転登録）第１項。

２．車両法第19条（自動車登録番号標の表示の義務）第１項。

３．車両法第11条（自動車登録番号標の封印等）第５項。

４．車両法第５条（登録の一般的効力）第１項。

問３［解答　２，３］

１．「15日以内」⇒「５日以内」。車両法第35条（許可基準等）第６項。

２．車両法第31条（打刻の塗まつ等の禁止）第１項。

３．車両法第３条（自動車の種別）第１項。⇒146Ｐ

４．「30日以内」⇒「15日以内」。車両法第12条（変更登録）第１項⑤。

問４［解答　２，４］

１．「30日以内」⇒「15日以内」。車両法第13条（移転登録）第１項。

２．車両法第15条（永久抹消登録）第１項①。

３．「15日以内」⇒「５日以内」。車両法第35条（許可基準等）第６項。

４．車両法第３条（自動車の種別）第１項。⇒146Ｐ

問５［解答　３］

１．車両法第13条（移転登録）第１項。

２．車両法第15条（永久抹消登録）第１項①。

３．自動車登録番号標は、自動車の前面及び後面であって、自動車登録番号の識別に支障が生じないものとして告示で定める位置に確実に取り付ける。車両法第19条（自動車登録番号標の表示の義務）第１項・施行規則第８条の２（自動車登録番号標の表示）第１項。

４．車両法第11条（自動車登録番号標の封印等）第５項。

問６［解答　１］

１．自動車検査証を返納したときは、遅滞なく、当該自動車登録番号標及び封印を取りはずし、自動車登録番号標について国土交通大臣の領置を受けなければならない。車両法第20条（自動車登録番号標の廃棄等）第２項。

２．車両法第19条（自動車登録番号標の表示の義務）第１項。

３．車両法第３条（自動車の種別）第１項。

４．車両法第13条（移転登録）第１項。

3　自動車の検査

1　法令の要点

■自動車の構造［車両法第40条］

1．自動車は、その構造が、次に掲げる事項について、国土交通省令で定める保安上又は公害防止その他の環境保全上の技術基準に適合するものでなければ、運行の用に供してはならない。

①長さ、幅及び高さ
③車両総重量（車両重量、最大積載量及び55キログラムに乗車定員を乗じて得た重量の総和をいう。）

■自動車の検査及び自動車検査証［車両法第58条］

1．自動車（検査対象外軽自動車※及び小型特殊自動車を除く。）は、この法律で定めるところにより、国土交通大臣の行う**検査を受け**、有効な自動車検査証の**交付**を受けているものでなければ、これを運行の用に供してはならない。

※検査対象外軽自動車は、軽自動車のうち二輪のものが該当する。具体的には、総排気量が125cc超250cc以下の二輪自動車となる。

■新規検査［車両法第59条］

1．登録を受けていない第４条に規定する自動車又は第60条第１項の規定※による車両番号の指定を受けていない検査対象外軽自動車以外の軽自動車（以下「検査対象軽自動車」という。）若しくは二輪の小型自動車を運行の用に供しようとするときは、当該自動車の使用者は、当該自動車を提示して、国土交通大臣の行なう**新規検査**を受けなければならない。

※第４条の規定は、「自動車（軽自動車、小型特殊自動車及び二輪の小型自動車を除く。）は、自動車登録ファイルに登録を受けたものでなければ、これを運行の用に供してはならない」というもの。第60条第１項の規定は、「新規検査の結果、保安基準に適合するときは、自動車検査証を使用者に交付する場合には検査対象軽自動車及び二輪の小型自動車については車両番号を指定しなければならない」というもの。

■自動車検査証の有効期間［車両法第61条］

1．自動車検査証の有効期間は、旅客を運送する自動車運送事業の用に供する自動車、**貨物**の運送の用に供する自動車及び国土交通省令で定める自家用自動車であって、検査対象軽自動車以外のものにあっては**1年**、その他の自動車にあっては2年とする。

2．次に掲げる自動車について、**初めて**自動車検査証を交付する場合においては、第1項の規定にかかわらず、当該自動車検査証の有効期間は、それぞれ当該各号に掲げる期間とする。

①自動車検査証の有効期間を1年とされる自動車のうち**車両総重量8トン未満**の貨物用自動車及び国土交通省令で定める自家用自動車であるもの…**2年**
②自動車検査証の有効期間を2年とされる自動車のうち自家用乗用自動車及び二輪の小型自動車であるもの…3年

■自動車検査証等の有効期間の起算日［車両法施行規則第44条］

1．自動車検査証の有効期間の起算日は、当該自動車検査証を交付する日又は当該自動車検査証に係る有効期間を法第72条第1項（省略）の規定により記録する日とする。ただし、自動車検査証の有効期間が満了する日の**1ヵ月前**（離島（橋又はトンネルによる本土（本州、北海道、四国、九州及び沖縄島をいう。）との間の交通又は移動が不可能な島をいう。）に使用の本拠の位置を有する自動車にあっては2ヵ月前）から当該期間が満了する日までの間に継続検査を行い、当該自動車検査証に係る有効期間を法第72条第1項（省略）の規定により記録する場合は、当該自動車検査証の有効期間が**満了する日の翌日**とする。

※この規定により、有効期間満了日から1ヵ月前までの間に継続検査を受けると、1年後または2年後の車検証有効期間満了日が前の日にずれることがなくなる。

■自動車検査証の有効期間の伸長［車両法第61条の2］

1．国土交通大臣は、一定の地域に使用の本拠の位置を有する自動車の使用者が、天災その他やむを得ない事由により、**継続検査**を受けることができないと認めるときは、当該地域に使用の本拠の位置を有する自動車の自動車検査証の有効期間を、期間を定めて**伸長する**旨を公示することができる。

■継続検査［車両法第62条］

1．登録自動車又は車両番号の指定を受けた検査対象軽自動車若しくは二輪の小型自動車の使用者は、自動車検査証の有効期間の満了後も当該自動車を使用しようとするときは、当該自動車を提示して、国土交通大臣の行う**継続検査**を受けなければならない。この場合において、当該自動車の使用者は、当該自動車検査証を国土交通大臣に提出しなければならない。

2．国土交通大臣は、継続検査の結果、当該自動車が保安基準に適合すると認めるときは、当該自動車検査証に有効期間を記入して、これを当該自動車の使用者に返付し、当該自動車が保安基準に適合しないと認めるときは、当該自動車検査証を当該自動車の使用者に返付しないものとする。

5．自動車の使用者は、継続検査を申請しようとする場合において、第67条第１項の規定による自動車検査証の変更記録の申請をすべき事由があるときは、**あらかじめ**、その申請をしなければならない。

■自動車検査証の備付け等［車両法第66条］

1．自動車は、自動車検査証を**備え付け**、かつ、国土交通省令で定めるところにより検査標章を表示しなければ、運行の用に供してはならない。

3．検査標章には、国土交通省令で定めるところにより、その交付の際の当該自動車検査証の**有効期間の満了する時期**を表示するものとする。

5．検査標章は、当該自動車検査証がその効力を失ったとき、又は継続検査、臨時検査若しくは構造等変更検査の結果、当該自動車検査証の返付を受けることができなかったときは、当該自動車に**表示してはならない**。

■自動車検査証記録事項の変更及び構造等変更検査［車両法第67条］

1．自動車の**使用者**は、自動車検査証記録事項について変更があったときは、その事由があった日から**15日以内**に、当該変更について、国土交通大臣が行う自動車検査証の変更記録を受けなければならない。ただし、その効力を失っている自動車検査証については、これに変更記録を受けるべき時期は、当該自動車を使用しようとするときとすることができる。

■自動車検査証の返納等［車両法第69条］

1．自動車の使用者は、当該自動車について次に掲げる事由があったときは、その事由があった日（当該事由が使用済自動車の解体である場合にあっては、解体報告記録がなされたことを知った日）から**15日以内**に、当該自動車検査証を国土交通大臣に返納しなければならない。

> ①当該自動車が滅失し、解体し（整備又は改造のために解体する場合を除く。）、又は自動車の用途を廃止したとき。

■再交付［車両法第70条］

1．自動車又は検査対象外軽自動車の使用者は、自動車検査証若しくは検査標章又は臨時検査合格標章が滅失し、き損し、又はその識別が困難となった場合その他国土交通省令で定める場合には、その**再交付**を受けることができる。

■保安基準適合証等［車両法第94条の５］

11．第１項の規定による自動車検査員の証明を受けた自動車が国土交通省令で定めるところにより当該証明に係る**有効な保安基準適合標章を表示**しているときは、第58条第１項及び第66条第１項の規定※は、当該自動車について**適用しない**。

※自動車検査証の**交付**を受け、自動車検査証を自動車に**備え付け**、かつ、検査標章を**表示**しなければ運行の用に供してはならない、という規定。

■不正改造等の禁止［車両法第99条の２］

1．何人も、国土交通大臣の行う検査を受け、有効な自動車検査証の交付を受けている自動車又は法令の規定により使用の届出を行っている検査対象外軽自動車について、自動車又はその部分の改造、装置の取付け又は取り外しその他これらに類する行為であって、当該自動車が保安基準に適合しないこととなるものを行ってはならない。

2 演習問題

問１　道路運送車両法に定める検査等についての次の文中、Ａ、Ｂ、Ｃ、Ｄに入るべき字句を**下の枠内の選択肢（①～⑥）**から選びなさい。［R2.8改］

□ 1．登録を受けていない道路運送車両法第４条に規定する自動車又は同法第60条第１項の規定による車両番号の指定を受けていない検査対象軽自動車若しくは二輪の小型自動車を運行の用に供しようとするときは、当該自動車の使用者は、当該自動車を提示して、国土交通大臣の行う（Ａ）を受けなければならない。

2．登録自動車又は車両番号の指定を受けた検査対象軽自動車若しくは二輪の小型自動車の使用者は、自動車検査証の有効期間の満了後も当該自動車を使用しようとするときは、当該自動車を提示して、国土交通大臣の行う（Ｂ）を受けなければならない。この場合において、当該自動車の使用者は、当該自動車検査証を国土交通大臣に提出しなければならない。

3．自動車の使用者は、自動車検査証記録事項について変更があったときは、法令で定める場合を除き、その事由があった日から（Ｃ）以内に、当該変更について、国土交通大臣が行う自動車検査証の変更記録を受けなければならない。

4．国土交通大臣は、一定の地域に使用の本拠の位置を有する自動車の使用者が、天災その他やむを得ない事由により、（Ｄ）を受けることができないと認めるときは、当該地域に使用の本拠の位置を有する自動車の自動車検査証の有効期間を、期間を定めて伸長する旨を公示することができる。

① 新規検査	② 継続検査	③ 構造等変更検査
④ 予備検査	⑤ 15日	⑥ 30日

問２　自動車の検査等についての次の記述のうち、**正しいものを２つ**選びなさい。なお、解答にあたっては、各選択肢に記載されている事項以外は考慮しないものとする。

□ １．自動車に表示しなければならない検査標章には、国土交通省令で定めるところにより、その交付の際の当該自動車の自動車検査証の有効期間の満了する時期を表示するものとする。

２．初めて自動車検査証の交付を受ける車両総重量7,990キログラムの貨物の運送の用に供する自動車については、当該自動車検査証の有効期間は２年である。

３．自動車検査証の有効期間の起算日は、当該自動車検査証の有効期間が満了する日の２ヵ月前（離島等は除く）から当該期間が満了する日までの間に継続検査を行い、当該自動車検査証に係る有効期間を法の規定により記録する場合は、当該自動車検査証の有効期間が満了する日の翌日とする。

４．自動車運送事業の用に供する自動車は、自動車検査証を当該自動車又は当該自動車の所属する営業所に備え付けなければ、運行の用に供してはならない。

問３　道路運送車両法（以下、法令という。）の自動車の検査等についての次の記述のうち、**誤っているものを１つ**選びなさい。なお、解答にあたっては、各選択肢に記載されている事項以外は考慮しないものとする。

□ １．国土交通大臣は、一定の地域に使用の本拠の位置を有する自動車の使用者が、天災その他やむを得ない事由により、継続検査を受けることができないと認めるときは、当該地域に使用の本拠の位置を有する自動車の自動車検査証の有効期間を、期間を定めて伸長する旨を公示することができる。

２．登録を受けていない法令に規定する自動車を運行の用に供しようとするときは、当該自動車の使用者は、当該自動車を提示して、国土交通大臣の行う新規検査を受けなければならない。

３．自動車は、指定自動車整備事業者が継続検査の際に交付した有効な保安基準適合標章を表示している場合であっても、自動車検査証を備え付けなければ、運行の用に供してはならない。

４．自動車の使用者は、自動車検査証又は検査標章が滅失し、き損し、又はその識別が困難となった場合には、その再交付を受けることができる。

問４　自動車の検査等についての次の記述のうち、**正しいものを２つ**選びなさい。なお、解答にあたっては、各選択肢に記載されている事項以外は考慮しないものとする。
［R4_CBT改］

☐ 1．自動車は、指定自動車整備事業者が継続検査の際に交付した有効な保安基準適合標章を表示している場合であっても、自動車検査証を備え付けなければ、運行の用に供してはならない。

2．自動車の使用者は、継続検査を申請する場合において、道路運送車両法第67条（自動車検査証記録事項の変更及び構造等変更検査）の規定による自動車検査証の変更記録の申請をすべき事由があるときは、あらかじめ、その申請をしなければならない。

3．国土交通大臣は、一定の地域に使用の本拠の位置を有する自動車の使用者が、天災その他やむを得ない事由により、継続検査を受けることができないと認めるときは、当該地域に使用の本拠の位置を有する自動車の自動車検査証の有効期間を、期間を定めて伸長する旨を公示することができる。

4．自動車に表示されている検査標章には、当該自動車の自動車検査証の有効期間の起算日が表示されている。

問５　自動車の検査等についての次の記述のうち、**誤っているものを１つ**選びなさい。なお、解答にあたっては、各選択肢に記載されている事項以外は考慮しないものとする。［R3_CBT改］

☐ 1．国土交通大臣は、一定の地域に使用の本拠の位置を有する自動車の使用者が、天災その他やむを得ない事由により、継続検査を受けることができないと認めるときは、当該地域に使用の本拠の位置を有する自動車の自動車検査証の有効期間を、期間を定めて伸長する旨を公示することができる。

2．自動車の使用者は、自動車の長さ、幅又は高さを変更したときは、道路運送車両法で定める場合を除き、その事由があった日から15日以内に、当該変更について、国土交通大臣が行う自動車検査証の変更記録を受けなければならない。

3．何人も、有効な自動車検査証の交付を受けている自動車について、自動車又はその部分の改造、装置の取付け又は取り外しその他これらに類する行為であって、当該自動車が保安基準に適合しないこととなるものを行ってはならない。

4．車両総重量8,990キログラムの貨物自動車運送事業の用に供する自動車の使用者は、スペアタイヤの取付状態等について、１ヵ月ごとに国土交通省令で定める技術上の基準により自動車を点検しなければならない。

問６　自動車の登録等についての次の記述のうち、**誤っているものを１つ**選びなさい。なお、解答にあたっては、各選択肢に記載されている事項以外は考慮しないものとする。［R2_CBT］

☐ 1．登録自動車は、自動車登録番号標を国土交通省令で定める位置に、かつ、被覆しないことその他当該自動車登録番号標に記載された自動車登録番号の識別に支障が生じないものとして国土交通省令で定める方法により表示しなければ、運行の用に供してはならない。

2．臨時運行の許可を受けた者は、臨時運行許可証の有効期間が満了したときは、その日から５日以内に、当該臨時運行許可証及び臨時運行許可番号標を当該行政庁に返納しなければならない。

3．登録自動車の使用者は、当該自動車が滅失し、解体し（整備又は改造のために解体する場合を除く。）、又は自動車の用途を廃止したときは、その事由があった日（使用済自動車の解体である場合には解体報告記録がなされたことを知った日）から15日以内に、当該自動車検査証を国土交通大臣に返納しなければならない。

4．登録自動車の所有者は、当該自動車の使用の本拠の位置に変更があったときは、道路運送車両法で定める場合を除き、その事由があった日から30日以内に、国土交通大臣の行う変更登録の申請をしなければならない。

問７　自動車（検査対象外軽自動車及び小型特殊自動車を除く。）の検査等についての次の記述のうち、**正しいものを２つ**選びなさい。なお、解答にあたっては、各選択肢に記載されている事項以外は考慮しないものとする。［R2_CBT改］

☐ 1．自動車は、指定自動車整備事業者が継続検査の際に交付した有効な保安基準適合標章を表示している場合であっても、自動車検査証を備え付けなければ、運行の用に供してはならない。

2．初めて自動車検査証の交付を受ける車両総重量8,990キログラムの貨物の運送の用に供する自動車については、当該自動車検査証の有効期間は１年である。

3．国土交通大臣は、一定の地域に使用の本拠の位置を有する自動車の使用者が、天災その他やむを得ない事由により、継続検査を受けることができないと認めるときは、当該地域に使用の本拠の位置を有する自動車の自動車検査証の有効期間を、期間を定めて伸長する旨を公示することができる。

4．自動車の使用者は、自動車の長さ、幅又は高さを変更したときは、道路運送車両法で定める場合を除き、その事由があった日から30日以内に、当該変更について、国土交通大臣が行う自動車検査証の変更記録を受けなければならない。

問８　自動車の登録等についての次の記述のうち、**誤っているものを１つ**選びなさい。なお、解答にあたっては、各選択肢に記載されている事項以外は考慮しないものとする。[R2.8]

□ 1．一時抹消登録を受けた自動車（国土交通省令で定めるものを除く。）の所有者は、自動車の用途を廃止したときには、その事由があった日から15日以内に、国土交通省令で定めるところにより、その旨を国土交通大臣に届け出なければならない。

2．臨時運行の許可を受けた者は、臨時運行許可証の有効期間が満了したときは、その日から15日以内に、当該臨時運行許可証及び臨時運行許可番号標を行政庁に返納しなければならない。

3．登録自動車の使用者は、当該自動車が滅失し、解体し（整備又は改造のために解体する場合を除く。）、又は自動車の用途を廃止したときは、その事由があった日（使用済自動車の解体である場合には解体報告記録がなされたことを知った日）から15日以内に、当該自動車検査証を国土交通大臣に返納しなければならない。

4．自動車の所有者は、当該自動車の使用の本拠の位置に変更があったときは、道路運送車両法で定める場合を除き、その事由があった日から15日以内に、国土交通大臣の行う変更登録の申請をしなければならない。

問９　自動車の検査等についての次の記述のうち、**誤っているものを１つ**選びなさい。なお、解答にあたっては、各選択肢に記載されている事項以外は考慮しないものとする。[R2.8]

□ 1．自動車は、指定自動車整備事業者が継続検査の際に交付した有効な保安基準適合標章を表示しているときは、自動車検査証を備え付けていなくても、運行の用に供することができる。

2．初めて自動車検査証の交付を受ける車両総重量7,990キログラムの貨物の運送の用に供する自動車については、当該自動車検査証の有効期間は１年である。

3．自動車の使用者は、自動車検査証又は検査標章が滅失し、き損し、又はその識別が困難となった場合には、その再交付を受けることができる。

4．検査標章は、自動車検査証がその効力を失ったとき、又は継続検査、臨時検査若しくは構造等変更検査の結果、当該自動車検査証の返付を受けることができなかったときは、当該自動車に表示してはならない。

◆解答＆解説

問1［解答　A－①，B－②，C－⑤，D－②］

1．車両法第59条（新規検査）第１項。
2．車両法第62条（継続検査）第１項。
3．車両法第67条（自動車検査証記録事項の変更及び構造等変更検査）第１項。
4．車両法第61条の２（自動車検査証の有効期間の伸長）第１項。

問2［解答　1，2］

1．車両法第66条（自動車検査証の備付け等）第３項。
2．車両法第61条（自動車検査証の有効期間）第２項①。
3．「当該自動車検査証の有効期間が満了する日の２ヵ月前」⇒「当該自動車検査証の有効期間が満了する日の**１ヵ月前**」。施行規則44条（自動車検査証等の有効期間の起算日）第１項。
4．自動車検査証は**当該自動車に備え付けておかなければならない**。車両法第66条（自動車検査証の備付け等）第１項。

問3［解答　3］

1．車両法第61条の２（自動車検査証の有効期間の伸長）第１項。
2．車両法第59条（新規検査）第１項。
3．有効な保安基準適合標章を表示している場合は、**自動車検査証の交付、備え付け及び検査標章の表示の規定は適用されない**。車両法第94条の５（保安基準適合証等）第11項。
4．車両法第70条（再交付）第１項。

問4［解答　2，3］

1．有効な保安基準適合標章を表示している場合は、**自動車検査証の交付、備え付け及び検査標章の表示の規定は適用されない**。車両法第94条の５（保安基準適合証等）第11項。
2．車両法第62条（継続検査）第５項。
3．車両法第61条の２（自動車検査証の有効期間の伸長）第１項。
4．「有効期間の起算日」⇒「**有効期間の満了する時期**」。車両法第66条（自動車検査証の備付け等）第３項。

問5［解答　4］

1．車両法第61条の２（自動車検査証の有効期間の伸長）第１項。
2．車両法第67条（自動車検査証記録事項の変更及び構造等変更検査）第１項。
3．車両法第99条の２（不正改造等の禁止）第１項。
4．「１ヵ月ごと」⇒「**３ヵ月ごと**」。点検基準 別表第３（事業用自動車等の定期点検基準）。⇒166P

問6［解答　4］

1．車両法第19条（自動車登録番号標の表示の義務）第１項。⇒148P
2．車両法第35条（許可基準等）第６項。⇒149P
3．車両法第69条（自動車検査証の返納等）第１項①。
4．「30日以内」⇒「**15日以内**」。車両法第12条（変更登録）第１項⑤。⇒147P

問７［解答　２，３］

１．有効な保安基準適合標章を表示している場合は、**自動車検査証の交付、備え付け及び検査標章の表示の規定は適用されない**。車両法第94条の５（保安基準適合証等）第11項。

２．車両総重量８トン以上の貨物用自動車の初回車検の有効期間は１年である。車両法第61条（自動車検査証の有効期間）第１項・第２項①。

３．車両法第61条の２（自動車検査証の有効期間の伸長）第１項。

４．「30日以内」⇒「**15日以内**」。車両法第67条（自動車検査証記録事項の変更及び構造等変更検査）第１項。

問８［解答　２］

１．車両法第16条（一時抹消登録）第２項①。⇒148P

２．「15日以内」⇒「**５日以内**」。車両法第35条（許可基準等）第６項。⇒149P

３．車両法第69条（自動車検査証の返納等）第１項①。

４．車両法第12条（変更登録）第１項⑤。⇒147P

問９［解答　２］

１．車両法第94条の５（保安基準適合証等）第11項。

２．車両総重量**８トン未満**の貨物用自動車の初回車検の**有効期間は２年**である。車両法第61条（自動車検査証の有効期間）第２項①。

３．車両法第70条（再交付）第１項。

４．車両法第66条（自動車検査証の備付け等）第５項。

4 点検整備

1 法令の要点

■使用者の点検及び整備の義務［車両法第47条］

1．自動車の**使用者**は、自動車の点検をし、及び必要に応じ整備をすることにより、当該自動車を保安基準に適合するように維持しなければならない。

■日常点検整備［車両法第47条の2］

1．自動車の使用者は、自動車の走行距離、運行時の状態等から判断した**適切な時期**に、**国土交通省令**で定める**技術上の基準**により、**灯火装置の点灯**、**制動装置**の作動その他の**日常的**に点検すべき事項について、**目視**等により自動車を点検しなければならない。

2．定期点検の期間が3月及び6月の自動車の**使用者**又はこれらの自動車を**運行する者**は、第1項の規定にかかわらず、**1日1回、その運行の開始前**において、第1項の規定による点検をしなければならない。

※運送事業用自動車は、「定期点検の期間が3月の自動車」に含まれる。

3．自動車の使用者は、第1項及び第2項の規定による点検の結果、当該自動車が**保安基準に適合しなくなるおそれがある状態又は適合しない状態**にあるときは、**保安基準に適合しなくなるおそれをなくするため、又は保安基準に適合させる**ために当該自動車について必要な整備をしなければならない。

■日常点検の基準（事業用自動車等）［点検基準　別表第1］

点検箇所	点検内容
1．ブレーキ	1．ペダル踏みしろが適当で、ブレーキのききが十分であること。 2．ブレーキの液量が適当であること。 3．空気圧力の上がり具合が不良でないこと。 4．ペダルを放した場合にブレーキ・バルブからの排気音が正常であること。 5．駐車ブレーキ・レバーの引きしろが適当であること。
2．タイヤ	1．タイヤの空気圧が適当であること。 2．亀裂及び損傷がないこと。 3．異状な摩耗がないこと。 4．溝の深さが十分であること。（※1） 5．ディスク・ホイールの取付状態が不良でないこと。（※2）

3．バッテリ	液量が適当であること。（※１）
4．原動機	1．冷却水の量が適当であること。（※１） 2．ファン・ベルトの張り具合が適当で、かつ、ベルトに損傷がないこと。（※１） 3．エンジン・オイルの量が適当であること。（※１） 4．原動機のかかり具合が不良でなく異音がないこと。（※１） 5．低速及び加速の状態が適当であること。（※１）
5．灯火装置及び方向指示器	点灯又は点滅具合が不良でなく、かつ、汚れ及び損傷がないこと。
6．ウインド・ウォッシャ及びワイパー	1．ウインド・ウォッシャの液量が適当であり、かつ、噴射状態が不良でないこと。（※１） 2．ワイパーの払拭状態が不良でないこと。（※１）
7．エア・タンク	エア・タンクに凝水がないこと。

（※１）の点検は、自動車の走行距離、運行時の状態等から判断した適切な時期に行うことで足りる。
（※２）の点検は、車両総重量８トン以上又は乗車定員30人以上の自動車に限る。

■定期点検整備［車両法第48条］

1．自動車の**使用者**は、次の各号に掲げる自動車について、それぞれ当該各号に掲げる期間ごとに、点検の時期及び自動車の種別、用途等に応じ国土交通省令で定める技術上の基準により自動車を点検しなければならない。

種類	点検時期
①**自動車運送事業**の用に供する自動車及び**車両総重量８トン以上**の自家用自動車	**３月ごと**
②有償で貸し渡す自家用自動車その他の自家用貨物自動車	６月ごと
③上記の①及び②に掲げる自動車以外の自動車	１年ごと

■事業用自動車等の定期点検基準［点検基準　別表第３］（抜粋）

点検時期 ／ 点検箇所	３月ごと
車枠及び車体	1．非常口の扉の機能 2．緩み及び損傷 3．スペアタイヤ取付装置の緩み、がた及び損傷（※３） 4．**スペアタイヤの取付状態**（※３） 5．ツールボックスの取付部の緩み及び損傷（※３）

（※３）の点検は、車両総重量８トン以上又は乗車定員30人以上の自動車に限る。

■点検整備記録簿［車両法第49条］

1．自動車の使用者は、点検整備記録簿を当該自動車に備え置き、当該自動車について法第48条の点検又は整備をしたときは、遅滞なく、次に掲げる事項を記載しなければならない。

①点検の年月日	②点検の結果	③整備の概要
④整備を完了した年月日	⑤その他国土交通省令で定める事項	

3．点検整備記録簿の保存期間は、国土交通省令（点検基準第４条）で定める。

《点検基準第４条第２項》

点検整備記録簿の保存期間は、その記載の日から次に掲げる期間とする。

◎**運送事業用自動車等**の点検基準に該当する記録簿…**１年間**

■整備管理者［車両法第50条］

1．自動車の使用者は、自動車の点検及び整備並びに自動車車庫の管理に関する事項を処理させるため、自動車の点検及び整備に関し特に専門的知識を必要とすると認められる車両総重量８トン以上の自動車その他の国土交通省令で定める自動車であって国土交通省令で定める台数以上のものの使用の本拠ごとに、自動車の点検及び整備に関する実務の経験その他について国土交通省令で定める一定の要件を備える者のうちから、**整備管理者**を選任しなければならない。

■整備管理者の権限等［車両法施行規則第32条］

1．大型自動車使用者等が整備管理者に与えなければならない権限は、次のとおりとする。

① 日常点検及び運行前点検の実施方法を定めること。
② 日常点検又は運行前点検の結果に基づき、**運行の可否を決定**すること。
③ 定期点検を実施すること。
④ ①③の点検のほか、随時必要な点検を実施すること。
⑤ ①③④の点検の結果必要な整備を実施すること。
⑥ ③の点検及び⑤の整備の実施計画を定めること。
⑦ 点検整備記録簿、その他の点検及び整備に関する記録簿を管理すること。
⑧ 自動車**車庫を管理**すること。
⑨ ①～⑧に掲げる事項を処理するため、運転者、整備員その他の者を指導し、又は監督すること。

2．整備管理者は、第１項に掲げる事項の執行に係る基準に関する規定を定め、これに基づき、その業務を行わなければならない。

■選任届［車両法第52条］

1．大型自動車使用者等は、整備管理者を選任したときは、その日から**15日以内**に、地方運輸局長にその旨を届け出なければならない。これを変更したときも同様である。

■解任命令［車両法第53条］

1．地方運輸局長は、**整備管理者**がこの法律若しくはこの法律に基く命令又はこれらに基く処分に違反したときは、大型自動車使用者等に対し、整備管理者の**解任を命ずる**ことができる。

■整備命令等［車両法第54条］

1．地方運輸局長は、自動車が保安基準に適合しなくなるおそれがある状態又は適合しない状態にあるときは、当該自動車の**使用者**に対し、保安基準に適合しなくなるおそれをなくするため、又は保安基準に適合させるために必要な**整備**を行うべきことを**命ずる**ことができる。この場合において、地方運輸局長は、保安基準に**適合しない**状態にある当該自動車の使用者に対し、当該自動車が保安基準に適合するに至るまでの間の運行に関し、当該自動車の使用の方法又は**経路の制限**その他の保安上又は公害防止その他の環境保全上必要な指示をすることができる。

2．地方運輸局長は、自動車の**使用者**が第１項の規定による命令又は指示に従わない場合において、当該自動車が保安基準に適合しない状態にあるときは、当該自動車の**使用を停止**することができる。

2 演習問題

問1 道路運送車両法に定める自動車の点検整備等に関する次の文中、A、B、C、Dに入るべき字句として**いずれか正しいものを１つ**選びなさい。［R4_CBT］

1．初めて自動車検査証の交付を受ける車両総重量8,990キログラムの貨物の運送の用に供する自動車については、当該自動車検査証の有効期間は（A）である。
2．車両総重量（B）以上又は乗車定員30人以上の自動車は、日常点検において「ディスク・ホイールの取付状態が不良でないこと。」について点検しなければならない。
3．自動車運送事業の用に供する自動車の日常点検の結果に基づく運行可否の決定は、自動車の使用者より与えられた権限に基づき、（C）が行わなければならない。
4．事業用自動車の使用者は、点検の結果、当該自動車が保安基準に適合しなくなるおそれがある状態又は適合しない状態にあるときは、保安基準に適合しなくなるおそれをなくするため、又は保安基準に適合させるために当該自動車について必要な（D）をしなければならない。

A	① 1年	② 2年
B	① 7トン	② 8トン
C	① 運行管理者	② 整備管理者
D	① 検査	② 整備

問２　道路運送車両法に定める自動車の点検整備等に関する次の文中、A、B、C、Dに入るべき字句として**いずれか正しいものを１つ**選びなさい。［R3_CBT］

1．自動車運送事業の用に供する自動車の使用者は、（A）ごとに国土交通省令で定める技術上の基準により、自動車を点検しなければならない。

2．自動車の使用者は、自動車の点検及び整備等に関する事項を処理させるため、車両総重量８トン以上の自動車その他の国土交通省令で定める自動車であって国土交通省令で定める台数以上のものの使用の本拠ごとに、自動車の点検及び整備に関する実務の経験その他について国土交通省令で定める一定の要件を備える者のうちから、（B）を選任しなければならない。

3．地方運輸局長は、保安基準に適合しない状態にある当該自動車の使用者に対し、当該自動車が保安基準に適合するに至るまでの間の運行に関し、当該自動車の使用の方法又は経路の制限その他の保安上又は（C）その他の環境保全上必要な指示をすることができる。

4．事業用自動車の使用者又は当該自動車を運行する者は、１日１回、その運行開始前において、国土交通省令で定める技術上の基準により自動車を（D）しなければならない。

☐ A　①３ヵ月　　②６ヵ月
B　①安全統括管理者　　②整備管理者
C　①事故防止　　②公害防止
D　①点検　　②整備

問３　道路運送車両法に定める自動車の点検整備等に関する次の文中、A、B、C、Dに入るべき字句として**いずれか正しいものを１つ**選びなさい。[R2_CBT]

1．自動車運送事業の用に供する自動車の使用者又は当該自動車を運行する者は、(A)、その運行の開始前において、国土交通省令で定める技術上の基準により、自動車を点検しなければならない。

2．車両総重量８トン以上又は乗車定員30人以上の自動車の使用者は、スペアタイヤの取付状態等について、(B) ごとに国土交通省令で定める技術上の基準により自動車を点検しなければならない。

3．自動車の使用者は、自動車の点検及び整備等に関する事項を処理させるため、車両総重量８トン以上の自動車その他の国土交通省令で定める自動車であって国土交通省令で定める台数以上のものの使用の本拠ごとに、自動車の点検及び整備に関する実務の経験その他について国土交通省令で定める一定の要件を備える者のうちから、(C) を選任しなければならない。

4．地方運輸局長は、自動車の (D) が道路運送車両法第54条 (整備命令等) の規定による命令又は指示に従わない場合において、当該自動車が道路運送車両の保安基準に適合しない状態にあるときは、当該自動車の使用を停止することができる。

□
A　①　１日１回　　②　必要に応じて
B　①　３ヵ月　　②　６ヵ月
C　①　安全統括管理者　　②　整備管理者
D　①　所有者　　②　使用者

問４　道路運送車両法に定める自動車の点検整備等に関する次の文中、A、B、C、Dに入るべき字句として**いずれか正しいものを１つ**選びなさい。[R3. 3]

1．事業用自動車の使用者は、自動車の点検をし、及び必要に応じ（A）をすることにより、当該自動車を道路運送車両の保安基準に適合するように維持しなければならない。

2．事業用自動車の使用者又は当該自動車を（B）する者は、１日１回、その（C）において、国土交通省令で定める技術上の基準により、自動車を点検しなければならない。

3．事業用自動車の使用者は、当該自動車について定期点検整備をしたときは、遅滞なく、点検整備記録簿に点検の結果、整備の概要等所定事項を記載して当該自動車に備え置き、その記載の日から（D）間保存しなければならない。

□ A　①　検査　　　　　②　整備
B　①　運行　　　　　②　管理
C　①　運行の開始前　②　運行の終了後
D　①　１年　　　　　②　２年

問５　道路運送車両法の自動車の検査等についての次の記述のうち、**正しいものを２つ**選びなさい。なお、解答にあたっては、各選択肢に記載されている事項以外は考慮しないものとする。[R3. 3改]

□ 1．自動車運送事業の用に供する自動車は、自動車検査証を当該自動車又は当該自動車の所属する営業所に備え付けなければ、運行の用に供してはならない。

2．自動車は、その構造が、長さ、幅及び高さ並びに車両総重量（車両重量、最大積載量及び55キログラムに乗車定員を乗じて得た重量の総和をいう。）等道路運送車両法に定める事項について、国土交通省令で定める保安上又は公害防止その他の環境保全上の技術基準に適合するものでなければ、運行の用に供してはならない。

3．車両総重量８トン以上又は乗車定員30人以上の自動車の使用者は、スペアタイヤの取付状態等について、１ヵ月ごとに国土交通省令で定める技術上の基準により自動車を点検しなければならない。

4．自動車検査証の有効期間の起算日については、自動車検査証の有効期間が満了する日の１ヵ月前（離島に使用の本拠の位置を有する自動車を除く。）から当該期間が満了する日までの間に継続検査を行い、当該自動車検査証に係る有効期間を法第72条第１項（省略）の規定により記入する場合は、当該自動車検査証の有効期間が満了する日の翌日とする。

◆解答&解説

問1［解答　A－①，B－②，C－②，D－②］

1．車両法第61条（自動車検査証の有効期間）第1項・第2項①。
2．点検基準 別表第1（日常点検の基準（事業用自動車等））。
3．車両法施行規則第32条（整備管理者の権限等）第1項②。
4．車両法第47条の2（日常点検整備）第3項。

問2［解答　A－①，B－②，C－②，D－①］

1．車両法第48条（定期点検整備）第1項①。
2．車両法第50条（整備管理者）第1項。
3．車両法第54条（整備命令等）第1項。
4．車両法第47条の2（日常点検整備）第2項。

問3［解答　A－①，B－①，C－②，D－②］

1．車両法第47条の2（日常点検整備）第2項。
2．点検基準 別表第3（事業用自動車の定期点検基準）第1項。
3．車両法第50条（整備管理者）第1項。
4．車両法第54条（整備命令等）第2項。

問4［解答　A－②，B－①，C－①，D－①］

1．車両法第47条（使用者の点検及び整備の義務）第1項。
2．車両法第47条の2（日常点検整備）第2項。
3．車両法第49条（点検整備記録簿）第1項・第3項・点検基準第4条（点検整備記録簿の記載事項等）第2項。

問5［解答　2，4］

1．自動車検査証は**当該自動車に備え付けておかなければならない**。車両法第66条（自動車検査証の備付け等）第1項。⇒156P
2．車両法第40条（自動車の構造）第1項①・③。⇒154P
3．「1ヵ月ごと」⇒「**3ヵ月ごと**」。点検基準 別表第3（事業用自動車等の定期点検基準）。
4．車両法施行規則第44条（自動車検査証等の有効期間の起算日）第1項。⇒155P

5　保安基準

1　法令の要点

■保安基準の原則［車両法第46条］

1．自動車の構造及び自動車の装置等に関する保安上又は**公害防止**その他の環境保全上の技術基準（以下「保安基準」という。）は、道路運送車両の構造及び装置が**運行**に十分堪え、操縦その他の使用のための作業に安全であるとともに、通行人その他に**危害**を与えないことを確保するものでなければならず、かつ、これにより製作者又は使用者に対し、自動車の製作又は使用について**不当**な制限を課することとなるものであってはならない。

■用語の定義［保安基準第１条］

1．この省令における用語の定義は、道路運送車両法（以下「法」という。）第２条に定めるもののほか、次の各号に定めるところによる。

> ⑬「緊急自動車」とは、消防自動車、警察自動車、保存血液を販売する医薬品販売業者が保存血液の緊急輸送のため使用する自動車、救急自動車、公共用応急作業自動車等の自動車及び国土交通大臣が定めるその他の**緊急の用に供する自動車**をいう。（一部省略）

■長さ、幅及び高さ［保安基準第２条］

1．自動車は、告示で定める方法（空車状態など）により測定した場合において、**長さ**（セミトレーラにあっては、連結装置中心から当該セミトレーラの後端までの水平距離）**12メートル**（セミトレーラのうち告示で定めるものにあっては、13メートル）、**幅2.5メートル、高さ3.8メートル**を超えてはならない。

■軸重等［保安基準第４条の２］

1．自動車の軸重は、**10トン**（牽（けん）引自動車のうち告示で定めるものにあっては、11.5トン）を超えてはならない。

■原動機及び動力伝達装置［保安基準第８条］

4．次の自動車（最高速度が90キロメートル毎時以下の自動車、緊急自動車及び被牽引自動車を除く。）の原動機は、**速度抑制装置**を備えなければならない。

①貨物の運送の用に供する普通自動車であって、車両総重量が**８トン以上**又は最大積載量が**５トン以上**のもの
②前号の自動車に該当する被牽引自動車を牽引する牽引自動車

5．第４項の速度抑制装置は、自動車が**90キロメートル毎時**を超えて走行しないよう燃料の供給を調整し、かつ、自動車の速度の制御を円滑に行うことができるものとして、速度制御性能等に関し告示で定める基準に適合するものでなければならない。

■走行装置等［保安基準第９条］

2．自動車の空気入ゴムタイヤは、堅ろうで、安全な運行を確保できるものとして、強度、滑り止めに係る性能等に関し告示で定める基準に適合するものでなければならない。

［告示の基準］

◎接地部は滑り止めを施したものであり、滑り止めの溝は、空気入ゴムタイヤの接地部の全幅にわたり滑り止めのために施されている凹部（サイピング、プラットフォーム及びウエア・インジケータの部分を除く。）のいずれの部分においても**1.6ミリメートル以上**の深さを有すること。

■車枠及び車体［保安基準第18条］

1．自動車の車枠及び車体は、次の基準に適合するものでなければならない。

①車枠及び車体は、堅ろうで運行に十分耐えるものとして、強度、取付方法等に関し告示で定める基準に適合するものであること。
②車体の外形その他自動車の形状は、鋭い突起がないこと、回転部分が突出していないこと等他の交通の安全を妨げるおそれがないものとして、告示（省略）で定める基準に適合するものであること。ただし、大型特殊自動車及び小型特殊自動車にあっては、この限りでない。

8．自動車の車体の後面には、最大積載量（タンク自動車にあっては、最大積載量、最大積載容積及び積載物品名）を**表示しなければならない**。

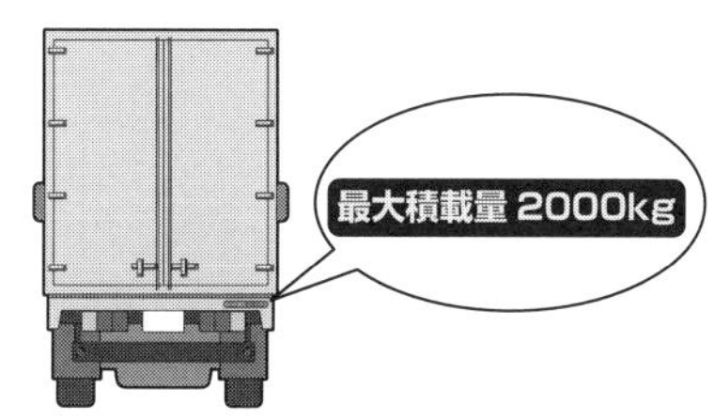

【車体表示】

■巻込防止装置等［保安基準第18条の2］

3．自動車（二輪自動車、側車付二輪自動車、カタピラ及びそりを有する軽自動車、大型特殊自動車（ポール・トレーラを除く。）、小型特殊自動車並びに牽引自動車を除く。）の後面には、他の自動車が追突した場合に追突した自動車の車体前部が突入することを有効に防止することができるものとして、強度、形状等に関し告示で定める基準に適合する**突入防止装置**を備えなければならない。ただし、突入防止装置を備えた自動車と同程度以上に他の自動車が追突した場合に追突した自動車の車体前部が突入することを防止することができる構造を有するものとして告示で定める構造の自動車にあっては、この限りでない。

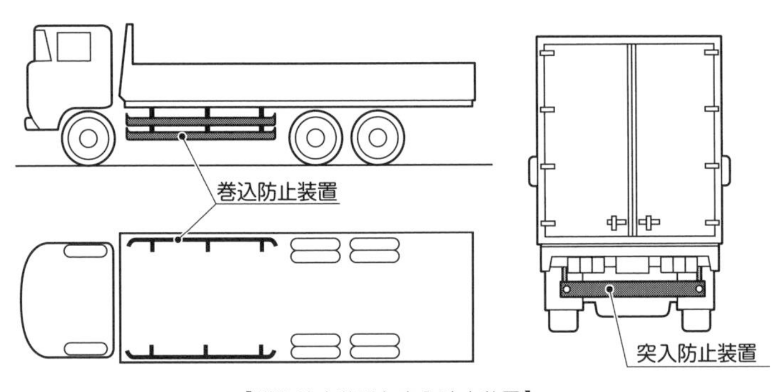

【巻込防止装置と突入防止装置】

■窓ガラス［保安基準第29条］

4．自動車の前面ガラス及び側面ガラス（告示で定める部分※を除く。）には、次に掲げるもの以外のものが装着され、はり付けられ、塗装され、又は刻印されていてはならない。

①整備命令標章	②検査標章	④道路交通法の故障車両標章
⑥運転者の視野の確保に支障がないものとして、装着され、貼り付けられ、塗装または刻印された状態において、透明であり、かつ、運転者が交通状況を確認するために必要な視野の範囲に係る部分にあっては**可視光線透過率が70%以上**であることが確保できるもの		

※告示で定める部分とは、側面ガラスのうち、運転者席より後方の部分の側面ガラスを指す。従って、保安基準第29条では、運転者席より後方の部分の側面ガラスは、可視光線透過率や貼付物禁止の規則が適用されない。

■後部反射器［保安基準第38条］

2．後部反射器は、夜間に自動車の後方にある他の交通に当該自動車の幅を示すことができるものとして、反射光の色、明るさ、反射部の形状等に関し告示で定める基準に適合するものでなければならない。

［告示の基準］

◎後部反射器は、夜間にその**後方150メートル**の距離から走行用前照灯で照射した場合にその反射光を照射位置から確認できるものであること。

◎後部反射器による反射光の色は、**赤色**であること。

■大型後部反射器［保安基準第38条の2］

1．貨物の運送の用に供する普通自動車であって車両総重量が**7トン以上**のものの後面には、第38条の基準に適合する後部反射器を備えるほか、大型後部反射器を備えなければならない。

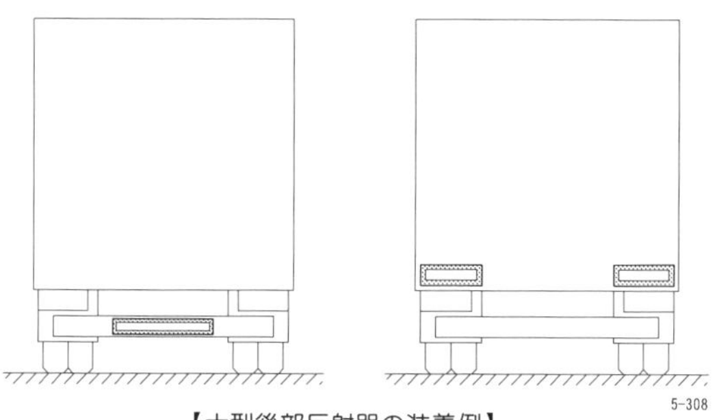

【大型後部反射器の装着例】

■再帰反射材［保安基準第38条の3］

1．自動車（次の各号に掲げるものを除く。）の前面（被牽引自動車の前面に限る。）、両側面及び後面には再帰反射材を備えることができる。

①専ら乗用の用に供する自動車であって乗車定員10人未満のもの	
②前号の自動車の形状に類する自動車	③二輪自動車
④側車付二輪自動車	⑤カタピラ及びそりを有する軽自動車

2．再帰反射材は、光を光源方向に効果的に反射することにより夜間に自動車の前方（被牽引自動車の前方に限る。）、側方又は後方にある他の交通に当該自動車の長さ又は幅を示すことができるものとして、反射光の色、明るさ、反射部の形状等に関し告示で定める基準に適合するものでなければならない。

その他の灯火等の制限［保安基準第42条］

1．自動車には、第32条から前条までの灯火装置若しくは反射器又は指示装置と類似する等により他の交通の妨げとなるおそれのあるものとして告示で定める灯火又は反射器を備えてはならない。

［告示の基準］

◎自動車には、次に掲げる灯火を除き、**点滅する灯火**又は**光度が増減する灯火**（色度が変化することにより視感度が変化する灯火を含む。）を備えてはならない。

> ⑱路線を定めて定期に運行する一般乗合旅客自動車運送事業用自動車及び一般乗用旅客自動車運送事業用自動車に備える**旅客が乗降中**であることを後方に表示する**電光表示器**

警音器［保安基準第43条］

2．警音器の警報音発生装置は、法に定める警音器の性能を確保できるものとして、音色、音量等に関し告示で定める基準に適合するものでなければならない。

［告示の基準］

◎警音器の警報音発生装置の音が、連続するものであり、かつ、音の大きさ及び**音色が一定なもの**であること。

非常信号用具［保安基準第43条の2］

1．自動車には、非常時に灯光を発することにより他の交通に警告することができ、かつ、安全な運行を妨げないものとして、灯光の色、明るさ、備付け場所等に関し告示で定める基準に適合する非常信号用具を備えなければならない。

［告示の基準］

◎非常信号用具は、**夜間200メートル**の距離から確認できる**赤色の灯光**を発するものであること。

停止表示器材［保安基準第43条の4］

1．自動車に備える停止表示器材は、形状、けい光及び反射光の明るさ、色等に関し告示で定める基準に適合するものでなければならない。

［告示の基準］

◎停止表示器材は、**夜間200メートル**の距離から走行用前照灯で照射した場合に、その反射光を照射位置から確認できるものであること。

◎停止表示器材は、昼間200メートルの距離からその蛍光を確認できるものであること。

◎停止表示器材による反射光の色は**赤色であり、かつ、蛍光の色は赤色又は橙色**であること。

■ 車両接近通報装置［保安基準第43条の７］

1．電力により作動する原動機を有する自動車（二輪自動車、側車付二輪自動車、三輪自動車、カタピラ及びそりを有する軽自動車、大型特殊自動車、小型特殊自動車並びに被牽引自動車を除く。）には、当該自動車の接近を歩行者等に通報するものとして、機能、性能等に関し告示で定める基準に適合する**車両接近通報装置**を備えなければならない。ただし、走行中に内燃機関が常に作動する自動車にあっては、この限りでない。

■ 事故自動緊急通報装置［保安基準第43条の８］

1．自動車※に備える事故自動緊急通報装置は、当該自動車が衝突等による衝撃を受ける事故が発生した場合において、その旨及び当該事故の概要を所定の場所に自動的かつ緊急に通報するものとして、機能、性能等に関し告示で定める基準に適合するものでなければならない。

※専ら乗用の用に供する自動車であって乗車定員10人以上の自動車及び乗車定員10人未満の自動車であって車両総重量 3.5 トンを超えるもの、貨物の運送の用に供する自動車であって車両総重量 3.5 トンを超えるもの、二輪自動車などは除く。

■ 後写鏡等［保安基準第44条］

2．自動車に備える後写鏡は、運転者が運転者席において自動車の外側線附近及び後方の交通状況を確認でき、かつ、乗車人員、歩行者等に傷害を与えるおそれの少ないものとして、当該後写鏡による運転者の視野、乗車人員等の保護に係る性能等に関し告示で定める基準に適合するものでなければならない。

［告示の基準］

◎取付部附近の自動車の最外側より突出している部分の最下部が地上**1.8メートル以下**のものは、当該部分が歩行者等に接触した場合に衝撃を緩衝できる構造であること。

■消火器［保安基準第47条］

1．次の各号に掲げる自動車には、消火器を備えなければならない。

①**火薬類**（省令の規定に掲げる数量以下のものを除く。）**を運送する自動車**（被牽引自動車を除く。）
②危険物の規制に関する政令に掲げる指定数量以上の**危険物を運送する自動車**（被牽引自動車を除く。）
④150キログラム以上の**高圧ガス**（可燃性ガス及び酸素に限る。）**を運送する自動車**（被牽引自動車を除く。）

2　演習問題

問1　道路運送車両法第46条に定める「保安基準の原則」についての次の文中、A、B、Cに入るべき字句として**いずれか正しいものを１つ**選びなさい。

自動車の構造及び自動車の装置等に関する保安上又は（A）その他の環境保全上の技術基準（「保安基準」という。）は、道路運送車両の構造及び装置が（B）に十分堪え、操縦その他の使用のための作業に安全であるとともに、通行人その他に（C）を与えないことを確保するものでなければならず、かつ、これにより製作者又は使用者に対し、自動車の製作又は使用について不当な制限を課することとなるものであってはならない。

□　A　1．公害防止　　2．事故防止
B　1．衝撃　　2．運行
C　1．危害　　2．影響

問2　道路運送車両の保安基準及びその細目を定める告示についての次の記述のうち、**誤っているものを１つ**選びなさい。なお、解答にあたっては、各選択肢に記載されている事項以外は考慮しないものとする。

□　1．自動車（法令に規定する自動車を除く。）の後面には、他の自動車が追突した場合に追突した自動車の車体前部が突入することを有効に防止することができるものとして、強度、形状等に関し告示で定める基準に適合する突入防止装置を備えなければならない。ただし、告示で定める構造の自動車にあっては、この限りでない。

2．自動車（二輪自動車等を除く。）の空気入ゴムタイヤの接地部は滑り止めを施したものであり、滑り止めの溝は、空気入ゴムタイヤの接地部の全幅にわたり滑り止めのために施されている凹部（サイピング、プラットフォーム及びウエア・インジケータの部分を除く。）のいずれの部分においても1.6ミリメートル以上の深さを有すること。

3．自動車の後面には、夜間にその後方200メートルの距離から走行用前照灯で照射した場合にその反射光を照射位置から確認できる赤色の後部反射器を備えなければならない。

4．貨物の運送の用に供する普通自動車であって、車両総重量が８トン以上又は最大積載量が５トン以上のものの原動機には、自動車が時速90キロメートルを超えて走行しないよう燃料の供給を調整し、かつ、自動車の速度の制御を円滑に行うことができるものとして、告示で定める基準に適合する速度抑制装置を備えなければならない。

問３　道路運送車両の保安基準及びその細目を定める告示についての次の記述のうち、**誤っているものを１つ**選びなさい。なお、解答にあたっては、各選択肢に記載されている事項以外は考慮しないものとする。

☐ 1．「緊急自動車」とは、消防自動車、警察自動車、保存血液を販売する医薬品販売業者が保存血液の緊急輸送のため使用する自動車、救急自動車、公共用応急作業自動車等の自動車及び国土交通大臣が定めるその他の緊急の用に供する自動車をいう。

2．自動車の軸重は、10トン（けん引自動車のうち告示で定めるものにあっては、11.5トン）を超えてはならない。

3．自動車（二輪自動車等を除く。）の空気入ゴムタイヤの接地部は滑り止めを施したものであり、滑り止めの溝は、空気入ゴムタイヤの接地部の全幅にわたり滑り止めのために施されている凹部（サイピング、プラットフォーム及びウエア・インジケータの部分を除く。）のいずれの部分においても1.4ミリメートル以上の深さを有すること。

4．貨物の運送の用に供する普通自動車であって、車両総重量が７トン以上のものの後面には、所定の後部反射器を備えるほか、反射光の色、明るさ等に関し告示で定める基準に適合する大型後部反射器を備えなければならない。

問４　道路運送車両の保安基準及びその細目を定める告示についての次の記述のうち、**誤っているものを１つ**選びなさい。なお、解答にあたっては、各選択肢に記載されている事項以外は考慮しないものとする。

☐ 1．自動車の車枠及び車体は、堅ろうで運行に十分耐えるものとして、強度、取付方法等に関し告示で定める基準に適合するものであること。

2．自動車（法令に規定する自動車を除く。）の後面には、他の自動車が追突した場合に追突した自動車の車体前部が突入することを有効に防止することができるものとして、強度、形状等に関し告示で定める基準に適合する突入防止装置を備えなければならない。ただし、告示で定める構造の自動車にあっては、この限りでない。

3．火薬類（省令に掲げる数量以下のものを除く。）を運送する自動車、指定数量以上の高圧ガス（可燃性ガス及び酸素に限る。）を運送する自動車及び危険物の規制に関する政令に掲げる指定数量以上の危険物を運送する自動車には、消火器を備えなければならない。（被牽引自動車の場合を除く。）

4．自動車の後面には、夜間にその後方200メートルの距離から走行用前照灯で照射した場合にその反射光を照射位置から確認できる赤色の後部反射器を備えなければならない。

問5　道路運送車両の保安基準及びその細目を定める告示についての次の記述のうち、**誤っているものを1つ**選びなさい。なお、解答にあたっては、各選択肢に記載されている事項以外は考慮しないものとする。［R3_CBT］

□　1．停止表示器材は、夜間200メートルの距離から走行用前照灯で照射した場合にその反射光を照射位置から確認できるものであることなど、告示で定める基準に適合するものでなければならない。

2．自動車（被けん引自動車を除く。）には、警音器の警報音発生装置の音が、連続するものであり、かつ、音の大きさ及び音色が一定なものである警音器を備えなければならない。

3．自動車（二輪自動車等を除く。）の空気入ゴムタイヤの接地部は滑り止めを施したものであり、滑り止めの溝は、空気入ゴムタイヤの接地部の全幅にわたり滑り止めのために施されている凹部（サイピング、プラットフォーム及びウエア・インジケータの部分を除く。）のいずれの部分においても1.4ミリメートル以上の深さを有すること。

4．電力により作動する原動機を有する自動車（二輪自動車、側車付二輪自動車、三輪自動車、カタピラ及びそりを有する軽自動車、大型特殊自動車、小型特殊自動車並びに被けん引自動車を除く。）には、当該自動車の接近を歩行者等に通報するものとして、機能、性能等に関し告示で定める基準に適合する車両接近通報装置を備えなければならない。

問６　道路運送車両の保安基準及びその細目を定める告示についての次の記述のうち、**誤っているものを１つ**選びなさい。なお、解答にあたっては、各選択肢に記載されている事項以外は考慮しないものとする。［R2_CBT］

□ １．自動車の前面ガラス及び側面ガラス（告示で定める部分を除く。）は、フィルムが貼り付けられた場合、当該フィルムが貼り付けられた状態においても、透明であり、かつ、運転者が交通状況を確認するために必要な視野の範囲に係る部分における可視光線の透過率が70％以上であることが確保できるものでなければならない。

２．貨物の運送の用に供する普通自動車であって、車両総重量が７トン以上のものの後面には、所定の後部反射器を備えるほか、反射光の色、明るさ等に関し告示で定める基準に適合する大型後部反射器を備えなければならない。

３．自動車（法令に規定する自動車を除く。）の後面には、他の自動車が追突した場合に追突した自動車の車体前部が突入することを有効に防止することができるものとして、強度、形状等に関し告示で定める基準に適合する突入防止装置を備えなければならない。ただし、告示で定める構造の自動車にあっては、この限りでない。

４．自動車は、告示で定める方法により測定した場合において、長さ（セミトレーラにあっては、連結装置中心から当該セミトレーラの後端までの水平距離）12メートル（セミトレーラのうち告示で定めるものにあっては、13メートル）、幅2.6メートル、高さ3.8メートルを超えてはならない。

問７　道路運送車両の保安基準及びその細目を定める告示についての次の記述のうち、**誤っているものを１つ**選びなさい。なお、解答にあたっては、各選択肢に記載されている事項以外は考慮しないものとする。［R3.3］

□ １．自動車（二輪自動車等を除く。）の空気入ゴムタイヤの接地部は滑り止めを施したものであり、滑り止めの溝は、空気入ゴムタイヤの接地部の全幅にわたり滑り止めのために施されている凹部（サイピング、プラットフォーム及びウエア・インジケータの部分を除く。）のいずれの部分においても1.6ミリメートル以上の深さを有すること。

２．乗用車等に備える事故自動緊急通報装置は、当該自動車が衝突等による衝撃を受ける事故が発生した場合において、その旨及び当該事故の概要を所定の場所に自動的かつ緊急に通報するものとして、機能、性能等に関し告示で定める基準に適合するものでなければならない。

3．貨物の運送の用に供する普通自動車であって、車両総重量が７トン以上のものの後面には、所定の後部反射器を備えるほか、反射光の色、明るさ等に関し告示で定める基準に適合する大型後部反射器を備えなければならない。

4．自動車に備えなければならない非常信号用具は、夜間150メートルの距離から確認できる赤色の灯光を発するものでなければならない。

問８　道路運送車両の保安基準及びその細目を定める告示についての次の記述のうち、**誤っているものを１つ**選びなさい。なお、解答にあたっては、各選択肢に記載されている事項以外は考慮しないものとする。［R2.8］

☐ 1．自動車の前面ガラス及び側面ガラス（告示で定める部分を除く。）は、フィルムが貼り付けられた場合、当該フィルムが貼り付けられた状態においても、透明であり、かつ、運転者が交通状況を確認するために必要な視野の範囲に係る部分における可視光線の透過率が60％以上であることが確保できるものでなければならない。

2．貨物の運送の用に供する普通自動車であって、車両総重量が８トン以上又は最大積載量が５トン以上のものの原動機には、自動車が時速90キロメートルを超えて走行しないよう燃料の供給を調整し、かつ、自動車の速度の制御を円滑に行うことができるものとして、告示で定める基準に適合する速度抑制装置を備えなければならない。

3．自動車の後面には、夜間にその後方150メートルの距離から走行用前照灯で照射した場合にその反射光を照射位置から確認できる赤色の後部反射器を備えなければならない。

4．自動車は、告示で定める方法により測定した場合において、長さ（セミトレーラにあっては、連結装置中心から当該セミトレーラの後端までの水平距離）12メートル（セミトレーラのうち告示で定めるものにあっては、13メートル）、幅2.5メートル、高さ3.8メートルを超えてはならない。

問９　道路運送車両の保安基準及びその細目を定める告示についての次の記述のうち、**誤っているものを１つ**選びなさい。なお、解答にあたっては、各選択肢に記載されている事項以外は考慮しないものとする。[R4_CBT]

☐　1．路線を定めて定期に運行する一般乗合旅客自動車運送事業用自動車に備える旅客が乗降中であることを後方に表示する電光表示器には、点滅する灯火又は光度が増減する灯火を備えることができる。

2．自動車に備えなければならない後写鏡は、取付部付近の自動車の最外側より突出している部分の最下部が地上2.0メートル以下のものは、当該部分が歩行者等に接触した場合に衝撃を緩衝できる構造でなければならない。

3．自動車に備えなければならない非常信号用具は、夜間200メートルの距離から確認できる赤色の灯光を発するものでなければならない。

4．自動車（大型特殊自動車、小型特殊自動車を除く。）の車体の外形その他自動車の形状については、鋭い突起がないこと、回転部分が突出していないこと等他の交通の安全を妨げるおそれがないものとして、告示で定める基準に適合するものでなければならない。

◆解答＆解説

問１［解答　A－1，B－2，C－1］

車両法第46条（保安基準の原則）第１項。

問２［解答　3］

1．保安基準第18条の２（巻込防止装置等）第３項。

2．保安基準第９条（走行装置等）第２項・告示の基準。

3．「後方200メートル」⇒「後方150メートル」。保安基準第38条（後部反射器）第２項・告示の基準。

4．保安基準第８条（原動機及び動力伝達装置）第４項①・第５項。

問３［解答　3］

1．保安基準第１条（用語の定義）第１項⑬。

2．保安基準第４条の２（軸重等）第１項。

3．「1.4ミリメートル以上」⇒「1.6ミリメートル以上」。保安基準第９条（走行装置等）第２項・告示の基準。

4．保安基準第38条の２（大型後部反射器）第１項。

問4［解答　4］

1．保安基準第18条（車枠及び車体）第1項①。

2．保安基準第18条の2（巻込防止装置等）第3項。

3．保安基準第47条（消火器）第1項①・②・④。

4．「後方200メートル」⇒「後方**150メートル**」。保安基準第38条（後部反射器）第2項・告示の基準。

問5［解答　3］

1．保安基準第43条の4（停止表示器材）第1項・告示の基準。

2．保安基準第43条（警音器）第2項・告示の基準。

3．「1.4ミリメートル以上」⇒「**1.6ミリメートル以上**」。保安基準第9条（走行装置等）第2項・告示の基準。

4．保安基準第43条の7（車両接近通報装置）第1項。

問6［解答　4］

1．保安基準第29条（窓ガラス）第4項⑥・告示の基準。

2．保安基準第38条の2（大型後部反射器）第1項。

3．保安基準第18条の2（巻込防止装置等）第3項。

4．「幅2.6メートル」⇒「**幅2.5メートル**」。保安基準第2条（長さ、幅及び高さ）第1項。

問7［解答　4］

1．保安基準第9条（走行装置等）第2項・告示の基準。

2．保安基準第43条の8（事故自動緊急通報装置）第1項。

3．保安基準第38条の2（大型後部反射器）第1項。

4．「夜間150メートル」⇒「夜間**200メートル**」。保安基準第43条の2（非常信号用具）第1項・告示の基準。

問8［解答　1］

1．「60％以上」⇒「**70％以上**」。保安基準第29条（窓ガラス）第4項⑥・告示の基準。

2．保安基準第8条（原動機及び動力伝達装置）第4項①・第5項。

3．保安基準第38条（後部反射器）第2項・告示の基準。

4．保安基準第2条（長さ、幅及び高さ）第1項。

問9［解答　2］

1．保安基準第42条（その他の灯火等の制限）第1項・告示の基準⑱。

2．「地上2.0メートル以下」⇒「地上**1.8メートル以下**」。保安基準第44条（後写鏡等）第2項・告示の基準。

3．保安基準第43条の2（非常信号用具）第1項・告示の基準。

4．保安基準第18条（車枠及び車体）第1項②。

覚えておこう －道路運送車両法・保安基準編－

車両法の目的（キーワード）

所有権・安全性の確保・公害の防止・整備事業・公共の福祉を増進

自動車の種別（車両法の規定による自動車の種別）

①普通自動車	②小型自動車	③軽自動車
④大型特殊自動車	⑤小型特殊自動車	

各種登録

登録の種類	行うべきとき	申請者
変更登録	型式、車台番号、所有者の氏名、使用の本拠の位置などを変更したとき	所有者
移転登録	所有者を変更したとき	新所有者
永久抹消登録	自動車が滅失、解体、又は用途を廃止したとき	所有者
一時抹消登録	自動車が滅失、解体、又は用途を廃止したとき 自動車の車体が新規登録の際存したものでなくなったとき	所有者

自動車登録番号標

封印	何人も封印を取り外してはならない。ただし、整備のため特に必要な場合は、この限りではない。
表示	自動車登録番号標は、これに記載された自動車登録番号の識別に支障が生じないように、自動車の前面及び後面の告示で定める位置に取り付ける。

自動車検査証・検査標章

自動車検査証は**当該自動車に備え付けておかなければならない。**
有効な保安基準適合標章を自動車に表示している場合は、**自動車検査証の交付、備え付け及び検査標章の表示の規定は適用されない。**
検査標章には、自動車検査証の**有効期間の満了する時期**が表示されている。
検査標章は、自動車検査証が効力を失ったとき、検査証の返付を受けることができなかったときは表示してはならない。
検査証又は検査標章が滅失し、き損し、又はその識別が困難となった場合は、**再交付**を受けることができる。

まとめ②

◇自動車検査証の有効期間

自動車の種類	初回	2回目以降
車両総重量8ｔ以上の貨物用自動車（大型トラック等）	1年	1年
車両総重量8ｔ未満の貨物用自動車（中・小型トラック等）	2年	1年

◇自動車の検査の種類

①新規検査	②継続検査	③臨時検査	④構造等変更検査	⑤予備検査

◇車両法に関する日数

15日以内	変更登録、移転登録、永久抹消登録、一時抹消登録、自動車検査証記録事項の変更、自動車検査証の返納
5日以内	臨時運行許可証の返納

◇点検整備関係

日常点検整備	自動車の**使用者**が適切な時期に目視等により行う点検。
	事業用自動車の**使用者**又は事業用自動車を**運行する者**が、**1日1回**、運行の**開始前**に行う点検。
	運行可否の決定は**整備管理者**が行う。
定期点検整備	事業用自動車及び車両総重量**8ｔ以上**の自家用自動車は**3ヵ月**ごとに定期点検を行うこと。
点検整備記録簿	点検整備記録簿は自動車に**備え置くこと**。運送事業用自動車等の点検整備記録簿の保存期間は**1年間**。

◇保安基準関係（抜粋）

項目	法令の要点
長さ、幅、高さ	長さ**12m**（告示で定めるものにあっては13m）、幅**2.5m**、高さ**3.8m**を超えてはならない。
軸重等	自動車の軸重は**10ｔ**（牽引自動車のうち告示で定めるものにあっては、11.5ｔ）を超えてはならない。
原動機（速度抑制装置）	車両総重量**8ｔ**以上又は最大積載量**5ｔ**以上の自動車は、**90km/h**を超えて走行しないよう速度抑制装置を備えなければならない。
走行装置	空気入ゴムタイヤの滑り止めの溝は、**1.6mm**以上の深さを有すること（四輪自動車等）。

車体及び車枠	車枠及び車体は、堅ろうで運行に十分耐えるものとして、強度、取付方法等に関し**告示で定める基準に適合**するものであること。 車体の外形その他自動車の形状は、**鋭い突起がなく**、**回転部分が突出していない**こと等他の交通の安全を妨げるおそれがないもので**告示で定める基準に適合**するものであること（大型特殊自動車及び小型特殊自動車除く）。
突入防止装置	貨物の運送の用に供する自動車（二輪自動車等を除く）の**後面**には突入防止装置を備えなければならない。
窓ガラス	可視光線透過率が**70%以上**であること。
後部反射器	**夜間にその後方150m**の距離から走行用前照灯で照射した場合にその反射光を照射位置から確認できる、反射光の色が赤色の後部反射器を備えなければならない。
大型後部反射器	車両総重量**７ｔ**以上のものの後面には、後部反射器＋大型後部反射器を備えること。
警音器	警音器の警報音発生装置の音が、連続するものであり、かつ、音の大きさ及び**音色が一定なもの**であること。
非常信号用具	**夜間200m**の距離から確認できる**赤色**の灯光を発するものであること。
停止表示器材	**夜間200m**の距離から走行用前照灯で照射した場合にその反射光を照射位置から確認できるものであること。また、反射光の色は赤色、蛍光の色は赤色又は橙色であること。
後写鏡	自動車の最外側より突出している部分の最下部が**地上1.8m**以下のものは衝撃を緩衝できる構造であること。
消火器	**火薬類**を運送する自動車、**指定数量以上の高圧ガス**を運送する自動車及び**指定数量以上の危険物**を運送する自動車には、消火器を備えなければならない。
点滅灯火・光度が増減する灯火	旅客が乗降中であることを後方に表示する**電光表示器**は可（乗合バス）。

第3章

道路交通法

1　目的・定義

1　法令の要点

■目　的［道交法第1条］

1．この法律は、道路における危険を防止し、その他交通の安全と円滑を図り、及び道路の交通に起因する障害の防止に資することを目的とする。

■定　義［道交法第2条］

1．この法律において、次に掲げる用語の意義は、それぞれに定めるところによる。

用語	用語の意義
③**車道**	**車両の通行**の用に供するため縁石線若しくは柵その他これに類する工作物又は道路標示によって区画された道路の部分をいう。
③の2 **本線車道**	高速自動車国道又は自動車専用道路の**本線車線により構成する車道**をいう。
③の4 **路側帯**	**歩行者の通行**の用に供し、又は**車道の効用**を保つため、歩道の設けられていない道路又は道路の歩道の設けられていない側の路端寄りに設けられた帯状の道路の部分で、**道路標示によって区画されたもの**をいう。
⑥**安全地帯**	路面電車に乗降する者若しくは横断している歩行者の安全を図るため道路に設けられた**島状の施設**又は道路標識及び道路標示により**安全地帯であることが示されている道路**の部分をいう。
⑦**車両通行帯**	車両が道路の定められた部分を通行すべきことが道路標示により示されている場合における当該**道路標示により示されている道路の部分**をいう。
⑧**車両**	**自動車**、**原動機付自転車**、**軽車両**及び**トロリーバス**をいう。
⑨**自動車**	**原動機を用い**、かつ、**レール**又は**架線によらないで運転する車**であって、原動機付自転車、軽車両及び身体障害者用の車椅子並びに歩行補助車、小児用の車その他の小型の車で政令で定めるもの（走行補助車等）以外のものをいう。
⑮**道路標識**	道路の交通に関し、規制又は指示を表示する標示板をいう。
⑯**道路標示**	道路の交通に関し、規制又は指示を表示する標示で、**路面に描かれた道路鋲**、**ペイント**、**石等による線**、**記号**又は**文字**をいう。
⑱**駐車**	車両等が客待ち、荷待ち、貨物の積卸し、故障その他の理由により**継続的に停止すること**（貨物の積卸しのための停止で**5分**を超えない時間内のもの及び人の乗降のための停止を除く。）、又は車両等が停止し、かつ、当該車両等の運転をする者（運転者）がその車両等を離れて**直ちに運転することができない状態**にあることをいう。

⑲**停車**	車両等が停止することで**駐車以外**のことをいう。
⑳**徐行**	車両等が直ちに停止することができるような速度で進行することをいう。
㉑**追越し**	車両が他の車両等に追い付いた場合において、その進路を変えてその追い付いた車両等の**側方を通過**し、かつ、当該車両等の**前方に出ること**をいう。
㉒**進行妨害**	車両等が、進行を継続し、又は始めた場合においては危険を防止するため他の車両等がその速度又は方向を急に変更しなければならないこととなるおそれがあるときに、その**進行を継続し**、又は**始めること**をいう。

3．この法律の規定の適用については、次に掲げる者は、歩行者とする。

①身体障害者用の車椅子又は歩行補助車等を**通行させている者**

2　演習問題

問1　道路交通法に定める用語の定義等についての次の記述のうち、**誤っているものを1つ**選びなさい。なお、解答にあたっては、各選択肢に記載されている事項以外は考慮しないものとする。［R4_CBT］

☐　1．路側帯とは、歩行者及び自転車の通行の用に供するため、歩道の設けられていない道路又は道路の歩道の設けられていない側の路端寄りに設けられた帯状の道路の部分で、道路標示によって区画されたものをいう。

2．安全地帯とは、路面電車に乗降する者若しくは横断している歩行者の安全を図るため道路に設けられた島状の施設又は道路標識及び道路標示により安全地帯であることが示されている道路の部分をいう。

3．車両とは、自動車、原動機付自転車、軽車両及びトロリーバスをいう。

4．自動車とは、原動機を用い、かつ、レール又は架線によらないで運転する車であって、原動機付自転車、軽車両及び身体障害者用の車椅子並びに歩行補助車、小児用の車その他の小型の車で道路交通法施行令で定めるもの以外のものをいう。

◆解答＆解説

問1［解答　1］

1．「歩行者及び自転車の通行の用に供するため」⇒「歩行者の通行の用に供し、又は車道の効用を保つため」。道交法第２条（定義）第１項③の４。

2．道交法第２条（定義）第１項⑥。

3．道交法第２条（定義）第１項⑧。

4．道交法第２条（定義）第１項⑨。

2　自動車の種類と運転免許

1　法令の要点

■自動車の種類［道交法第３条／道交法施行規則第２条］

1．自動車は、内閣府令で定める車体の大きさ及び構造並びに原動機の大きさを基準として、大型自動車、中型自動車、準中型自動車、普通自動車、大型特殊自動車、大型自動二輪車、普通自動二輪車及び小型特殊自動車に区分する。

自動車の種類	車体の大きさ等
大型自動車	大型特殊自動車、大型自動二輪車、普通自動二輪車及び小型特殊自動車以外の自動車で、車両総重量が**11,000キログラム以上**のもの、最大積載量が**6,500キログラム以上**のもの又は乗車定員が**30人以上**のもの
中型自動車	大型自動車、大型特殊自動車、大型自動二輪車、普通自動二輪車及び小型特殊自動車以外の自動車で、車両総重量が**7,500キログラム以上11,000キログラム未満**のもの、最大積載量が**4,500キログラム以上6,500キログラム未満**のもの又は乗車定員が11人以上29人以下のもの
準中型自動車	大型自動車、中型自動車、大型特殊自動車、大型自動二輪車、普通自動二輪車及び小型特殊自動車以外の自動車で、車両総重量が**3,500キログラム以上7,500キログラム未満**のもの又は最大積載量が**2,000キログラム以上4,500キログラム未満**のもの
普通自動車	車体の大きさ等が、大型自動車、中型自動車、準中型自動車、大型特殊自動車、大型自動二輪車、普通自動二輪車又は小型特殊自動車について定められた車体の大きさ等のいずれにも該当しない自動車
大型特殊自動車	カタピラを有する自動車、ロード・ローラ、タイヤ・ローラ等で、小型特殊自動車以外のもの

※大型自動二輪車、普通自動二輪車及び小型特殊自動車については省略。

■第一種免許の種類と運転できる範囲［道交法第84・85・88・96条／道交法施行令第32条の７・８］

<table>
<tr><th>免許の区分</th><th>普通免許</th><th>準中型免許</th><th>中型免許</th><th>大型免許</th></tr>
<tr><td>車両総重量</td><td>3.5t未満</td><td>3.5t以上7.5t未満</td><td>7.5t以上11t未満</td><td>11t以上</td></tr>
<tr><td>最大積載量</td><td>2t未満</td><td>2t以上4.5t未満</td><td>4.5t以上6.5t未満</td><td>6.5t以上</td></tr>
<tr><td>乗車定員</td><td>10人以下</td><td>10人以下</td><td>11人以上29人以下</td><td>30人以上</td></tr>
<tr><td rowspan="2">免許取得の条件</td><td rowspan="2">18歳以上</td><td rowspan="2">18歳以上</td><td>20歳以上かつ普通免許等２年以上保有</td><td>21歳以上かつ普通免許等３年以上保有</td></tr>
<tr><td colspan="2">19歳以上かつ普通免許等１年以上保有（※）</td></tr>
<tr><td colspan="5">取得免許で運転できる自動車</td></tr>
<tr><td>普通自動車</td><td>○</td><td>○</td><td>○</td><td>○</td></tr>
<tr><td>準中型自動車</td><td></td><td>○</td><td>○</td><td>○</td></tr>
<tr><td>中型自動車</td><td></td><td></td><td>○</td><td>○</td></tr>
<tr><td>大型自動車</td><td></td><td></td><td></td><td>○</td></tr>
</table>

※：特別な教習（特例教習課程）を修了した場合。この場合、大型免許は21歳（中型免許は20歳）に達するまでの間は「若年運転者期間」となる。この期間中に違反点数が一定の基準に達した場合に該当する違反行為を行った場合は、「若年運転者講習」を受講しなければならず、受講しなかった場合及び受講後に再び基準に該当する違反行為を行った場合は、特例を受けて取得した免許が取り消される。

注意：平成19年６月１日以前に普通免許を受けていた者は、乗車定員10人以下、**車両総重量８トン未満、最大積載量５トン未満**の自動車を運転することができる。
平成19年６月２日～平成29年３月11日までに普通免許を受けていた者は、乗車定員10人以下、**車両総重量５トン未満、最大積載量３トン未満**の自動車を運転することができる。
すべての免許で小型特殊自動車及び原動機付自転車を運転することができる。

■初心運転者標識等の表示義務［道交法第71条の５］／［道交法第71条の６］

［道交法第71条の５］

1．準中型自動車免許を受けた者で、当該準中型自動車免許を受けていた期間（当該免許の効力が停止されていた期間を除く。）が通算して**１年**に達しないもの（当該免許を受けた日前６ヵ月以内に準中型自動車免許を受けていたことがある者その他の者で政令で定めるもの及び普通自動車免許を現に受けており、かつ、現に受けている準中型自動車免許を受けた日前に当該普通自動車免許を受けていた期間（当該免許の効力が停止されていた期間を除く。）が通算して**２年以上**である者を除く。）は、内閣府令で定めるところにより準中型自動車の前面及び後面に内閣府令で定める様式の**標識を付けないで**準中型自動車を**運転してはならない**。

［道交法第71条の６］

1．道交法の規定により準中型自動車を運転することができる免許を受けた者で政令で定める程度の聴覚障害のあることを理由に当該免許に条件を付されているものは、内閣府令で定めるところにより準中型自動車の前面及び後面に内閣府令で定める様式の標識を付けないで準中型自動車を**運転してはならない**。

2．普通自動車対応免許を受けた者で政令で定める程度の聴覚障害のあることを理由に当該普通自動車対応免許に条件を付されているものは、内閣府令で定めるところにより普通自動車の前面及び後面に内閣府令で定める様式の標識を付けないで普通自動車を**運転してはならない**。

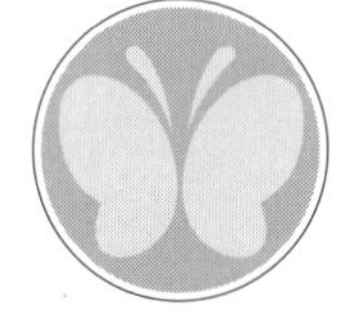

【聴覚障害者標識】

■免許証の更新及び定期検査［道交法第101条］

1．免許証の有効期間の更新（以下「免許証の更新」という。）を受けようとする者は、当該免許証の有効期間が満了する日の**直前のその者の誕生日の１ヵ月前から**当該免許証の**有効期間が満了する日まで**の間（以下「更新期間」という。）に、その者の住所地を管轄する公安委員会に内閣府令で定める様式の更新申請書を提出しなければならない。

■免許証の更新の特例［道交法第101条の２］

1．海外旅行その他政令で定めるやむを得ない理由のため更新期間内に適性検査を受けることが困難であると予想される者は、その者の住所地を管轄する公安委員会に当該更新期間前における免許証の更新を申請することができる。この場合においては、当該公安委員会に内閣府令で定める様式の特例更新申請書を提出しなければならない。

■70歳以上の者の特例［道交法第101条の４］

1．免許証の更新を受けようとする者で更新期間が満了する日における年齢が**70歳以上**のものは、更新期間が満了する日前**６ヵ月以内**にその者の住所地を管轄する公安委員会が行った第108条の２第１項第12号に掲げる講習※を受けていなければならない。ただし、当該講習を受ける必要がないものとして政令で定める者は、この限りでない。

※「高齢者講習」という。

■免許の取消し、停止等［道交法第103条］

1．免許（仮免許を除く。）を受けた者が次の各号のいずれかに該当することとなったときは、その者が当該各号のいずれかに該当することとなった時におけるその者の住所地を管轄する公安委員会は、政令で定める基準に従い、その者の**免許を取り消し**、又は６ヵ月を超えない範囲内で期間を定めて**免許の効力を停止**することができる。

⑧前各号（略）に掲げるもののほか、免許を受けた者が自動車等を運転することが著しく道路における交通の危険を生じさせるおそれがあるとき。

2．免許を受けた者が次の各号のいずれかに該当することとなったときは、その者が当該各号のいずれかに該当することとなった時におけるその者の住所地を管轄する公安委員会は、その者の免許を取り消すことができる。

④自動車等の運転に関し第117条の違反行為（※）をしたとき。

※第117条の違反行為とは、車両等（軽車両を除く。）の運転者が、当該車両等の交通による人の死傷があった場合において、第72条（交通事故の場合の措置）第1項前段（⇒258P）の規定に違反した場合を指す。

■免許の取消し又は停止及び免許の欠格期間の指定の基準

［道交法施行令第38条］

5．免許を受けた者が法第103条第1項第5号から第8号までのいずれかに該当することとなった場合についての同項の政令で定める基準は、次に掲げるとおりとする。

②次のいずれかに該当するときは、免許の効力を**停止する**ものとする。
　ハ．法第103条第1項第8号に該当することとなったとき。

2　演習問題

問1　道路交通法に定める自動車の種類についての次の記述のうち、**誤っているものを1つ**選びなさい。なお、解答にあたっては、各選択肢に記載されている事項以外は考慮しないものとする。［R3_CBT］

1．乗車定員が2人、最大積載量が6,250キログラム、及び車両総重量10,110キログラムの貨物自動車の種類は、大型自動車である。

2．乗車定員が2人、最大積載量が4,750キログラム、及び車両総重量8,160キログラムの貨物自動車の種類は、中型自動車である。

3．乗車定員が3人、最大積載量が3,000キログラム、及び車両総重量5,955キログラムの貨物自動車の種類は、準中型自動車である。

4．乗車定員が2人、最大積載量が1,750キログラム、及び車両総重量3,490キログラムの貨物自動車の種類は、普通自動車である。

問２　道路交通法に定める第一種免許の自動車免許の自動車の種類等に関する次の文中、A、B、C、Dに入るべき字句として**いずれか正しいものを１つ**選びなさい。

1．大型自動車とは、大型特殊自動車、大型自動二輪車、普通自動二輪車及び小型特殊自動車以外の自動車で、車両総重量が（A）キログラム以上のもの、最大積載量が6,500キログラム以上のもの又は乗車定員が30人以上のものをいう。

2．中型自動車とは、大型自動車、大型特殊自動車、大型自動二輪車、普通自動二輪車及び小型特殊自動車以外の自動車で、車両総重量が（B）キログラム以上（A）キログラム未満のもの、最大積載量が4,500キログラム以上6,500キログラム未満のもの又は乗車定員が11人以上29人以下のものをいう。

3．準中型自動車とは、大型自動車、中型自動車、大型特殊自動車、大型自動二輪車、普通自動二輪車及び小型特殊自動車以外の自動車で、車両総重量が（C）キログラム以上（B）キログラム未満のもの又は最大積載量が（D）キログラム以上4,500キログラム未満のものをいう。

☐
A　① 11,000　② 13,000
B　① 7,000　② 7,500
C　① 3,500　② 4,000
D　① 2,000　② 3,000

問３　道路交通法に定める第一種免許の自動車免許の自動車の種類等について、次の記述のうち、**正しいものを２つ**選びなさい。なお、解答にあたっては、各選択肢に記載されている事項以外は考慮しないものとする。

☐ 1．大型免許を受けた者は、車両総重量が11,000キログラム以上のもの、最大積載量が6,500キログラム以上のもの又は乗車定員が30人以上の大型自動車を運転することができる。

2．準中型免許を受けた者は、車両総重量が7,500キログラム以上11,000キログラム未満のもの、最大積載量が4,500キログラム以上6,500キログラム未満の準中型自動車を運転することができる。

3．運転免許証の有効期間の更新期間は、道路交通法第101条の２第１項に規定する場合を除き、更新を受けようとする者の当該免許証の有効期間が満了する日の直前のその者の誕生日の１ヵ月前から当該免許証の有効期間が満了する日までの間である。

4．普通自動車免許を平成30年４月10日に初めて取得し、その後令和元年５月21日に準中型免許を取得したが、令和元年８月25日に準中型自動車を運転する場合、初心運転者標識の表示義務はない。

問４　道路交通法ついての次の記述のうち、**誤っているものを１つ**選びなさい。なお、解答にあたっては、各選択肢に記載されている事項以外は考慮しないものとする。

☐ １．準中型免許を受けた者は、車両総重量が3,500キログラム以上7,500キログラム未満のもの、最大積載量が2,000キログラム以上4,500キログラム未満の準中型自動車を運転することができる。

２．免許証の更新を受けようとする者で更新期間が満了する日における年齢が70歳以上のものは、更新期間が満了する日前６ヵ月以内にその者の住所地を管轄する公安委員会が行った第108条の２第１項第12号に掲げる講習（高齢者講習）を受けていなければならない。

３．普通自動車免許を令和３年４月10日に初めて取得し、その後令和４年５月21日に準中型免許を取得したが、令和４年８月25日に準中型自動車を運転する場合、初心運転者標識の表示義務はない。

４．普通自動車対応免許を受けた者で政令で定める程度の聴覚障害のあることを理由に当該普通自動車対応免許に条件を付されているものは、内閣府令で定めるところにより普通自動車の前面及び後面に内閣府令で定める下の様式の標識を付けないで普通自動車を運転してはならない。

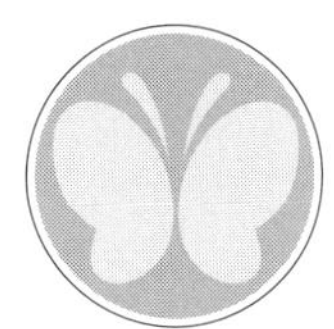

道路交通法施行規則で定める様式
縁の色彩は白色
マークの色彩は黄色
地の部分の色彩は緑色

◆解答＆解説

問1［解答　1］

道交法第3条（自動車の種類）第1項・道交法施行規則第2条（自動車の種類）第1項。

1．大型自動車は、最大積載量6,500kg以上、車両総重量11,000kg以上である。

問2［解答　A－①，B－②，C－①，D－①］

道交法第3条（自動車の種類）第1項・道交法施行規則第2条（自動車の種類）第1項。

問3［解答　1，3］

1．道交法第84条・85条他（第一種免許の種類と運転できる範囲）。

2．準中型免許で運転できる自動車は、車両総重量3,500キログラム（3.5トン）以上7,500キログラム（7.5トン）未満、最大積載量2,000キログラム（2トン）以上4,500キログラム（4.5トン）未満の準中型自動車。設問の車両は中型自動車であるため、運転するには中型免許が必要となる。道交法第84条・85条他（第一種免許の種類と運転できる範囲）。

3．道交法第101条（免許証の更新及び定期検査）第1項・道交法第101条の2（免許証の更新の特例）第1項。

4．準中型免許を取得してから1年未満であり、かつ、普通自動車免許を受けていた期間が2年未満であるため初心運転者標識の表示義務がある。道交法第71条の5（初心運転者標識等の表示義務）第1項。

問4［解答　3］

1．道交法第84条・85条他（第一種免許の種類と運転できる範囲）。

2．道交法第101条の4（70歳以上の者の特例）第1項。

3．準中型免許を取得してから1年未満であり、かつ、普通自動車免許を受けていた期間が2年未満であるため初心運転者標識の表示義務がある。道交法第71条の5（初心運転者標識等の表示義務）第1項。

4．道交法第71条の6（初心運転者標識等の表示義務）第2項。

3　信号機の意味

1　法令の要点

■信号機の意味等［道交法施行令第２条］

1．道交法に規定する信号機の表示する信号の種類及び意味は、次の表に掲げるとおりとし、同表の右欄に掲げる信号の意味は、それぞれ同表の左欄に掲げる信号を表示する信号機に対面する交通について表示されるものとする。

信号の種類	信号の意味
青色の灯火	②自動車、原動機付自転車（右折につき原動機付自転車が法第34条第５項の規定によることとされる交差点を通行する原動機付自転車（以下この表において「多通行帯道路等通行原動機付自転車」という）を除く。）、トロリーバス及び路面電車は、直進し、左折し、又は右折することができる。
	③多通行帯道路等通行原動機付自転車及び軽車両は、直進（右折しようとして右折する地点まで直進し、その地点において右折することを含む。青色の灯火の矢印の項を除き、以下この条において同じ。）し、又は左折することができる。
黄色の灯火	②車両及び路面電車（車両等）は、停止位置を越えて進行してはならない。ただし、黄色の灯火の信号が表示された時において当該停止位置に近接しているため安全に停止することができない場合を除く。
赤色の灯火	②車両等は、停止位置を越えて進行してはならない。
	③交差点において既に左折している車両等は、そのまま進行することができる。
	④交差点において既に右折している車両等は、そのまま進行することができる。この場合において、当該車両（多通行帯道路等通行原動機付自転車及び軽車両を除く。）等は、青色の灯火により進行することができることとされている車両等の**進行妨害をしてはならない**。
	⑤交差点において既に右折している多通行帯道路等通行原動機付自転車及び軽車両は、その右折している地点において**停止しなければならない**。

青色の灯火の矢印	車両は、黄色の灯火又は赤色の灯火の信号にかかわらず、矢印の方向に進行することができる。この場合において、交差点において右折する多通行帯道路等通行原動機付自転車及び軽車両は、直進する多通行帯道路等通行原動機付自転車及び軽車両とみなす。
黄色の灯火の点滅	車両等は、他の交通に注意して進行することができる。
赤色の灯火の点滅	②車両等は、停止位置において一時停止しなければならない。

2．交差点において都道府県公安委員会（以下この章において「公安委員会」という。）が内閣府令で定めるところにより左折することができる旨を表示した場合におけるその交差点に設置された信号機の前項の表に掲げる黄色の灯火又は赤色の灯火の信号の意味は、それぞれの信号により停止位置をこえて進行してはならないこととされている車両に対し、その車両が左折することができることを含むものとする。

（矢印及びわくの色彩は青色、
地の色彩は白色）

4　最高速度

1　法令の要点

■最高速度［道交法第22条］

1．車両は、道路標識等によりその最高速度が指定されている道路においてはその最高速度を、その他の道路においては政令で定める最高速度をこえる速度で進行してはならない。

■一般道路の最高速度［道交法施行令第11条/道交法施行令第27条の2］

1．自動車が高速自動車国道の本線車道並びにこれに接する加速車線及び減速車線以外の道路を通行する場合の最高速度は、**60キロメートル毎時**とする。また、原動機付自転車にあっては30キロメートル毎時とする。

■最高速度の特例［道交法施行令第12条］

1．自動車が他の車両を牽引して道路を通行する場合（牽引するための構造及び装置を有する自動車によって牽引されるための構造及び装置を有する車両を牽引する場合を除く。）の最高速度は、次に定めるとおりとする。

①車両総重量が2,000キログラム以下の車両をその車両の車両総重量の３倍以上の車両総重量の自動車で牽引する場合…**40キロメートル毎時**
②前号に掲げる場合以外…**30キロメートル毎時**

※牽引するための構造及び装置を有する自動車によって牽引されるための構造及び装置を有する車両を牽引する場合が除かれるため、ロープによる牽引などが対象となる。

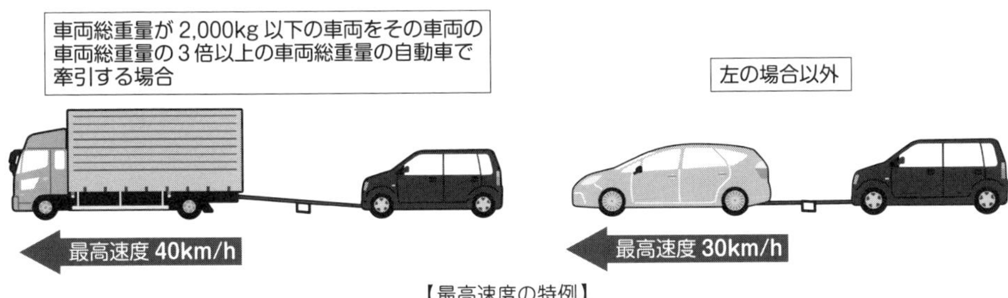

【最高速度の特例】

3．**緊急自動車**が高速自動車国道の本線車道並びにこれに接する加速車線及び減速車線以外の道路を通行する場合の最高速度は、**80キロメートル毎時**とする。

■高速道路の最高速度［道交法施行令第27条］

1．最高速度のうち、自動車が高速自動車国道の本線車道又はこれに接する加速車線若しくは減速車線を通行する場合の最高速度は、次に掲げる自動車の区分に従い、それぞれに定めるとおりとする。

①100キロメートル毎時 イ．大型自動車※のうち専ら人を運搬する構造のもの（➡大型バス） ロ．中型自動車※のうち、専ら人を運搬する構造のもの又は車両総重量が8,000キログラム未満、最大積載量が5,000キログラム未満及び乗車定員が10人以下のもの（➡中型バスや中型トラック（車両総重量８t未満、最大積載量５t未満）など） ハ．準中型自動車※ ニ．普通自動車※ ホ．大型自動二輪車 ヘ．普通自動二輪車
②90キロメートル毎時（上記イ以外の大型自動車、上記ロ以外の中型自動車） （➡大型トラック、中型トラック（車両総重量８t以上、最大積載量５t以上））
③80キロメートル毎時（上記①②以外の自動車） （➡トレーラ連結車（大型・中型自動車）など）

※三輪のもの、牽引するための構造及び装置を有し、かつ、牽引されるための構造及び装置を有する車両を牽引するものを除く。

■高速道路の最低速度［道交法第75条の４／道交法施行令第27条の２・第27条の３］

1．自動車は、法令の規定によりその速度を減ずる場合及び危険を防止するためやむを得ない場合を除き、高速自動車国道の本線車道（**往復の方向にする通行が行われている本線車道**で、**本線車線が道路の構造上往復の方向別に分離されていないものを除く。**）においては、道路標識等により自動車の最低速度が指定されている区間にあってはその最低速度に、その他の区間にあっては**50キロメートル毎時**に達しない速度で進行してはならない。

Check 最高速度と最低速度のまとめ［編集部］

■ 一般道路の最高速度

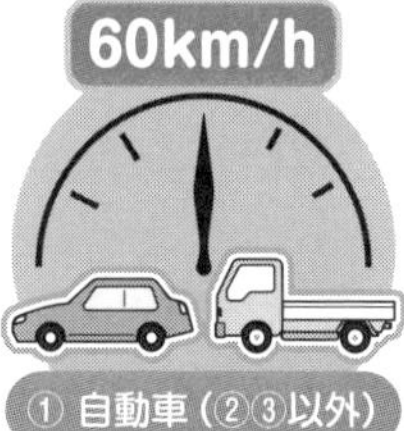

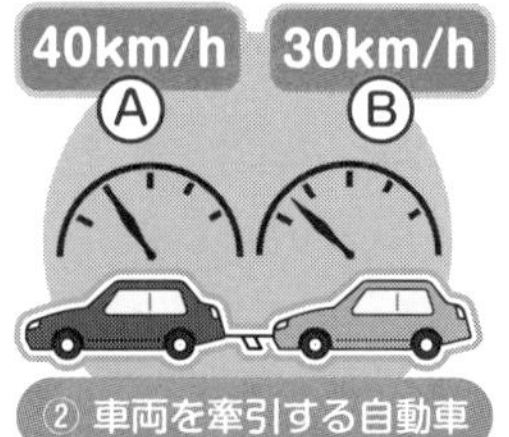

Ⓐ 車両総重量 2 t 以下の車両をその3倍以上の車両総重量の車両で牽引する場合

Ⓑ ①以外の場合

■ 高速道路の最高速度

※1：車両総重量 8 t 未満かつ最大積載量 5 t 未満のもの
※2：車両総重量 8 t 以上または最大積載量 5 t 以上のもの

■ 最低速度

ただし、道路標識等で指定されている場合は、その最低速度

2　演習問題

問１　道路交通法に定める自動車の法定速度に関する次の文中、A、B、C、Dに入るべき字句を**下の枠内の選択肢（①～⑤）**から選びなさい。［R3. 3改］

□　1．自動車の最高速度は、道路標識等により最高速度が指定されていない片側一車線の一般道路においては、（A）である。

2．自動車の最低速度は、法令の規定によりその速度を減ずる場合及び危険を防止するためやむを得ない場合を除き、道路標識等により自動車の最低速度が指定されていない区間の高速自動車国道の本線車道（政令で定めるものを除く。）においては、（B）である。

3．貸切バス（乗車定員47名）の最高速度は、道路標識等により最高速度が指定されていない高速自動車国道の本線車道（政令で定めるものを除く。）又はこれに接する加速車線若しくは減速車線においては、（C）である。

4．トラック（車両総重量12,000キログラム、最大積載量8,000キログラムであって乗車定員３名）の最高速度は、道路標識等により最高速度が指定されていない高速自動車国道の本線車道（政令で定めるものを除く。）又はこれに接する加速車線若しくは減速車線においては、（D）である。

①　時速40キロメートル	②　時速50キロメートル
③　時速60キロメートル	④　時速80キロメートル
⑤　時速90キロメートル	⑥　時速100キロメートル

問2　道路交通法に定める法定速度についての次の記述のうち、**誤っているものを１つ**選びなさい。なお、解答にあたっては、各選択肢に記載されている事項以外は考慮しないものとする。［R4_CBT］

☐ 1．自動車は、道路標識等によりその最高速度が指定されている道路においてはその最高速度を、高速自動車国道の本線車道（往復の方向にする通行が行われている本線車道で、本線車線が道路の構造上往復の方向別に分離されていないものを除く。）並びにこれに接する加速車線及び減速車線以外の道路においては60キロメートル毎時をこえる速度で進行してはならない。

2．貨物自動車（車両総重量12,000キログラム、最大積載量8,000キログラムであって乗車定員３名）の最高速度は、道路標識等により最高速度が指定されていない高速自動車国道の本線車道(政令で定めるものを除く。)においては、100キロメートル毎時である。

3．貨物自動車運送事業の用に供する車両総重量が4,995キログラムの自動車が、故障した車両総重量1,500キログラムの普通自動車をロープでけん引する場合の最高速度は、道路標識等により最高速度が指定されていない一般道路においては、40キロメートル毎時である。

4．貨物自動車は、高速自動車国道の往復の方向にする通行が行われている本線車道で、道路の構造上往復の方向別に分離されている本線車道においては、道路標識等により自動車の最低速度が指定されている区間にあってはその最低速度に、その他の区間にあっては、50キロメートル毎時の最低速度に達しない速度で進行してはならない。

◆解答＆解説

問1［解答　A－③，B－②，C－⑥，D－⑤］

1．道交法施行令第11条（一般道路の最高速度）第１項。

2．道交法第75条の４（高速道路の最低速度）第１項・道交法施行令第27条の３（高速道路の最低速度）第１項。

3．設問の車両は、乗車定員30名以上の大型バスであるため、高速道路での最高速度は時速100キロメートルとなる。道交法施行令第27条（高速道路の最高速度）第１項①・道交法第３条（自動車の種類）第１項・道交法施行規則第２条（自動車の種類）⇒194P

4．設問の車両は、大型トラック（車両総重量11,000kg以上、最大積載量8,000kg以上）であるため、道路標識等により最高速度が指定されていない高速自動車国道の本線車道（政令で定めるものを除く。）又はこれに接する加速車線若しくは減速車線における最高速度は時速90キロメートルとなる。道交法施行令第27条（高速道路の最高速度）第１項②・道交法第３条（自動車の種類）第１項・道交法施行規則第２条（自動車の種類）⇒194P

問2［解答　2］

1．道交法第22条（最高速度）第１項・道交法施行令第11条（一般道路の最高速度）第１項。

2．設問の車両は、大型トラック（車両総重量11,000kg以上、最大積載量8,000kg以上）であるため、高速自動車国道の本線車道における最高速度は、90キロメートル毎時となる。道交法施行令第27条（高速道路の最高速度）第１項②。

3．車両総重量2,000kg以下の車両をその３倍以上の車両総重量の車両によってけん引する場合、40キロメートル毎時が最高速度となる。設問は、けん引される自動車の車両総重量が1,500kg、けん引する自動車の車両総重量は4,995kgで、３倍以上（4,995kg÷1,500kg＝3.33）となるため、正しい。道交法施行令第12条（最高速度の特例）第１項①。

4．道交法第75条の４（高速道路の最低速度）第１項・道交法施行令第27条の２（高速道路の最低速度）第１項・道交法施行令第27条の３（高速道路の最低速度）第１項。

5 徐行及び一時停止

1 法令の要点

■通行区分［道交法第17条］

1．車両は、歩道又は路側帯と車道の区別のある道路においては、車道を通行しなければならない。ただし、道路外の施設又は場所に出入するためやむを得ない場合において歩道等を横断するとき、又は法令で規定により歩道等で停車し、若しくは駐車するため必要な限度において歩道等を通行するときは、**この限りでない**。
2．前項ただし書の場合において、車両は、歩道等に入る直前で**一時停止**し、かつ、歩行者の**通行を妨げないよう**にしなければならない。
4．車両は、道路の中央（道路標識等による中央線が設けられているときはその中央線）から**左の部分**を通行しなければならない。
5．車両は、次の各号に掲げる場合においては、第４項の規定にかかわらず、道路の中央から右の部分（以下「右側部分」という。）にその全部又は一部を**はみ出して通行することができる**。この場合において、車両は、当該道路が一方通行になっている場合を除き、そのはみ出し方ができるだけ少なくなるようにしなければならない。

> ④当該道路の左側部分の幅員が**6メートル**に満たない道路において、他の車両を追い越そうとするとき（当該道路の右側部分を見とおすことができ、かつ、反対の方向からの交通を妨げるおそれがない場合に限るものとし、道路標識等により追越しのため右側部分にはみ出して通行することが禁止されている場合を除く）。

■左側寄り通行等［道交法第18条］

1．車両（トロリーバスを除く。）は、車両通行帯の設けられた道路を通行する場合を除き、自動車及び原動機付自転車にあっては道路の**左側**に寄って、軽車両にあっては道路の左側端に寄って、それぞれ当該道路を通行しなければならない。ただし、追越しをするとき、法令の規定により道路の中央若しくは右側端に寄るとき、又は道路の状況その他の事情によりやむを得ないときは、この限りでない。
2．車両は、前項の規定により歩道と車道の区別のない道路を通行する場合その他の場合において、歩行者の側方を通過するときは、これとの間に安全な間隔を保ち、又は**徐行**しなければならない。

■環状交差点における左折等［道交法第35条の２］

1．車両は、環状交差点において左折し、又は右折するときは、第34条（左折又は右折）第１項から第５項までの規定にかかわらず、あらかじめその前からできる限り道路の左側端に寄り、かつ、できる限り環状交差点の側端に沿って（道路標識等により通行すべき部分が指定されているときは、その指定された部分を通行して）**徐行**しなければならない。

■環状交差点における他の車両等との関係等［道交法第37条の２］

2．車両等は、環状交差点に入ろうとするときは、道交法第36条（交差点における他の車両等との関係等）第３項（⇒224P）の規定にかかわらず、**徐行**しなければならない。

■横断歩道等における歩行者等の優先［道交法第38条］

1．車両等は、横断歩道又は自転車横断帯（以下「横断歩道等」という。）に接近する場合には、当該横断歩道等を通過する際に当該横断歩道等によりその進路の前方を横断しようとする歩行者又は自転車（以下「歩行者等」という。）がないことが明らかな場合を除き、当該横断歩道等の直前（道路標識等による停止線が設けられているときは、その停止線の直前。以下同じ。）で**停止することができるような速度で進行**しなければならない。この場合において、横断歩道等によりその進路の前方を横断し、又は横断しようとする**歩行者等があるとき**は、当該横断歩道等の**直前で一時停止し、かつ、その通行を妨げないように**しなければならない。

■横断歩道のない交差点における歩行者の優先［道交法第38条の２］

1．車両等は、交差点又はその直近で横断歩道の設けられていない場所において歩行者が道路を横断しているときは、**その歩行者の通行を妨げてはならない。**

■緊急自動車の優先［道交法第40条］

1．交差点又はその附近において、緊急自動車が接近してきたときは、路面電車は交差点を避けて、車両（緊急自動車を除く。）は交差点を避け、かつ、道路の左側（一方通行となっている道路においてその左側に寄ることが緊急自動車の通行を妨げることとなる場合にあっては、道路の右側）に寄って**一時停止**しなければならない。

■徐行すべき場所［道交法第42条］

1．車両等は、道路標識等により徐行すべきことが指定されている道路の部分を通行する場合及び次に掲げるその他の場合においては、**徐行**しなければならない。

②道路のまがりかど附近、上り坂の頂上附近又は勾配の急な**下り坂**を通行するとき。

2 演習問題

問1　道路交通法に定める運転者及び使用者の義務等についての次の記述のうち、**正しいものを２つ**選びなさい。なお、解答にあたっては、各選択肢に記載されている事項以外は考慮しないものとする。［R2.8］

☐ 1．免許を受けた者が自動車等を運転することが著しく道路における交通の危険を生じさせるおそれがあるときは、その者の住所地を管轄する公安委員会は、点数制度による処分に至らない場合であっても運転免許の停止処分を行うことができる。

2．免許証の更新を受けようとする者で更新期間が満了する日における年齢が70歳以上のもの（当該講習を受ける必要がないものとして法令で定める者を除く。）は、更新期間が満了する日前６ヵ月以内にその者の住所地を管轄する公安委員会が行った「高齢者講習」を受けていなければならない。

3．車両等は、横断歩道等に接近する場合には、当該横断歩道等によりその進路の前方を横断し、又は横断しようとする歩行者等があるときは、当該歩行者等の直前で停止することができるような速度で進行し、かつ、その通行を妨げないようにしなければならない。

4．下の道路標識は、「車両は、８時から20時までの間は停車してはならない。」ことを示している。

「道路標識、区画線及び道路標識に関する命令」に定める様式
斜めの帯及び枠を赤色、文字及び縁を白色、地を青色とする。

問２　道路交通法に定める徐行及び一時停止についての次の記述のうち、**誤っているものを１つ**選びなさい。なお、解答にあたっては、各選択肢に記載されている事項以外は考慮しないものとする。

☐　1．交差点又はその附近において、緊急自動車が接近してきたときは、車両（緊急自動車を除く。）は、交差点を避け、かつ、道路の左側（一方通行となっている道路においてその左側に寄ることが緊急自動車の通行を妨げることとなる場合にあっては、道路の右側）に寄って一時停止しなければならない。

2．車両等は、道路のまがりかど附近、上り坂の頂上附近又は勾配の急な上り坂及び下り坂を通行するときは、徐行しなければならない。

3．車両等は、横断歩道に接近する場合には、当該横断歩道を通過する際に当該横断歩道によりその進路の前方を横断しようとする歩行者又は自転車がないことが明らかな場合を除き、当該横断歩道の直前で停止することができるような速度で進行しなければならない。

4．車両は、環状交差点において左折し、又は右折するときは、あらかじめその前からできる限り道路の左側端に寄り、かつ、できる限り環状交差点の側端に沿って（道路標識等により通行すべき部分が指定されているときは、その指定された部分を通行して）徐行しなければならない。

◆解答＆解説

問１［解答　１，２］

1．道交法第103条（免許の取消し、停止等）第１項⑧。⇒196P・道交法施行令第38条（免許の取消し又は停止及び免許の欠格期間の指定の基準）第５項②。⇒197P

2．道交法第101条の４（70歳以上の者の特例）第１項。⇒196P

3．「当該歩行者等の直前で停止することができるような速度で進行し」⇒「**当該横断歩道等の直前で一時停止し**」。道交法第38条（横断歩道等における歩行者等の優先）第１項。

4．「停車してはならない」⇒「**駐車**してはならない」。図の標識は［駐車禁止］。⇒261P

問２［解答　２］

1．道交法第40条（緊急自動車の優先）第１項。

2．「勾配の急な上り坂」は**徐行すべき場所に指定されていない**。道交法第42条（徐行すべき場所）第１項②。

3．道交法第38条（横断歩道等における歩行者等の優先）第１項。

4．道交法第35条の２（環状交差点における左折等）第１項。

6　車両の交通方法

1　法令の要点

■車両通行帯［道交法第20条］

1．車両は、車両通行帯の設けられた道路においては、道路の左側端から数えて**1番目**の車両通行帯を通行しなければならない。ただし、自動車（小型特殊自動車及び道路標識等によって指定された自動車を除く。）は、当該道路の左側部分（当該道路が一方通行となっているときは、当該道路）に**3以上**の車両通行帯が設けられているときは、政令で定めるところにより、その速度に応じ、**その最も右側の車両通行帯以外**の車両通行帯を通行することができる。

2．車両は、車両通行帯の設けられた道路において、道路標識等により前項に規定する通行の区分と異なる通行の区分が指定されているときは、当該通行の区分に従い、当該車両通行帯を通行しなければならない。

■路線バス等優先通行帯［道交法第20条の2］

1．一般乗合旅客自動車運送事業者による路線定期運行の用に供する自動車（以下「路線バス等」という。）の優先通行帯であることが道路標識等により表示されている車両通行帯が設けられている道路においては、自動車（路線バス等を除く。）は、路線バス等が後方から接近してきた場合に当該道路における交通の混雑のため当該車両通行帯から**出ることができないこととなるとき**は、当該車両通行帯を**通行してはならず**、また、当該車両通行帯を通行している場合において、後方から路線バス等が接近してきたときは、その正常な運行に支障を及ぼさないように、すみやかに当該車両通行帯の外に出なければならない。ただし、この法律の他の規定により通行すべきこととされている道路の部分が当該車両通行帯であるとき、又は道路の状況その他の事情によりやむを得ないときは、この限りでない。

■道路外に出る場合の方法［道交法第25条］

3．道路外に出るため左折又は右折をしようとする車両が、法令の規定により、それぞれ道路の左側端、中央又は右側端に寄ろうとして手又は方向指示器による合図をした場合においては、その後方にある車両は、**その速度又は方向を急に変更しなければならないこととなる場合を除き**、当該合図をした車両の進路の変更を妨げてはならない。

■踏切の通過［道交法第33条］

1．車両等は、踏切を通過しようとするときは、踏切の直前（道路標識等による停止線が設けられているときは、その停止線の直前）で**停止**し、かつ、安全であることを確認した後でなければ**進行してはならない**。ただし、信号機の表示する信号に従うときは、踏切の直前で停止しないで進行することができる。

2　演習問題

問１　道路交通法に定める車両通行帯等についての次の記述のうち、**誤っているものを１つ**選びなさい。なお、解答にあたっては、各選択肢に記載されている事項以外は考慮しないものとする。

☐　1．車両は、車両通行帯の設けられた道路においては、道路の左側端から数えて１番目の車両通行帯を通行しなければならない。ただし、自動車（小型特殊自動車及び道路標識等によって指定された自動車を除く。）は、当該道路の左側部分（当該道路が一方通行となっているときは、当該道路）に３以上の車両通行帯が設けられているときは、政令で定めるところにより、その速度に応じ、その最も右側の車両通行帯以外の車両通行帯を通行することができる。

2．一般乗合旅客自動車運送事業者による路線定期運行の用に供する自動車（以下「路線バス等」という。）の優先通行帯であることが道路標識等により表示されている車両通行帯が設けられている道路においては、自動車（路線バス等を除く。）は、路線バス等が後方から接近してきた場合に当該道路における交通の混雑のため当該車両通行帯から出ることができないこととなるときであっても、路線バス等が実際に接近してくるまでの間は、当該車両通行帯を通行することができる。

3．車両（トロリーバスを除く。）は、車両通行帯の設けられた道路を通行する場合を除き、自動車は道路の左側に寄って、当該道路を通行しなければならない。ただし、追越しをするとき、法令の規定により道路の中央若しくは右側端に寄るとき、又は道路の状況その他の事情によりやむを得ないときは、この限りでない。

4．車両は、道路の中央から左の部分の幅員が６メートルに満たない道路において、他の車両を追い越そうとするとき（道路の中央から右の部分を見とおすことができ、かつ、反対の方向からの交通を妨げるおそれがない場合に限るものとし、道路標識等により追越しのため右側部分にはみ出して通行することが禁止されている場合を除く。）は、法令の規定にかかわらず、道路の中央から右の部分にその全部又は一部をはみ出して通行することができる。

問２　道路交通法に定める車両の交通方法等についての次の記述のうち、**誤っているものを１つ**選びなさい。なお、解答にあたっては、各選択肢に記載されている事項以外は考慮しないものとする。[R2.8]

☐ １．車両は、車両通行帯の設けられた道路においては、道路の左側端から数えて１番目の車両通行帯を通行しなければならない。ただし、自動車（小型特殊自動車及び道路標識等によって指定された自動車を除く。）は、当該道路の左側部分（当該道路が一方通行となっているときは、当該道路）に３以上の車両通行帯が設けられているときは、政令で定めるところにより、その速度に応じ、その最も右側の車両通行帯以外の車両通行帯を通行することができる。

２．車両等は、踏切を通過しようとするときは、踏切の直前（道路標識等による停止線が設けられているときは、その停止線の直前。以下同じ。）で停止し、かつ、安全であることを確認した後でなければ進行してはならない。ただし、信号機の表示する信号に従うときは、踏切の直前で停止しないで進行することができる。

３．車両は、道路外の施設又は場所に出入するためやむを得ない場合において歩道等を横断するとき、又は法令の規定により歩道等で停車し、若しくは駐車するため必要な限度において歩道等を通行するときは、徐行しなければならない。

４．貨物自動車運送事業の用に供する車両総重量8,500キログラムの自動車は、法令の規定によりその速度を減ずる場合及び危険を防止するためやむを得ない場合を除き、道路標識等により自動車の最低速度が指定されていない区間の高速自動車国道の本線車道（政令で定めるものを除く。）における最低速度は、時速50キロメートルである。

問３　道路交通法に定める車両通行帯についての次の文中、A、B、Cに入るべき字句として**いずれか正しいものを１つ**選びなさい。

車両は、車両通行帯の設けられた道路においては、道路の左側端から数えて（A）の車両通行帯を通行しなければならない。ただし、自動車（小型特殊自動車及び道路標識等によって指定された自動車を除く。）は、当該道路の左側部分（当該道路が一方通行となっているときは、当該道路）に（B）の車両通行帯が設けられているときは、政令で定めるところにより、その速度に応じ、（C）の車両通行帯を通行することができる。

☐ A　① 一番目　② 二番目
B　① 二以上　② 三以上
C　① 右側　② その最も右側の車両通行帯以外

◆解答＆解説

問１［解答　２］

１．道交法第20条（車両通行帯）第１項。

２．路線バス等が後方から接近してきた場合に当該道路における交通の混雑のため当該車両通行帯から出ることができないこととなるときは、当該車両通行帯を通行してはならない。道交法第20条の２（路線バス等優先通行帯）第１項。

３．道交法第18条（左側寄り通行等）第１項。⇒209Ｐ

４．道交法第17条（通行区分）第５項④。⇒209Ｐ

問２［解答　３］

１．道交法第20条（車両通行帯）第１項。

２．道交法第33条（踏切の通過）第１項。

３．「徐行しなければならない」⇒「歩道等に入る直前で一時停止し、かつ、歩行者の通行を妨げないようにしなければならない」。道交法第17条（通行区分）第１項・第２項。⇒209P

４．道交法第75条の４（高速道路の最低速度）第１項・道交法施行令第27条の３（高速道路の最低速度）第１項。⇒204P

問３［解答　Ａ－①，Ｂ－②，Ｃ－②］

道交法第20条（車両通行帯）第１項。

7 追越し等

1 法令の要点

■車間距離の保持［道交法第26条］

1．車両等は、同一の進路を進行している他の車両等の直後を進行するときは、その直前の車両等が急に停止したときにおいてもこれに追突するのを避けることができるため**必要な距離**を、これから**保たなければならない**。

■進路の変更の禁止［道交法第26条の2］

2．車両は、進路を変更した場合にその変更した後の進路と同一の進路を後方から進行してくる車両等の速度又は方向を急に変更させることとなるおそれがあるときは、**進路を変更してはならない**。

3．車両は、車両通行帯を通行している場合において、その車両通行帯が当該車両通行帯を通行している車両の進路の変更の禁止を表示する道路標示によって区画されているときは、次に掲げる場合を除き、その**道路標示をこえて進路を変更してはならない**。

①第40条の規定※により道路の左側若しくは右側に寄るとき、又は道路の損壊、道路工事その他の障害のためその通行している車両通行帯を通行することができないとき。
②第40条の規定※に従うため、又は道路の損壊、道路工事その他の障害のため、通行することができなかった車両通行帯を通行の区分に関する規定に従って通行しようとするとき。

※第40条の規定とは、緊急自動車が接近してきたときは、道路の左側（又は右側）に寄って一時停止する、というもの。

■追越しの方法［道交法第28条］

1．車両は、他の車両を追い越そうとするときは、その追い越されようとする車両（以下「前車」という。）の**右側**を通行しなければならない。

2．車両は、他の車両を追い越そうとする場合において、前車が法令の規定により右折するため道路の中央又は右側端に寄って通行しているときは、第1項の規定にかかわらず、その**左側を通行しなければならない**。

3．車両は、路面電車を追い越そうとするときは、当該車両が追いついた路面電車の**左側を通行しなければならない**。ただし、軌道が道路の左側端に寄って設けられているときは、この限りでない。

■追越しを禁止する場合［道交法第29条］

1．追越しをしようとする車両（後車）は、その追い越されようとする車両（前車）が他の自動車又はトロリーバスを追い越そうとしているときは、追越しを**始めてはならない**。

■追越しを禁止する場所［道交法第30条］

1．車両は、道路標識等により追越しが禁止されている道路の部分及び次に掲げるその他の道路部分においては、他の車両（**軽車両を除く。**）を追い越すため、進路を変更し、又は前車の側方を通過してはならない。

①道路のまがりかど附近、**上り坂の頂上**附近又は**勾配の急な下り坂**
②**トンネル**（車両通行帯の設けられた道路以外の道路の部分に限る。）
③**交差点**（優先道路を通行している場合における当該優先道路にある交差点を除く。）、踏切、横断歩道又は自転車横断帯及びこれらの手前の側端から前に**30メートル以内の部分**

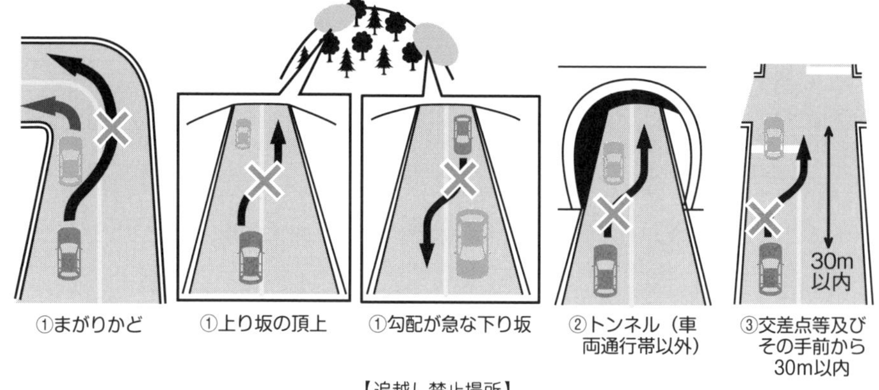

【追越し禁止場所】

■乗合自動車の発進の保護［道交法第31条の２］

1．停留所において乗客の乗降のため停車していた乗合自動車が発進するため進路を変更しようとして手又は方向指示器により合図をした場合においては、その後方にある車両は、**その速度又は方向を急に変更しなければならないこととなる場合を除き**、当該合図をした乗合自動車の進路の変更を妨げてはならない。

■割り込み等の禁止［道交法第32条］

1．車両は、法令の規定若しくは警察官の命令により、又は危険を防止するため、停止し、若しくは停止しようとして徐行している車両等又はこれらに続いて停止し、若しくは徐行している車両等に追いついたときは、その前方にある車両等の側方を通過して当該車両等の**前方に割り込み**、又は**その前方を横切ってはならない**。

2　演習問題

問1　道路交通法に定める追越し等についての次の記述のうち、**正しいものを２つ**選びなさい。なお、解答にあたっては、各選択肢に記載されている事項以外は考慮しないものとする。

☐　1．車両は、法令に規定する優先道路を通行している場合における当該優先道路にある交差点であっても、交差点の手前の側端から前に30メートル以内の部分においては、他の車両（軽車両を除く。）を追い越してはならない。

2．車両は、トンネル内の車両通行帯が設けられている道路の部分（道路標識等により追越しが禁止されているものを除く。）においては、他の車両を追い越すことができる。

3．車両は、道路の中央から左の部分の幅員が６メートルに満たない道路において、他の車両を追い越そうとするとき（道路の中央から右の部分を見とおすことができ、かつ、反対の方向からの交通を妨げるおそれがない場合に限るものとし、道路標識等により追越しのため道路の中央から右の部分にはみ出して通行することが禁止されている場合を除く。）は、道路の中央から右の部分にその全部又は一部をはみ出して通行することができる。

4．車両は、他の車両を追い越そうとするときは、その追い越されようとする車両（以下「前車」という。）の右側を通行しなければならない。ただし、前車が法令の規定により右折をするため道路の中央又は右側端に寄って通行しているときは、追い越しをしてはならない。

問２　道路交通法に定める追越し等についての次の記述のうち、**誤っているものを１つ**選びなさい。なお、解答にあたっては、各選択肢に記載されている事項以外は考慮しないものとする。

☐ １．車両は、他の車両を追い越そうとするときは、その追い越されようとする車両（以下「前車」という。）の右側を通行しなければならない。ただし、法令の規定により追越しを禁止されていない場所において、前車が法令の規定により右折をするため道路の中央又は右側端に寄って通行しているときは、その左側を通行しなければならない。

２．車両は、法令に規定する優先道路を通行している場合における当該優先道路にある交差点を除き、交差点の手前の側端から前に30メートル以内の部分においては、他の車両（軽車両を除く。）を追い越そうとするときは、速やかに進路を変更しなければならない。

３．車両は、進路を変更した場合にその変更した後の進路と同一の進路を後方から進行してくる車両等の速度又は方向を急に変更させることとなるおそれがあるときは、進路を変更してはならない。

４．車両は、車両通行帯を通行している場合において、その車両通行帯が当該車両通行帯を通行している車両の進路の変更の禁止を表示する道路標示によって区画されているときは、法で定める場合を除き、その道路標示をこえて進路を変更してはならない。

問３　道路交通法に定める追越し等についての次の記述のうち、**正しいものを２つ**選びなさい。なお、解答にあたっては、各選択肢に記載されている事項以外は考慮しないものとする。

☐ １．車両は、トンネル内の車両通行帯が設けられている道路の部分（道路標識等により追越しが禁止されているものを除く。）においては、他の車両を追い越すことができる。

２．車両は、他の車両を追い越そうとするときは、その追い越されようとする車両（以下「前車」という。）の右側を通行しなければならない。ただし、前車が法令の規定により右折をするため道路の中央又は右側端に寄って通行しているときは、前車を追越してはならない。

3．車両は、法令の規定若しくは警察官の命令により、又は危険を防止するため、停止し、若しくは停止しようとして徐行している車両等に追いついたときは、その前方にある車両等の側方を通過して当該車両等の前方に割り込み、又はその前方を横切ってはならない。

4．車両は、進路を変更した場合にその変更した後の進路と同一の進路を後方から進行してくる車両等の速度又は方向を急に変更させることとなるおそれがあるときは、速やかに進路を変更しなければならない。

問4　道路交通法に定める追越し等についての次の記述のうち、**正しいものを２つ**選びなさい。なお、解答にあたっては、各選択肢に記載されている事項以外は考慮しないものとする。

1．車両は、道路のまがりかど附近、上り坂の頂上附近又は勾配の急な下り坂の道路の部分においては、前方が見とおせる場合を除き、他の車両（軽車両を除く。）を追い越すため、進路を変更し、又は前車の側方を通過してはならない。

2．車両は、法令に規定する優先道路を通行している場合における当該優先道路にある交差点を除き、交差点の手前の側端から前に30メートル以内の部分においては、他の車両（軽車両を除く。）を追い越してはならない。

3．自動車を運転する場合において、初心運転者標識を受けたものが表示自動車を運転しているときは、危険防止のためやむを得ない場合であっても、進行している当該表示自動車の側方に幅寄せをし、又は当該自動車が進路を変更した場合にその変更した後の進路と同一の進路を後方から進行してくる表示自動車が当該自動車との間に必要な距離を保つことができないこととなるときは進路を変更してはならない。

4．車両は、トンネル内の車両通行帯が設けられている道路の部分（道路標識等により追越しが禁止されているものを除く。）においては、他の車両を追い越すことができる。

問5　道路交通法に定める追越し等についての次の記述のうち、**誤っているものを1つ**選びなさい。なお、解答にあたっては、各選択肢に記載されている事項以外は考慮しないものとする。［R2.8］

☐ 1．車両は、他の車両を追い越そうとするときは、その追い越されようとする車両（以下「前車」という。）の右側を通行しなければならない。ただし、法令の規定により追越しを禁止されていない場所において、前車が法令の規定により右折をするため道路の中央又は右側端に寄って通行しているときは、その左側を通行しなければならない。

2．車両は、法令の規定若しくは警察官の命令により、又は危険を防止するため、停止し、若しくは停止しようとして徐行している車両等に追いついたときは、その前方にある車両等の側方を通過して当該車両等の前方に割り込み、又はその前方を横切ってはならない。

3．車両は、法令に規定する優先道路を通行している場合における当該優先道路にある交差点を除き、交差点の手前の側端から前に30メートル以内の部分においては、他の車両（軽車両を除く。）を追い越そうとするときは、速やかに進路を変更しなければならない。

4．車両は、進路を変更した場合にその変更した後の進路と同一の進路を後方から進行してくる車両等の速度又は方向を急に変更させることとなるおそれがあるときは、進路を変更してはならない。

◆解答＆解説

問１［解答　２，３］

１．「当該優先道路にある交差点であっても」⇒「当該優先道路にある交差点を除き」。道交法第30条（追越しを禁止する場所）第１項③。

２．道交法第30条（追越しを禁止する場所）第１項②。

３．道交法第17条（通行区分）第５項④。⇒209P

４．「追い越しをしてはならない」⇒「その左側を通行しなければならない」。道交法第28条（追越しの方法）第１項・第２項。

問２［解答　２］

１．道交法第28条（追越しの方法）第１項・第２項。

２．交差点（優先道路を通行している場合における当該優先道路にある交差点を除く。）の手前の側端から前に30メートル以内の部分は追い越しを禁止する場所にあたるため、進路を変更してはならない。道交法第30条（追越しを禁止する場所）第１項③。

３．道交法第26条の２（進路の変更の禁止）第２項。

４．道交法第26条の２（進路の変更の禁止）第３項。

問３［解答　１，３］

１．道交法第30条（追越しを禁止する場所）第１項②。

２．「前車を追越してはならない」⇒「その左側を通行しなければならない」。道交法第28条（追越しの方法）第１項・第２項。

３．道交法第32条（割り込み等の禁止）第１項。

４．「速やかに進路を変更しなければならない」⇒「進路を変更してはならない」。道交法第26条の２（進路の変更の禁止）第２項。

問４［解答　２，４］

１．追越しを禁止する場所に、「前方が見とおせる場合」という適用除外はない。道交法第30条（追越しを禁止する場所）第１項。

２．道交法第30条（追越しを禁止する場所）第１項③。

３．「危険防止のためやむを得ない場合であっても」⇒「危険防止のためやむを得ない場合を除き」。道交法第71条（運転者の遵守事項）第１項⑤の４。⇒249P

４．道交法第30条（追越しを禁止する場所）第１項②。

問５［解答　３］

１．道交法第28条（追越しの方法）第１項・第２項。

２．道交法第32条（割り込み等の禁止）第１項。

３．交差点（優先道路を通行している場合における当該優先道路にある交差点を除く。）の手前の側端から前に30メートル以内の部分は追い越しを禁止する場所にあたるため、進路を変更してはならない。道交法第30条（追越しを禁止する場所）第１項③。

４．道交法第26条の２（進路の変更の禁止）第２項。

8　交差点

1　法令の要点

■左折又は右折［道交法第34条］

1．車両は、左折するときは、**あらかじめその前から**できる限り道路の左側端に寄り、かつ、できる限り道路の左側端に沿って（道路標識等により通行すべき部分が指定されているときは、その指定された部分を通行して）**徐行**しなければならない。

6．左折又は右折しようとする車両が、前各項の規定により、それぞれ道路の左側端、中央又は右側端に寄ろうとして手又は方向指示器による合図をした場合においては、その後方にある車両は、その速度又は方向を急に変更しなければならないこととなる場合を除き、当該合図をした車両の進路の変更を**妨げてはならない**。

■交差点における他の車両等との関係等［道交法第36条・第37条］

3．車両等（優先道路を通行している車両等を除く。）は、交通整理の行われていない交差点に入ろうとする場合において、交差道路が優先道路であるとき、又はその通行している道路の幅員よりも交差道路の幅員が明らかに広いものであるときは、**徐行しなければならない**。

4．車両等は、交差点に入ろうとし、及び交差点内を通行するときは、当該交差点の状況に応じ、交差道路を通行する車両等、反対方向から進行してきて右折する車両等及び当該交差点又はその直近で道路を横断する歩行者に特に注意し、かつ、できる限り**安全な速度**と方法で進行しなければならない。

《直進・左折車に対する進行妨害　道交法第37条》

1．車両等は、交差点で右折する場合において、当該交差点において直進し、又は左折しようとする車両等があるときは、当該車両等の進行妨害をしてはならない。

■交差点等への進入禁止［道交法第50条］

1．交通整理の行われている交差点に入ろうとする車両等は、その進行しようとする進路の前方の車両等の状況により、交差点（交差点内に道路標識等による停止線が設けられているときは、その停止線をこえた部分）に入った場合においては当該交差点内で停止することとなり、よって交差道路における車両等の通行の妨害となるおそれがあるときは、当該**交差点に入ってはならない**。

2．車両等は、その進行しようとする進路の前方の車両等の状況により、横断歩道、自転車横断帯、踏切又は道路標示によって区画された部分に入った場合においてはその部分で停止することとなるおそれがあるときは、**これらの部分に入ってはならない**。

2　演習問題

問1　道路交通法に定める交差点等における通行方法についての次の記述のうち、**正しいものを２つ**選びなさい。なお、解答にあたっては、各選択肢に記載されている事項以外は考慮しないものとする。

□ 1．左折又は右折しようとする車両が、法令の規定により、それぞれ道路の左側端、中央又は右側端に寄ろうとして手又は方向指示器による合図をした場合においては、その後方にある車両は、いかなる場合であっても当該合図をした車両の進路を妨げてはならない。

2．車両等は、交差点に入ろうとし、及び交差点内を通行するときは、当該交差点の状況に応じ、交差道路を通行する車両等、反対方向から進行してきて右折する車両等及び当該交差点又はその直近で道路を横断する歩行者に特に注意し、かつ、できる限り安全な速度と方法で進行しなければならない。

3．車両等は、横断歩道に接近する場合には、当該横断歩道を通過する際に当該横断歩道によりその進路の前方を横断しようとする歩行者がないことが明らかな場合を除き、当該横断歩道の直前で停止することができるような速度で進行しなければならない。

4．車両等（優先道路を通行している車両等を除く。）は、交通整理の行われていない交差点に入ろうとする場合において、交差道路が優先道路であるとき、又はその通行している道路の幅員よりも交差道路の幅員が明らかに広いものであるときは、その前方に出る前に必ず一時停止しなければならない。

問２　道路交通法に定める交差点等における通行方法についての次の記述のうち、**誤っているものを１つ**選びなさい。なお、解答にあたっては、各選択肢に記載されている事項以外は考慮しないものとする。[R2.8]

☐ 1．車両等（優先道路を通行している車両等を除く。）は、交通整理の行われていない交差点に入ろうとする場合において、交差道路が優先道路であるとき、又はその通行している道路の幅員よりも交差道路の幅員が明らかに広いものであるときは、その前方に出る前に必ず一時停止しなければならない。

2．車両等は、交差点に入ろうとし、及び交差点内を通行するときは、当該交差点の状況に応じ、交差道路を通行する車両等、反対方向から進行してきて右折する車両等及び当該交差点又はその直近で道路を横断する歩行者に特に注意し、かつ、できる限り安全な速度と方法で進行しなければならない。

3．車両は、左折するときは、あらかじめその前からできる限り道路の左側端に寄り、かつ、できる限り道路の左側端に沿って（道路標識等により通行すべき部分が指定されているときは、その指定された部分を通行して）徐行しなければならない。

4．左折又は右折しようとする車両が、法令の規定により、それぞれ道路の左側端、中央又は右側端に寄ろうとして手又は方向指示器による合図をした場合においては、その後方にある車両は、その速度又は方向を急に変更しなければならないこととなる場合を除き、当該合図をした車両の進路の変更を妨げてはならない。

◆解答＆解説

問１［解答　2，3］

1．「いかなる場合であっても」⇒「**その速度又は方向を急に変更しなければならないこととなる場合を除き**」。道交法第25条（道路外に出る場合の方法）第３項。⇒213P

2．道交法第36条（交差点における他の車両等との関係等）第４項。

3．道交法第38条（横断歩道等における歩行者等の優先）第１項。⇒210P

4．「その前方に出る前に必ず一時停止しなければならない」⇒「**徐行しなければならない**」。道交法第36条（交差点における他の車両等との関係等）第３項。

問２［解答　1］

1．「その前方に出る前に必ず一時停止しなければならない」⇒「**徐行しなければならない**」。道交法第36条（交差点における他の車両等との関係等）第３項。

2．道交法第36条（交差点における他の車両等との関係等）第４項。

3．道交法第34条（左折又は右折）第１項。

4．道交法第34条（左折又は右折）第６項。

9 停車及び駐車の禁止場所

1 法令の要点

■停車及び駐車を禁止する場所［道交法第44条］

1．車両は、道路標識等により停車及び駐車が禁止されている道路の部分及び次に掲げるその他の道路の部分においては、法令の規定若しくは警察官の命令により、又は危険を防止するため一時停止する場合のほか、**停車し**、又は**駐車してはならない**。

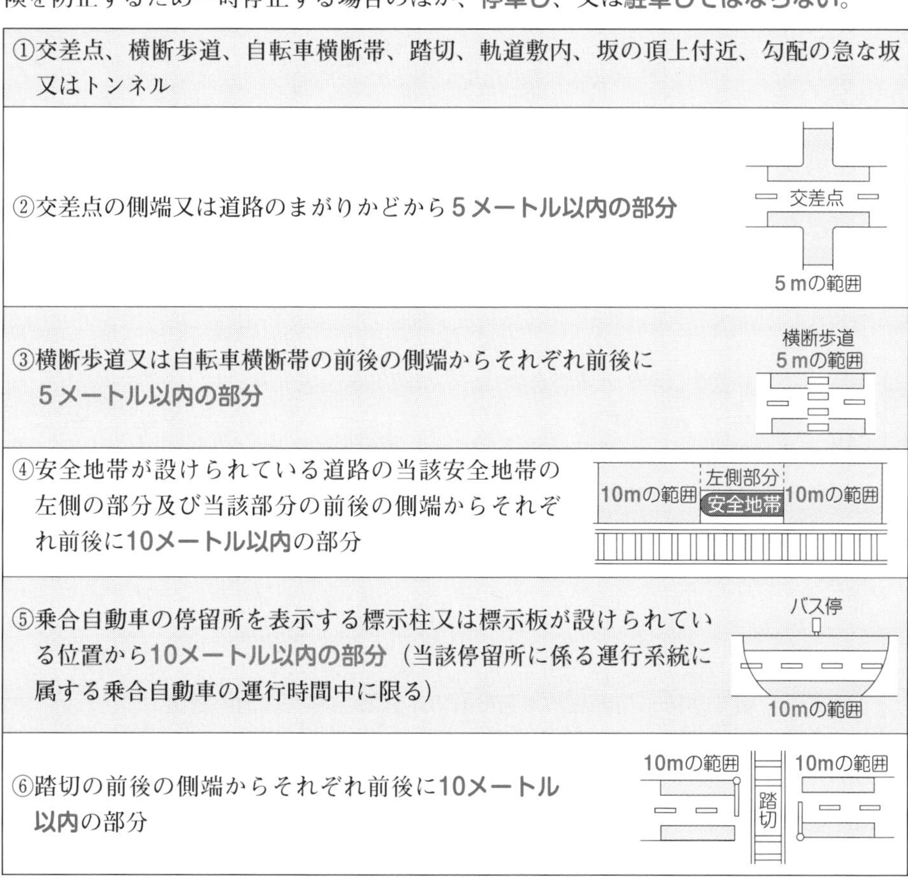

①交差点、横断歩道、自転車横断帯、踏切、軌道敷内、坂の頂上付近、勾配の急な坂又はトンネル
②交差点の側端又は道路のまがりかどから**5メートル以内の部分**
③横断歩道又は自転車横断帯の前後の側端からそれぞれ前後に**5メートル以内の部分**
④安全地帯が設けられている道路の当該安全地帯の左側の部分及び当該部分の前後の側端からそれぞれ前後に**10メートル以内**の部分
⑤乗合自動車の停留所を表示する標示柱又は標示板が設けられている位置から**10メートル以内の部分**（当該停留所に係る運行系統に属する乗合自動車の運行時間中に限る）
⑥踏切の前後の側端からそれぞれ前後に**10メートル以内**の部分

2．前項の規定は、次に掲げる場合には、適用しない。

①乗合自動車又は、トロリーバスが、その属する運行系統に係る停留所又は停留場において、乗客の乗降のため停車するとき、又は運行時間を調整するため駐車するとき。
②一般旅客自動車運送事業用自動車又は、自家用有償旅客運送自動車が乗合自動車の停留所又はトロリーバス若しくは路面電車の停留場において、乗客の乗降のため停車するとき、又は、運行時間を調整するために駐車するとき。

■駐車を禁止する場所［道交法第45条］

1．車両は、道路標識等により駐車が禁止されている道路の部分及び次に掲げるその他の道路の部分においては、駐車してはならない。ただし、公安委員会の定めるところにより警察署長の許可を受けたときは、この限りでない。

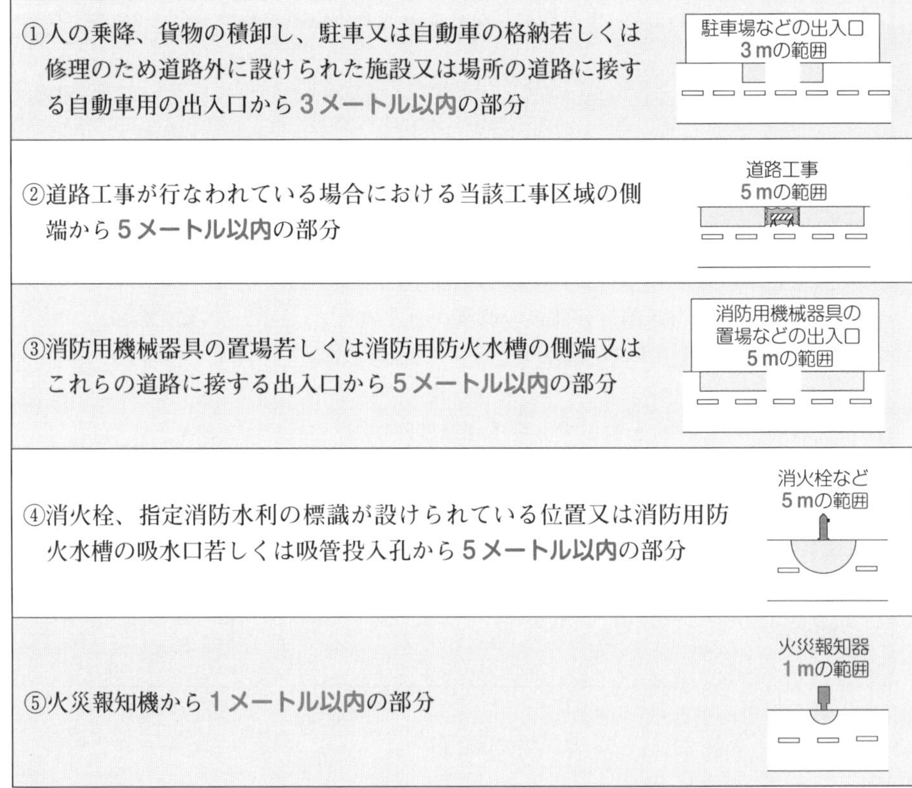

①人の乗降、貨物の積卸し、駐車又は自動車の格納若しくは修理のため道路外に設けられた施設又は場所の道路に接する自動車用の出入口から**3メートル以内**の部分
②道路工事が行なわれている場合における当該工事区域の側端から**5メートル以内**の部分
③消防用機械器具の置場若しくは消防用防火水槽の側端又はこれらの道路に接する出入口から**5メートル以内**の部分
④消火栓、指定消防水利の標識が設けられている位置又は消防用防火水槽の吸水口若しくは吸管投入孔から**5メートル以内**の部分
⑤火災報知機から**1メートル以内**の部分

2．車両は、法令（第47条第２項又は第３項）の規定により駐車する場合に当該車両の右側の道路上に**3.5メートル**（道路標識等により距離が指定されているときは、その距離）**以上**の余地がないこととなる場所においては、駐車してはならない。ただし、貨物の積卸しを行う場合で運転者がその車両を離れないとき、若しくは運転者がその車両を離れたが直ちに運転に従事することができる状態にあるとき、又は傷病者の救護のためやむを得ないときは、この限りでない。

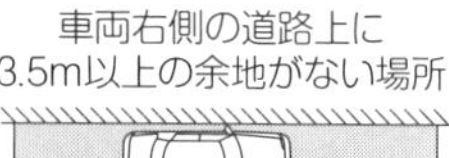

車両右側の道路上に
3.5m以上の余地がない場所

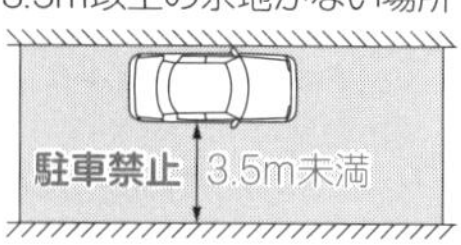

3．公安委員会が交通がひんぱんでないと認めて指定した区域においては、第２項本文の規定は、適用しない。

■高齢運転者等専用時間制限駐車区間における駐車の禁止

［道交法第49条の４］

1．高齢運転者等専用時間制限駐車区間においては、高齢運転者等標章自動車以外の車両は、**駐車をしてはならない**。

2　演習問題

問１　道路交通法に定める停車及び駐車を禁止する場所についての次の文中、A、B、C、Dに入るべき字句を下の枠内の選択肢（①～③）から選びなさい。なお、各選択肢は、法令の規定若しくは警察官の命令により、又は危険を防止するため一時停止する場合には当たらないものとする。また、解答にあたっては、各選択肢に記載されている事項以外は考慮しないものとする。

☐ 1．車両は、交差点の側端又は道路のまがりかどから（A）以内の道路の部分においては、停車し、又は駐車してはならない。

2．車両は、横断歩道又は自転車横断帯の前後の側端からそれぞれ前後に（B）以内の道路の部分においては、停車し、又は駐車してはならない。

3．車両は、安全地帯が設けられている道路の当該安全地帯の左側の部分及び当該部分の前後の側端からそれぞれ前後に（C）以内の道路の部分においては、停車し、又は駐車してはならない。

4．車両は、踏切の前後の側端からそれぞれ前後に（D）以内の部分においては、停車し、又は駐車してはならない。

①３メートル	②５メートル	③10メートル

問2　道路交通法に定める停車及び駐車等についての次の記述のうち、**誤っているものを1つ**選びなさい。なお、解答にあたっては、各選択肢に記載されている事項以外は考慮しないものとする。

☐ 1．車両は、交差点の側端又は道路のまがりかどから5メートル以内の道路の部分においては、法令の規定若しくは警察官の命令により、又は危険を防止するため一時停止する場合のほか、停車し、又は駐車してはならない。

2．車両は、法令の規定により駐車しようとする場合には、当該車両の右側の道路上に3メートル（道路標識等により距離が指定されているときは、その距離）以上の余地があれば駐車してもよい。

3．車両は、踏切の前後の側端からそれぞれ前後に10メートル以内の道路の部分においては、法令の規定若しくは警察官の命令により、又は危険を防止するため一時停止する場合のほか、停車し、又は駐車してはならない。

4．交通整理の行われている交差点に入ろうとする車両等は、その進行しようとする進路の前方の車両等の状況により、交差点に入った場合においては当該交差点内で停止することとなり、よって交差道路における車両等の通行の妨害となるおそれがあるときは、当該交差点に入ってはならない。

問3　道路交通法に定める停車及び駐車等についての次の記述のうち、**誤っているものを1つ**選びなさい。なお、解答にあたっては、各選択肢に記載されている事項以外は考慮しないものとする。

☐ 1．車両は、交差点の側端又は道路のまがりかどから5メートル以内の道路の部分においては、法令の規定若しくは警察官の命令により、又は危険を防止するため一時停止する場合のほか、停車し、又は駐車してはならない。

2．車両は、安全地帯が設けられている道路の当該安全地帯の左側の部分及び当該部分の前後の側端からそれぞれ前後に10メートル以内の部分においては、法令の規定若しくは警察官の命令により、又は危険を防止するため一時停止する場合のほか、停車し、又は駐車してはならない。

3．車両は、踏切の前後の側端からそれぞれ前後に10メートル以内の道路の部分においては、法令の規定若しくは警察官の命令により、又は危険を防止するため一時停止する場合のほか、停車し、又は駐車してはならない。

4．車両は、トンネルの前後の側端からそれぞれ前後に10メートル以内の部分においては、法令の規定若しくは警察官の命令により、又は危険を防止するため一時停止する場合のほか、停車し、又は駐車してはならない。

問4　道路交通法に定める停車及び駐車等についての次の記述のうち、**正しいものを2つ**選びなさい。なお、解答にあたっては、各選択肢に記載されている事項以外は考慮しないものとする。［R2_CBT］

☐ 1．車両は、道路工事が行なわれている場合における当該工事区域の側端から5メートル以内の道路の部分においては、駐車してはならない。

2．車両は、人の乗降、貨物の積卸し、駐車又は自動車の格納若しくは修理のため道路外に設けられた施設又は場所の道路に接する自動車用の出入口から5メートル以内の道路の部分においては、駐車してはならない。

3．車両は、公安委員会が交通がひんぱんでないと認めて指定した区域を除き、法令の規定により駐車する場合に当該車両の右側の道路上に5メートル（道路標識等により距離が指定されているときは、その距離）以上の余地がないこととなる場所においては、駐車してはならない。

4．車両は、消防用機械器具の置場若しくは消防用防火水槽の側端又はこれらの道路に接する出入口から5メートル以内の道路の部分においては、駐車してはならない。

問5　道路交通法に定める停車及び駐車等についての次の記述のうち、**正しいものを2つ**選びなさい。なお、解答にあたっては、各選択肢に記載されている事項以外は考慮しないものとする。［R3.3］

☐ 1．車両は、人の乗降、貨物の積卸し、駐車又は自動車の格納若しくは修理のため道路外に設けられた施設又は場所の道路に接する自動車用の出入口から5メートル以内の道路の部分においては、駐車してはならない。

2．車両は、法令の規定により駐車しようとする場合には、当該車両の右側の道路上に3メートル（道路標識等により距離が指定されているときは、その距離）以上の余地があれば駐車してもよい。

3．車両は、交差点の側端又は道路の曲がり角から5メートル以内の道路の部分においては、法令の規定若しくは警察官の命令により、又は危険を防止するため一時停止する場合のほか、停車し、又は駐車してはならない。

4．車両は、踏切の前後の側端からそれぞれ前後に10メートル以内の道路の部分においては、法令の規定若しくは警察官の命令により、又は危険を防止するため一時停止する場合のほか、停車し、又は駐車してはならない。

◆解答＆解説

問１［解答　A－②，B－②，C－③，D－③］

１～４．道交法第44条（停車及び駐車を禁止する場所）第１項②～④、⑥。

問２［解答　２］

１．道交法第44条（停車及び駐車を禁止する場所）第１項②。

２．「３メートル以上」⇒「3.5メートル以上」。道交法第45条（駐車を禁止する場所）第２項。

３．道交法第44条（停車及び駐車を禁止する場所）第１項⑥。

４．道交法第50条（交差点等への進入禁止）第１項。⇒225P

問３［解答　４］

１．道交法第44条（停車及び駐車を禁止する場所）第１項②。

２．道交法第44条（停車及び駐車を禁止する場所）第１項④。

３．道交法第44条（停車及び駐車を禁止する場所）第１項⑥。

４．トンネルの前後の側端からそれぞれ前後に10メートル以内ではなく、トンネル内が駐停車禁止である。道交法第44条（停車及び駐車を禁止する場所）第１項①。

問４［解答　１，４］

１．道交法第45条（駐車を禁止する場所）第１項②。

２．「５メートル以内」⇒「３メートル以内」。道交法第45条（駐車を禁止する場所）第１項①。

３．「５メートル以上」⇒「3.5メートル以上」。道交法第45条（駐車を禁止する場所）第２項。

４．道交法第45条（駐車を禁止する場所）第１項③。

問５［解答　３，４］

１．「５メートル以内」⇒「３メートル以内」。道交法第45条（駐車を禁止する場所）第１項①。

２．「３メートル以上」⇒「3.5メートル以上」。道交法第45条（駐車を禁止する場所）第２項。

３．道交法第44条（停車及び駐車を禁止する場所）第１項②。

４．道交法第44条（停車及び駐車を禁止する場所）第１項⑥。

10 灯火及び合図

1 法令の要点

■車両等の灯火［道交法第52条］

1．車両等は、夜間（日没時から日出時までの時間をいう。）、道路にあるときは、政令で定めるところにより、前照灯、車幅灯、尾灯その他の**灯火をつけなければならない**。政令で定める場合においては、**夜間以外の時間**にあっても、**同様**とする。

■道路にある場合の灯火［道交法施行令第18条］

1．車両等は、道交法第52条第１項前段の規定により、夜間、道路を通行するとき（高速自動車国道及び自動車専用道路においては**前方200メートル**、その他の道路においては**前方50メートル**まで明りょうに見える程度に照明が行われている**トンネルを通行する場合**を除く。）は、次の各号に掲げる区分に従い、それぞれ当該各号に定める灯火をつけなければならない。

①自動車　車両の保安基準に関する規定により設けられる前照灯、車幅灯、尾灯（尾灯が故障している場合においては、これと同等以上の光度を有する赤色の灯火とする）、番号灯及び室内照明灯（道交法第27条の乗合自動車に限る。）

2．自動車（大型自動二輪車、普通自動二輪車及び小型特殊自動車を除く。）は、道交法第52条第１項前段により、夜間、道路（歩道又は路側帯と車道の区別のある道路においては、車道）の幅員が**5.5メートル以上**の道路に停車し、又は駐車しているときは、車両の保安基準に関する規定により設けられる非常点滅表示灯又は尾灯をつけなければならない。ただし、車両の保安基準に関する規定に定める基準に適合する駐車灯をつけて停車し、若しくは駐車している場合、その他政令で定める場合は、この限りでない。

■夜間以外の時間で灯火をつけなければならない場合［道交法施行令第19条］

1．道交法第52条第１項後段の政令で定める場合は、**トンネルの中**、**濃霧がかかっている場所**その他の場所で、視界が高速自動車国道及び自動車専用道路においては**200メートル**、その他の道路においては**50メートル以下**であるような暗い場所を通行する場合及び当該場所に停車し、又は駐車している場合とする。

■合　図［道交法第53条］

1．車両（自転車以外の軽車両を除く。）の運転者は、左折し、右折し、転回し、徐行し、停止し、後退し、又は同一方向に進行しながら進路を変えるときは、手、方向指示器又は灯火により合図をし、かつ、これらの行為を終わるまで当該合図を継続しなければならない。

2．車両の運転者は、環状交差点においては、前項の規定にかかわらず、当該環状交差点を出るとき、又は当該環状交差点において徐行し、停止し、若しくは後退するときは、手、方向指示器又は灯火により合図をし、かつ、これらの行為が終わるまで当該合図を継続しなければならない。

■警音器の使用等［道交法第54条］

1．車両等（自転車以外の軽車両を除く。）の運転者は、次の各号に掲げる場合においては、**警音器**を鳴らさなければならない。

①**道路標識等により指定**された以下の場所を通行 ・左右の見とおしのきかない交差点 ・見とおしのきかない道路のまがりかど ・見とおしのきかない上り坂の頂上
②山地部の道路その他曲折が多い道路で**道路標識等により指定**された区間 ・左右の見とおしのきかない交差点 ・見とおしのきかない道路のまがりかど ・見とおしのきかない上り坂の頂上

2．車両等の運転者は、法令の規定により警音器を鳴らさなければならないこととされている場合を除き、**警音器を鳴らしてはならない**。ただし、**危険を防止するためやむを得ないときは、この限りでない**。

■合図の時期及び方法［道交法施行令第21条］

1．合図を行う時期及び合図の方法（省略）は、次の表に掲げるとおりとする。

合図を行う場合	合図を行う時期
①**左折**するとき	その行為をしようとする地点（交差点においてその行為をする場合にあっては、当該交差点の手前の側端）から**30メートル手前**の地点に達したとき。
②同一方向に進行しながら**進路を左方**又は**右方に変えるとき**	その行為をしようとする時の**3秒前**のとき。
③**右折**し、又は転回するとき	その行為をしようとする地点（交差点において右折する場合にあっては、当該交差点の手前の側端）から**30メートル手前**の地点に達したとき。
④徐行し、又は**停止**、後退するとき	その行為をしようとするとき。

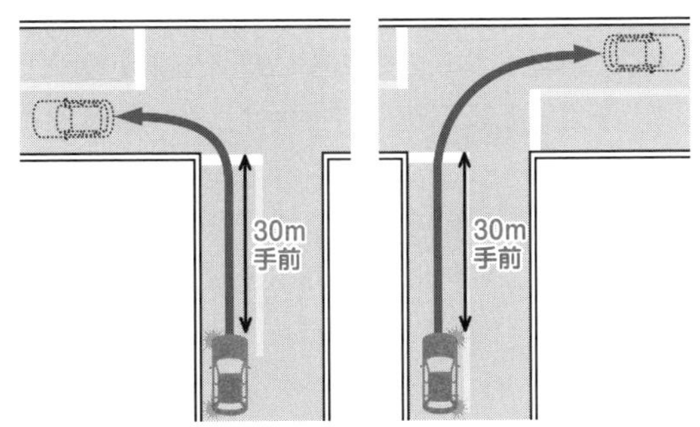

【左折・右折するときの合図】

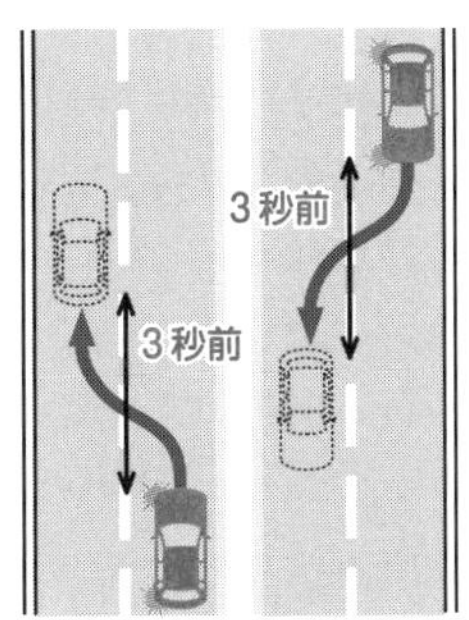

【同一方向に進行しながらの進路変更の合図】

2　演習問題

問１　道路交通法に定める灯火及び合図等についての次の記述のうち、正しいものを２つ選びなさい。なお、解答にあたっては、各選択肢に記載されている事項以外は考慮しないものとする。［R4_CBT］

☐ １．車両等は、夜間（日没時から日出時までの時間をいう。）、道路にあるときは、道路交通法施行令で定めるところにより、前照灯、車幅灯、尾灯その他の灯火をつけなければならない。ただし、高速自動車国道及び自動車専用道路においては前方200メートル、その他の道路においては前方50メートルまで明りょうに見える程度に照明が行われているトンネルを通行する場合は、この限りではない。

２．停留所において乗客の乗降のため停車していた乗合自動車が発進するため進路を変更しようとして手又は方向指示器により合図をした場合においては、その後方にある車両は、その速度を急に変更しなければならないこととなる場合にあっても、当該合図をした乗合自動車の進路の変更を妨げてはならない。

３．車両等の運転者は、山地部の道路その他曲折が多い道路について道路標識等により指定された区間以外であっても、見とおしのきかない道路のまがりかど又は見とおしのきかない上り坂の頂上を通行しようとするときは、必ず警音器を鳴らさなければならない。

４．車両の運転者が同一方向に進行しながら進路を左方又は右方に変えるときの合図を行う時期は、その行為をしようとする時の３秒前のときである。

問２　道路交通法に定める車両の交通方法等について次の記述のうち、正しいものを２つ選びなさい。なお、解答にあたっては、各選択肢に記載されている事項以外は考慮しないものとする。［R3_CBT］

☐ １．車両の運転者が同一方向に進行しながら進路を左方又は右方に変えるときの合図を行う時期は、その行為をしようとする地点から30メートル手前の地点に達したときである。

２．車両は、道路の中央から左の部分の幅員が８メートルに満たない道路において、他の車両を追い越そうとするとき（道路の中央から右の部分を見とおすことができ、かつ、反対の方向からの交通を妨げるおそれがない場合に限るものとし、道路標識等により追越しのため道路の中央から右の部分にはみ出して通行することが禁止されている場合を除く。）は、道路の中央から右の部分にその全部又は一部をはみ出して通行することができる。

3．車両は、道路外の施設又は場所に出入するためやむを得ない場合において歩道又は路側帯（以下「歩道等」という。）を横断するとき、又は法令の規定により歩道等で停車し、若しくは駐車するため必要な限度において歩道等を通行するときは、一時停止し、かつ、歩行者の通行を妨げないようにしなければならない。

4．一般乗合旅客自動車運送事業者による路線定期運行の用に供する自動車（以下「路線バス等」という。）の優先通行帯であることが道路標識等により表示されている車両通行帯が設けられている道路においては、自動車（路線バス等を除く。）は、路線バス等が後方から接近してきた場合に当該道路における交通の混雑のため当該車両通行帯から出ることができないこととなるときは、当該車両通行帯を通行してはならない。

問３　道路交通法に定める車両の交通方法等についての次の記述のうち、**誤っているものを１つ**選びなさい。なお、解答にあたっては、各選択肢に記載されている事項以外は考慮しないものとする。[R2_CBT]

☐ 1．車両（自転車以外の軽車両を除く。）の運転者は、左折し、右折し、転回し、徐行し、停止し、後退し、又は同一方向に進行しながら進路を変えるときは、手、方向指示器又は灯火により合図をし、かつ、これらの行為が終わるまで当該合図を継続しなければならない。（環状交差点における場合を除く。）

2．一般乗合旅客自動車運送事業者による路線定期運行の用に供する自動車（以下「路線バス等」という。）の優先通行帯であることが道路標識等により表示されている車両通行帯が設けられている道路においては、自動車（路線バス等を除く。）は、路線バス等が後方から接近してきた場合に当該道路における交通の混雑のため当該車両通行帯から出ることができないこととなるときであっても、路線バス等が実際に接近してくるまでの間は、当該車両通行帯を通行することができる。

3．車両は、道路外の施設又は場所に出入するためやむを得ない場合において歩道等を横断するとき、又は法令の規定により歩道等で停車し、若しくは駐車するため必要な限度において歩道等を通行するときは、歩道等に入る直前で一時停止し、かつ、歩行者の通行を妨げないようにしなければならない。

4．貨物自動車運送事業の用に供する車両総重量8,500キログラムの自動車は、法令の規定によりその速度を減ずる場合及び危険を防止するためやむを得ない場合を除き、道路標識等により自動車の最低速度が指定されていない区間の高速自動車国道の本線車道（政令で定めるものを除く。）における最低速度は、時速50キロメートルである。

問4　道路交通法に定める灯火及び合図等についての次の記述のうち、**誤っているものを1つ**選びなさい。なお、解答にあたっては、各選択肢に記載されている事項以外は考慮しないものとする。［R3.3］

☐　1．車両の運転者が同一方向に進行しながら進路を左方又は右方に変えるときの合図を行う時期は、その行為をしようとする地点から30メートル手前の地点に達したときである。

2．車両の運転者が左折又は右折するときの合図を行う時期は、その行為をしようとする地点（交差点においてその行為をする場合にあっては、当該交差点の手前の側端）から30メートル手前の地点に達したときである。（環状交差点における場合を除く。）

3．車両は、トンネルの中、濃霧がかかっている場所その他の場所で、視界が高速自動車国道及び自動車専用道路においては200メートル、その他の道路においては50メートル以下であるような暗い場所を通行する場合及び当該場所に停車し、又は駐車している場合においては、前照灯、車幅灯、尾灯その他の灯火をつけなければならない。

4．停留所において乗客の乗降のため停車していた乗合自動車が発進するため進路を変更しようとして手又は方向指示器により合図をした場合においては、その後方にある車両は、その速度又は方向を急に変更しなければならないこととなる場合を除き、当該合図をした乗合自動車の進路の変更を妨げてはならない。

◆解答＆解説

問1［解答　1，4］

1．道交法第52条（車両等の灯火）第１項・道交法施行令第18条（道路にある場合の灯火）第１項。

2．その速度又は方向を急に変更しなければならないこととなる場合を除き、当該合図をした乗合自動車の進路の変更を妨げてはならない。道交法第31条の２（乗合自動車の発進の保護）第１項。⇒218P

3．警音器は、危険を防止するためやむを得ない場合を除き、道路標識等により指定された区間以外で鳴らしてはならない。道交法第54条（警音器の使用等）第１項②・第２項。

4．道交法施行令第21条（合図の時期及び方法）第１項②。

問2［解答　3，4］

1．同一方向に進行しながら進路を左方又は右方に変えるときは、その行為をしようとする３秒前に合図を行う。道交法施行令第21条（合図の時期及び方法）第１項②。

2．「８メートル」⇒「６メートル」。道交法第17条（通行区分）第５項④。⇒209P

3．道交法第17条（通行区分）第１項・第２項。⇒209P

4．道交法第20条の２（路線バス等優先通行帯）第１項。⇒213P

問3［解答　2］

1．道交法第53条（合図）第１項。

2．当該道路における交通の混雑のため車両通行帯から出ることができないこととなるときは、当該車両通行帯を通行してはならず、路線バス等が後方から接近してきた場合は、速やかに車両通行帯の外に出なければならない。道交法第20条の２（路線バス等優先通行帯）第１項。⇒213P

3．道交法第17条（通行区分）第１項。⇒209P

4．道交法第75条の４（高速道路の最低速度）第１項・道交法施行令第27条の３（高速道路の最低速度）第１項。⇒204P

問4［解答　1］

1．同一方向に進行しながら進路を左方又は右方に変えるときは、その行為をしようとする３秒前に合図を行う。道交法施行令第21条（合図の時期及び方法）第１項②。

2．道交法施行令第21条（合図の時期及び方法）第１項①・③。

3．道交法第52条（車両等の灯火）第１項・道交法施行令第19条（夜間以外の時間で灯火をつけなければならない場合）第１項。

4．道交法第31条の２（乗合自動車の発進の保護）第１項。⇒218P

11　積載の制限と過積載車両の取扱い

1　法令の要点

■乗車又は積載の方法［道交法第55条］

1．車両の運転者は、当該車両の乗車のために設備された場所以外の場所に乗車させ、又は乗車若しくは積載のために設備された場所以外の場所に積載して車両を運転してはならない。ただし、貨物自動車で貨物を積載しているものにあっては、当該貨物を看守するため**必要な最小限度の人員**をその荷台に乗車させて運転することができる。

2．車両の運転者は、運転者の視野若しくはハンドルその他の装置の操作を妨げ、後写鏡の効用を失わせ、車両の安定を害し、又は外部から当該車両の方向指示器、車両の番号標、制動灯、尾灯若しくは後部反射器を確認することができないこととなるような乗車をさせ、又は積載をして車両を運転してはならない。

■乗車又は積載の制限等［道交法第57条］

1．車両（軽車両を除く。）の運転者は、当該車両について政令で定める乗車人員又は積載物の重量、大きさ若しくは積載の方法の制限を超えて乗車をさせ、又は積載をして車両を運転してはならない。ただし、当該車両の出発地を管轄する警察署長による許可を受けて貨物自動車の荷台に乗車させる場合等にあっては、当該制限を超える乗車をさせて運転することができる。

3．貨物が分割できないものであるため積載重量等の制限、又は公安委員会が定める積載重量等を超えることとなる場合において、出発地警察署長が当該車両の構造又は道路若しくは交通の状況により支障がないと認めて積載重量等を限って許可をしたときは、車両の運転者は、第１項の規定にかかわらず、当該許可に係る積載重量等の範囲内で当該制限を超える積載をして車両を運転することができる。

■自動車の乗車又は積載の制限等［道交法施行令第22条］

1．道交法第57条第１項の政令で定める自動車の乗車人員又は**積載物**の重量、大きさ若しくは積載の方法の制限は、次に定めるところによる。

①乗車人員は、自動車にあっては自動車検査証、保安基準適合標章又は軽自動車届出済書に記載された乗車人員を超えないこと。

②積載物の重量は、自動車にあっては自動車検査証、保安基準適合標章又は軽自動車届出済書に記載された最大積載重量を超えないこと。

③積載物の長さ、幅又は高さは、それぞれ次に掲げる長さ、幅又は高さを超えないこと。

イ	長さ	自動車の長さにその長さの**10分の２**の長さを加えたもの
ロ	幅	自動車の幅にその幅の10分の２の幅を加えたもの
ハ	高さ	**3.8メートル**（公安委員会が道路又は交通の状況により支障がないと認めて定めるものにあっては**3.8メートル以上4.1メートル**を超えない範囲内において公安委員会が定める高さ）からその自動車の積載をする場所の**高さを減じたもの**

④積載物は、次に掲げる制限を超えることとなるような方法で積載しないこと。

イ	自動車の車体の前後から自動車の長さの**10分の１**の長さを超えてはみ出さないこと。
ロ	自動車の車体の左右から自動車の幅の10分の１の幅を超えてはみ出さないこと。

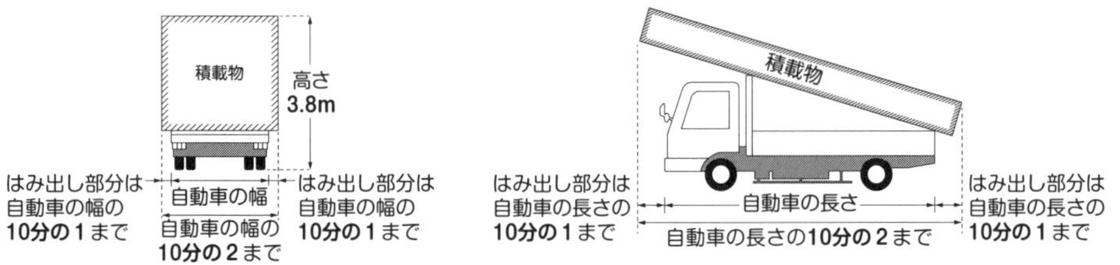

■過積載車両に係る措置命令［道交法第58条の３］

1．**警察官**は、過積載をしている車両の**運転者**に対し、当該車両に係る積載が過積載とならないようにするため必要な**応急の措置**をとることを**命ずる**ことができる。

■過積載車両の運転の要求等の禁止［道交法第58条の５］

1．使用者等以外の者は、次に掲げる行為をしてはならない。

①車両の運転者に対し、過積載をして車両を運転することを要求すること。
②車両の運転者に対し、当該車両への積載が過積載となるとの情を知りながら、道交法第57条第１項の制限に係る重量を超える積載物を当該車両に積載をさせるため売り渡し、又は当該積載物を引き渡すこと。

2．**警察署長**は、前項の規定に違反する行為が行われた場合において、当該行為をした者が反復して同項の規定に違反する行為をするおそれがあると認めるときは、内閣府令で定めるところにより、**当該行為をした者に対し**、同項の規定に**違反する行為をしてはならない旨**を**命ずる**ことができる。

自動車の使用者の義務等［道交法第75条］

1．自動車の使用者（安全運転管理者等その他自動車の運行を直接管理する地位にある者を含む。「使用者等」という。）は、その者の業務に関し、自動車の運転者に対し、次の各号のいずれかに掲げる行為をすることを命じ、又は自動車の運転者がこれらの行為をすることを容認してはならない。

④**過労運転等の禁止**の規定に違反して自動車を運転すること。
⑥**積載の制限**等の規定に違反して自動車を運転すること。

※自動車の使用者が第1項各号の規定に違反したときは、**懲役又は罰金**に処せられる。懲役の期間及び罰金の金額は、各号の違反内容により異なる。

2．自動車の使用者等が前項の規定に違反し、当該違反により自動車の運転者が同項各号のいずれかに掲げる行為をした場合において、自動車の使用者がその者の業務に関し自動車を使用することが著しく道路における交通の危険を生じさせ、又は著しく交通の妨害となるおそれがあると認めるときは、当該違反に係る自動車の使用の本拠の位置を管轄する公安委員会は、政令で定める基準に従い、当該自動車の使用者に対し、6ヵ月を超えない範囲内で期間を定めて、当該違反に係る自動車を運転し、又は運転させてはならない旨を命ずることができる。

2　演習問題

問1　貨物自動車に係る道路交通法に定める乗車、積載及び過積載（車両に積載をする積載物の重量が法令による制限に係る重量を超える場合における当該積載。以下同じ。）等についての次の記述のうち、**誤っているものを1つ**選びなさい。なお、解答にあたっては、各選択肢に記載されている事項以外は考慮しないものとする。

☐ 1．車両の運転者は、当該車両の乗車のために設備された場所以外の場所に乗車させ、又は乗車若しくは積載のために設備された場所以外の場所に積載して車両を運転してはならない。ただし、貨物自動車で貨物を積載しているものにあっては、当該貨物を看守するため必要な最小限度の人員をその荷台に乗車させて運転することができる。

2．車両の運転者は、運転者の視野若しくはハンドルその他の装置の操作を妨げ、後写鏡の効用を失わせ、車両の安定を害し、又は外部から当該車両の方向指示器、車両の番号標、制動灯、尾灯若しくは後部反射器を確認することができないこととなるような乗車をさせ、又は積載をして車両を運転してはならない。

3．警察署長は、荷主が自動車の運転者に対し、過積載をして自動車を運転することを要求するという違反行為を行った場合において、当該荷主が当該違反行為を反復して行うおそれがあると認めるときは、内閣府令で定めるところにより、当該自動車の運転者に対し、当該過積載による運転をしてはならない旨を命ずることができる。

4．車両（軽車両を除く。）の運転者は、当該車両について政令で定める乗車人員又は積載物の重量、大きさ若しくは積載の方法の制限を超えて乗車をさせ、又は積載をして車両を運転してはならない。ただし、当該車両の出発地を管轄する警察署長による許可を受けてもっぱら貨物を運搬する構造の自動車の荷台に乗車させる場合にあっては、当該制限を超える乗車をさせて運転することができる。

問2　貨物自動車に係る道路交通法に定める乗車、積載及び過積載（車両に積載をする積載物の重量が法令による制限に係る重量を超える場合における当該積載。以下同じ。）等についての次の記述のうち、**誤っているものを１つ**選びなさい。なお、解答にあたっては、各選択肢に記載されている事項以外は考慮しないものとする。

［R3. 3改］

□ 1．自動車の使用者は、その者の業務に関し、自動車の運転者に対し、道路交通法第57条（乗車又は積載の制限等）第１項の規定に違反して政令で定める積載物の重量、大きさ又は積載の方法の制限を超えて積載をして運転することを命じ、又は自動車の運転者がこれらの行為をすることを容認してはならない。

2．車両（軽車両を除く。）の運転者は、当該車両について政令で定める乗車人員又は積載物の重量、大きさ若しくは積載の方法の制限を超えて乗車をさせ、又は積載をして車両を運転してはならない。ただし、当該車両の出発地を管轄する警察署長による許可を受けてもっぱら貨物を運搬する構造の自動車の荷台に乗車させる場合にあっては、当該制限を超える乗車をさせて運転することができる。

3．警察署長は、荷主が自動車の運転者に対し、過積載をして自動車を運転することを要求するという違反行為を行った場合において、当該荷主が当該違反行為を反復して行うおそれがあると認めるときは、内閣府令で定めるところにより、当該自動車の運転者に対し、当該過積載による運転をしてはならない旨を命ずることができる。

4．積載物の長さは、自動車（大型自動二輪車及び普通自動二輪車を除く。以下同じ。）の長さにその長さの10分の２の長さを加えたものを超えてはならず、積載の方法は、自動車の車体の前後から自動車の長さの10分の１の長さを超えてはみ出してはならない。

◆解答＆解説

問１［解答　３］

1．道交法第55条（乗車又は積載の方法）第１項。

2．道交法第55条（乗車又は積載の方法）第２項。

3．「当該自動車の運転者に対し、当該過積載による運転をしてはならない旨」⇒「当該荷主に対し、当該違反行為をしてはならない旨」。道交法第58条の５（過積載車両の運転の要求等の禁止）第２項。

4．道交法第57条（乗車又は積載の制限等）第１項。

問２［解答　３］

1．道交法第75条（自動車の使用者の義務等）第１項⑥。

2．道交法第57条（乗車又は積載の制限等）第１項。

3．「当該自動車の運転者に対し、当該過積載による運転をしてはならない旨」⇒「当該荷主に対し、当該違反行為をしてはならない旨」。道交法第58条の５（過積載車両の運転の要求等の禁止）第２項。

4．道交法施行令第22条（自動車の乗車又は積載の制限等）第１項③イ・④イ。

12 酒気帯び運転の禁止

1 法令の要点

■ 酒気帯び運転等の禁止 [道交法第65条]

1．何人も、酒気を帯びて車両等を運転してはならない。

2．何人も、酒気を帯びている者で、前項の規定に違反して車両等を運転することとなるおそれがあるものに対し、**車両等を提供**してはならない。

3．何人も、第1項の規定に違反して車両等を運転することとなるおそれがある者に対し、酒類を提供し、又は飲酒をすすめてはならない。

4．何人も、車両（トロリーバス及び旅客自動車運送事業の用に供する自動車で当該業務に従事中のものその他の政令で定める自動車を除く。）の運転者が酒気を帯びていることを知りながら、当該運転者に対し、当該車両を運転して自己を運送することを要求し、又は依頼して、当該運転者が第1項の規定に違反して運転する**車両に同乗**してはならない。

■ 酒気帯び運転等の罰則／アルコールの程度 [道交法第117条の2の2／道交法施行令第44条の3]

1．次の各号のいずれかに該当する者は、3年以下の懲役又は50万円以下の罰金に処する。

③第65条（酒気帯び運転等の禁止）第1項の規定に違反して車両等（軽車両を除く。）を運転した者で、その運転をした場合において身体に保有するアルコールの程度が、血液1ミリリットルにつき**0.3ミリグラム**又は呼気1リットルにつき**0.15ミリグラム**以上にアルコールを保有する状態にあったもの

２　演習問題

問１　道路交通法及び道路交通法施行令に定める酒気帯び運転等の禁止等に関する次の文中、A、B、Cに入るべき字句として**いずれか正しいものを１つ**選びなさい。

［R4_CBT/R3_CBT/R2.8］

1．何人も、酒気を帯びて車両等を運転してはならない。

2．何人も、酒気を帯びている者で、1．の規定に違反して車両等を運転することとなるおそれがあるものに対し、（A）してはならない。

3．何人も、1．の規定に違反して車両等を運転することとなるおそれがある者に対し、酒類を提供し、又は飲酒をすすめてはならない。

4．何人も、車両（トロリーバス及び旅客自動車運送事業の用に供する自動車で当該業務に従事中のものその他の政令で定める自動車を除く。）の運転者が酒気を帯びていることを知りながら、当該運転者に対し、当該車両を運転して自己を運送することを要求し、又は依頼して、当該運転者が1．の規定に違反して運転する（B）してはならない。

5．1．の規定に違反して車両等（軽車両を除く。）を運転した者で、その運転をした場合において身体に血液1ミリリットルにつき0.3ミリグラム又は呼気1リットルにつき（C）ミリグラム以上にアルコールを保有する状態にあったものは、3年以下の懲役又は50万円以下の罰金に処する。

☐ A　①運転を指示　　②車両等を提供
B　①車両に同乗　　②機会を提供
C　①0.15　　②0.25

◆解答＆解説

問１［解答　A－②，B－①，C－①］

1～4．道交法第65条（酒気帯び運転等の禁止）第１項～第４項。

5．道交法第117条の２の２（酒気帯び運転等の罰則）第１項③・道交法施行令第44条の３（アルコールの程度）第１項。

13 過労運転の禁止

1 法令の要点

■ 過労運転等の禁止［道交法第66条］

1．何人も、酒気を帯びて車両等を運転してはならないほか、過労、病気、薬物の影響その他の理由により、正常な運転ができないおそれがある状態で車両等を運転してはならない。

■ 過労運転に係る車両の使用者に対する指示［道交法第66条の2］

1．車両の運転者が第66条の規定に違反して過労により**正常な運転**ができないおそれがある状態で車両を運転する行為（以下「過労運転」という。）を当該車両の使用者（当該車両の運転者であるものを除く。）の業務に関してした場合において、当該過労運転に係る**車両の使用者**が当該車両につき過労運転を防止するため必要な**運行の管理**を行っていると認められないときは、当該車両の使用の本拠の位置を管轄する公安委員会は、当該車両の使用者に対し、過労運転が行われることのないよう運転者に指導し又は助言することその他過労運転を防止するため**必要な措置をとる**ことを指示することができる。

公安委員会

過労運転が行われないよう
運転者に指導・助言その他
過労運転防止に必要な措置
をとることを指示

車両の使用者

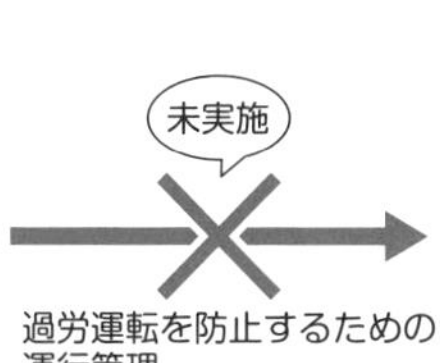
未実施
過労運転を防止するための
運行管理

過労により
正常な運転ができない

車両の運転者

【使用者への指示】

２　演習問題

問１　道路交通法に定める過労運転に係る車両の使用者に対する指示についての次の文中、A、B、C、Dに入るべき字句としていずれか**正しいものを１つ**選びなさい。

車両の運転者が道路交通法第66条（過労運転等の禁止）の規定に違反して過労により（A）ができないおそれがある状態で車両を運転する行為（以下「過労運転」という。）を当該車両の使用者（当該車両の運転者であるものを除く。以下同じ。）の業務に関してした場合において、当該過労運転に係る（B）が当該車両につき過労運転を防止するため必要な（C）を行っていると認められないときは、当該車両の使用者の本拠の位置を管轄する公安委員会は、当該車両の使用者に対し、過労運転が行われることのないよう運転者に指導し又は助言することその他過労運転を防止するため（D）ことを指示することができる。

☐ A　１．運転の維持、継続　　２．正常な運転
B　１．車両の使用者　　２．車両の所有者
C　１．運行の管理　　２．労務の管理
D　１．必要な施設等を整備する　　２．必要な措置をとる

◆解答＆解説

問１［解答　A－２，B－１，C－１，D－２］

道交法第66条の２（過労運転に係る車両の使用者に対する指示）第１項。

14 運転者の遵守事項

1 法令の要点

■運転者の遵守事項［道交法第71条］

1．車両等の運転者は、次に掲げる事項を守らなければならない。

①ぬかるみ又は水たまりを通行するときは、泥よけ器を付け、又は徐行する等して、泥土、汚水等を飛散させて他人に迷惑を及ぼすことがないようにすること。
②身体障害者用の車椅子が通行しているとき、目が見えない者が政令で定めるつえを携え、若しくは政令で定める盲導犬を連れて通行しているとき、耳が聞こえない者若しくは政令で定める程度の身体の障害のある者が政令で定めるつえを携えて通行しているとき、又は監護者が付き添わない児童若しくは幼児が歩行しているときは、**一時停止し、又は徐行**して、**その通行又は歩行を妨げないようにする**こと。
②の２　高齢の歩行者、その他通行に支障のあるものが通行しているときは、一時停止し、又は徐行して、その通行を**妨げないようにすること**。
②の３　児童、幼児等の乗降のため、車両の保安基準に関する規定に定める非常点滅表示灯をつけて停車している通学通園バス（専ら小学校、幼稚園等に通う児童、幼児等を運送するために使用する自動車で政令で定めるものをいう。）の側方を通過するときは、**徐行して安全を確認する**こと。
③道路の左側部分に設けられた安全地帯の側方を通過する場合において、当該安全地帯に歩行者がいるときは、**徐行**すること。
④乗降口のドアを閉じ、貨物の積載を確実に行う等乗車している者の転落又は積載物の落下若しくは飛散を防ぐために**必要な措置を講ずること**。
④の２　車両等の積載物が道路に転落し、又は飛散したときは、**速やかにそれらの物を除去する**等道路の危険防止のため**必要な措置を講ずること**。
⑤の３　正当な理由がないのに、著しく他人に迷惑を及ぼすこととなる騒音を生じさせるような方法で、自動車を急に発進させ、若しくは原動機の動力を車輪に伝達させないで原動機の回転数を増加させないこと。
⑤の４　自動車を運転する場合において、初心運転者標識、高齢運転者標識、**聴覚障害者標識**、**身体障害者標識**及び仮運転免許を受けた者が表示自動車を運転しているときは、危険防止のためやむを得ない場合を除き、進行している当該表示自動車の側方に**幅寄せ**をし、又は当該自動車が進路を変更した場合にその変更した後の進路と同一の進路を後方から進行してくる表示自動車が当該自動車との間に必要な距離を保つことができないこととなるときは**進路を変更しないこと**。

⑤の５　自動車等を運転する場合においては、当該自動車等が**停止しているときを除き**、携帯電話用装置、自動車電話用装置その他の無線通話装置（その全部又は一部を手で保持しなければ送信及び受信のいずれをも行うことができないものに限る。）を通話（傷病者の救護又は公共の安全の維持のため当該自動車等の走行中に緊急やむを得ずに行うものを除く。）のために使用し、又は当該自動車等に取り付けられ若しくは持ち込まれた画像表示用装置に表示された画像を注視しないこと。

■普通自動車等の運転者の遵守事項［道交法第71条の３］

1．自動車（大型自動二輪車及び普通自動二輪車を除く。以下同じ）の運転者は、道路運送車両法第３章及びこれに基づく命令の規定により当該自動車に備えなければならないこととされている**座席ベルトを装着しないで自動車を運転してはならない**。ただし、疾病のため座席ベルトを装着することが療養上適当でない者が自動車を運転するとき、緊急自動車の運転者が当該緊急自動車を運転するとき、その他政令で定めるやむを得ない理由があるときは、この限りでない。

■座席ベルト及び幼児用補助装置に係る義務の免除［道交法施行令第26条の３の２］

1．道交法第71条の３第１項ただし書の政令で定めるやむを得ない理由があるときは、次に掲げるとおりとする。

①**負傷**若しくは**障害**のため又は**妊娠中**であることにより座席ベルトを装着することが療養上又は**健康保持上適当でない者**が自動車を運転するとき。
③**自動車を後退させる**ため当該自動車を運転するとき。

■故障等の場合の措置［道交法第75条の11］

1．自動車の運転者は、故障その他の理由により本線車道若しくはこれに接する加速車線、減速車線若しくは登坂車線（以下「本線車道等」という。）又は**これらに接する路肩若しくは路側帯**において当該自動車を運転することができなくなったときは、政令で定めるところにより、当該自動車が故障その他の理由により停止しているものであることを**表示しなければならない**。

■自動車を運転することができなくなった場合における表示の方法

［道交法施行令第27条の6］

1．法第75条の11（故障等の場合の措置）第1項の規定による表示は、次の各号に掲げる区分に従い、それぞれ当該各号に定める**停止表示器材**を、後方から進行してくる自動車の運転者が見やすい位置に置いて行うものとする。

①夜間…内閣府令で定める基準に適合する夜間用停止表示器材
②夜間以外の時間…内閣府令で定める基準に適合する昼間用停止表示器材（トンネル内や視界が200メートル以下の場所では夜間用停止表示器材）

2　演習問題

問1　車両等の運転者の遵守事項等についての次の記述のうち、**正しいものを2つ**選びなさい。なお、解答にあたっては、各選択肢に記載されている事項以外は考慮しないものとする。

☐ 1．自動車の運転者は、ぬかるみ又は水たまりを通行するときは、泥よけ器を付け、又は徐行する等して、泥土、汚水等を飛散させて他人に迷惑を及ぼすことがないようにしなければならない。

2．車両等に積載している物が道路に転落し、又は飛散したときは、必ず道路管理者に通報するものとし、当該道路管理者からの指示があるまでは、転落し、又は飛散した物を除去してはならない。

3．自動車を運転する場合においては、当該自動車が停止しているときを除き、携帯電話用装置、自動車電話用装置その他の無線通話装置（その全部又は一部を手で保持しなければ送信及び受信のいずれをも行うことができないものに限る。）を通話（傷病者の救護等のため当該自動車の走行中に緊急やむを得ずに行うものを除く。）のために使用してはならない。

4．自動車の運転者は、当該自動車を後退させるためであっても座席ベルトを装着しなければならない。

問2　道路交通法に定める運転者の遵守事項等についての次の記述のうち、**誤っているものを1つ**選びなさい。なお、解答にあたっては、各選択肢に記載されている事項以外は考慮しないものとする。［R4_CBT］

☐ 1．車両等の運転者は、監護者が付き添わない児童若しくは幼児が歩行しているときのほか、高齢の歩行者、身体の障害のある歩行者その他の歩行者でその通行に支障のあるものが通行しているときは、一時停止し、又は徐行して、その通行又は歩行を妨げないようにしなければならない。

2．車両等の運転者は、自動車を運転する場合において、道路交通法に規定する初心運転者の標識を付けた者が普通自動車（以下「表示自動車」という。）を運転しているときは、危険防止のためやむを得ない場合を除き、当該自動車が進路を変更した場合にその変更した後の進路と同一の進路を後方から進行してくる表示自動車が当該自動車との間に同法に規定する必要な距離を保つことができないこととなるときは進路を変更してはならない。

3．車両等は、交差点又はその直近で横断歩道の設けられていない場所において歩行者が道路を横断しているときは、必ず一時停止し、その歩行者の通行を妨げないように努めなければならない。

4．車両等の運転者は、児童、幼児等の乗降のため、道路運送車両の保安基準に関する規定に定める非常点滅表示灯をつけて停車している通学通園バス（専ら小学校、幼稚園等に通う児童、幼児等を運送するために使用する自動車で政令で定めるものをいう。）の側方を通過するときは、徐行して安全を確認しなければならない。

問3　道路交通法に定める運転者の遵守事項等についての次の記述のうち、**誤っているものを1つ**選びなさい。なお、解答にあたっては、各選択肢に記載されている事項以外は考慮しないものとする。［R3_CBT］

□　1．車両等の運転者は、児童、幼児等の乗降のため、道路運送車両の保安基準に関する規定に定める非常点滅表示灯をつけて停車している通学通園バス（専ら小学校、幼稚園等に通う児童、幼児等を運送するために使用する自動車で政令で定めるものをいう。）の側方を通過するときは、徐行して安全を確認しなければならない。

2．自動車の運転者は、故障その他の理由により高速自動車国道等の本線車道若しくはこれに接する加速車線、減速車線若しくは登坂車線又はこれらに接する路肩若しくは路側帯において当該自動車を運転することができなくなったときは、道路交通法施行令で定めるところにより、停止表示器材を後方から進行してくる自動車の運転者が見やすい位置に置いて、当該自動車が故障その他の理由により停止しているものであることを表示しなければならない。

3．運転免許（仮運転免許を除く。）を受けた者が自動車等の運転に関し、当該自動車等の交通による人の死傷があった場合において、道路交通法第72条第1項前段の規定（交通事故があったときは、直ちに車両等の運転を停止して、負傷者を救護し、道路における危険を防止する等必要な措置を講じなければならない。）に違反したときは、その者が当該違反をしたときにおけるその者の住所地を管轄する公安委員会は、その者の運転免許を取り消すことができる。

4．車両等の運転者は、身体障害者用の車椅子が通行しているときは、その側方を離れて走行し、車椅子の通行を妨げないようにしなければならない。

問４　道路交通法に定める運転者の遵守事項等についての次の記述のうち、**誤っているものを１つ**選びなさい。なお、解答にあたっては、各選択肢に記載されている事項以外は考慮しないものとする。［R2_CBT］

☐ １．自動車を運転する場合においては、当該自動車が停止しているときを除き、携帯電話用装置（その全部又は一部を手で保持しなければ送信及び受信のいずれをも行うことができないものに限る。）を通話（傷病者の救護等のため当該自動車の走行中に緊急やむを得ずに行うものを除く。）のために使用してはならない。

２．免許証の更新を受けようとする者で更新期間が満了する日における年齢が70歳以上のもの（当該講習を受ける必要がないものとして法令で定める者を除く。）は、更新期間が満了する日前６ヵ月以内にその者の住所地を管轄する公安委員会が行った「高齢者講習」を受けていなければならない。

３．車両等に積載している物が道路に転落し、又は飛散したときは、必ず道路管理者に通報するものとし、当該道路管理者からの指示があるまでは、転落し、又は飛散した物を除去してはならない。

４．自動車の運転者は、故障その他の理由により高速自動車国道等の本線車道若しくはこれに接する加速車線、減速車線若しくは登坂車線又はこれらに接する路肩若しくは路側帯において当該自動車を運転することができなくなったときは、道路交通法施行令で定めるところにより、停止表示器材を後方から進行してくる自動車の運転者が見やすい位置に置いて、当該自動車が故障その他の理由により停止しているものであることを表示しなければならない。

問５　道路交通法に定める運転者及び使用者の義務等についての次の記述のうち、**正しいものを２つ**選びなさい。なお、解答にあたっては、各選択肢に記載されている事項以外は考慮しないものとする。［R3.3］

☐ １．車両等の運転者は、児童、幼児等の乗降のため、道路運送車両の保安基準に関する規定に定める非常点滅表示灯をつけて停車している通学通園バスの側方を通過するときは、徐行して安全を確認しなければならない。

２．車両等の運転者は、高齢の歩行者でその通行に支障のあるものが通行しているときは、一時停止し、又は徐行して、その通行を妨げないようにしなければならない。

３．車両等に積載している物が道路に転落し、又は飛散したときは、必ず道路管理者に通報するものとし、当該道路管理者からの指示があるまでは、転落し、又は飛散した物を除去してはならない。

4．自動車の運転者は、故障その他の理由により高速自動車国道等の本線車道若しくはこれに接する加速車線、減速車線若しくは登坂車線（以下「本線車道等」という。）において当該自動車を運転することができなくなったときは、政令で定めるところにより、当該自動車が故障その他の理由により停止しているものであることを表示しなければならない。ただし、本線車道等に接する路肩若しくは路側帯においては、この限りでない。

問6　道路交通法に照らし、次の記述のうち、**正しいものを1つ**選びなさい。なお、解答にあたっては、各選択肢に記載されている事項以外は考慮しないものとする。

☐ 1．路側帯とは、歩行者及び自転車の通行の用に供するため、歩道の設けられていない道路又は道路の歩道の設けられていない側の路端寄りに設けられた帯状の道路の部分で、道路標示によって区画されたものをいう。

2．車両は、道路の中央から左の部分の幅員が6メートルに満たない道路において、他の車両を追い越そうとするとき（道路の中央から右の部分を見とおすことができ、かつ、反対の方向からの交通を妨げるおそれがない場合に限るものとし、道路標識等により追越しのため道路の中央から右の部分にはみ出して通行することが禁止されている場合を除く。）は、道路の中央から右の部分にその全部又は一部をはみ出して通行することができる。

3．自動車を運転する場合において、下図の標識が表示されている自動車は、肢体不自由である者が運転していることを示しているので、危険防止のためやむを得ない場合を除き、進行している当該表示自動車の側方に幅寄せをしてはならない。

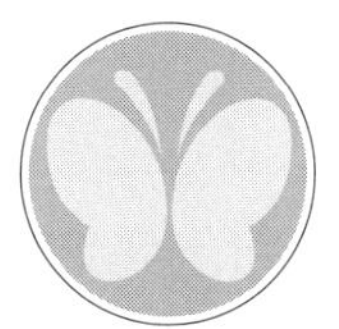

道路交通法施行規則で定める様式
縁の色彩は白色
マークの色彩は黄色
地の部分の色彩は緑色

4．高齢運転者等専用時間制限駐車区間においては、高齢運転者等標章自動車以外の車両であっても、空いている場合は駐車できる。

◆解答＆解説

問１［解答　1，3］

1．道交法第71条（運転者の遵守事項）第１項①。

2．積載物が道路に転落し、又は飛散したときは、速やかにそれらの物を除去する等、道路の危険防止のため必要な措置を講ずること。道交法第71条（運転者の遵守事項）第１項④の２。

3．道交法第71条（運転者の遵守事項）第１項⑤の５。

4．自動車を後退させるときは、座席ベルトを装着しないで当該自動車を運転することができる。道交法施行令第26条の３の２（座席ベルト及び幼児用補助装置に係る義務の免除）第１項③。

問２［解答　3］

1．道交法第71条（運転者の遵守事項）第１項②・②の２。

2．道交法第71条（運転者の遵守事項）第１項⑤の４。

3．「必ず一時停止し、その歩行者の通行を妨げないように努めなければならない」⇒「その歩行者の通行を妨げてはならない」。道交法第38条の２（横断歩道のない交差点における歩行者の優先）第１項。⇒210P

4．道交法第71条（運転者の遵守事項）第１項②の３。

問３［解答　4］

1．道交法第71条（運転者の遵守事項）第１項②の３。

2．道交法第75条の11（故障等の場合の措置）第１項・道交法施行令第27条の６（自動車を運転することができなくなった場合における表示の方法）第１項。

3．道交法第103条（免許の取消し、停止等）第２項第４号。⇒196P

4．「その側方を離れて走行し」⇒「一時停止し、又は徐行して」。道交法第71条（運転者の遵守事項）第１項②。

問４［解答　3］

1．道交法第71条（運転者の遵守事項）第１項⑤の５。

2．道交法第101条の４（70歳以上の者の特例）第１項。⇒196P

3．積載物が道路に転落し、又は飛散したときは、速やかにそれらの物を除去する等、道路の危険防止のため必要な措置を講ずること。道交法第71条（運転者の遵守事項）第１項④の２。

4．道交法第75条の11（故障等の場合の措置）第１項・道交法施行令第27条の６（自動車を運転することができなくなった場合における表示の方法）第１項。

問5［解答　1，2］

1．道交法第71条（運転者の遵守事項）第１項②の３。

2．道交法第71条（運転者の遵守事項）第１項②の２。

3．積載物が道路に転落し、又は飛散したときは、速やかにそれらの物を除去する等、道路の危険防止のため必要な措置を講ずること。道交法第71条（運転者の遵守事項）第１項④の２。

4．本線車道等又はこれらに接する路肩若しくは路側帯において、当該自動車を運転することができなくなったときは、当該自動車が故障その他の理由により停止しているものであることを表示しなければならない。道交法第75条の11（故障等の場合の措置）第１項。

問6［解答　2］

1．「歩行者及び自転車の通行の用に供するため」⇒「歩行者の通行の用に供し、又は車道の効用を保つため」。道交法第２条（定義）第１項③の４（路側帯）。⇒192P

2．道交法第17条（通行区分）第５項④。⇒209P

3．設問の標識は聴覚障害者である者が運転していることを示す標識。道交法第71条（運転者の遵守事項）第１項⑤の４。

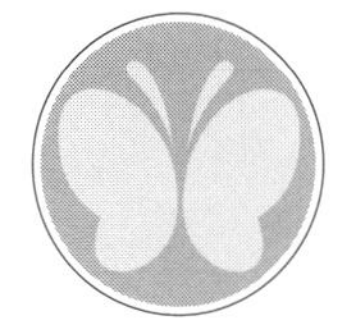 【聴覚障害者標識】	 【身体障害者標識】
聴覚障害であることを理由に免許に条件を付されている者が運転する車に表示するマークで、マークの表示については、義務となっている。	肢体不自由であることを理由に免許に条件を付されている者が運転する車に表示するマークで、マークの表示については、努力義務となっている。

4．空いている場合であっても、高齢運転者等標章自動車以外の車両は駐車できない。道交法第49条の４（高齢運転者等専用時間制限駐車区間における駐車の禁止）第１項。⇒229P

15　交通事故の場合の措置

1　法令の要点

■交通事故の場合の措置［道交法第72条］

1．交通事故があったときは、当該交通事故に係る車両等の運転者その他の乗務員（運転者等）は、直ちに車両等の運転を停止して、**負傷者を救護**し、道路における**危険を防止**する等必要な措置を講じなければならない。この場合において、当該車両等の運転者（運転者が死亡し、又は負傷したためやむを得ないときは、その他の乗務員）は、警察官が現場にいるときは当該警察官に、警察官が現場にいないときは直ちに最寄りの警察署（派出所又は駐在所を含む。）の警察官に当該交通事故が発生した日時及び場所、当該交通事故における**死傷者の数**及び**負傷者の負傷の程度**並びに損壊した物及びその損壊の程度、当該交通事故に係る車両等の積載物並びに**当該交通事故について講じた措置**を報告しなければならない。

※「交通事故」とは、第67条第２項により、車両等の交通による人の死傷若しくは物の損壊をいう。

※現場にいるときはその警察官
警察官が現場にいないときは
直ちに最寄りの警察署（派出所又は駐在所を含む）

・交通事故が発生した日時、場所
・交通事故における死傷者の数、負傷者の負傷の程度
・損壊した物、損壊の程度
・交通事故に係る車両等の積載物
・交通事故について講じた措置

【交通事故を起こしたとき】

2　演習問題

問１　道路交通法に定める交通事故の場合の措置についての次の文中、Ａ～Ｅに入るべき字句として**いずれか正しいものを１つ**選びなさい。［R2_CBT］

交通事故があったときは、当該交通事故に係る車両等の運転者その他の乗務員は、直ちに車両等の運転を停止して、（A）し、道路における（B）する等必要な措置を講じなければならない。この場合において、当該車両等の運転者（運転者が死亡し、又は負傷したためやむを得ないときは、その他の乗務員）は、警察官が現場にいるときは当該警察官に、警察官が現場にいないときは直ちに最寄りの警察署の警察官に当該交通事故が発生した日時及び場所、当該交通事故における（C）及び（D）並びに損壊した物及びその損壊の程度、当該交通事故に係る車両等の積載物並びに（E）を報告しなければならない。

A	１．事故状況を確認	２．負傷者を救護
B	１．危険を防止	２．安全な駐車位置を確保
C	１．死傷者の数	２．事故車両の数
D	１．事故車両の数	２．負傷者の負傷の程度
E	１．当該交通事故について講じた措置	２．運転者の健康状態

◆解答＆解説

問１［解答　A－２，B－１，C－１，D－２，E－１］

道交法第72条（交通事故の場合の措置）第１項。

16 使用者に対する通知

1 法令の要点

■使用者に対する通知［道交法第108条の34］

1．車両等の運転者がこの法律若しくはこの法律に基づく命令の規定又はこの法律の規定に基づく**処分に違反**した場合において、当該違反が当該違反に係る車両等の**使用者**の業務に関してなされたものであると認めるときは、公安委員会は、内閣府令で定めるところにより、当該車両等の使用者が道路運送法の規定による自動車運送事業者、貨物利用運送事業法の規定による第二種貨物利用運送事業を経営する者又は軌道法の規定による軌道の事業者であるときは当該事業者及び当該事業を監督する行政庁に対し、当該車両等の使用者がこれらの事業者以外の者であるときは当該車両等の使用者に対し、当該**違反の内容**を通知するものとする。

2 演習問題

問1　車両等の運転者が道路交通法に定める規定に違反した場合等の措置についての次の文中、A、B、Cに入るべき字句として<u>いずれか正しいものを１つ</u>選びなさい。

車両等の運転者が道路交通法若しくは同法に基づく命令の規定又は同法の規定に基づく（A）した場合において、当該違反が当該違反に係る車両等の（B）の業務に関してなされたものであると認めるときは、公安委員会は、内閣府令で定めるところにより、当該車両等の使用者が道路運送法の規定による自動車運送事業者、貨物利用運送事業法の規定による第二種貨物利用運送事業を経営する者であるときは当該事業者及び当該事業を監督する行政庁に対し、当該車両等の使用者がこれらの事業者以外の者であるときは当該車両等の使用者に対し、当該（C）を通知するものとする。

☐ A　1．処分に違反　　2．指示に違反
B　1．運行管理者　　2．使用者
C　1．違反の内容　　2．指示の内容

◆解答＆解説

問1［解答　A－1，B－2，C－1］
道交法第108条の34（使用者に対する通知）第１項。

17 道路標識

1 道路標識の名称と意味

■道路標識の名称と意味［編集部］

標　識	標識名称	意　味
	車両進入禁止	道路における車両の通行につき一定の方向にする通行が禁止される道路において、車両がその禁止される方向に向かって進入することができない。
	大型貨物自動車等通行止め	大型貨物自動車、大型特殊自動車、特定中型自動車※1は、通行できない。
8－20	駐停車禁止	８時から20時までの間は**駐停車**してはならない。
8－20	駐車禁止	８時から20時までの間は**駐車**してはならない。
	車両横断禁止	車両は横断（道路外の施設又は場所に出入するための左折を伴う横断を除く。）することができない。
	追越しのための右側部分はみ出し通行禁止	道路の中央線から右側部分にはみ出して追い越しをしてはならない。
追越し禁止	追越し禁止	自動車は、他の自動車を追い越してはならない。
5.5 t	重量制限	車両総重量が5.5トンを超える車両の通行を禁止する。
3.3 m	高さ制限	3.3メートルを超える高さ（積載した貨物の高さを含む。）の車両の通行を禁止する。
2.2 m	最大幅	自動車の**幅**が2.2メートルを超える車両の通行を禁止する。
50 大貨	特定の種類の車両の最高速度	大型貨物自動車は、時速50キロメートルを超える速度で進行してはならない。

	車線数減少	この標識より先にある道路の**車線の数が減少する**ことを示す。
	幅員減少	この標識より先にある道路の**道幅が狭くなる**ことを示す。
	学校、幼稚園、保育所等あり	学校、幼稚園、保育所等があるため交通上注意が必要であることを示す。
	チェーン規制※2	タイヤチェーンを取り付けていない車両は通行してはならない。
災害対策 Disaster Management	広域災害応急対策車両専用	緊急通行車両その他の車両であって、広域災害応急対策の実施に関し道路管理者が必要と認める者以外の者の利用を禁止する。
	特定の種類の車両の通行区分	大型貨物自動車、大型特殊自動車、特定中型自動車※1は、最も左側の車両通行帯を通行しなければならない。
	けん引自動車の高速自動車国道通行区分	けん引自動車は高速自動車国道の第1車両通行帯を通行できない。
優先	路線バス等優先通行帯	特定の車両を優先して通行させなければならない車両通行帯を指定したもので、他の車両がその路線バス等優先通行帯を通行することもできるが、後ろから路線バス等が接近してきたときは速やかに当該優先通行帯から出なければならない。
道路の左側端　車道中央線	横断歩道又は自転車横断帯あり（ダイヤマーク）	前方に横断歩道又は自転車横断帯があることを予告する標示。
8 - 20	時間	8時から20時までの間に本標識が表示する交通の規制が行われている。
	左折可	黄色又は赤色の灯火の信号にかかわらず左折することができる。
	終わり	本標識の上に設置される補助標識で、本標識が表示する交通の規制が行われる区間の**終わり**を表す。

※1：特定中型貨物自動車…車両総重量8t以上11t未満、最大積載量5t以上6.5t未満。

※2：正式名称「タイヤチェーンを取り付けていない車両通行止め」

2 演習問題

問1　次に掲げる標識に関する次の記述のうち、**誤っているものを1つ**選びなさい。なお、解答にあたっては、各選択肢に記載されている事項以外は考慮しないものとする。

□ 1．緊急通行車両その他の車両であって、広域災害応急対策の実施に関し道路管理者が必要と認める者以外の者の利用を禁止する。

「道路標識、区画線及び道路標示に関する命令」に定める様式
文字、記号及び縁を白色、地を青色とする。

2．この標識より先にある道路の道幅が狭くなることを表している。

「道路標識、区画線及び道路標示に関する命令」に定める様式
縁線、文字及び記号を黒色、縁及び地を黄色とする。

3．大型貨物自動車は、時速50キロメートルを超える速度で進行してはならない。

「道路標識、区画線及び道路標示に関する命令」に定める様式
文字を青色、枠を赤色、縁及び地を白色とする。
また、補助標識は、地を白色、文字を黒色とする。

4．車両は、8時から20時までの間は駐車してはならない。

「道路標識、区画線及び道路標示に関する命令」に定める様式
斜めの帯及び枠を赤色、文字及び縁を白色、地を青色とする。

問２　次に掲げる標識に関する次の記述のうち、**誤っているものを１つ**選びなさい。なお、解答にあたっては、各選択肢に記載されている事項以外は考慮しないものとする。

☐　１．図の道路標示は、前方に横断歩道又は自転車横断帯があることを表している。

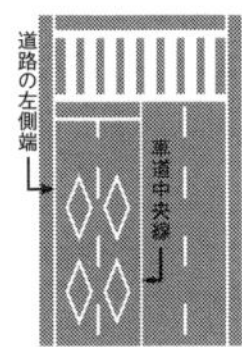

「道路標識、区画線及び道路標示に関する命令」に定める様式
彩色は白色とする。

２．図の標識は、学校、幼稚園、保育所等があるため交通上注意が必要であることを表している。

「道路標識、区画線及び道路標示に関する命令」に定める様式
縁線、文字及び記号を黒色、縁及び地を黄色とする。

３．車両は、法令の規定若しくは警察官の命令により、又は危険を防止するため一時停止する場合のほか、8時から20時までの間は駐停車してはならない。

「道路標識、区画線及び道路標示に関する命令」に定める様式
斜めの帯及び枠を赤色、文字及び縁を白色、地を青色とする。

４．図の標識は、追越しのために右側部分にはみ出して通行することを禁止する区間の始まりを表している。

「道路標識、区画線及び道路標示に関する命令」に定める様式
規制標識は、文字及び記号を青色、斜めの帯及び枠を赤色、縁及び地色を白色とする。
補助標識は、縁線及び記号を青色、縁及び地色を白色とする。

問３　次に掲げる標識に関する次の記述のうち、**正しいものを２つ**選びなさい。なお、解答にあたっては、各選択肢に記載されている事項以外は考慮しないものとする。

［R3_CBT/R2_CBT改］

□　1．車両は、指定された方向以外の方向に進行してはならない。

「道路標識、区画線及び道路標示に関する命令」に定める様式
文字及び記号を青色、斜めの帯及び枠を赤色、縁及び地を白色とする。

2．車両は、黄色又は赤色の灯火の信号にかかわらず左折することができる。

道路交通法施行規則　別記様式第１
矢印及びわくの色彩は青色、地の色彩は白色とする。

3．車両総重量が7,980キログラムで最大積載量が4,000キログラムの中型自動車（専ら人を運搬する構造のもの以外のもの）は通行してはならない。

「道路標識、区画線及び道路標示に関する命令」に定める様式
文字及び記号を青色、斜めの帯及び枠を赤色、縁及び地を白色とする。

4．大型貨物自動車、特定中型貨物自動車及び大型特殊自動車は、最も左側の車両通行帯を通行しなければならない。

「道路標識、区画線及び道路標示に関する命令」に定める様式
文字、記号及び縁を白色、地を青色とする。

◆解答＆解説

問１［解答　２］

１．［広域災害応急対策車両専用］。

２．［車線数減少］。標識より先にある道路の車線の数が減少することを示す。

３．［特定の種類の車両の最高速度］。

４．［駐車禁止］。

問２［解答　４］

１．［横断歩道又は自転車横断帯あり］。

２．［学校、幼稚園、保育所等あり］。

３．［駐停車禁止］。

４．本標識［追越しのための右側部分はみ出し通行禁止］・補助標識［終わり］。追越しのために右側部分にはみ出して通行することを禁止する区間の終わりを表している。

問３［解答　２，４］

１．［車両横断禁止］。車両は、横断（道路外の施設等に出入りするための左折を伴う横断を除く）することができない。

３．［大型貨物自動車等通行止め］。大型貨物自動車、大型特殊自動車、特定中型自動車は、通行できない。

覚えておこう －道路交通法編－

◆定義

自動車	原動機を用い、かつ、レール又は架線によらないで運転する車であって、原動機付自転車、自転車及び身体障害者用の車いす並びに歩行補助車その他の小型の車で政令で定めるもの（走行補助車等）以外のものをいう。
路側帯	歩道の設けられていない道路又は道路の歩道の設けられていない側の部分で、**道路標示によって区画**されたもの。
追越し	車両が他の車両等に追い付いた場合において、その進路を変えてその追い付いた車両等の**側方を通過**し、かつ、当該車両等の**前方に出ること**をいう。
車両通行帯	自動車が定められた部分を通行することが**道路標示**により示されている場合の道路の部分。
車両	**自動車、原動機付自転車、軽車両及びトロリーバス**をいう。
道路標識	規制又は指示を表示する**標示板**。
道路標示	路面に描かれた**道路鋲、ペイント、石等**による線、記号又は文字。
駐車	自動車が継続的に停止すること又は運転者が自動車から離れて**すぐに運転できない状態で停止**すること（人の乗降や**5分以内**の荷下ろし等除く）。
停車	**駐車以外**の車両等の停止。
徐行	車両等が**直ちに停止することができるような速度**で進行することをいう。
進行妨害	自動車等が進行を継続又は始めた場合に、他の自動車等が危険を防止するため速度又は方向を急に変更しなければならないおそれがあるときに、その進行を継続し又は始めることで他の自動車等の**進行を妨害すること**。
本線車道	高速自動車国道又は自動車専用道路において、**通常走行をする車線（本線車線）により構成する車道**のこと。

◆道交法の規定による自動車の種類

①大型自動車	②中型自動車	③準中型自動車	④普通自動車
⑤大型特殊自動車	⑥大型自動二輪車	⑦普通自動二輪車	⑧小型特殊自動車

◆免許の種類と運転できる自動車の範囲

	普通免許	準中型免許	中型免許	大型免許
車両総重量	3.5t未満	3.5t以上7.5t未満	7.5t以上11t未満	11t以上
最大積載量	2t未満	2t以上4.5t未満	4.5t以上6.5t未満	6.5t以上
乗車定員	10人以下	10人以下	11人以上29人以下	30人以上
普通自動車	○	○	○	○
準中型自動車		○	○	○
中型自動車			○	○
大型自動車				○

まとめ③

◇自動車の速度

《一般道路における最高速度》

自動車の種類		最高速度
①自動車（下記②、③以外）		60km/h
②他の自動車をロープ等で牽引して走行する場合	車両総重量２ｔ以下の車両をその３倍以上の車両総重量の車両で牽引する場合	40km/h
③緊急自動車		80km/h

《高速道路における最高速度と最低速度》

自動車の種類	最高速度	最低速度
◎中型トラック（車両総重量８t未満、最大積載量５t未満）	100km/h	50km/h
◎大型トラック ◎中型トラック（車両総重量８t以上、又は最大積載量５t以上）	90km/h	
◎トレーラ連結車	80km/h	

◇一時停止と徐行

一時停止	▪歩道等に入る**直前** ▪横断歩道を**横断している**又は**横断しようとする歩行者**があるとき ▪横断歩道の直前で停止している車両の**前方**に出ようとするとき ▪交差点又はその付近で**緊急自動車接近時**（交差点内を避ける）
徐行	▪**歩行者の側方**を通過するとき ▪環状交差点に入ろうとするとき ▪左右の**見通しがきかない交差点** ▪道路の**まがりかど附近**、**上り坂**の頂上附近、勾配の急な**下り坂**

◇車両の交通方法

車両通行帯	道路の左側から数えて**１番目**の車両通行帯を通行する。ただし、当該道路の左側部分に**３以上**の車両通行帯が設けられているときは、速度に応じて、その**最も右側の車両通行帯以外**の車両通行帯を通行できる。
路線バス等優先通行帯	自動車（路線バス等を除く）は、路線バス等が後方から接近してきた場合に交通の混雑のため路線バス等優先通行帯を**通行してはならない**。路線バス等優先通行帯を通行しているときに、後方から路線バス等が接近してきたときは、すみやかに路線バス等優先通行帯の**外に出る**。

◇駐停車禁止場所と駐車禁止場所

《駐停車禁止場所》

５m以内	交差点、曲がり角、横断歩道	10m以内	踏切、安全地帯、バス停

《駐車禁止場所》

１m以内	火災報知機	３m以内	施設等の出入口	５m以内	防火水槽、消火栓
車両右側の道路上に3.5m以上の余地がない場所					

まとめ③

◇追越し

方法	▪追い越そうとする前車の**右側を通行** ▪前車が道路中央又は右側を通行している場合には、**左側を通行**
禁止場所	▪道路の**まがりかど附近** ▪勾配の急な**下り坂** ▪**上り坂**の頂上附近（勾配の急な上り坂は可） ▪トンネル、交差点、踏切、横断歩道とその手前**30m以内**の部分

※原動機付自転車は軽車両に該当しない。

◇交差点

交差点※内	交差道路を左方から進行してくる車両及び交差道路を通行する路面電車の**進行妨害をしない。**
横断歩道のない交差点	歩行者が横断しているとき、その通行を**妨げてはならない。**
交差点への進入禁止	交差点内で停止することになり、他の車両の通行妨害となりそうなときは、交差点に**入ってはならない。**
交差点※に入るとき	交差道路が優先道路あるいは幅員が明らかに広いときは**徐行しなければならない。**

※交通整理が行われていない交差点

◇合図の時期

左折、右折、転回するとき	その行為をしようとする地点から**30m**手前の位置
同一方向に進行しながら左方、右方に進路変更するとき	その行為をしようとする**3秒前**
徐行、停止するとき	その行為を**しようとするとき**

◇過積載車両の取扱い

警察官⇒運転者	①過積載が認められる場合は、書類の提示を求め、積載物の重量を**測定できる。**
	②過積載とならないように応急の措置をとることを**命ずる**ことができる。
公安委員会⇒車両の使用者	過積載の防止のため必要な措置をとることを**指示**できる。
警察署長⇒荷主	荷主が運転者に対し過積載を反復して要求するおそれがあるときは、**荷主**に対し、過積載要求の禁止を**命ずる**ことができる。

◇積載の制限

高さ	3.8m※－積載場所の高さ	長さ	自動車の長さ＋自動車の長さの**10分の2**

※公安委員会が認めるものは3.8〜4.1m以内

◇運転者の遵守事項

高齢の歩行者、身体障害者、監護者が付き添わない児童等が歩行しているときは、**一時停止し、又は徐行**して、その通行又は歩行を妨げないようにすること。
車両等の積載物等が転落し、又は飛散したときは、速やかにそれらの物を除去する等道路の**危険防止のため必要な措置**をとる。
座席ベルトを装着していない者を**乗車させて運転しない。**
停車している幼稚園バス等の側方を通過するときは、**徐行**して安全を確認する。
車両等を離れるときは、その**原動機を止め、完全にブレーキをかける**等当該車両等が停止の状態を保つため必要な措置をとる。
聴覚障害者標識等の表示自動車の側方に**幅寄せ**をしてはならない。
運転中に画像表示用装置（法令で定めるものを除く。）に表示された画像を**注視**してはならない。
故障その他の理由により高速自動車国道等で自動車が運転できなくなったときは、**停止表示器材**を後方から進行してくる自動車の運転者が見えやすい位置に置いて、自動車が故障その他の理由により停止しているものであることを表示しなければならない。

◇事故の場合の措置

ただちに運転を停止

・負傷者を救護
・道路における危険を防止

警察官に報告

※現場にいるときはその警察官
警察官が現場にいないときは直ちに最寄りの警察署（派出所又は駐在所を含む）

・交通事故が発生した日時、場所
・交通事故における死傷者の数、負傷者の負傷の程度
・損壊した物、損壊の程度
・交通事故に係る車両等の積載物
・交通事故について講じた措置

まとめ③

第4章

労働基準法

1　労働契約

1　法令の要点

■労働条件の原則［労基法第１条］

1．労働条件は、労働者が人たるに値する生活を営むための必要を充たすべきものでなければならない。
2．この法律で定める労働条件の**基準は最低**のものであるから、労働関係の当事者は、この基準を理由として労働条件を低下させてはならないことはもとより、その向上を図るように努めなければならない。

■均等待遇［労基法第３条］

1．使用者は、労働者の国籍、信条又は社会的身分を理由として、賃金、労働時間その他の労働条件について、**差別的取扱をしてはならない**。

■定　義［労基法第９条～第12条］

第９条（労働者の定義）
1．この法律で**「労働者」**とは、職業の種類を問わず、事業又は事務所（以下「事業」という。）に使用される者で、賃金を支払われる者をいう。
第10条（使用者の定義）
1．この法律で**「使用者」**とは、事業主又は事業の経営担当者その他その事業の労働者に関する事項について、事業主のために行為をするすべての者をいう。
第11条（賃金の定義）
1．この法律で**「賃金」**とは、賃金、給料、手当、賞与その他名称の如何を問わず、労働の対償として使用者が労働者に支払うすべてのものをいう。
第12条（平均賃金の定義）
1．この法律で**「平均賃金」**とは、これを算定すべき事由の発生した日以前３ヵ月間にその労働者に対し支払われた賃金の総額を、その期間の**総日数**で除した金額をいう。

■契約期間等［労基法第14条］

1．労働契約は、期間の定めのないものを除き、一定の事業の完了に必要な期間を定めるもののほかは、**3年**（次の各号のいずれかに該当する労働契約にあっては、**5年**）を超える期間について締結してはならない。

①専門的な知識、技術又は経験（以下この号において「専門的知識等」という。）であって高度のものとして厚生労働大臣が定める基準に該当する専門的知識等を有する労働者（当該高度の専門的知識等を必要とする業務に就く者に限る。）との間に締結される労働契約
②満60歳以上の労働者との間に締結される労働契約（前号に掲げる労働契約を除く。）

■労働条件の明示［労基法第15条］

1．使用者は、労働契約の締結に際し、労働者に対して賃金、労働時間その他の労働条件を明示しなければならない。この場合において、賃金及び労働時間に関する事項その他の厚生労働省令で定める事項については、厚生労働省令で定める方法により明示しなければならない。
2．第1項の規定によって明示された労働条件が事実と相違する場合においては、労働者は、**即時**に労働契約を解除することができる。

■賠償予定の禁止［労基法第16条］

1．使用者は、労働契約の不履行について**違約金**を定め、又は損害賠償額を予定する契約をしてはならない。

第4章

■解雇制限［労基法第19条］

1．使用者は、労働者が業務上負傷し、又は疾病にかかり療養のために休業する期間及びその後**30日間**並びに産前産後の女性が規定によって休業する期間及びその後**30日間**は、**解雇してはならない**。ただし、使用者が、第81条の規定※によって打切補償を支払う場合又は天災事変その他やむを得ない事由のために事業の継続が不可能となった場合においては、この限りでない。

※第81条の規定とは、療養補償の規定（労働者が業務上負傷・疾病にかかった場合、使用者は、その費用で必要な療養を行い、又は必要な療養の費用を負担しなければならない）によって補償を受ける労働者が、療養開始後3年を経過しても負傷又は疾病がなおらない場合、使用者は、平均賃金の1,200日分の打切補償を行い、その後は補償を行わなくてもよい、というもの。

■解雇の予告［労基法第20条・第21条］

《労基法第20条》

1．使用者は、労働者を解雇しようとする場合においては、少なくとも**30日前**にその予告をしなければならない。30日前に予告をしない使用者は、**30日分以上**の平均賃金を支払わなければならない。ただし、天災事変その他やむを得ない事由のために事業の継続が不可能となった場合又は労働者の責に帰すべき事由に基いて解雇する場合においては、この限りでない。

《労基法第21条》

1．前条の規定は、次の各号に該当する労働者については適用しない。ただし、第１号に該当する者が**１ヵ月**を超えて引き続き使用されるに至った場合、第２号若しくは第３号に該当する者が所定の期間を超えて引き続き使用されるに至った場合又は第４号に該当する者が**14日**を超えて引き続き使用されるに至った場合においては、**この限りでない**。

①日日雇い入れられる者
②**２ヵ月以内**の期間を定めて使用される者
③季節的業務に**４ヵ月以内**の期間を定めて使用される者
④試の使用期間中の者

■退職時等の証明［労基法第22条］

1．労働者が、退職の場合において、使用期間、業務の種類、その事業における地位、賃金又は退職の事由（退職の事由が解雇の場合にあっては、その理由を含む。）について**証明書**を請求した場合においては、使用者は、遅滞なくこれを交付しなければならない。

■金品の返還［労基法第23条］

1．使用者は、労働者の死亡又は退職の場合において、権利者の請求があった場合においては、**７日以内**に賃金を支払い、積立金、保証金、貯蓄金その他名称の如何を問わず、労働者の権利に属する金品を返還しなければならない。

■ 賃金の支払［労基法第24条］

2．賃金は、毎月1回以上、一定の期日を定めて支払わなければならない。ただし、臨時に支払われる賃金、賞与その他これに準ずるもので厚生労働省令で定める賃金については、この限りでない。

■ 非常時払［労基法第25条］

1．使用者は、労働者が出産、疾病、災害その他厚生労働省令で定める非常の場合の費用に充てるために請求する場合においては、支払期日前であっても、**既往の労働**に対する賃金を**支払わなければならない**。

■ 出来高払制の保障給［労基法第27条］

1．出来高払制その他の請負制で使用する労働者については、使用者は、**労働時間に応じ**一定額の賃金の保障をしなければならない。

2 演習問題

問1　労働基準法（以下「法」という。）に関する次の記述のうち、正しいものを2つ選びなさい。なお、解答にあたっては、各選択肢に記載されている事項以外は考慮しないものとする。

☐ 1．使用者は、労働者を解雇しようとする場合においては、少なくとも30日前にその予告をしなければならない。30日前に予告をしない使用者は、30日分以上の平均賃金を支払わなければならない。

2．使用者は、労働者の死亡又は退職の場合において、権利者の請求があった場合においては、30日以内に賃金を支払い、積立金、保証金、貯蓄金その他名称の如何を問わず、労働者の権利に属する金品を返還しなければならない。

3．労働契約は、期間の定めのないものを除き、一定の事業の完了に必要な期間を定めるもののほかは、1年（法第14条（契約期間等）第1項各号のいずれかに該当する労働契約にあっては、3年）を超える期間について締結してはならない。

4．労働者とは、職業の種類を問わず、事業又は事務所に使用される者で、賃金を支払われる者をいう。

問２　労働基準法（以下「法」という。）に定める労働契約等についての次の記述のうち、**正しいものを２つ**選びなさい。なお、解答にあたっては、各選択肢に記載されている事項以外は考慮しないものとする。［R4_CBT］

□　１．使用者は、労働者の同意が得られた場合においては、労働契約の不履行について違約金を定め、又は損害賠償額を予定する契約をすることができる。

２．使用者は、労働者が出産、疾病、災害その他厚生労働省令で定める非常の場合の費用に充てるために請求する場合においては、支払期日前であっても、既往の労働に対する賃金を支払わなければならない。

３．使用者は、労働者の国籍、信条又は社会的身分を理由として、賃金、労働時間その他の労働条件について、差別的取扱をしてはならない。

４．法第20条（解雇の予告）の規定は、法に定める期間を超えない限りにおいて、「日日雇い入れられる者」、「３ヵ月以内の期間を定めて使用される者」、「季節的業務に６ヵ月以内の期間を定めて使用される者」又は「試の使用期間中の者」のいずれかに該当する労働者については適用しない。

問３　労働基準法（以下「法」という。）に定める労働契約等についての次の記述のうち、**正しいものを２つ**選びなさい。なお、解答にあたっては、各選択肢に記載されている事項以外は考慮しないものとする。［R3_CBT］

□　１．使用者は、労働契約の不履行について違約金を定め、又は損害賠償額を予定する契約をしてはならない。

２．法第20条（解雇の予告）の規定は、「季節的業務に４ヵ月以内の期間を定めて使用される者」に該当する労働者について、当該者が法に定める期間を超えて引き続き使用されるに至らない限り適用しない。

３．「平均賃金」とは、これを算定すべき事由の発生した日以前３ヵ月間にその労働者に対し支払われた賃金の総額を、その期間の所定労働日数で除した金額をいう。

４．出来高払制その他の請負制で使用する労働者については、使用者は、労働時間にかかわらず一定額の賃金の保障をしなければならない。

問4　労働基準法（以下「法」という。）に定める労働契約についての次の記述のうち、**正しいものを２つ**選びなさい。なお、解答にあたっては、各選択肢に記載されている事項以外は考慮しないものとする。［R2_CBT］

☐　1．使用者は、労働者が業務上負傷し、又は疾病にかかり療養のために休業する期間及びその後６週間並びに産前産後の女性が法第65条（産前産後）の規定によって休業する期間及びその後６週間は、解雇してはならない。

2．労働者が、退職の場合において、使用期間、業務の種類、その事業における地位、賃金又は退職の事由（退職の事由が解雇の場合にあっては、その理由を含む。）について証明書を請求した場合においては、使用者は、遅滞なくこれを交付しなければならない。

3．使用者は、労働者を解雇しようとする場合においては、法第20条の規定に基づき、少くとも14日前にその予告をしなければならない。14日前に予告をしない使用者は、14日分以上の平均賃金を支払わなければならない。

4．法第20条（解雇の予告）の規定は、法に定める期間を超えない限りにおいて、「日日雇い入れられる者」、「２ヵ月以内の期間を定めて使用される者」、「季節的業務に４ヵ月以内の期間を定めて使用される者」又は「試の使用期間中の者」のいずれかに該当する労働者については適用しない。

問5　労働基準法（以下「法」という。）の定めに関する次の記述のうち、**誤っているものを１つ**選びなさい。なお、解答にあたっては、各選択肢に記載されている事項以外は考慮しないものとする。［R3.3］

☐　1．平均賃金とは、これを算定すべき事由の発生した日以前３ヵ月間にその労働者に対し支払われた賃金の総額を、その期間の総日数で除した金額をいう。

2．法で定める労働条件の基準は最低のものであるから、労働関係の当事者は、当事者間の合意がある場合を除き、この基準を理由として労働条件を低下させてはならないことはもとより、その向上を図るように努めなければならない。

3．労働者が、退職の場合において、使用期間、業務の種類、その事業における地位、賃金又は退職の事由（退職の事由が解雇の場合にあっては、その理由を含む。）について証明書を請求した場合においては、使用者は、遅滞なくこれを交付しなければならない。

4．使用者は、労働者の国籍、信条又は社会的身分を理由として、賃金、労働時間その他の労働条件について、差別的取扱をしてはならない。

◆解答＆解説

問１［解答　１，４］

１．労基法第20条（解雇の予告）第１項。

２．「30日以内」⇒「７日以内」。労基法第23条（金品の返還）第１項。

３．労働契約は、期間の定めのないものを除き、一定の事業の完了に必要な期間を定めるもののほかは３年（法第14条（契約期間等）第１項各号のいずれかに該当する労働契約にあっては５年）を超える期間について締結してはならない。労基法第14条（契約期間等）第１項。

４．労基法第９条（労働者の定義）第１項。

問２［解答　２，３］

１．使用者は、労働者の同意の有無にかかわらず、労働契約の不履行についての違約金を定め、又は損害賠償額を予定する契約をしてはならない。労基法第16条（賠償予定の禁止）第１項。

２．労基法第25条（非常時払）第１項。

３．労基法第３条（均等待遇）第１項。

４．解雇の予告の規定は、次の労働者については適用しない。①日日雇い入れられる者、②２ヵ月以内の期間を定めて使用される者、③季節的業務に４ヵ月以内の期間を定めて使用される者、④試の使用期間中の者。労基法第21条（解雇の予告）第１項①～④。

問３［解答　１，２］

１．労基法第16条（賠償予定の禁止）第１項。

２．労基法第20条・第21条（解雇の予告）第１項。

３．「所定労働日数」⇒「総日数」。労基法第12条（平均賃金の定義）第１項。

４．「労働時間にかかわらず」⇒「労働時間に応じ」。労基法第27条（出来高払制の保障給）第１項。

問４［解答　２，４］

１．労働者が業務上負傷し、又は疾病にかかり療養のために休業する期間及びその後30日間並びに産前産後の女性が法第65条（産前産後）の規定によって休業する期間及びその後30日間は、解雇してはならない。労基法第19条（解雇制限）第１項。

２．労基法第22条（退職時等の証明）第１項。

３．労働者を解雇しようとする場合においては、法第20条の規定に基づき、少くとも30日前にその予告をしなければならない。30日前に予告をしない使用者は、30日分以上の平均賃金を支払わなければならない。労基法第20条（解雇の予告）第１項。

４．労基法第21条（解雇の予告）第１項①～④。

問５［解答　２］

１．労基法第12条（平均賃金の定義）第１項。

２．当事者間の合意がある場合であっても、労基法で定める労働条件の基準を理由として、労働条件を低下させてはならない。労基法第１条（労働条件の原則）第２項。

３．労基法第22条（退職時等の証明）第１項。

４．労基法第３条（均等待遇）第１項。

2 労働時間・休日

1 法令の要点

■労働時間［労基法第32条］

1．使用者は、労働者に、休憩時間を除き１週間について**40時間を超えて**、労働させてはならない。
2．使用者は、１週間の各日については、労働者に、**休憩時間を除き**１日について**８時間を超えて**、労働させてはならない。

■災害等による臨時の必要がある場合の時間外労働等［労基法第33条］

1．災害その他避けることのできない事由によって、臨時の必要がある場合においては、使用者は、行政官庁の許可を受けて、その必要の限度において労働時間を延長し、又は休日に労働させることができる。ただし、事態急迫のために行政官庁の許可を受ける暇がない場合においては、事後に遅滞なく届け出なければならない。

■休　憩［労基法第34条］

1．使用者は、労働時間が６時間を超える場合においては少なくとも45分、**８時間を超える場合**においては少なくとも**１時間**の休憩時間を労働時間の途中に与えなければならない。

■休　日［労基法第35条］

1．使用者は、労働者に対して、毎週少なくとも**１回**の休日を与えなければならない。
2．第１項の規定は、４週間を通じ**４日以上**の休日を与える使用者については適用しない。

■時間外及び休日の労働［労基法第36条］

1．使用者は、当該事業場に、労働者の過半数で組織する労働組合がある場合においてはその労働組合、労働者の過半数で組織する労働組合がない場合においては労働者の**過半数を代表する者**との書面による協定をし、厚生労働省で定めるところによりこれを行政官庁に届け出た場合においては、法定労働時間又は法定休日に関する規定にかかわらず、その協定で定めるところによって労働時間を延長し、又は休日に労働させることができる。

6．使用者は、第1項の協定で定めるところによって労働時間を延長して労働させ、又は休日において労働させる場合であっても、次の各号に掲げる時間について、当該各号に定める要件を満たすものとしなければならない。

①坑内労働その他厚生労働省令で定める健康上特に有害な業務について、1日について労働時間を延長して労働させた時間　2時間を超えないこと。

■時間外、休日及び深夜の割増賃金［労基法第37条］

1．使用者が、第33条又は第36条第1項の規定により労働時間を延長し、又は休日に労働させた場合においては、その時間又はその日の労働については、通常の労働時間又は労働日の賃金の計算額の**2割5分以上**5割以下の範囲内でそれぞれ政令で定める率以上の率で計算した割増賃金を支払わなければならない。ただし、当該延長して労働させた時間が1ヵ月について**60時間**を超えた場合においては、その超えた時間の労働については、通常の労働時間の賃金の計算額の**5割以上**の率で計算した割増賃金を支払わなければならない。

■時間計算［労基法第38条］

1．労働時間は、事業場を異にする場合においても、労働時間に関する規定の適用については**通算する**。

■年次有給休暇［労基法第39条］

1．使用者は、その雇入れの日から起算して**6ヵ月間継続勤務し**全労働日の**8割以上**出勤した労働者に対して、継続し、又は分割した**10労働日**の有給休暇を与えなければならない。

10．労働者が業務上負傷し、又は疾病にかかり療養のために休業した期間及び育児休業、介護休業等育児又は家族介護を行う労働者の福祉に関する法律に定める育児休業又は介護休業をした期間並びに産休によって休業した期間は、年次有給休暇（法第39条）取得のための出勤率の算定上、これを出勤したものとみなす。

■深夜業［労基法第61条］

1．使用者は、**満18才に満たない者**を**午後10時から午前5時**までの間において**使用してはならない**。ただし、**交替制**によって使用する**満16才以上の男性**については、この限りでない。

■ 産前産後［労基法第65条］

1．使用者は、６週間（多胎妊娠の場合にあっては、14週間）以内に出産する予定の女性が休業を請求した場合においては、その者を就業させてはならない。
2．使用者は、**産後８週間**を経過しない女性を就業させてはならない。ただし、**産後６週間**を経過した女性が請求した場合において、その者について医師が支障がないと認めた業務に就かせることは、差し支えない。
3．使用者は、妊娠中の女性が請求した場合においては、他の軽易な業務に転換させなければならない。

■ 育児時間［労基法第67条］

1．生後満一年に達しない生児を育てる女性は、労基法第34条の休憩時間のほか、**１日２回**各々少なくとも**30分**、その生児を育てるための時間を**請求することができる**。
2．使用者は、前項の育児時間中は、その女性を使用してはならない。

2　演習問題

問１　労働基準法（以下「法」という。）の定めに関する次の記述のうち、**正しいものを２つ**選びなさい。なお、解答にあたっては、各選択肢に記載されている事項以外は考慮しないものとする。

□　1．使用者は、その雇入れの日から起算して６ヵ月間継続勤務し全労働日の６割以上出勤した労働者に対して、継続し、又は分割した10労働日の有給休暇を与えなければならない。
2．使用者は、産後６週間を経過しない女性を就業させてはならない。ただし、産後４週間を経過した女性が請求した場合において、その者について医師が支障がないと認めた業務に就かせることは、差し支えない。
3．使用者が、法の規定により労働時間を延長し、又は休日に労働させた場合においては、その時間又はその日の労働については、通常の労働時間又は労働日の賃金の計算額の２割５分以上５割以下の範囲内でそれぞれ政令で定める率以上の率で計算した割増賃金を支払わなければならない。
4．使用者は、満16歳以上の男性を交替制によって使用する場合その他法令で定める場合を除き、満18歳に満たない者を午後10時から午前５時までの間において使用してはならない。

問２　労働基準法（以下「法」という。）に定める労働時間及び休日等に関する次の記述のうち、**誤っているものを１つ**選びなさい。なお、解答にあたっては、各選択肢に記載されている事項以外は考慮しないものとする。［R4_CBT］

☐ １．使用者は、災害その他避けることのできない事由によって、臨時の必要がある場合においては、行政官庁の許可を受けて、その必要の限度において法に定める労働時間を延長し、又は休日に労働させることができる。ただし、事態急迫のために行政官庁の許可を受ける暇がない場合においては、事後に遅滞なく届け出なければならない。

２．使用者は、労働時間が６時間を超える場合においては少くとも35分、８時間を超える場合においては少くとも45分の休憩時間を労働時間の途中に与えなければならない。

３．使用者は、労働者に対して、毎週少くとも１回の休日を与えなければならない。ただし、この規定は、４週間を通じ４日以上の休日を与える使用者については適用しない。

４．使用者は、当該事業場に、労働者の過半数で組織する労働組合がある場合においてはその労働組合、労働者の過半数で組織する労働組合がない場合においては労働者の過半数を代表する者との書面による協定をし、これを行政官庁に届け出た場合においては、法定労働時間又は法定休日に関する規定にかかわらず、その協定で定めるところによって労働時間を延長し、又は休日に労働させることができる。

問３　労働基準法（以下「法」という。）に定める労働時間及び休日等に関する次の記述のうち、**誤っているものを１つ**選びなさい。なお、解答にあたっては、各選択肢に記載されている事項以外は考慮しないものとする。［R3_CBT］

□ １．使用者は、当該事業場に、労働者の過半数で組織する労働組合がある場合においてはその労働組合、労働者の過半数で組織する労働組合がない場合においては使用者が指名する労働者との書面による協定をし、これを行政官庁に届け出た場合においては、法定労働時間又は法定休日に関する規定にかかわらず、その協定で定めるところによって労働時間を延長し、又は休日に労働させることができる。

２．生後満１年に達しない生児を育てる女性は、法で定める所定の休憩時間のほか、１日２回各々少なくとも30分、その生児を育てるための時間を請求することができる。

３．使用者は、労働者に対して、毎週少なくとも１回の休日を与えなければならない。ただし、この規定は、４週間を通じ４日以上の休日を与える使用者については適用しない。

４．使用者が、法の規定により労働時間を延長し、又は休日に労働させた場合においては、その時間又はその日の労働については、通常の労働時間又は労働日の賃金の計算額の２割５分以上５割以下の範囲内でそれぞれ政令で定める率以上の率で計算した割増賃金を支払わなければならない。

問４　労働基準法に定める労働時間及び休日等に関する次の記述のうち、**誤っているものを１つ**選びなさい。なお、解答にあたっては、各選択肢に記載されている事項以外は考慮しないものとする。［R2_CBT］

□ １．労働時間は、事業場を異にする場合においても、労働時間に関する規定の適用については通算する。

２．使用者は、労働時間が６時間を超える場合においては少なくとも30分、８時間を超える場合においては少くとも45分の休憩時間を労働時間の途中に与えなければならない。

３．使用者は、労働者に対して、毎週少なくとも１回の休日を与えなければならない。ただし、この規定は、４週間を通じ４日以上の休日を与える使用者については適用しない。

４．使用者は、その雇入れの日から起算して６ヵ月間継続勤務し全労働日の８割以上出勤した労働者に対して、継続し、又は分割した10労働日の有給休暇を与えなければならない。

問５　労働基準法（以下「法」という。）に定める労働時間及び休日等に関する次の記述のうち、**誤っているものを１つ**選びなさい。なお、解答にあたっては、各選択肢に記載されている事項以外は考慮しないものとする。[R3.3]

☐ １．使用者は、当該事業場に、労働者の過半数で組織する労働組合がある場合においてはその労働組合、労働者の過半数で組織する労働組合がない場合においては労働者の過半数を代表する者との書面による協定をし、これを行政官庁に届け出た場合においては、法定労働時間又は法定休日に関する規定にかかわらず、その協定で定めるところによって労働時間を延長し、又は休日に労働させることができる。

２．使用者は、災害その他避けることのできない事由によって、臨時の必要がある場合においては、行政官庁の許可を受けて、その必要の限度において法に定める労働時間を延長し、又は休日に労働させることができる。ただし、事態急迫のために行政官庁の許可を受ける暇がない場合においては、事後に遅滞なく届け出なければならない。

３．使用者は、２週間を通じ４日以上の休日を与える場合を除き、労働者に対して、毎週少なくとも２回の休日を与えなければならない。

４．使用者が、法の規定により労働時間を延長し、又は休日に労働させた場合においては、その時間又はその日の労働については、通常の労働時間又は労働日の賃金の計算額の２割５分以上５割以下の範囲内でそれぞれ政令で定める率以上の率で計算した割増賃金を支払わなければならない。

◆解答＆解説

問1［解答　3，4］

1．「全労働日の６割以上」⇒「全労働日の**８割以上**」。労基法第39条（年次有給休暇）第１項。

2．使用者は、**産後８週間**を経過しない女性を就業させてはならない。ただし、**産後６週間**を経過した女性が請求した場合において、その者について医師が支障がないと認めた業務に就かせることは、差し支えない。労基法第65条（産前産後）第２項。

3．労基法第37条（時間外、休日及び深夜の割増賃金）第１項。

4．労基法第61条（深夜業）第１項。

問2［解答　2］

1．労基法第33条（災害等による臨時の必要がある場合の時間外労働等）第１項。

2．労働時間が６時間を超える場合においては少くとも**45分**、８時間を超える場合においては少くとも**１時間**の休憩時間を労働時間の途中に与えなければならない。労基法第34条（休憩）第１項。

3．労基法第35条（休日）第１項・第２項。

4．労基法第36条（時間外及び休日の労働）第１項。

問3［解答　1］

1．労働者の過半数で組織する労働組合がない場合は、**労働者の過半数を代表する者**との書面による協定を行う。労基法第36条（時間外及び休日の労働）第１項。

2．労基法第67条（育児時間）第１項。

3．労基法第35条（休日）第１項・第２項。

4．労基法第37条（時間外、休日及び深夜の割増賃金）第１項。

問4［解答　2］

1．労基法第38条（時間計算）第１項。

2．労働時間が６時間を超える場合においては少なくとも**45分**、８時間を超える場合においては少なくとも**１時間**の休憩時間を労働時間の途中に与えなければならない。労基法第34条（休憩）第１項。

3．労基法第35条（休日）第１項・第２項。

4．労基法第39条（年次有給休暇）第１項。

問5［解答　3］

1．労基法第36条（時間外及び休日の労働）第１項。

2．労基法第33条（災害等による臨時の必要がある場合の時間外労働等）第１項。

3．使用者は、**４週間**を通じ４日以上の休日を与える場合を除き、労働者に対して、毎週少なくとも**１回**の休日を与えなければならない。労基法第35条（休日）第１項・第２項。

4．労基法第37条（時間外、休日及び深夜の割増賃金）第１項。

3　就業規則

1　法令の要点

■就業規則の作成及び届出の義務［労基法第89条］

1．**常時10人以上**の労働者を使用する使用者は、次に掲げる事項について**就業規則**を作成し、**行政官庁**に届け出なければならない。次に掲げる事項を変更した場合においても、同様とする。

①始業及び終業の時刻、休憩時間、休日、休暇並びに労働者を２組以上に分けて交替に就業させる場合においては、就業時転換に関する事項
②賃金（臨時の賃金等を除く。）の決定、計算及び支払の方法、賃金の締切り及び支払の時期並びに昇給に関する事項
③退職に関する事項（解雇の事由を含む。）

■作成の手続［労基法第90条］

1．使用者は、就業規則の作成又は変更について、当該事業場に、労働者の過半数で組織する労働組合がある場合においてはその労働組合、労働者の過半数で組織する労働組合がない場合においては労働者の過半数を代表する者の**意見**を聴かなければならない。

■制裁規定の制限［労基法第91条］

1．就業規則で、労働者に対して減給の制裁を定める場合においては、その減給は、１回の額が平均賃金の１日分の半額を超え、総額が一賃金支払期における賃金の総額の10分の１を超えてはならない。

■法令及び労働協約との関係［労基法第92条］

1．就業規則は、法令又は当該事業場について適用される労働協約に反してはならない。
2．行政官庁は、法令又は労働協約に抵触する就業規則の変更を命ずることができる。

■労働契約との関係［労基法第93条］

1．労働契約と就業規則との関係については、労働契約法第12条の定めるところによる。

■就業規則違反の労働契約［労働契約法第12条］

1．就業規則で定める**基準に達しない**労働条件を定める労働契約は、その部分については、**無効**とする。この場合において、無効となった部分は、就業規則で定める基準による。

■法令等の周知義務［労基法第106条］

1．使用者は、この法律及びこれに基づく命令の要旨、就業規則、法令で定める協定並びに決議を、常時各作業場の見やすい場所へ掲示し、又は備え付けること、書面を交付することその他の厚生労働省令で定める方法によって、労働者に**周知させなければならない**。

■記録の保存［労基法第109条］

1．使用者は、労働者名簿、賃金台帳及び雇入れ、解雇、災害補償、賃金その他労働関係に関する重要な書類を**5年間保存**※しなければならない。

※ただし、経過措置として当分の間は3年間保存となっている。

2 演習問題

問1　労働基準法（以下「法」という。）に定める労働契約等についての次の記述のうち、誤っているものを1つ選びなさい。なお、解答にあたっては、各選択肢に記載されている事項以外は考慮しないものとする。

☐ 1．常時5人以上の労働者を使用する使用者は、始業及び終業の時刻、休憩時間、休日、休暇等法令に定める事項について就業規則を作成し、行政官庁に届け出なければならない。

2．使用者は、就業規則の作成又は変更について、当該事業場に、労働者の過半数で組織する労働組合がある場合においてはその労働組合、労働者の過半数で組織する労働組合がない場合においては労働者の過半数を代表する者の意見を聴かなければならない。

3．法第106条に基づき使用者は、この法律及びこれに基づく命令の要旨、就業規則、法令で定める協定並びに決議を、常時各作業場の見やすい場所へ掲示し、又は備え付けること、書面を交付することその他の厚生労働省令で定める方法によって、労働者に周知させなければならない。

4．就業規則で定める基準に達しない労働条件を定める労働契約は、その部分については、無効とする。この場合において、無効となった部分は、就業規則で定める基準による。

問２　労働基準法（以下「法」という。）の定めに関する次の記述のうち、**正しいものを２つ**選びなさい。なお、解答にあたっては、各選択肢に記載されている事項以外は考慮しないものとする。

□　１．法で定める労働条件の基準は最低のものであるから、労働関係の当事者は、当事者間の合意がある場合を除き、この基準を理由として労働条件を低下させてはならないことはもとより、その向上を図るように努めなければならない。

２．労働契約は、期間の定めのないものを除き、一定の事業の完了に必要な期間を定めるもののほかは、３年（法第14条（契約期間等）第１項各号のいずれかに該当する労働契約にあっては、５年）を超える期間について締結してはならない。

３．労働者は、労働契約の締結に際し使用者から明示された賃金、労働時間その他の労働条件が事実と相違する場合においては、少なくとも30日前に使用者に予告したうえで、当該労働契約を解除することができる。

４．法第106条に基づき使用者は、この法律及びこれに基づく命令の要旨、就業規則、時間外労働・休日労働に関する協定等を、常時各作業場の見やすい場所へ掲示し、又は備え付けること、書面を交付することその他の厚生労働省令で定める方法によって、労働者に周知させなければならない。

問３　労働基準法に定める就業規則についての次の記述のうち、**誤っているものを１つ**選びなさい。なお、解答にあたっては、各選択肢に記載されている事項以外は考慮しないものとする。

□　１．常時10人以上の労働者を使用する使用者は、始業及び終業の時刻、休憩時間、休日、休暇等法令に定める事項について就業規則を作成し、行政官庁に届け出なければならない。

２．就業規則で、労働者に対して減給の制裁を定める場合においては、その減給は、１回の額が平均賃金の１日分の半額を超え、総額が一賃金支払期における賃金の総額の10分の１を超えてはならない。

３．使用者は、就業規則の作成又は変更について、当該事業場に、労働者の過半数で組織する労働組合がある場合においてはその労働組合、労働者の過半数で組織する労働組合がない場合においては労働者の過半数を代表する者と協議し、その内容について同意を得なければならない。

４．就業規則は、法令又は当該事業場について適用される労働協約に反してはならない。また、行政官庁は、法令又は労働協約に抵触する就業規則の変更を命ずることができる。

問４　労働基準法の定めに関する次の記述のうち、**正しいものを２つ**選びなさい。なお、解答にあたっては、各選択肢に記載されている事項以外は考慮しないものとする。

［R2. 8改］

☐ 1．使用者は、労働者名簿、賃金台帳及び雇入れ、解雇、災害補償、賃金その他労働関係に関する重要な書類を１年間（ただし、当分の間は３年間）保存しなければならない。

2．使用者は、労働者に、休憩時間を除き１週間について40時間を超えて、労働させてはならない。また、１週間の各日については、労働者に、休憩時間を除き１日について８時間を超えて、労働させてはならない。

3．使用者は、労働時間が６時間を超える場合においては少くとも45分、８時間を超える場合においては少くとも１時間の休憩時間を労働時間の途中に与えなければならない。

4．労働契約は、期間の定めのないものを除き、一定の事業の完了に必要な期間を定めるもののほかは、１年を超える期間について締結してはならない。

◆解答＆解説

問１［解答　１］

１．「常時５人以上」⇒「常時10人以上」。労基法第89条（就業規則の作成及び届出の義務）第１項①。

２．労基法第90条（作成の手続）第１項。

３．労基法第106条（法令等の周知義務）第１項。

４．労基法第93条（労働契約との関係）第１項・労働契約法第12条（就業規則違反の労働契約）第１項。

問２［解答　２，４］

１．当事者間の合意がある場合であっても、労基法で定める労働条件の基準を理由として、労働条件を低下させてはならない。労基法第１条（労働条件の原則）第２項。⇒272P

２．労基法第14条（契約期間等）第１項。⇒273P

３．「少なくとも30日前に使用者に予告したうえで」⇒「即時に」。労基法第15条（労働条件の明示）第２項。⇒273P

４．労基法第106条（法令等の周知義務）第１項。

問３［解答　３］

１．労基法第89条（就業規則の作成及び届出の義務）第１項①。

２．労基法第91条（制裁規定の制限）第１項。

３．労働者の過半数で組織する労働組合がない場合は、労働者の過半数を代表する者の意見を聴かなければならない。協議し、同意を得る必要はない。労基法第90条（作成の手続き）第１項。

４．労基法第92条（法令及び労働協約との関係）第１項・第２項。

問４［解答　２，３］

１．「１年間保存」⇒「５年間保存」。労基法第109条（記録の保存）第１項。

２．労基法第32条（労働時間）第１項・第２項。⇒279P

３．労基法第34条（休憩）第１項。⇒279P

４．「１年を超える期間」⇒「３年を超える期間」。労基法第14条（契約期間等）第１項。⇒273P

4　健康診断

1　法令の要点

■ 健康診断の結果についての医師等からの意見聴取［安衛法第66条の４］

1．事業者は、健康診断の結果（当該健康診断の項目に異常の所見があると診断された労働者に係るものに限る。）に基づき、当該労働者の健康を保持するために必要な措置について、衛生規則で定めるところにより、医師又は歯科医師の**意見を聴かなければならない**。

■ 健康診断の結果の通知［安衛法第66条の６／衛生規則第51条の４］

1．事業者は、健康診断を受けた労働者に対し、衛生規則で定めるところにより、**遅滞なく**、当該健康診断の結果を**通知しなければならない**。

■ 面接指導等［安衛法第66条の８］

1．事業者は、その労働時間の状況その他の事項が労働者の健康の保持を考慮して厚生労働省令で定める要件に該当する労働者に対し、衛生規則で定めるところにより、医師による**面接指導**（問診その他の方法により心身の状況を把握し、これに応じて面接により必要な指導を行うことをいう。）を**行わなければならない**。

■ 面接指導の対象となる労働者の要件等［衛生規則第52条の２］

1．安衛法第66条の８第１項の厚生労働省令で定める要件は、休憩時間を除き１週間当たり40時間を超えて労働させた場合におけるその超えた時間が１ヵ月当たり80時間を超え、かつ、疲労の蓄積が認められる者であることとする。

■ 面接指導の実施方法等［衛生規則第52条の３］

1．面接指導は、衛生規則第52条の２第１項の要件に該当する労働者の申出により行うものとする。

3．事業者は、労働者から第１項の申出があったときは、**遅滞なく**、面接指導を行わなければならない。

■雇入時の健康診断［衛生規則第43条］

1．事業者は、常時使用する労働者を雇い入れるときは、当該労働者に対し、既往歴及び業務歴の調査等の項目について医師による健康診断を行わなければならない。ただし、医師による健康診断を受けた後、**3ヵ月**を経過しない者を雇い入れる場合において、その者が当該健康診断の結果を証明する書面を提出したときは、当該健康診断の項目に相当する項目については、この限りでない。

■定期健康診断［衛生規則第44条］

1．事業者は、常時使用する労働者（深夜業を含む業務等衛生規則に定める業務に従事する労働者を除く。）に対し、**1年以内ごとに1回**、定期に、所定の項目（既往歴及び業務歴の調査、自覚症状及び他覚症状の有無の検査など）について医師による健康診断を行わなければならない。

■特定業務従事者の健康診断［衛生規則第45条］

1．事業者は、第13条第1項第3号に掲げる業務（深夜業を含む業務、坑内における業務など）に常時従事する労働者に対し、当該業務への配置替えの際及び**6ヵ月以内ごとに1回**、定期に、第44条第1項各号に掲げる所定の項目について医師による健康診断を行わなければならない。

■健康診断結果の記録の作成［衛生規則第51条］

1．事業者は、雇入時の健康診断等又は自ら受けた健康診断の結果に基づき、健康診断個人票を作成して、これを**5年間保存**しなければならない。

■健康診断の結果についての医師等からの意見聴取［衛生規則第51条の2］

2．**深夜業に従事する労働者**が、自ら受けた健康診断の結果を証明する書面を事業者に提出した場合において、その健康診断の結果（当該健康診断の項目に異常の所見があると診断された労働者に係るものに限る。）に基づく**医師からの意見聴取**は、次に定めるところにより行わなければならない。

①健康診断の結果を証明する書面が事業者に提出された日から**2ヵ月**以内に行うこと。
②聴取した医師の意見を健康診断個人票に記載すること。

2　演習問題

問1　労働基準法及び労働安全衛生法の定める健康診断に関する次の記述のうち、**正しいものを2つ**選びなさい。なお、解答にあたっては、各選択肢に記載されている事項以外は考慮しないものとする。

□　1．事業者は、健康診断の結果（当該健康診断の項目に異常の所見があると診断された労働者に係るものに限る。）に基づき、当該労働者の健康を保持するために必要な措置について、労働安全衛生規則で定めるところにより、医師又は歯科医師の意見を聴かなければならない。

2．事業者は、労働安全衛生規則で定めるところにより、深夜業に従事する労働者が、自ら受けた健康診断の結果を証明する書面を事業者に提出した場合において、その健康診断の結果（当該健康診断の項目に異常の所見があると診断された労働者に係るものに限る。）に基づく医師からの意見聴取は、当該健康診断の結果を証明する書面が事業者に提出された日から4ヵ月以内に行わなければならない。

3．事業者は、深夜業を含む業務等に常時従事する労働者に対し、当該業務への配置替えの際及び6ヵ月以内ごとに1回、定期に、労働安全衛生規則に定める所定の項目について医師による健康診断を行わなければならない。

4．事業者は、事業者が行う健康診断を受けた労働者から請求があった場合に限り、当該労働者に対し、規則で定めるところにより、当該健康診断の結果を通知するものとする。

問２　労働基準法及び労働安全衛生法の定める健康診断に関する次の記述のうち、**誤っているものを１つ**選びなさい。なお、解答にあたっては、各選択肢に記載されている事項以外は考慮しないものとする。

□ 1．事業者は、常時使用する労働者（労働安全衛生規則（以下「規則」という。）に定める深夜業を含む業務等に常時従事する労働者を除く。）に対し、１年以内ごとに１回、定期に、規則に定める項目について医師による健康診断を行わなければならない。また、この健康診断の結果に基づき、健康診断個人票を作成し、５年間保存しなければならない。

2．事業者は、健康診断の結果（当該健康診断の項目に異常の所見があると診断された労働者に係るものに限る。）に基づき、当該労働者の健康を保持するために必要な措置について、規則で定めるところにより、医師又は歯科医師の意見を聴かなければならない。

3．事業者は、事業者が行う健康診断を受けた労働者から請求があった場合に限り、当該労働者に対し、規則で定めるところにより、当該健康診断の結果を通知するものとする。

4．事業者は、その労働時間の状況その他の事項が労働者の健康の保持を考慮して規則第52条の２で定める要件に該当する労働者からの申出があったときは、遅滞なく、当該労働者に対し、規則で定めるところにより、医師による面接指導を行わなければならない。

問３　労働基準法及び労働安全衛生法の定める健康診断に関する次の記述のうち、**誤っているものを１つ**選びなさい。なお、解答にあたっては、各選択肢に記載されている事項以外は考慮しないものとする。［R2.8］

□　１．事業者は、常時使用する労働者を雇い入れるときは、当該労働者に対し、労働安全衛生規則に定める既往歴及び業務歴の調査等の項目について医師による健康診断を行わなければならない。ただし、医師による健康診断を受けた後、３ヵ月を経過しない者を雇い入れる場合において、その者が当該健康診断の結果を証明する書面を提出したときは、当該健康診断の項目に相当する項目については、この限りでない。

２．事業者は、事業者が行う健康診断を受けた労働者に対し、遅滞なく、当該健康診断の結果を通知しなければならない。

３．事業者は、深夜業を含む業務等に常時従事する労働者に対し、当該業務への配置替えの際及び６ヵ月以内ごとに１回、定期に、労働安全衛生規則に定める所定の項目について医師による健康診断を行わなければならない。

４．事業者は、労働安全衛生規則で定めるところにより、深夜業に従事する労働者が、自ら受けた健康診断の結果を証明する書面を事業者に提出した場合において、その健康診断の結果（当該健康診断の項目に異常の所見があると診断された労働者に係るものに限る。）に基づく医師からの意見聴取は、当該健康診断の結果を証明する書面が事業者に提出された日から４ヵ月以内に行わなければならない。

◆解答＆解説

問1［解答　1，3］

1．安衛法第66条の4（健康診断の結果についての医師等からの意見聴取）第1項。

2．「4ヵ月以内」⇒「2ヵ月以内」。衛生規則第51条の2（健康診断の結果についての医師等からの意見聴取）第2項①。

3．衛生規則第45条（特定業務従事者の健康診断）第1項。

4．請求の有無にかかわらず、労働者に対し当該健康診断の結果を通知しなければならない。安衛法第66条の6（健康診断の結果の通知）第1項・衛生規則第51条の4（健康診断の結果の通知）第1項。

問2［解答　3］

1．衛生規則第44条（定期健康診断）第1項・衛生規則第51条（健康診断結果の記録の作成）第1項。

2．安衛法第66条の4（健康診断の結果についての医師等からの意見聴取）第1項。

3．請求の有無にかかわらず、労働者に対し当該健康診断の結果を通知しなければならない。安衛法第66条の6（健康診断の結果の通知）第1項・衛生規則第51条の4（健康診断の結果の通知）第1項。

4．安衛法第66条の8（面接指導等）第1項・衛生規則第52条の2（面接指導の対象となる労働者の要件等）・衛生規則第52条の3（面接指導の実施方法等）第1項・第3項。

問3［解答　4］

1．衛生規則第43条（雇入時の健康診断）第1項。

2．安衛法第66条の6（健康診断の結果の通知）第1項・衛生規則第51条の4（健康診断の結果の通知）第1項。

3．衛生規則第45条（特定業務従事者の健康診断）第1項。

4．「4ヵ月以内」⇒「2ヵ月以内」。衛生規則第51条の2（健康診断の結果についての医師等からの意見聴取）第2項①。

5 労働時間等の改善基準

1 法令の要点

※**改善基準**：自動車運転者の労働時間等の改善のための基準（厚生労働省告示）

■目的等［改善基準第1条］

1．この基準は、自動車運転者（労働基準法（以下「法」という。）第9条に規定する労働者（※1）であって、**四輪以上の自動車**の運転の業務（※2）に主として従事する者をいう。）の労働時間等の改善のための基準を定めることにより、自動車運転者の労働時間等の**労働条件の向上**を図ることを目的とする。

※1：同居の親族のみを使用する事業又は事務所に使用される者及び家事使用人を除く。

※2：厚生労働省労働基準局長が定めるものを除く。

2．**労働関係の当事者**は、この基準を理由として自動車運転者の**労働条件を低下させてはならない**ことはもとより、その**向上**に努めなければならない。

■貨物自動車運送事業に従事する運転者の拘束時間等［改善基準第4条］

1．使用者は、貨物自動車運送事業に従事する自動車運転者を使用する場合は、その拘束時間（労働時間、休憩時間その他使用者に拘束されている時間）、休息期間（使用者の拘束を受けない時間）及び運転時間について、次に定めるところによるものとする。

Check 拘束時間と休息期間［厚生労働省労働基準局］

◎**拘束時間**…始業時刻から終業時刻までの時間で、労働時間と休憩時間（仮眠時間を含む。）の合計時間をいう。

◎**休息期間**…勤務と次の勤務の間の時間で、睡眠時間を含む労働者の生活時間として、労働者にとって全く自由な時間をいう。

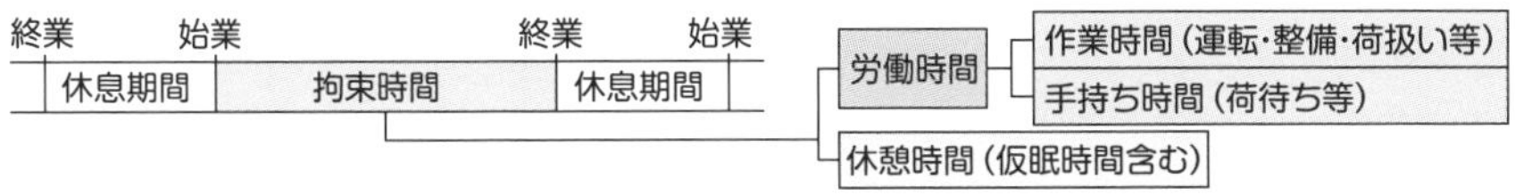

《1ヵ月の拘束時間》

①拘束時間は、1ヵ月について**284時間**を超えず、かつ、1年について**3,300時間**を超えないものとすること。ただし、労使協定があるときは、1年について**6ヵ月**までは、1ヵ月について**310時間**まで延長することができ、かつ、1年について**3,400時間**まで延長することができるものとする。

②前号ただし書の場合において、1ヵ月の拘束時間が**284時間を超える月**が**3ヵ月を超えて連続しない**ものとし、かつ、1ヵ月の時間外労働及び休日労働の合計時間数が**100時間未満**となるよう努めるものとすること。

《1日の拘束時間》

③**1日**（始業時刻から起算して24時間）についての拘束時間は、**13時間**を超えないものとし、当該拘束時間を延長する場合であっても、最大拘束時間は**15時間**とすること。ただし、「宿泊を伴う長距離運送の場合」※においては、当該1週間について**2回**に限り最大拘束時間を**16時間**とすることができる。

※貨物自動車運送事業に従事する自動車運転者に係る1週間における運行が全て長距離貨物運送（一の運行（自動車運転者が所属する事業場を出発してから当該事業場に帰着するまでをいう。）の走行距離が450キロメートル以上の貨物運送をいう。）であり、かつ、一の運行における休息期間が、当該自動車運転者の住所地以外の場所におけるものである場合。

④③の場合において、1日についての拘束時間が**14時間を超える回数**をできるだけ少なくするように努めるものとする。（目安としては、**1週間について2回まで**とすること。この場合、14時間を超える日が連続することは望ましくない。）

《休息期間》

⑤勤務終了後、**継続11時間以上**の休息期間を**与えるよう努める**ことを基本とし、休息期間が**継続9時間**を**下回らないもの**とすること。ただし、③ただし書に該当する場合、当該1週間について2回に限り、休息期間を**継続8時間**とすることができる。この場合において、一の運行終了後、**継続12時間以上**の休息期間を与えるものとする。

※1日とは始業時間から起算して24時間をいう。よって、1日（24時間）＝拘束時間（15時間以内）＋休息期間（9時間以上）となる。

《2日平均の運転時間》

⑥運転時間は、**2日**（始業時刻から起算して48時間をいう。）を平均し1日当たり**9時間**、2週間を平均し1週間当たり**44時間**を超えないものとすること。

《連続運転時間》

⑦連続運転時間（１回が**おおむね連続10分以上**で、かつ、合計が**30分以上**の運転の中断をすることなく連続して運転する時間をいう。）は、**４時間**を超えないものとすること。ただし、高速道路等（高速自動車国道又は自動車専用道路）のサービスエリア又はパーキングエリア等に駐車又は停車できないため、やむを得ず連続運転時間が４時間を超える場合には、連続運転時間を４時間30分まで延長することができるものとする。

※運転開始後４時間以内又は４時間経過直後に運転を中断する場合の休憩は少なくとも１回につき**10分以上**とした上で**分割できる。**

⑧⑦に定める運転の中断については、**原則として休憩**を与えるものとする。

2．使用者は、貨物自動車運送事業に従事する自動車運転者の休息期間については、当該自動車運転者の**住所地**における休息期間がそれ以外の場所における休息期間より**長くなるよう**に努めるものとする。

3．第１項③に定める１日についての拘束時間、同項⑥に定める２日を平均した１日当たりの運転時間及び同項⑦に定める連続運転時間の規定の適用に当たっては、**予期し得ない事象への対応時間**を当該拘束時間、運転時間及び連続運転時間から除くことができる。この場合、勤務終了後、同項⑤本文に定める継続した休息期間を与えること。

〔予期し得ない事象への対応時間〕の考え方

「予期し得ない事象への対応時間」とは、下記のⅠ．とⅡ．の両方の要件を満たす時間をいう。

Ⅰ．次のいずれかの事象により生じた運行の遅延に対応するための時間であること。

(1) 運転中に乗務している車両が予期せず故障したこと。

(2) 運転中に予期せず乗船予定のフェリーが欠航したこと。

(3) 運転中に災害や事故の発生に伴い、道路が封鎖されたこと又は道路が渋滞したこと。

(4) 異常気象（警報発表時）に遭遇し、運転中に正常な運行が困難となったこと。

※当該事象は「通常予期し得ない」ものである必要があり、例えば、平常時の交通状況等から事前に発生を予測することが可能な道路渋滞等は、これに該当しない。

Ⅱ．客観的な記録により確認できる時間であること。

次の(1)の記録に加え、(2)の記録により、当該事象が発生した日時等を客観的に確認できる必要がある。(1)の記録のみでは「客観的な記録により確認できる時間」とは認められない。

(1) 運転日報上の記録
- ・対応を行った場所
- ・予期し得ない事象に係る具体的事由
- ・当該事象への対応を開始し、及び終了した時刻や所要時間数

(2) 予期し得ない事象の発生を特定できる客観的な資料（下記ア～エは一例）

ア　修理会社等が発行する故障車両の修理明細書等

イ　フェリー運航会社等のホームページに掲載されたフェリー欠航情報の写し

ウ　公益財団法人日本道路交通情報センター等のホームページに掲載された道路交通情報の写し（渋滞の日時・原因を特定できるもの）

エ　気象庁のホームページに掲載された異常気象等に関する気象情報等の写し

4．第１項の規定にかかわらず、次の各号のいずれかに該当する場合には、拘束時間及び休息期間については、それぞれ次に定めるところによるものとする。

①業務の必要上、勤務の終了後**継続９時間**（第１項③ただし書に該当する場合は継続８時間）以上の休息期間を与えることが**困難な場合**、次に掲げる要件を満たすものに限り、当分の間、一定期間（１ヵ月程度を限度とする。）における全勤務回数の**２分の１**を限度に、休息期間を拘束時間の途中及び拘束時間の経過直後に分割して与えることができるものとする。

イ　分割された休息期間は、１回当たり**継続３時間以上**とし、**２分割又は３分割**とすること。

ロ　１日において、**２分割**の場合は**合計10時間以上**、**３分割**の場合は**合計12時間以上**の休息期間を与えなければならないこと。

ハ　休息期間を３分割とする日が連続しないよう努めるものとする。

②自動車運転者が同時に１台の自動車に２人以上乗務する場合であって、車両内に身体を伸ばして休息できる設備があるときは、最大拘束時間を**20時間**まで延長するとともに、休息期間を**４時間**まで短縮することができること。ただし、当該設備が自動車運転者の休息のためのベッド又はこれに準ずるものとして厚生労働省労働基準局長が定める設備に該当する場合で、かつ、勤務終了後、継続11時間以上の休息期間を与える場合は、最大拘束時間を24時間まで延長することができる。この場合において、８時間以上の仮眠を与える場合には、当該拘束時間を28時間まで延長することができる。

③業務の必要上やむを得ない場合には、当分の間、２暦日についての拘束時間が**21時間**を超えず、かつ、勤務終了後、**継続20時間以上**の休息期間を与える場合に限り、自動車運転者を**隔日勤務**に就かせることができること。ただし、厚生労働省労働基準局長が定める施設において、夜間４時間以上の仮眠を与える場合には、２週間についての拘束時間が**126時間**（21時間×６勤務）を超えない範囲において、当該**２週間について３回を限度**に、２暦日の拘束時間を**24時間まで延長**することができる。

④自動車運転者が**フェリーに乗船**している時間は、**原則として休息期間**とし、この条の規定により与えるべき休息期間から当該時間を除くことができること。ただし、当該時間を除いた後の休息期間については、同項②の場合を除き、フェリーを下船した時刻から終業の時刻までの時間の**２分の１を下回ってはならない**。

5．使用者は、貨物自動車運送事業に従事する自動車運転者に**休日に労働**させる場合は、当該労働させる休日は**２週間について１回**を超えないものとし、当該休日の労働によって第１項に定める拘束時間及び最大拘束時間を超えないものとする。

2　演習問題を解く前に

ここでは、１ヵ月の拘束時間、１日の拘束時間、２日平均の運転時間、連続運転時間、の各問題の解き方を簡単に解説しています。演習問題を解く際の参考にしてください。

■ 1ヵ月の拘束時間

１ヵ月の拘束時間の問題は、①**284時間を超える月が６ヵ月以内**であるか、②**284時間を超える月が４カ月以上連続**しているか、③拘束時間が**310時間を超える月がある**か、④１年間についての拘束時間が**3,400時間を超えていない**か、がポイントになります。改善基準に適合する例と違反する例は以下のとおりです。また、いずれも労使協定がある場合とします。

◎「284時間を**超える**」は「284時間」を**含まない**
◎「４カ月**以上**」は「４カ月」を**含む**
◎「６ヵ月**以内**」は「６ヵ月」を**含む**

例1）１ヵ月の拘束時間が改善基準に適合する場合

	4月	5月	6月	7月	8月	9月	10月	11月	12月	1月	2月	3月	1年間
各月の拘束時間	255時間	310時間	284時間	295時間	255時間	255時間	310時間	295時間	295時間	267時間	295時間	284時間	3,400時間

①拘束時間が284時間を超える月は、５月・７月・10月・11月・12月・２月の６ヵ月。

②284時間を超える月は、４カ月以上連続していない。

③拘束時間が310時間を超える月はない。

④１年についての拘束時間は3,400時間を超えていない。

結果 １ヵ月の拘束時間が284時間を超える月が６ヵ月以内。また、拘束時間が310時間を超えている月もなく、１年についての拘束時間も3,400時間を超えていないため、改善基準に適合している。

例2）１ヵ月の拘束時間が改善基準に違反する場合①

	4月	5月	6月	7月	8月	9月	10月	11月	12月	1月	2月	3月	1年間
各月の拘束時間	285時間	295時間	280時間	295時間	255時間	255時間	300時間	295時間	295時間	267時間	295時間	283時間	3,400時間

①拘束時間が284時間を超える月は、４月・５月・７月・10月・11月・12月・２月の**７ヵ月**。

②284時間を超える月は、４カ月以上連続していない。

③拘束時間が310時間を超える月はない。

④１年についての拘束時間は3,400時間を超えていない。

結果 １ヵ月の拘束時間が284時間を超える月が**６ヵ月を超えている**ため、**改善基準に違反している**。

例3）１ヵ月の拘束時間が改善基準に違反する場合②

	4月	5月	6月	7月	8月	9月	10月	11月	12月	1月	2月	3月	1年間
各月の拘束時間	285時間	310時間	308時間	295時間	250時間	253時間	283時間	285時間	280時間	283時間	279時間	283時間	3,394時間

①拘束時間が284時間を超える月は、４月・５月・６月・７月・11月の５ヵ月。

②**284時間を超える月**が、４月・５月・６月・７月と**４カ月連続している**。

③拘束時間が310時間を超える月はない。

④１年についての拘束時間は3,400時間を超えていない。

結果 284時間を超える月が**４カ月以上連続**しているため、**改善基準に違反している**。

例4）１ヵ月の拘束時間が改善基準に違反する場合③

	4月	5月	6月	7月	8月	9月	10月	11月	12月	1月	2月	3月	1年間
各月の拘束時間	285時間	286時間	302時間	253時間	294時間	250時間	273時間	**314時間**	283時間	278時間	297時間	263時間	3,378時間

①拘束時間が284時間を超える月は、４月・５月・６月・８月・11月・２月の６ヵ月。
②284時間を超える月は、４カ月以上連続していない。
③11月（**314時間**）に拘束時間が310時間を超えている。
④１年についての拘束時間は3,400時間を超えていない。

結果 11月（314時間）に拘束時間が**310時間を超えている**ため、**改善基準に違反している。**

例5）１ヵ月の拘束時間が改善基準に違反する場合④

	4月	5月	6月	7月	8月	9月	10月	11月	12月	1月	2月	3月	1年間
各月の拘束時間	290時間	285時間	308時間	263時間	253時間	295時間	281時間	309時間	283時間	280時間	279時間	284時間	**3,410**時間

①拘束時間が284時間を超える月は、４月・５月・６月・９月・11月の５ヵ月。
②284時間を超える月は、４カ月以上連続していない。
③拘束時間が310時間を超える月はない。
④１年についての拘束時間が**3,410時間**で、3,400時間を超えている。

結果 １年についての拘束時間が**3,400時間を超えている**ため、**改善基準に違反している。**

■１日の拘束時間

１日の拘束時間の問題は、①１日の最大拘束時間が**15時間を超えている**（15時間は含まない）か、②休息期間が**９時間以上**であるか、③１日14時間を超える勤務が**１週間に２回以内**であるか、がポイントになります。１日が「**始業時刻から起算して24時間**」と定義されているため、改善基準への適否の判断のためには、この始業時刻から24時間以内の拘束時間の算出方法を覚えておくことが大切です。例を参考に１日の拘束時間を計算してみます。

例）１週間の勤務パターン

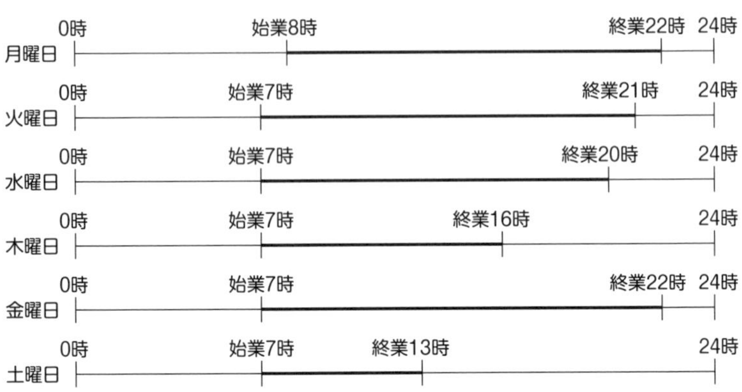

◎月曜日は、始業時刻８時～終業時刻22時ですが、拘束時間は単純に14時間とはなりません。

◎１日の拘束時間の開始は、当日の始業時刻とし、終了は始業時刻から**24時間後**となります。したがって、月曜日の拘束時間は、始業時刻８時から24時間後の翌日８時までとなります。月曜日の始業時刻から24時間以内には火曜日の７時から８時の１時間が含まれます。よって、拘束時間は次のように計算されます。

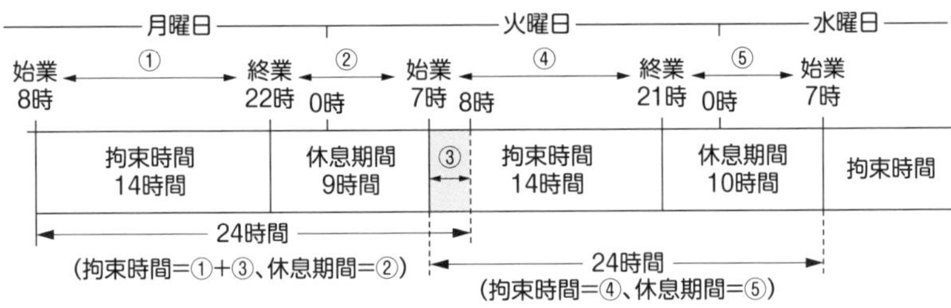

◎月曜日の拘束時間は、月曜日の始業時刻８時～終業時刻22時（①）＋火曜日始業時刻７時～８時（③）となり、14時間＋１時間＝15時間になります。また、火曜日始業時刻７時～８時の１時間は、火曜日の拘束時間にも含まれます。

◎火曜日・水曜日・木曜日・金曜日・土曜日の拘束時間は、それぞれ次のとおりとなります。

火曜日	終業時刻21時 － 当日始業時刻７時 ＝ 14時間
水曜日	終業時刻20時 － 当日始業時刻７時 ＝ 13時間
木曜日	終業時刻16時 － 当日始業時刻７時 ＝ ９時間
金曜日	終業時刻22時 － 当日始業時刻７時 ＝ 15時間
土曜日	終業時刻13時 － 当日始業時刻７時 ＝ ６時間

◎また、休息期間は1日につき**9時間以上**とることが必要です。休息期間は単純に終業時刻から翌日の始業時刻までとなります。

◎月曜日から金曜日の休息期間はそれぞれ次のとおりになります。

月曜日	終業時刻22時 ～ 翌日始業時刻7時 ＝ 9時間
火曜日	終業時刻21時 ～ 翌日始業時刻7時 ＝ 10時間
水曜日	終業時刻20時 ～ 翌日始業時刻7時 ＝ 11時間
木曜日	終業時刻16時 ～ 翌日始業時刻7時 ＝ 15時間
金曜日	終業時刻22時 ～ 翌日始業時刻7時 ＝ 9時間

結果 以上のことから、例に挙げた勤務パターンは、拘束時間・休息期間とも改善基準に適合していることになります。

例）フェリーに乗船する場合

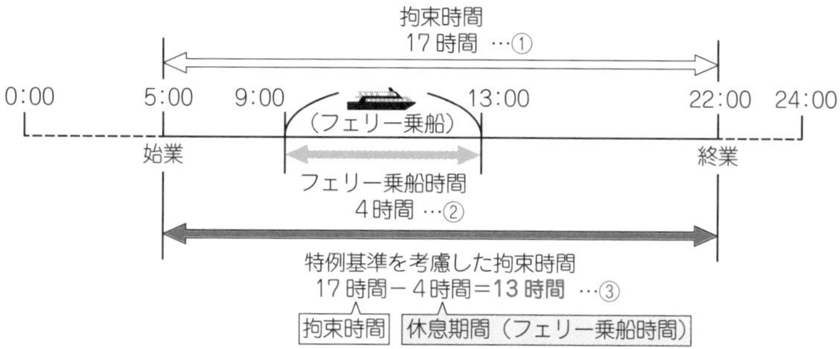

上図の拘束時間は始業5時～終業22時（①）で、9時～13時の4時間はフェリーに乗船（②）しています。フェリー乗船時間は休息期間として取り扱われるため、拘束時間は、17時間から休息期間の4時間を差し引いた**13時間**（③）となります。

2日平均の運転時間

2日平均の運転時間の問題は、「特定日の前日＋特定日」及び「特定日＋特定日の翌日」の平均運転時間が**ともに9時間を超えていないか**がポイントになります。改善基準に適合する例と違反する例は以下のとおりです。

例1）改善基準に適合する場合

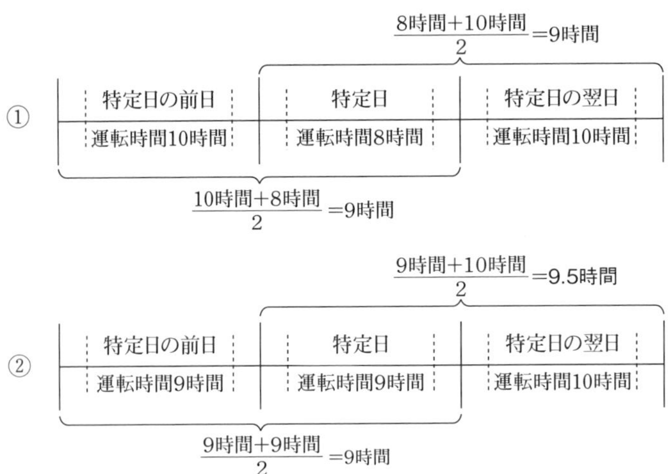

①…「特定日の前日＋特定日」及び「特定日＋特定日の翌日」がともに9時間を超えていないため、改善基準に適合している。

②…「特定日の前日＋特定日」は9時間を超えていないが、「特定日＋特定日の翌日」は9時間を超えている。しかし、ともに9時間を超える場合のみ違反となるため、改善基準に適合している。

例2）改善基準に違反する場合

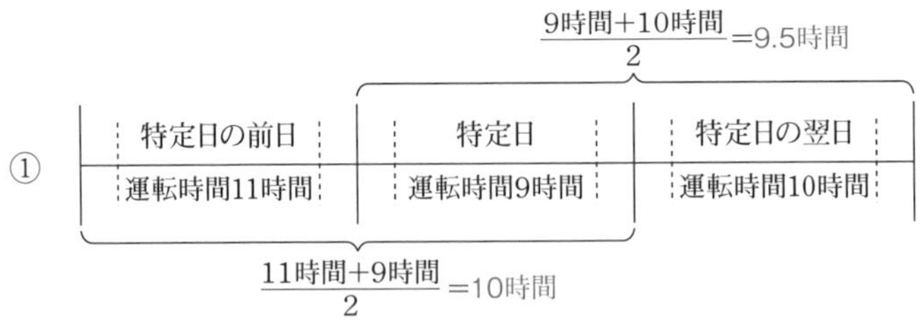

①…「特定日の前日＋特定日」及び「特定日＋特定日の翌日」がともに9時間を超えているため、**改善基準に違反**している。

■ 連続運転時間

連続運転時間の問題は、**４時間以内又は４時間運転直後に合計30分以上の中断**（原則として**休憩**）**時間があるかどうか**、がポイントになります。また、**中断時間はおおむね連続10分以上で分割**することができます（**10分未満の中断が３回以上連続**した場合は改善基準違反）。

改善基準に適合する例と違反する例をあげたので参考にしてください。なお、改善基準において、中断時間として認められるのは、原則として休憩時間のみです。従って、本書においては、**連続運転時間を計算するとき**は、**荷積み、荷待ち、荷下し等**の休憩以外の時間は、**運転時間**として取り扱います。

例１）改善基準に適合する場合

①	４時間	30分				
②	２時間40分	20分	１時間20分	10分		
③	１時間20分	10分※	１時間20分	10分※	１時間20分	10分※

※おおむね連続10分以上

□：運転時間　■：中断時間

①…４時間運転直後に30分中断時間をとっているため、改善基準に適合している。

②…左から運転時間を足していくと４時間、中断時間を足していくと30分となるため、改善基準に適合している。

③…左から運転時間を足していくと４時間、中断時間を足していくと30分以上となるため、改善基準に適合している。

例２）改善基準に違反する場合

①	４時間10分	30分				
②	１時間25分	５分	１時間25分	５分	１時間10分	20分
③	１時間20分	９分	１時間20分	９分	１時間20分	９分

①…４時間10分運転直後に30分中断時間をとっているが、連続運転時間が４時間を超えているため、**改善基準に違反している**。

②…10分未満は実際には中断しているが、「おおむね連続10分以上」という改善基準の中断時間の規定から乖離しているため、中断時間に加算されない。連続運転時間合計４時間に対し中断時間は20分のみのため、**改善基準に違反している**。

③…１回が10分未満の中断が３回連続しているため、**改善基準に違反している**。

3　演習問題（１ヵ月の拘束時間）

問１　「自動車運転者の労働時間等の改善のための基準」に定める貨物自動車運送事業に従事する自動車運転者の拘束時間等についての次の文中、A、B、C、Dに入るべき字句として**いずれか正しいものを１つ**選びなさい。

拘束時間は、１ヵ月について（A）を超えず、かつ、１年について3,300時間を超えないものとすること。ただし、労使協定により、１年について（B）までは、１ヵ月について（C）まで延長することができ、かつ、１年について（D）まで延長することができるものとする。

☐ A　① 284時間　② 288時間
B　① ３ヵ月　② ６ヵ月
C　① 310時間　② 320時間
D　① 3,400時間　② 3,450時間

問２　下表は、貨物自動車運送事業に従事する自動車運転者（隔日勤務に就く運転者以外のもの。）の１年間における各月の拘束時間の例を示したものであるが、このうち、「自動車運転者の労働時間等の改善のための基準」に**適合するものを１つ**選びなさい。ただし、「１ヵ月についての拘束時間の延長に関する労使協定」があるものとする。［R3_CBT］

☐ 1.

	4月	5月	6月	7月	8月	9月	10月	11月	12月	1月	2月	3月	1年間合計
拘束時間	281	283	294	283	282	283	295	283	294	283	283	283	3,427

2.

	4月	5月	6月	7月	8月	9月	10月	11月	12月	1月	2月	3月	1年間合計
拘束時間	270	279	276	275	274	275	298	265	312	284	305	283	3,396

3.

	4月	5月	6月	7月	8月	9月	10月	11月	12月	1月	2月	3月	1年間合計
拘束時間	285	268	281	288	286	278	292	286	276	296	278	285	3,399

4.

	4月	5月	6月	7月	8月	9月	10月	11月	12月	1月	2月	3月	1年間合計
拘束時間	270	275	285	288	295	280	282	279	296	285	285	280	3,400

問３　下表は、貨物自動車運送事業に従事する自動車運転者（隔日勤務に就く運転者以外のもの。）の１年間における各月の拘束時間の例を示したものであるが、このうち、「自動車運転者の労働時間等の改善のための基準」に**適合するものをすべて**選びなさい。ただし、「１ヵ月についての拘束時間の延長に関する労使協定」があるものとする。

1．

	4月	5月	6月	7月	8月	9月	10月	11月	12月	1月	2月	3月	1年間合計
拘束時間	271	282	285	275	309	275	272	261	312	285	280	283	3,390

2．

	4月	5月	6月	7月	8月	9月	10月	11月	12月	1月	2月	3月	1年間合計
拘束時間	283	283	283	285	305	281	278	280	291	283	285	283	3,420

3．

	4月	5月	6月	7月	8月	9月	10月	11月	12月	1月	2月	3月	1年間合計
拘束時間	286	270	272	270	302	285	273	290	286	287	290	274	3,385

4．

	4月	5月	6月	7月	8月	9月	10月	11月	12月	1月	2月	3月	1年間合計
拘束時間	270	280	283	285	307	283	268	262	310	285	285	280	3,398

問４　下表の１～３は、貨物自動車運送事業に従事する自動車運転者（隔日勤務に就く運転者以外のもの。）の１年間における各月の拘束時間の例を示したものである。下表の空欄A、B、Cについて、次の選択肢ア～ウの拘束時間の組み合わせをあてはめた場合、「自動車運転者の労働時間等の改善のための基準」に**適合するものを選択肢ア～ウの中から１つ**選びなさい。なお、「１ヵ月についての拘束時間の延長に関する労使協定」があるものとし、下表に示された内容及び各選択肢に記載されている事項以外は考慮しないものとする。

１.

	4月	5月	6月	7月	8月	9月	10月	11月	12月	1月	2月	3月	Aを除く11ヵ月の拘束時間の合計
拘束時間（時間）	281	282	A	300	262	270	280	288	290	292	262	278	3085

２.

	4月	5月	6月	7月	8月	9月	10月	11月	12月	1月	2月	3月	Bを除く11ヵ月の拘束時間の合計
拘束時間（時間）	278	281	300	290	B	277	285	283	302	270	260	280	3106

３.

	4月	5月	6月	7月	8月	9月	10月	11月	12月	1月	2月	3月	Cを除く11ヵ月の拘束時間の合計
拘束時間（時間）	264	289	294	290	283	262	273	C	298	264	278	295	3090

☐		A（時間）	B（時間）	C（時間）
選択肢	ア	311	290	298
	イ	302	296	290
	ウ	292	292	294

問5　下表の１～３は、貨物自動車運送事業に従事する自動車運転者（隔日勤務に就く運転者以外のもの。）の１年間における各月の拘束時間の例を示したものである。下表の空欄A、B、Cについて、次の選択肢ア～ウの拘束時間の組み合わせをあてはめた場合、「自動車運転者の労働時間等の改善のための基準」に**適合するものを選択肢ア～ウの中から１つ**選びなさい。なお、解答にあたっては「１ヵ月についての拘束時間の延長に関する労使協定」があるものとし、下表に示された内容及び各選択肢に記載されている事項以外は考慮しないものとする。［R4_CBT改］

１．

	4月	5月	6月	7月	8月	9月	10月	11月	12月	1月	2月	3月	Aを除く11ヵ月の拘束時間の合計
拘束時間（時間）	276	285	278	292	A	286	278	280	298	280	279	278	3110

２．

	4月	5月	6月	7月	8月	9月	10月	11月	12月	1月	2月	3月	Bを除く11ヵ月の拘束時間の合計
拘束時間（時間）	287	270	280	285	292	285	272	B	288	277	295	280	3111

３．

	4月	5月	6月	7月	8月	9月	10月	11月	12月	1月	2月	3月	Cを除く11ヵ月の拘束時間の合計
拘束時間（時間）	266	289	280	290	283	287	273	282	285	270	C	287	3092

☐		A（時間）	B（時間）	C（時間）
選択肢	ア	288	286	300
	イ	312	284	303
	ウ	289	277	305

◆解答＆解説

※ **2 演習問題を解く前に** 「1ヵ月の拘束時間」参照。⇒301P

問1［解答　A－①，B－②，C－①，D－①］

改善基準第4条第1項①。

問2［解答　4］

改善基準第4条第1項①。

拘束時間は、1ヵ月について284時間を超えず、かつ、1年について3,300時間を超えないものとすること。ただし、労使協定がある場合には、1年のうち6ヵ月までは、1ヵ月について310時間まで延長することができ、かつ、1年について3,400時間まで延長することができる。なお、1ヵ月と1年の延長可能時間内であっても、1ヵ月について284時間を超える月が4ヵ月以上連続する場合は、改善基準違反となる。

1.

	4月	5月	6月	7月	8月	9月	10月	11月	12月	1月	2月	3月	1年間合計
拘束時間	281	283	294	283	282	283	295	283	294	283	283	283	**3,427**

◎拘束時間が284時間を超えている月は、6月・10月・12月の3ヵ月。

◎284時間を超える月は、4ヵ月以上連続していない。

◎拘束時間が310時間を超えている月はない。

◎1年についての拘束時間は**3,427時間**で、3,400時間を超えている。

結果 1年についての拘束時間が3,400時間を超えているため、**改善基準違反となる。**

2.

	4月	5月	6月	7月	8月	9月	10月	11月	12月	1月	2月	3月	1年間合計
拘束時間	270	279	276	275	274	275	298	265	**312**	284	305	283	3,396

◎拘束時間が284時間を超えている月は、10月・12月・2月の3ヵ月。

◎284時間を超える月は、4ヵ月以上連続していない。

◎**12月（312時間）**に拘束時間が310時間を超えている。

◎1年についての拘束時間は3,400時間を超えていない。

結果 12月（312時間）に拘束時間が310時間を超えているため、**改善基準違反となる。**

3.

	4月	5月	6月	7月	8月	9月	10月	11月	12月	1月	2月	3月	1年間合計
拘束時間	285	268	281	288	286	278	292	286	276	296	278	285	3,399

◎拘束時間が284時間を超えている月は、4月・7月・8月・10月・11月・1月・3月の**7ヵ月**。

◎284時間を超える月は、4ヵ月以上連続していない。

◎拘束時間が310時間を超えている月はない。

◎1年についての拘束時間は3,400時間を超えていない。

結果 1ヵ月の拘束時間が284時間を超える月が7ヵ月で、6ヵ月を超えているため、**改善基準違反となる。**

4.

	4月	5月	6月	7月	8月	9月	10月	11月	12月	1月	2月	3月	1年間合計
拘束時間	270	275	285	288	295	280	282	279	296	285	285	280	3,400

◎拘束時間が284時間を超えている月は、6月・7月・8月・12月・1月・2月の6ヵ月。

◎284時間を超える月は、4ヵ月以上連続していない。

◎拘束時間が310時間を超えている月はない。

◎1年についての拘束時間は3,400時間を超えていない。

◎労使協定により310時間まで延長できる期間の6ヵ月を超えていない。また、拘束時間が310時間を超えている月がなく、1年についての拘束時間も3,400時間を超えていないため、改善基準に適合している。

問3［解答　4］

改善基準第4条第1項①。

拘束時間は、1ヵ月について284時間を超えず、かつ、1年について3,300時間を超えないものとすること。ただし、労使協定がある場合には、1年のうち6ヵ月までは、1ヵ月について310時間まで延長することができ、かつ、1年について3,400時間まで延長することができる。なお、1ヵ月と1年の延長可能時間内であっても、1ヵ月について284時間を超える月が4ヵ月以上連続する場合は、改善基準違反となる。

1.

	4月	5月	6月	7月	8月	9月	10月	11月	12月	1月	2月	3月	1年間合計
拘束時間	271	282	285	275	309	275	272	261	**312**	285	280	283	3,390

◎拘束時間が284時間を超えている月は、6月・8月・12月・1月の4ヵ月。

◎284時間を超える月は、4ヵ月以上連続していない。

◎12月（312時間）に拘束時間が310時間を超えている。

◎1年についての拘束時間は3,400時間を超えていない。

結果 12月（312時間）に拘束時間が310時間を超えているため、**改善基準違反となる。**

2.

	4月	5月	6月	7月	8月	9月	10月	11月	12月	1月	2月	3月	1年間合計
拘束時間	283	283	283	285	305	281	278	280	291	283	285	283	**3,420**

◎拘束時間が284時間を超えている月は、7月・8月・12月・2月の4ヵ月。

◎284時間を超える月は、4ヵ月以上連続していない。

◎拘束時間が310時間を超えている月はない。

◎1年についての拘束時間は3,420時間で、3,400時間を超えている。

結果 1年についての拘束時間が3,400時間を超えているため、**改善基準違反となる。**

3.

	4月	5月	6月	7月	8月	9月	10月	11月	12月	1月	2月	3月	1年間合計
拘束時間	286	270	272	270	302	285	273	290	286	287	290	274	3,385

◎拘束時間が284時間を超えている月は、４月・８月・９月・11月・12月・１月・２月の７ヵ月。

◎284時間を超える月が、11月・12月・１月・２月と４ヵ月連続している。

◎拘束時間が310時間を超えている月はない。

◎１年についての拘束時間は3,400時間を超えていない。

結果　１ヵ月の拘束時間が284時間を超える月が７ヵ月で、６ヵ月を超えている。また、284時間を超える月が４カ月以上連続しているため、**改善基準違反となる。**

4.

	4月	5月	6月	7月	8月	9月	10月	11月	12月	1月	2月	3月	1年間合計
拘束時間	270	280	283	285	307	283	268	262	310	285	285	280	3,398

◎拘束時間が284時間を超えている月は、７月・８月・12月・１月・２月の５ヵ月。

◎284時間を超える月は、４ヵ月以上連続していない。

◎拘束時間が310時間を超えている月はない。

◎１年についての拘束時間は3,400時間を超えていない。

結果　労使協定により310時間まで延長できる期間の６ヵ月を超えていない。また、拘束時間が310時間を超えている月がなく、１年についての拘束時間も3,400時間を超えていないため、改善基準に適合している。

問４［解答　ウ］

改善基準第４条第１項①。

拘束時間は、１ヵ月について284時間を超えず、かつ、１年について3,300時間を超えないものとすること。ただし、労使協定がある場合には、１年のうち６ヵ月までは、１ヵ月について310時間まで延長することができ、かつ、１年について3,400時間まで延長することができる。なお、１ヵ月と１年の延長可能時間内であっても、１ヵ月について284時間を超える月が４ヵ月以上連続する場合は、改善基準違反となる。

※この時点で、選択肢アのＡが311時間であり、最大延長時間の310時間を超えているため、選択肢アは除外できる。

はじめに１～３について、310時間まで延長できる月が残っているかどうか及び3,400時間まで何時間残っているかを考える。

1.

	4月	5月	6月	7月	8月	9月	10月	11月	12月	1月	2月	3月	Ａを除く11ヵ月の拘束時間の合計
拘束時間（時間）	281	282	A	**300**	262	270	280	**288**	**290**	**292**	262	278	3085

◎拘束時間が284時間を超えている月は、７月・11月・12月・１月の４ヵ月であり、延長できる月は２ヵ月残っている。

◎Ａを除く11ヶ月の拘束時間の合計は3,085時間であるため、3,400時間－3,085時間で残りは、315時間。

2.

拘束時間（時間）	4月	5月	6月	7月	8月	9月	10月	11月	12月	1月	2月	3月	Bを除く11ヵ月の拘束時間の合計
	278	281	**300**	**290**	B	277	**285**	283	**302**	270	260	280	3106

◎拘束時間が284時間を超えている月は、６月・７月・10月・12月の４ヵ月であり、延長できる月は２ヵ月残っている。

◎Ｂを除く11ヵ月の拘束時間の合計は3,106時間であるため、3,400時間－3,106時間で残りは、294時間。

3.

拘束時間（時間）	4月	5月	6月	7月	8月	9月	10月	11月	12月	1月	2月	3月	Cを除く11ヵ月の拘束時間の合計
	264	**289**	**294**	**290**	283	262	273	C	**298**	264	278	**295**	3090

◎拘束時間が284時間を超えている月は、５月・６月・７月・12月・３月の５ヵ月であり、延長できる月は１ヵ月残っている。

◎Ｃを除く11ヵ月の拘束時間の合計は3,090時間であるため、3,400時間－3,090時間で残りは、310時間。

ここで条件をまとめると、

Ａは310時間まで延長できる月であり、3,400時間までの残り時間は315時間のため、Ａに入る時間は**310時間以下**となる。

Ｂは310時間まで延長できる月であり、3,400時間までの残り時間は294時間のため、Ｂに入る時間は**294時間以下**となる。

※この時点で、選択肢イのＢが296時間であり、294時間を超えているため、選択肢イは除外できる。

Ｃは310時間まで延長できる月であり、3,400時間までの残り時間は310時間のため、Ｃに入る時間は**310時間以下**となる。

結果 選択肢アは、Ａが**311時間**であり、310時間を超えているため、除外となる。
選択肢イは、Ｂが**296時間**であり、294時間を超えているため、除外となる。
したがって、ＡＢＣの条件を全て満たしている「選択肢ウ」が正解となる。

問５［解答　ウ］

改善基準第４条第１項①。

拘束時間は、１ヵ月について284時間を超えず、かつ、１年について3,300時間を超えないものとすること。ただし、労使協定がある場合には、１年のうち６ヵ月までは、１ヵ月について310時間まで延長することができ、かつ、１年について3,400時間まで延長することができる。なお、１ヵ月と１年の延長可能時間内であっても、１ヵ月について284時間を超える月が４ヵ月以上連続する場合は、改善基準違反となる。

※この時点で、選択肢イのＡが312時間であり、最大延長時間の310時間を超えているため、選択肢イは除外できる。

はじめに１～３について、310時間まで延長できる月が残っているかどうか及び3,400時間まで何時間残っているかを考える。

１．

拘束時間（時間）	4月	5月	6月	7月	8月	9月	10月	11月	12月	1月	2月	3月	Aを除く11ヵ月の拘束時間の合計
	276	**285**	278	**292**	A	**286**	278	280	**298**	280	279	278	3110

◎拘束時間が284時間を超えている月は、５月・７月・９月・12月の４ヵ月であり、延長できる月は２ヵ月残っている。

◎Ａを除く11ヵ月の拘束時間の合計は3,110時間であるため、3,400時間－3,110時間で残りは、290時間。

２．

拘束時間（時間）	4月	5月	6月	7月	8月	9月	10月	11月	12月	1月	2月	3月	Bを除く11ヵ月の拘束時間の合計
	287	270	280	**285**	**292**	**285**	272	B	**288**	277	**295**	280	3111

◎拘束時間が284時間を超えている月は、４月・７月・８月・９月・12月・２月の６ヵ月であり、延長できる月は残っていない。

◎Ｂを除く11ヵ月の拘束時間の合計は3,111時間であるため、3,400時間－3,111時間で残りは、289時間。

３．

拘束時間（時間）	4月	5月	6月	7月	8月	9月	10月	11月	12月	1月	2月	3月	Cを除く11ヵ月の拘束時間の合計
	266	**289**	280	**290**	283	**287**	273	282	**285**	270	C	**287**	3092

◎拘束時間が284時間を超えている月は、５月・７月・９月・12月・３月の５ヵ月であり、延長できる月は１ヵ月残っている。

◎Ｃを除く11ヵ月の拘束時間の合計は3,092時間であるため、3,400時間－3,092時間で残りは、308時間。

ここで条件をまとめると、

Ａは310時間まで延長できる月であり、3,400時間までの残り時間は290時間のため、Ａに入る時間は**290時間以下**となる。

Ｂは310時間まで延長できない月であり、3,400時間までの残り時間は289時間のため、Ｂに入る時間は**284時間以下**となる。

※この時点で、選択肢アのＢが286時間であり、284時間を超えているため、選択肢アは除外できる。

Ｃは310時間まで延長できる月であり、3,400時間までの残り時間は308時間のため、Ｃに入る時間は**308時間以下**となる。

結果　ＡＢＣの条件を全て満たしている「選択肢ウ」が正解となる。

4　演習問題（1日の拘束時間）

問1　「自動車運転者の労働時間等の改善のための基準」等に定める貨物自動車運送事業に従事する自動車運転者の拘束時間及び休息期間についての次の文中、A、B、C、Dに入るべき字句を下の**枠内の選択肢（1～8）**から選びなさい。ただし、1人乗務で、フェリーには乗船しないものとし、また、隔日勤務に就く場合には該当しないものとする。

☐ 1．1日（始業時刻から起算して24時間をいう。以下同じ。）についての拘束時間は、（A）を超えないものとし、当該拘束時間を延長する場合であっても、1日についての拘束時間の限度（最大拘束時間）は、（B）とすること。この場合において、1日についての拘束時間が14時間を超える回数をできるだけ少なくするように努めるものとすること。（目安としては、1週間について（C）までとすること。

2．業務の必要上、勤務の終了後継続（D）以上の休息期間を与えることが困難な場合には、当分の間、一定期間における全勤務回数の2分の1を限度に、休息期間を拘束時間の途中及び拘束時間の経過直後に分割して与えることができるものとする。

1．2回	2．3回	3．8時間	4．9時間
5．13時間	6．14時間	7．15時間	8．16時間

問2　下図は、貨物自動車運送事業に従事する自動車運転者（1人乗務で隔日勤務に就く運転者以外のもの。）の5日間の勤務状況の例を示したものであるが、次の1～4の拘束時間のうち、「自動車運転者の労働時間等の改善のための基準」等における1日についての拘束時間として、**正しいものを1つ**選びなさい。なお、解答にあたっては、下図に示された内容及び各選択肢に記載されている事項以外は考慮しないものとする。

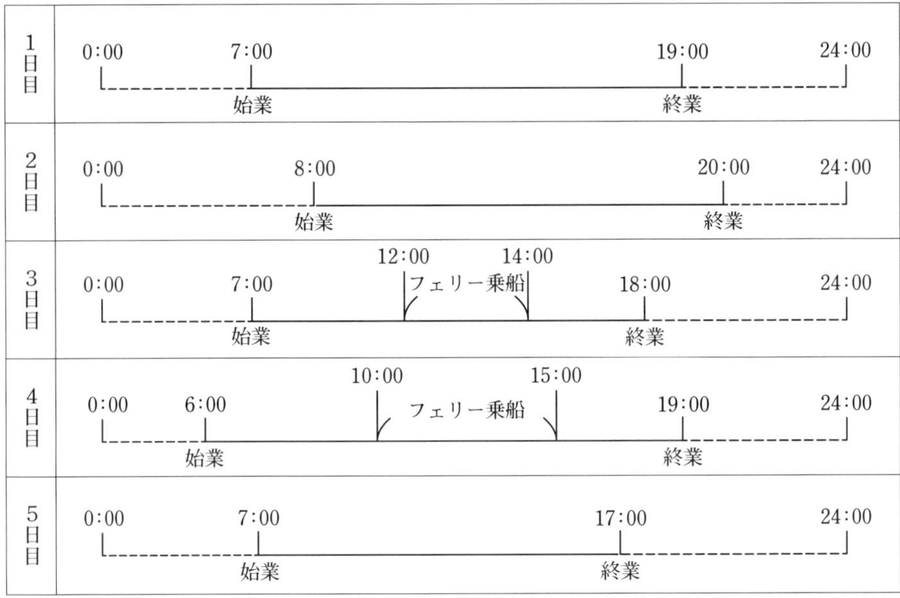

☐
1．1日目：11時間　2日目：12時間　3日目：12時間　4日目：10時間
2．1日目：12時間　2日目：13時間　3日目：8時間　4日目：8時間
3．1日目：12時間　2日目：13時間　3日目：10時間　4日目：8時間
4．1日目：12時間　2日目：12時間　3日目：11時間　4日目：10時間

問３　下図は、貨物自動車運送事業に従事する自動車運転者（１人乗務で隔日勤務に就く運転者以外のもの。）の５日間の勤務状況の例を示したものであるが、次の１～４の拘束時間のうち、「自動車運転者の労働時間等の改善のための基準」における１日についての拘束時間として、**正しいものを１つ**選びなさい。なお、解答にあたっては、下図に示された内容及び各選択肢に記載されている事項以外は考慮しないものとする。［R2_CBT改］

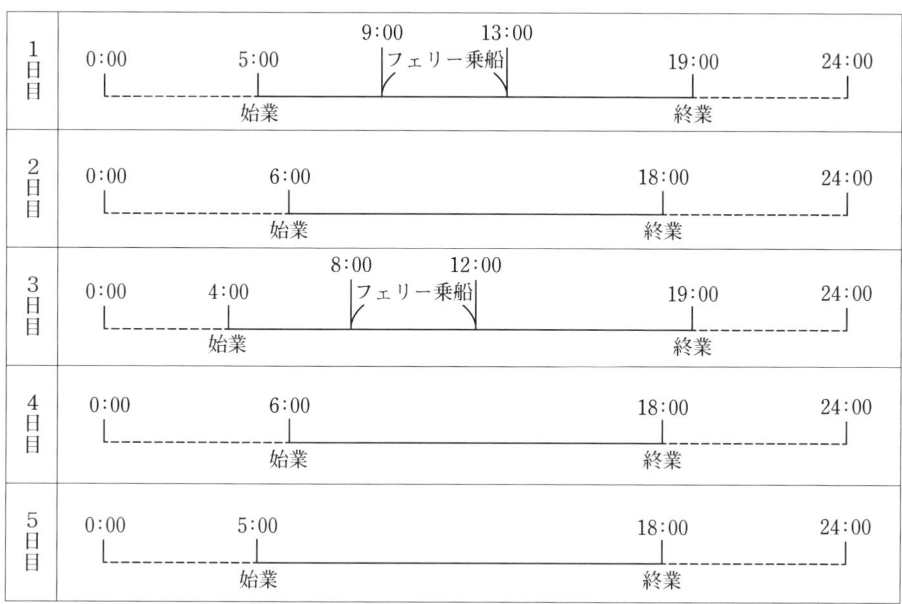

□ １．１日目：14時間　２日目：12時間　３日目：15時間　４日目：12時間
２．１日目：10時間　２日目：12時間　３日目：11時間　４日目：12時間
３．１日目：10時間　２日目：14時間　３日目：11時間　４日目：13時間
４．１日目：14時間　２日目：14時間　３日目：15時間　４日目：13時間

問４　下図は、貨物自動車運送事業に従事する自動車運転者の１週間の勤務状況の例を示したものであるが、「自動車運転者の労働時間等の改善のための基準」（以下「改善基準告示」という。）に定める拘束時間等に関する次の記述のうち、**誤っているものを１つ**選びなさい。ただし、すべて１人乗務の場合とする。なお、解答にあたっては、下図に示された内容及び各選択肢に記載されている事項以外は考慮しないものとする。［R3. 3改］

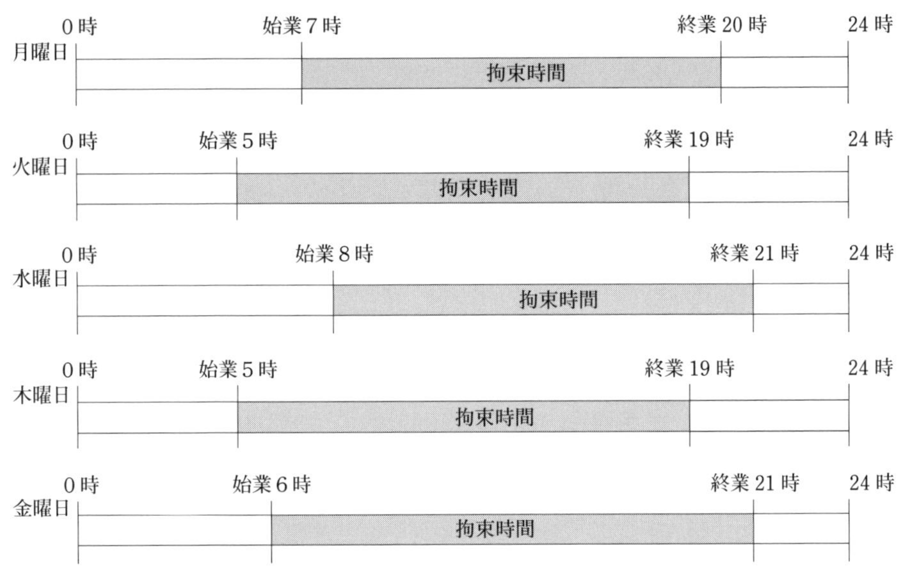

注）土曜日及び日曜日は休日とする。

☐　1．１日についての拘束時間が改善基準告示に定める最大拘束時間に違反する勤務がある。

2．勤務終了後の休息期間が改善基準告示に違反するものがある。

3．１日についての拘束時間が14時間を超えることができる１週間についての回数は、改善基準告示に違反している。

4．木曜日に始まる勤務の１日についての拘束時間は、この１週間の勤務の中で１日についての拘束時間が最も長い。

問5　下図は、貨物自動車運送事業に従事する自動車運転者の１週間の勤務状況の例を示したものであるが、「自動車運転者の労働時間等の改善のための基準」（以下「改善基準告示」という。）に定める拘束時間等に関する次の記述のうち、**誤っているものを１つ**選びなさい。ただし、すべて１人乗務の場合とする。なお、解答にあたっては、下図に示された内容及び各選択肢に記載されている事項以外は考慮しないものとする。

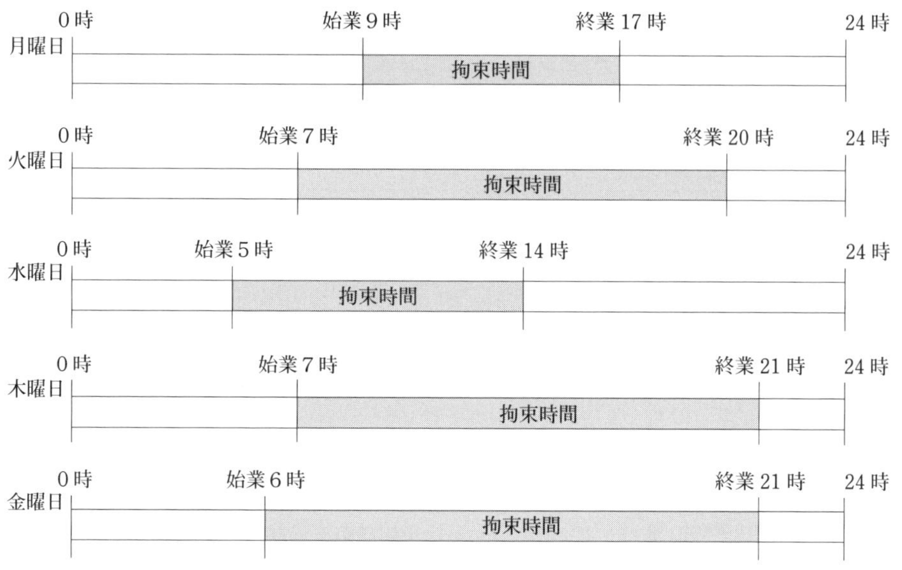

注）土曜日及び日曜日は休日とする。

1．１日についての拘束時間が改善基準告示に定める最大拘束時間に違反する勤務はない。

2．１日についての拘束時間が14時間を超えることができる１週間についての回数は、改善基準告示に違反していない。

3．勤務終了後の休息期間は、改善基準告示に違反しているものはない。

4．水曜日に始まる勤務の１日についての拘束時間は、この１週間の勤務の中で１日についての拘束時間が最も短い。

◆解答＆解説

※ 2 演習問題を解く前に 「１日の拘束時間」参照。⇒303P

問１［解答　Ａ－５，Ｂ－７，Ｃ－１，Ｄ－４］

１．改善基準第４条第１項③。

２．改善基準第４条第４項①。

問２［解答　３］

改善基準第４条第１項③・第４項④。

貨物自動車運送事業の運転者のフェリー乗船時間（乗船時刻から下船時刻まで）は、原則として休息期間として取り扱う。よって、フェリー乗船がある日は、拘束時間からフェリー乗船時間分を差し引かなければならない。

各日の拘束時間は、次のとおり。

１日目	拘束時間	12時間	12時間（始業７時～終業19時）
２日目	拘束時間	13時間	12時間（始業８時～終業20時）＋翌日１時間
３日目	拘束時間	10時間	11時間（始業７時～終業18時）－２時間（12時～14時）＋翌日１時間
４日目	拘束時間	８時間	13時間（始業６時～終業19時）－５時間（10時～15時）

問３［解答　３］

改善基準第４条第１項③・第４項④。

貨物自動車運送事業の運転者のフェリー乗船時間（乗船時刻から下船時刻まで）は、原則として休息期間として取り扱う。よって、フェリー乗船がある日は、拘束時間からフェリー乗船時間分を差し引かなければならない。

各日の拘束時間は、次のとおり。

１日目	拘束時間	10時間	14時間（始業５時～終業19時）－４時間（９時～13時）
２日目	拘束時間	14時間	12時間（始業６時～終業18時）＋翌日２時間
３日目	拘束時間	11時間	15時間（始業４時～終業19時）－４時間（８時～12時）
４日目	拘束時間	13時間	12時間（始業６時～終業18時）＋翌日１時間

問４［解答　４］

改善基準第４条第１項③・⑤。

各日の拘束時間と休息期間は、次のとおり。

月	拘束時間	15時間（13時間（始業７時～終業20時）＋翌日２時間）
	休息期間	９時間（月曜終業20時～火曜始業５時）
火	拘束時間	14時間（始業５時～終業19時）
	休息期間	13時間（火曜終業19時～水曜始業８時）

水	拘束時間	16時間（13時間（始業８時～終業21時）＋翌日３時間）
	休息期間	８時間（水曜終業21時～木曜始業５時）
木	拘束時間	14時間（始業５時～終業19時）
	休息期間	11時間（木曜終業19時～金曜始業６時）
金	拘束時間	15時間（始業６時～終業21時）

1．改善基準に定める１日についての最大拘束時間は15時間である。水曜日の拘束時間が16時間で最大拘束時間の15時間を超えているため、最大拘束時間に違反する勤務がある。
2．勤務終了後の休息期間は継続して９時間以上であること。水曜日の休息期間が８時間で９時間未満であるため、改善基準に違反している。
3．１日についての拘束時間が14時間を超える回数は、１週間について２回以内が目安とされている。月曜日～金曜日までのうち14時間を超えるのは、月曜日（15時間）、水曜日（16時間）、金曜（15時間）の計３回となり、改善基準に違反している。
4．水曜日の拘束時間が16時間で、月曜日～金曜日のうち、最も拘束時間が長い。

問５［解答　２］

改善基準第４条第１項③・⑤。

各日の拘束時間と休息期間は、次のとおり。

月	拘束時間	10時間（８時間（始業９時～終業17時）＋翌日２時間）
	休息期間	14時間（月曜終業17時～火曜始業７時）
火	拘束時間	15時間（13時間（始業７時～終業20時）＋翌日２時間）
	休息期間	９時間（火曜終業20時～水曜始業５時）
水	拘束時間	９時間（始業５時～終業14時）
	休息期間	17時間（水曜終業14時～木曜始業７時）
木	拘束時間	15時間（14時間（始業７時～終業21時）＋翌日１時間）
	休息期間	９時間（木曜終業21時～金曜始業６時）
金	拘束時間	15時間（始業６時～終業21時）

1．改善基準に定める１日についての最大拘束時間は15時間である。月曜日～金曜日までの拘束時間はいずれも15時間を超えていないため、最大拘束時間に違反する勤務はない。
2．１日についての拘束時間が14時間を超える回数は、１週間について２回以内が目安とされている。月曜日～金曜日までのうち14時間を超えるのは、火曜日（15時間）、木曜日（15時間）、金曜日（15時間）の計３回となり、改善基準告示に違反している。
3．勤務終了後の休息期間は継続して９時間以上であること。月曜日～木曜日の休息期間は、すべて９時間以上であるため、改善基準告示に違反していない。
4．水曜日の拘束時間は９時間である。月曜日～金曜日のうち、拘束時間が最も短い。

5　演習問題（2日平均の運転時間）

問1　下表は、貨物自動車運送事業に従事する自動車運転者の5日間の運転時間の例を示したものであるが、5日間すべての日を特定日とした2日を平均し1日当たりの運転時間が「自動車運転者の労働時間等の改善のための基準」に**違反しているものをすべて**選びなさい。なお、解答にあたっては、下図に示された内容及び各選択肢に記載されている事項以外は考慮しないものとする。

☐ 1.

	休日	1日目	2日目	3日目	4日目	5日目	休日
運転時間	―	7時間	8時間	10時間	11時間	7時間	―

2.

	休日	1日目	2日目	3日目	4日目	5日目	休日
運転時間	―	8時間	9時間	8時間	11時間	9時間	―

3.

	休日	1日目	2日目	3日目	4日目	5日目	休日
運転時間	―	8時間	11時間	8時間	7時間	9時間	―

4.

	休日	1日目	2日目	3日目	4日目	5日目	休日
運転時間	―	7時間	9時間	10時間	9時間	7時間	―

問2　下表は、貨物自動車運送事業に従事する自動車運転者の5日間の運転時間の例を示したものであるが、5日間すべての日を特定日とした2日を平均し1日当たりの運転時間が「自動車運転者の労働時間等の改善のための基準」に**違反しているものをすべて**選びなさい。なお、解答にあたっては、下図に示された内容及び各選択肢に記載されている事項以外は考慮しないものとする。〔R3. 3改〕

□　1.

	休日	1日目	2日目	3日目	4日目	5日目	休日
運転時間	－	10時間	7時間	11時間	10時間	8時間	－

2.

	休日	1日目	2日目	3日目	4日目	5日目	休日
運転時間	－	7時間	8時間	9時間	10時間	9時間	－

3.

	休日	1日目	2日目	3日目	4日目	5日目	休日
運転時間	－	8時間	9時間	10時間	9時間	8時間	－

4.

	休日	1日目	2日目	3日目	4日目	5日目	休日
運転時間	－	10時間	9時間	9時間	9時間	10時間	－

問3　下表は、貨物自動車運送事業に従事する自動車運転者の2週間の運転時間の例を示したものであるが、下表のすべての日を特定日として2日を平均した1日当たりの運転時間及び2週間を平均した1週間当たりの運転時間がともに「自動車運転者の労働時間等の改善のための基準」に**適合しているものを1つ**選びなさい。なお、解答にあたっては、下図に示された内容及び各選択肢に記載されている事項以外は考慮しないものとする。

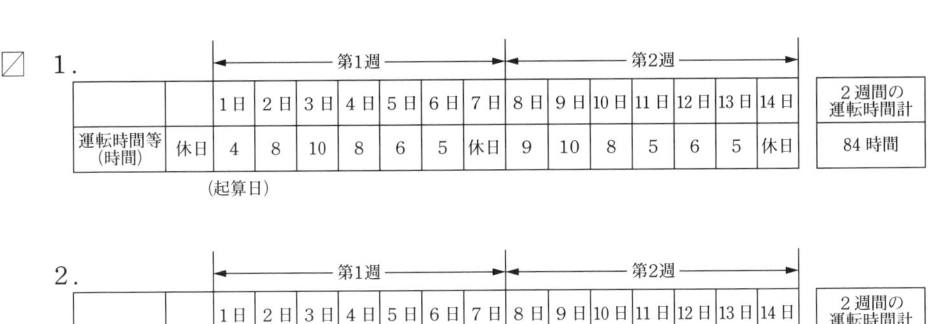

☐ 1.

		第1週							第2週							
		1日	2日	3日	4日	5日	6日	7日	8日	9日	10日	11日	12日	13日	14日	2週間の運転時間計
運転時間等（時間）	休日	4	8	10	8	6	5	休日	9	10	8	5	6	5	休日	84時間
		（起算日）														

2.

		第1週							第2週							
		1日	2日	3日	4日	5日	6日	7日	8日	9日	10日	11日	12日	13日	14日	2週間の運転時間計
運転時間等（時間）	休日	9	7	5	9	11	9	休日	7	9	6	5	7	4	休日	88時間
		（起算日）														

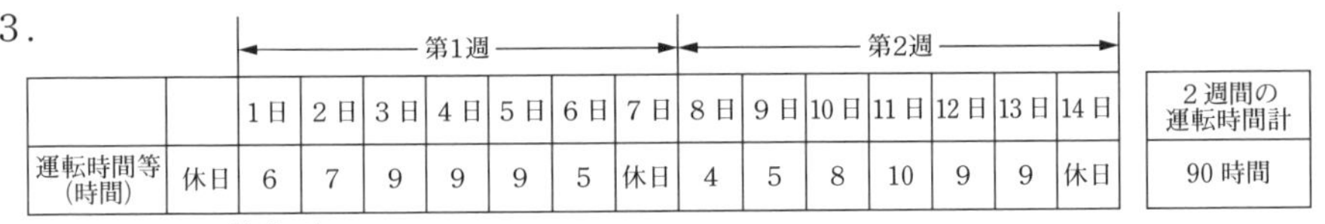

3.

		第1週							第2週							
		1日	2日	3日	4日	5日	6日	7日	8日	9日	10日	11日	12日	13日	14日	2週間の運転時間計
運転時間等（時間）	休日	6	7	9	9	9	5	休日	4	5	8	10	9	9	休日	90時間
		（起算日）														

4.

		第1週							第2週							
		1日	2日	3日	4日	5日	6日	7日	8日	9日	10日	11日	12日	13日	14日	2週間の運転時間計
運転時間等（時間）	休日	9	10	8	6	6	7	休日	7	6	8	10	8	5	休日	90時間
		（起算日）														

◆解答＆解説

※ **2 演習問題を解く前に** 「2日平均の運転時間」参照。⇒306P

問1 ［解答　2，3，4］

改善基準第4条第1項⑥。

「特定日の前日＋特定日」及び「特定日＋特定日の翌日」の平均運転時間がともに9時間を超えている場合に改善基準違反となる。いずれか一方の平均運転時間が9時間以内の場合は改善基準違反とならない。

1．2日を平均した1日当たりの運転時間は以下のとおり。

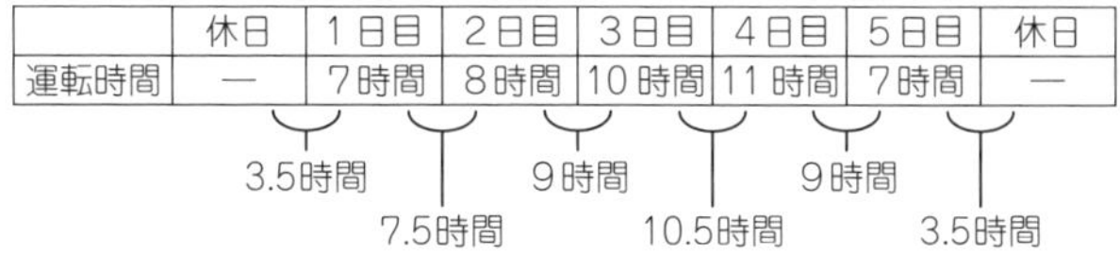

	休日	1日目	2日目	3日目	4日目	5日目	休日
運転時間	―	7時間	8時間	10時間	11時間	7時間	―

◎5日間すべての日を特定日としても、2日を平均して1日当たり9時間を超える日はない。

2．2日を平均した1日当たりの運転時間は以下のとおり。

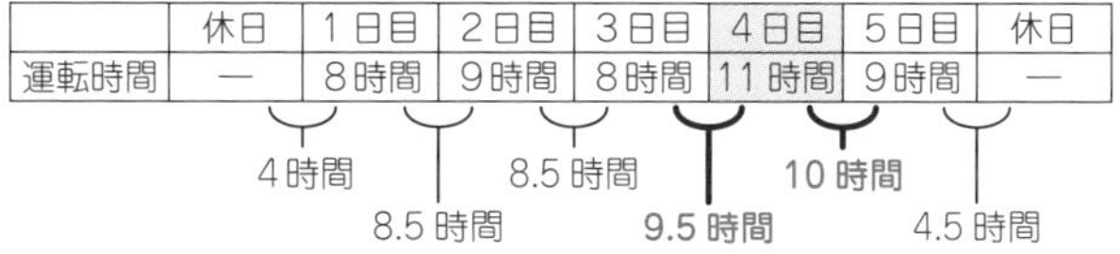

	休日	1日目	2日目	3日目	4日目	5日目	休日
運転時間	―	8時間	9時間	8時間	11時間	9時間	―

◎4日目を特定日とした場合、「特定日の前日（8時間）と特定日（11時間）」の平均運転時間は**9.5時間**。「特定日（11時間）と特定日の翌日（9時間）」の平均運転時間は**10時間**となり、いずれも9時間を超えているので、改善基準違反となる。

3．2日を平均した1日当たりの運転時間は以下のとおり。

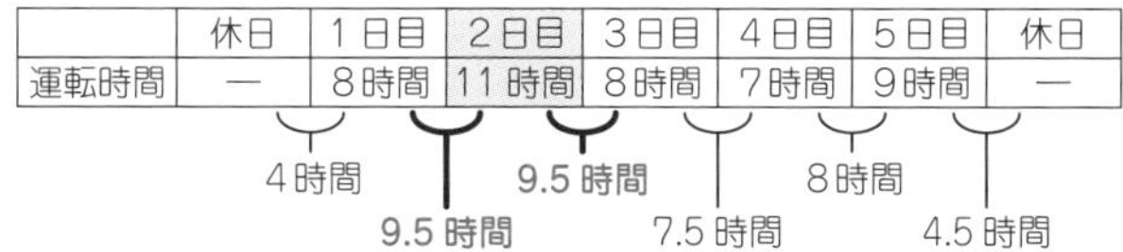

	休日	1日目	2日目	3日目	4日目	5日目	休日
運転時間	―	8時間	11時間	8時間	7時間	9時間	―

◎2日目を特定日とした場合、「特定日の前日（8時間）と特定日（11時間）」の平均運転時間は**9.5時間**。「特定日（11時間）と特定日の翌日（8時間）」の平均運転時間も**9.5時間**となり、いずれも9時間を超えているので、改善基準違反となる。

4．2日を平均した1日当たりの運転時間は以下のとおり。

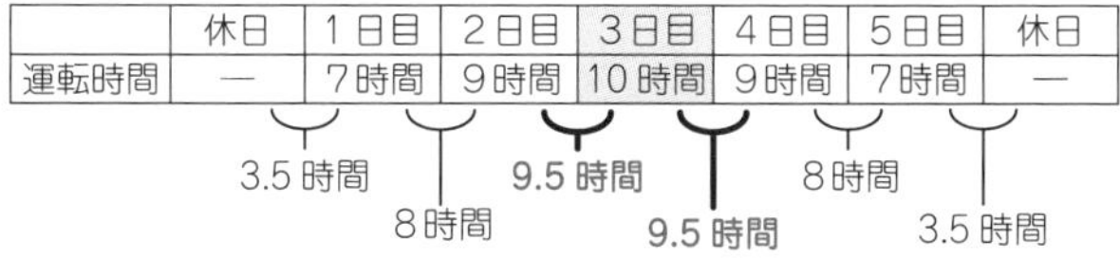

	休日	1日目	2日目	3日目	4日目	5日目	休日
運転時間	―	7時間	9時間	10時間	9時間	7時間	―

◎3日目を特定日とした場合、「特定日の前日（9時間）と特定日（10時間）」の平均運転時間は**9.5時間**。「特定日（10時間）と特定日の翌日（9時間）」の平均運転時間も**9.5時間**となり、いずれも9時間を超えているので、改善基準違反となる。

問2［解答　2，3］

改善基準第4条第1項⑥。

「特定日の前日＋特定日」及び「特定日＋特定日の翌日」の平均運転時間がともに9時間を超えている場合に改善基準違反となる。いずれか一方の平均運転時間が9時間以内の場合は改善基準違反とならない。

1．2日を平均した1日当たりの運転時間は以下のとおり。

	休日	1日目	2日目	3日目	4日目	5日目	休日
運転時間	—	10時間	7時間	11時間	10時間	8時間	—

◎5日間すべての日を特定日としても、2日を平均して1日当たり9時間を超える日はない。

2．2日を平均した1日当たりの運転時間は以下のとおり。

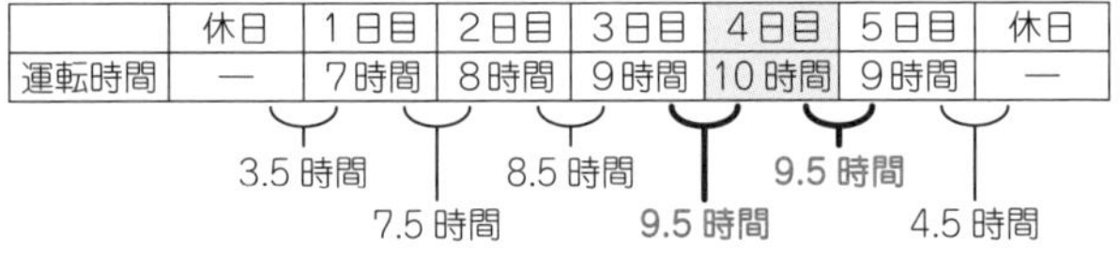

	休日	1日目	2日目	3日目	4日目	5日目	休日
運転時間	—	7時間	8時間	9時間	10時間	9時間	—

◎4日目を特定日とした場合、「特定日の前日（9時間）と特定日（10時間）」の平均運転時間は**9.5時間**。「特定日（10時間）と特定日の翌日（9時間）」の平均運転時間も**9.5時間**となり、いずれも9時間を超えているので、改善基準違反となる。

3．2日を平均した1日当たりの運転時間は以下のとおり。

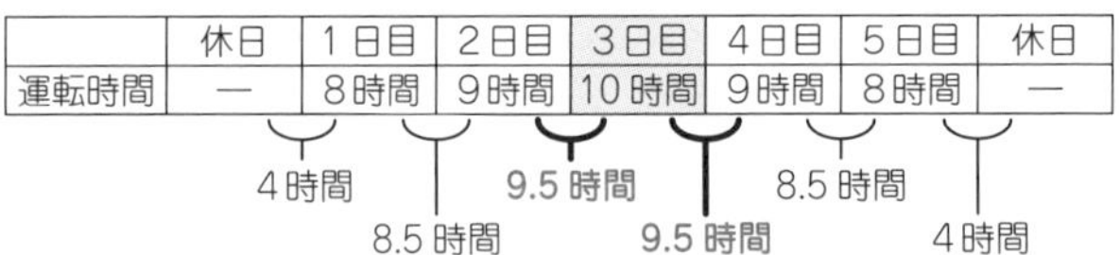

	休日	1日目	2日目	3日目	4日目	5日目	休日
運転時間	—	8時間	9時間	10時間	9時間	8時間	—

◎3日目を特定日とした場合、「特定日の前日（9時間）と特定日（10時間）」の平均運転時間は**9.5時間**。「特定日（10時間）と特定日の翌日（9時間）」の平均運転時間も**9.5時間**となり、いずれも9時間を超えているので、改善基準違反となる。

4．２日を平均した１日当たりの運転時間は以下のとおり。

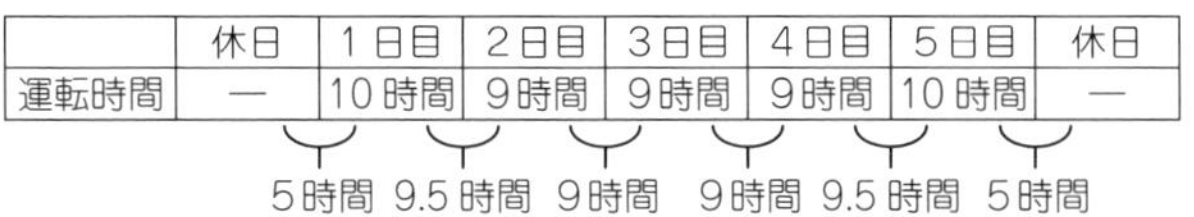

	休日	１日目	２日目	３日目	４日目	５日目	休日
運転時間	—	10 時間	９時間	９時間	９時間	10 時間	—

◎５日間すべての日を特定日としても、２日を平均して１日当たり９時間を超える日はない。

問３［解答　1］

改善基準第４条第１項⑥。

「特定日の前日＋特定日」及び「特定日＋特定日の翌日」の平均運転時間がともに９時間を超えない」及び「２週間を平均し１週間当たりの運転時間が44時間以内」であれば改善基準違反とはならない。

1．

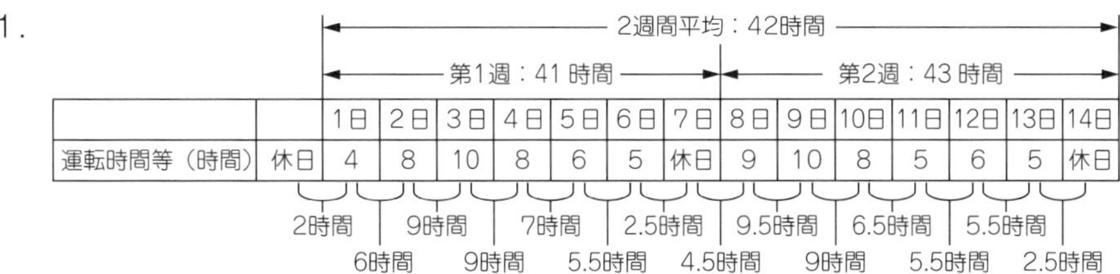

		1日	2日	3日	4日	5日	6日	7日	8日	9日	10日	11日	12日	13日	14日
運転時間等（時間）	休日	4	8	10	8	6	5	休日	9	10	8	5	6	5	休日

◎すべての日を特定日としても、２日を平均して１日当たり９時間を超える日はない。

◎２週間の運転時間の平均は84時間÷２＝42時間となり、44時間を超えていない。

◎２日を平均した１日当たりの運転時間及び２週間を平均した１週間当たりの運転時間は、ともに改善基準に適合している。

2．

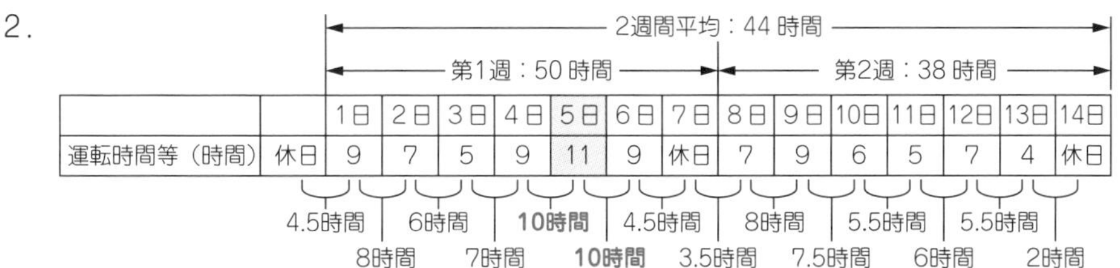

		1日	2日	3日	4日	5日	6日	7日	8日	9日	10日	11日	12日	13日	14日
運転時間等（時間）	休日	9	7	5	9	11	9	休日	7	9	6	5	7	4	休日

◎５日を特定日とした場合、「特定日の前日（９時間）と特定日（11時間）」の平均運転時間は**10時間**。「特定日（11時間）と特定日の翌日（９時間）」の平均運転時間も**10時間**となり、いずれも９時間を超えているので、**改善基準違反となる**。

◎２週間の運転時間の平均は88時間÷２＝44時間となり、44時間を超えていないので、改善基準に違反していない。

3．

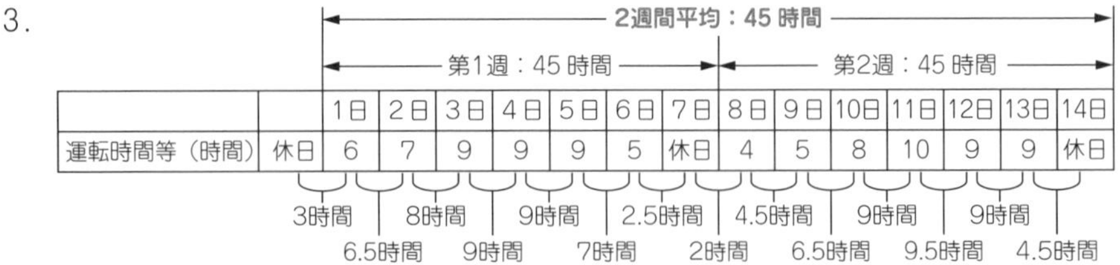

		1日	2日	3日	4日	5日	6日	7日	8日	9日	10日	11日	12日	13日	14日
運転時間等（時間）	休日	6	7	9	9	9	5	休日	4	5	8	10	9	9	休日

◎すべての日を特定日としても、２日を平均して１日当たり９時間を超える日はない。

◎２週間の運転時間の平均は90時間÷２＝**45時間**となり、44時間を超えているので、**改善基準違反となる。**

4．

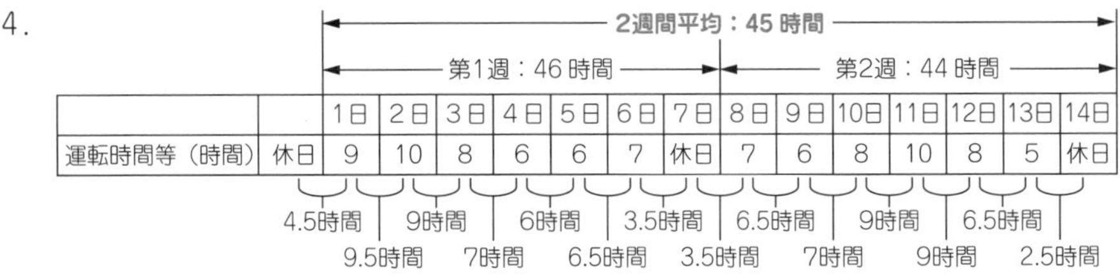

		1日	2日	3日	4日	5日	6日	7日	8日	9日	10日	11日	12日	13日	14日
運転時間等（時間）	休日	9	10	8	6	6	7	休日	7	6	8	10	8	5	休日

◎すべての日を特定日としても、２日を平均して１日当たり９時間を超える日はない。

◎２週間の運転時間の平均は90時間÷２＝**45時間**となり、44時間を超えているので、**改善基準違反となる。**

6 演習問題（連続運転時間）

問１　下図は、貨物自動車運送事業に従事する自動車運転者の運転時間及び休憩時間の例を示したものであるが、このうち、連続運転の中断方法として「自動車運転者の労働時間等の改善のための基準」（以下、改善基準告示とする。）に**適合しているものを２つ**選びなさい。なお、当該運行においては、高速自動車国道及び自動車専用道路を通行していないものとし、改善基準告示に定める予期し得ない事象への対応時間はないものとする。［R3_CBT］

☐ 1.

乗務開始	運転	休憩	運転	休憩	運転	休憩	運転	休憩	運転	休憩	運転	休憩	運転	乗務終了
	30分	10分	３時間	10分	30分	10分	１時間	30分	１時間30分	10分	２時間	10分	30分	

2.

乗務開始	運転	休憩	運転	休憩	運転	休憩	運転	休憩	運転	休憩	運転	休憩	運転	乗務終了
	２時間	10分	１時間30分	20分	１時間	10分	２時間	10分	１時間	10分	１時間	５分	２時間	

3.

乗務開始	運転	休憩	運転	休憩	運転	休憩	運転	休憩	運転	休憩	運転	休憩	運転	乗務終了
	２時間	10分	１時間30分	20分	１時間	10分	２時間	30分	１時間	10分	１時間30分	10分	２時間	

4.

乗務開始	運転	休憩	運転	休憩	運転	休憩	運転	休憩	運転	休憩	運転	休憩	運転	乗務終了
	１時間	10分	１時間30分	15分	１時間	５分	１時間	30分	２時間	20分	１時間30分	10分	２時間	

問2 下図は、貨物自動車運送事業に従事する自動車運転者の運転時間及び休憩時間の例を示したものであるが、このうち、連続運転の中断方法として「自動車運転者の労働時間等の改善のための基準」（以下、改善基準告示とする。）に**適合しているものを２つ**選びなさい。なお、当該運行においては、高速自動車国道及び自動車専用道路を通行していないものとし、改善基準告示に定める予期し得ない事象への対応時間はないものとする。

☐ 1.

乗務開始	運転	休憩	運転	休憩	運転	休憩	運転	休憩	運転	休憩	運転	休憩	運転	乗務終了
	30分	10分	2時間	15分	30分	10分	1時間30分	1時間	2時間	15分	1時間30分	10分	1時間	

2.

乗務開始	運転	休憩	運転	休憩	運転	休憩	運転	休憩	運転	休憩	運転	休憩	運転	乗務終了
	1時間	15分	2時間	10分	1時間	15分	1時間	1時間	1時間30分	10分	1時間	5分	30分	

3.

乗務開始	運転	休憩	運転	休憩	運転	休憩	運転	休憩	運転	休憩	運転	休憩	運転	乗務終了
	2時間	10分	1時間30分	10分	30分	10分	1時間	1時間	1時間	10分	1時間	10分	2時間	

4.

乗務開始	運転	休憩	運転	休憩	運転	休憩	運転	休憩	運転	休憩	運転	休憩	運転	乗務終了
	1時間	10分	1時間30分	15分	30分	5分	1時間30分	1時間	2時間	10分	1時間30分	10分	30分	

◆解答＆解説

※ **2 演習問題を解く前に** 「連続運転時間」参照。⇒307P

問1 ［解答　1，2］

改善基準第４条第１項⑦。

連続運転時間とは、「１回がおおむね連続10分以上で、かつ、合計が30分以上の運転の中断をすることなく連続して運転する時間」をいう。そのため、改善基準で規定されている連続運転時間は合計４時間までであるが、運転時間が合計４時間にならなくても、中断時間が合計30分以上を満たした場合、連続運転時間は一区切りされる。また、休憩５分は「おおむね10分以上」と乖離するため、中断とみなさず、考慮しない（図では省略）。

設問の図をわかりやすくするため、運転時間と中断時間に分けて書き換えてみる。

1．最初の運転時間合計４時間に付随する中断時間は合計30分で適合している。次の運転時間１時間に付随する中断時間も30分で適合している。この後、運転時間合計４時間に付随する中断時間は合計20分のみで30分未満となるが、４時間運転後に乗務を終了しているため、改善基準に適合している。

乗務開始	運転	中断	運転	中断	運転	中断	運転	中断	運転	中断	運転	中断	運転	乗務終了
	30分	10分	3時間	10分	30分	10分	1時間	30分	1時間30分	10分	2時間	10分	30分	

運転：４時間
中断：30分

運転：１時間
中断：30分

運転：４時間
中断：20分

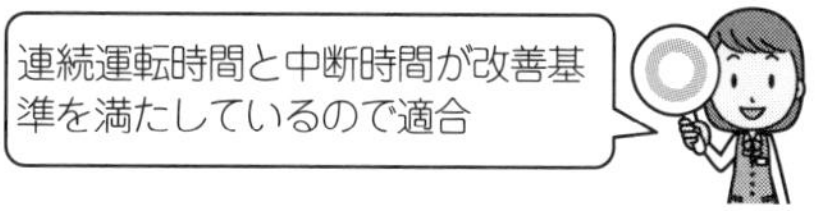

連続運転時間と中断時間が改善基準を満たしているので適合

2．最初の運転時間合計３時間30分に付随する中断時間は合計30分で適合している。次の運転時間合計４時間に付随する中断時間も合計30分で適合している。この後、１時間運転後の休憩５分は中断とみなされないため、５分休憩後の２時間までが運転時間となる。合計３時間運転後に乗務を終了しているため、改善基準に適合している。

乗務開始	運転	中断	運転	中断	運転	中断	運転	中断	運転	中断	運転	運転	乗務終了
	2時間	10分	1時間30分	20分	1時間	10分	2時間	10分	1時間	10分	1時間	2時間	

運転：３時間 30分
中断：30分

運転：４時間
中断：30分

運転：３時間
乗務終了

※10分未満の中断は省略

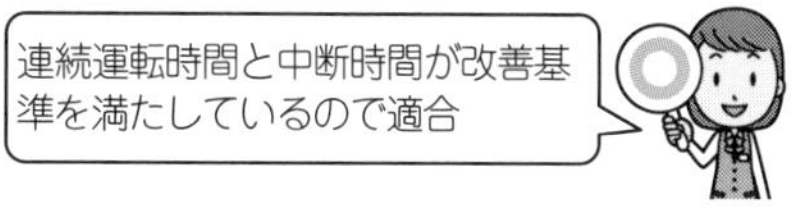

連続運転時間と中断時間が改善基準を満たしているので適合

3．最初の運転時間合計３時間30分に付随する中断時間は合計30分で、改善基準に適合している。次の運転時間合計３時間に付随する中断時間も合計40分で適合している。しかし、この後の**運転時間が合計４時間30分**となり、連続運転時間の４時間を超えているため、**改善基準違反となる。**

乗務開始	運転	中断	運転	中断	運転	中断	運転	中断	運転	中断	運転	中断	運転	乗務終了
	2時間	10分	1時間30分	20分	1時間	10分	2時間	30分	1時間	10分	1時間30分	10分	2時間	

運転：３時間30分
中断：30分

運転：３時間
中断：40分

運転：**4時間30分**
中断：20分

運転時間４時間30分で４時間を超えているため**改善基準に違反**

4．１時間運転後の休憩５分は中断とみなされないため、５分休憩後の１時間までが連続運転時間となる。従って、最初の**運転時間は合計４時間30分**となり、連続運転時間の４時間を**超えているため、改善基準違反となる。**

乗務開始	運転	中断	運転	中断	運転	運転	中断	運転	中断	運転	中断	運転	乗務終了
	1時間	10分	1時間30分	15分	1時間	1時間	30分	2時間	20分	1時間30分	10分	2時間	

運転：**4時間30分**
中断：25分
※10分未満の中断は省略

前の連続運転時間で改善基準違反のため省略

運転時間４時間30分で４時間を超えているため**改善基準に違反**

問２［解答　2，3］

改善基準第４条第１項⑦。

1．最初の運転時間合計３時間に付随する中断時間は合計35分で、改善基準に適合している。次の運転時間１時間30分に付随する中断時間も１時間で適合している。しかし、この後の**運転時間が合計４時間30分**となり、連続運転時間の４時間を超えているため、**改善基準違反となる。**

乗務開始	運転	中断	運転	中断	運転	中断	運転	中断	運転	中断	運転	中断	運転	乗務終了
	30分	10分	2時間	15分	30分	10分	1時間30分	1時間	2時間	15分	1時間30分	10分	1時間	

運転：３時間
中断：35分

運転：１時間30分
中断：１時間

運転：**4時間30分**
中断：25分

運転時間４時間30分で４時間を超えているため**改善基準に違反**

2．最初の運転時間合計４時間に付随する中断時間は合計40分で適合している。次の運転時間１時間に付随する中断時間も１時間で適合している。更にこの後、運転時間合計３時間に付随する中断時間が10分のみで30分未満となるが、３時間運転後に乗務を終了しているため、改善基準に適合している。

乗務開始	運転	中断	運転	中断	運転	中断	運転	中断	運転	中断	運転	運転	乗務終了
	１時間	15分	２時間	10分	１時間	15分	１時間	１時間	１時間30分	10分	１時間	30分	

運転：４時間
中断：40分

運転：１時間
中断：１時間

運転：３時間
中断：10分

※10分未満の中断は省略

連続運転時間と中断時間が改善基準を満たしているので適合

3．最初の運転時間合計４時間に付随する中断時間は合計30分で適合している。次の運転時間１時間に付随する中断時間も１時間で適合している。更にこの後、運転時間合計４時間に付随する中断時間は合計20分のみで30分未満となるが、４時間運転後に乗務を終了しているため、改善基準に適合している。

乗務開始	運転	中断	運転	中断	運転	中断	運転	中断	運転	中断	運転	中断	運転	乗務終了
	２時間	10分	１時間30分	10分	30分	10分	１時間	１時間	１時間	10分	１時間	10分	２時間	

運転：４時間
中断：30分

運転：１時間
中断：１時間

運転：４時間
中断：20分

連続運転時間と中断時間が改善基準を満たしているので適合

4．30分運転後の休憩５分は中断とみなされないため、５分休憩後の１時間30分までが連続運転時間となる。従って、最初の**運転時間は合計４時間30分**となり、連続運転時間の４時間を超えているため、**改善基準違反となる**。

乗務開始	運転	中断	運転	中断	運転	運転	中断	運転	中断	運転	中断	運転	乗務終了
	１時間	10分	１時間30分	15分	30分	１時間30分	１時間	２時間	10分	１時間30分	10分	30分	

運転：**４時間30分**
中断：25分

※10分未満の中断は省略

前の連続運転時間で改善基準違反のため省略

運転時間４時間30分で４時間を超えているため**改善基準に違反**

7　演習問題（総合［1］）

問1　「自動車運転者の労働時間等の改善のための基準」に定める目的等についての次の文中、A、B、C、Dに入るべき字句として**いずれか正しいものを1つ**選びなさい。［R2.8改］

1．この基準は、自動車運転者（労働基準法第9条に規定する労働者であって、（A）の運転の業務（厚生労働省労働基準局長が定めるものを除く。）に主として従事する者をいう。以下同じ。）の労働時間等の改善のための基準を定めることにより、自動車運転者の労働時間等の（B）の向上を図ることを目的とする。

2．労働関係の当事者は、この基準を理由として自動車運転者の（C）させてはならないことはもとより、その（D）に努めなければならない。

☐

A	①四輪以上の自動車	②二輪以上の自動車
B	①労働条件	②労働環境
C	①生活環境を悪化	②労働条件を低下
D	①維持	②向上

問2　「自動車運転者の労働時間等の改善のための基準」に定める貨物自動車運送事業に従事する自動車運転者の拘束時間等に関する次の文中、A～Fに入るべき字句として**いずれか正しいものを1つ**選びなさい。

［R4_CBT改/R3_CBT改/R2_CBT改］

1．拘束時間は、1ヵ月について（A）を超えず、かつ、1年について（B）を超えないものとすること。ただし、労使協定があるときは、1年について6ヵ月までは、1ヵ月について（C）まで延長することができ、かつ、1年について（D）まで延長することができるものとする。

2．1日（始業時刻から起算して24時間をいう。）についての拘束時間は、13時間を超えないものとし、当該拘束時間を延長する場合であっても、最大拘束時間は（E）とすること。

3．トラック運転者のフェリー乗船時間は、原則として、（F）として取り扱うものとする。

☐

A	① 284時間	② 293時間
B	① 3,300時間	② 3,400時間
C	① 300時間	② 310時間
D	① 3,400時間	② 3,500時間
E	① 14時間	② 15時間
F	① 拘束時間	② 休息期間

問３「自動車運転者の労働時間等の改善のための基準」に定める貨物自動車運送事業に従事する自動車運転者（以下「トラック運転者」という。）の拘束時間等に関する次の記述のうち、**正しいものを２つ**選びなさい。なお、解答にあたっては、各選択肢に記載されている事項以外は考慮しないものとする。

☐ １．使用者は、トラック運転者の拘束時間については、１ヵ月について293時間を超えず、かつ、１年について3,300時間を超えないものとすること。ただし、労使協定があるときは、１年について６ヵ月までは、１ヵ月について320時間まで延長することができ、かつ、１年について3,400時間まで延長することができる。

２．使用者は、トラック運転者の運転時間については、２日（始業時刻から起算して48時間をいう。）を平均し１日当たり９時間、２週間を平均し１週間当たり48時間を超えないものとする。

３．使用者は、トラック運転者（隔日勤務に就く運転者以外のもの。）の１日（始業時刻から起算して24時間をいう。以下同じ。）についての拘束時間については、13時間を超えないものとし、当該拘束時間を延長する場合であっても、最大拘束時間は、15時間とすること。この場合において、１日についての拘束時間が14時間を超える回数をできるだけ少なくするように努めるものとする（目安としては、１週間について２回までとすること。）。

４．連続運転時間（１回がおおむね連続10分以上で、かつ、合計が30分以上の運転の中断をすることなく連続して運転する時間をいう。）は、４時間を超えないものとする。

問4　「自動車運転者の労働時間等の改善のための基準」（以下「改善基準告示」という。）において定める貨物自動車運送事業に従事する自動車運転者（以下「トラック運転者」という。）の拘束時間等に関する次の記述のうち、**正しいものを２つ**選びなさい。ただし、１人乗務で、隔日勤務には就いていない場合とする。なお、解答にあたっては、各選択肢に記載されている事項以外は考慮しないものとする。

☑ 1．使用者は、業務の必要上、トラック運転者に勤務の終了後継続９時間以上の休息期間を与えることが困難な場合には、当分の間、一定期間（１カ月程度を限度とする。）における全勤務回数の３分の２を限度に、休息期間を拘束時間の途中及び拘束時間の経過直後に分割して与えることができるものとする。この場合において、分割された休息期間は、１回当たり継続３時間以上とし、２分割又は３分割とすること。また、１日（始業時刻から起算して24時間をいう。）において、２分割の場合は合計10時間以上、３分割の場合は合計12時間以上でなければならないものとする。

2．使用者は、トラック運転者の休息期間について、当該トラック運転者の住所地における休息期間がそれ以外の場所における休息期間より長くなるように努めるものとする。

3．使用者は、トラック運転者に休日に労働させる場合、当該労働させる休日は２週間について１回を超えないものとし、当該休日の労働によって改善基準告示第４条第１項に定める拘束時間及び最大拘束時間を超えないものとする。

4．使用者は、トラック運転者の連続運転時間（１回がおおむね連続５分以上で、かつ、合計が30分以上の運転の中断をすることなく連続して運転する時間をいう。）は、４時間を超えないものとすること。

問5　「自動車運転者の労働時間等の改善のための基準」において定める貨物自動車運送事業に従事する自動車運転者（以下「トラック運転者」という。）の拘束時間等の規定に関する次の記述のうち、**正しいものを２つ**選びなさい。なお、解答にあたっては、各選択肢に記載されている事項以外は考慮しないものとする。［R4_CBT改］

☑ 1．使用者は、トラック運転者の休息期間については、当該トラック運転者の住所地における休息期間がそれ以外の場所における休息期間より長くなるように努めるものとする。

2．使用者は、業務の必要上やむを得ない場合には、当分の間、２暦日についての拘束時間が22時間を超えず、かつ、勤務終了後、継続20時間以上の休息期間を与える場合に限り、トラック運転者を隔日勤務に就かせることができる。ただし、改善基準告示に定める場合を除く。

3．使用者は、トラック運転者に対し、勤務終了後、継続11時間以上の休息期間を与えるよう努めることを基本とし、休息期間が継続９時間を下回らないものとすること。

4．トラック運転者が勤務の中途においてフェリーに乗船する場合における拘束時間及び休息期間は、フェリー乗船時間（乗船時刻から下船時刻まで）については、原則として、２時間（フェリー乗船時間が２時間未満の場合には、その時間）については拘束時間として取り扱い、その他の時間については休息期間として取り扱うものとする。

問６　「自動車運転者の労働時間等の改善のための基準」において定める貨物自動車運送事業に従事する自動車運転者（以下「トラック運転者」という。）の拘束時間等の規定に関する次の記述のうち、**正しいものを２つ**選びなさい。なお、解答にあたっては、各選択肢に記載されている事項以外は考慮しないものとする。

［R3_CBT改］

☐ 1．使用者は、業務の必要上やむを得ない場合には、当分の間、２暦日についての拘束時間が21時間を超えず、かつ、勤務終了後、継続20時間以上の休息期間を与える場合に限り、トラック運転者を隔日勤務に就かせることができる。

2．使用者は、トラック運転者の運転時間については、２日（始業時刻から起算して48時間をいう。）を平均し１日当たり９時間、２週間を平均し１週間当たり44時間を超えないものとする。

3．使用者は、トラック運転者（隔日勤務に就く運転者以外のもの。）の１日（始業時刻から起算して24時間をいう。以下同じ。）についての拘束時間については、13時間を超えないものとし、当該拘束時間を延長する場合であっても、最大拘束時間は、15時間とすること。この場合において、１日についての拘束時間が13時間を超える回数をできるだけ少なくするように努めるものとする（目安としては、１週間について２回までとすること。）。

4．使用者は、業務の必要上、トラック運転者に勤務の終了後継続９時間以上の休息期間を与えることが困難な場合には、当分の間、一定期間（１カ月程度を限度とする。）における全勤務回数の２分の１を限度に、休息期間を拘束時間の途中及び拘束時間の経過直後に分割して与えることができるものとする。この場合において、分割された休息期間は、１回当たり継続３時間以上とし、２分割又は３分割とすること。また、１日において、２分割の場合は合計８時間以上、３分割の場合は合計10時間以上でなければならないものとする。

問７　「自動車運転者の労働時間等の改善のための基準」に定める貨物自動車運送事業に従事する自動車運転者（以下「トラック運転者」という。）の拘束時間等に関する次の記述のうち、**正しいものを２つ**選びなさい。なお、解答にあたっては、各選択肢に記載されている事項以外は考慮しないものとする。［R3.3］

□　1．拘束時間とは、始業時刻から終業時刻までの時間で、休憩時間を除く労働時間の合計をいう。

2．使用者は、トラック運転者の休息期間については、当該トラック運転者の住所地における休息期間がそれ以外の場所における休息期間より長くなるように努めるものとする。

3．連続運転時間（１回がおおむね連続10分以上で、かつ、合計が30分以上の運転の中断をすることなく連続して運転する時間をいう。）は、４時間を超えないものとする。

4．使用者は、業務の必要上、トラック運転者に勤務の終了後継続９時間以上の休息期間を与えることが困難な場合には、当分の間、一定期間（１カ月程度を限度とする。）における全勤務回数の２分の１を限度に、休息期間を拘束時間の途中及び拘束時間の経過直後に分割して与えることができるものとする。この場合において、分割された休息期間は、１回当たり継続３時間以上とし、２分割又は３分割とすること。また、１日（始業時刻から起算して24時間をいう。）において、２分割の場合は合計８時間以上、３分割の場合は合計10時間以上でなければならないものとする。

問８　「自動車運転者の労働時間等の改善のための基準」(以下「改善基準告示」という。)に関する次の記述のうち、**正しいものを２つ**選びなさい。なお、解答にあたっては、各選択肢に記載されている事項以外は考慮しないものとする。［R2. 8改］

☐ １．使用者は、貨物自動車運送事業に従事する自動車運転者（以下「トラック運転者」という。）の拘束時間については、１ヵ月について284時間を超えず、かつ、１年について3,300時間を超えないものとすること。ただし、労使協定があるときは、１年のうち６ヵ月までは、１カ月について310時間まで延長することができ、かつ、１年について3,400時間まで延長することができる。

２．使用者は、トラック運転者の１日（始業時刻から起算して24時間をいう。以下同じ。）についての拘束時間については、13時間を超えないものとし、当該拘束時間を延長する場合であっても、最大拘束時間は15時間とすること。この場合において、１日についての拘束時間が14時間を超える回数をできるだけ少なくするよう務めるものとし、目安としては、２週間について３回までとする。

３．使用者は、業務の必要上やむを得ない場合には、当分の間、２暦日についての拘束時間が21時間を超えず、かつ、勤務終了後、継続20時間以上の休息期間を与える場合に限り、トラック運転者を隔日勤務に就かせることができる。ただし、改善基準告示に定める場合を除く。

４．使用者は、業務の必要上、トラック運転者に勤務の終了後継続９時間以上の休息期間を与えることが困難な場合には、当分の間、一定期間（１カ月程度を限度とする。）における全勤務回数の２分の１を限度に、休息期間を拘束時間の途中及び拘束時間の経過直後に分割して与えることができるものとする。この場合において、分割された休息期間は、１回当たり継続３時間以上とし、２分割又は３分割とすること。また、１日において、２分割の場合は合計８時間以上、３分割の場合は合計10時間以上でなければならないものとする。

◆解答＆解説

問１［解答　A－①，B－①，C－②，D－②］

1．改善基準第１条（目的等）第１項。

2．改善基準第１条（目的等）第２項。

問２［解答　A－①，B－①，C－②，D－①，E－②，F－②］

1．改善基準第４条第１項①。

2．改善基準第４条第１項③。

3．改善基準第４条第４項④。

問３［解答　３，４］

1．「293時間」⇒「284時間」、「320時間」⇒「310時間」。改善基準第４条第１項①。

2．「１週間当たり48時間」⇒「１週間当たり44時間」。改善基準第４条第１項⑥。

3．改善基準第４条第１項③。

4．改善基準第４条第１項⑦。

問４［解答　２，３］

1．「３分の２」⇒「２分の１」。改善基準第４条第４項①イ・ロ。

2．改善基準第４条第２項。

3．改善基準第４条第５項。

4．「１回がおおむね連続５分以上」⇒「１回がおおむね連続10分以上」。改善基準第４条第１項⑦。

問５［解答　１，３］

1．改善基準第４条第２項。

2．「22時間」⇒「21時間」。改善基準第４条第４項③。

3．改善基準第４条第１項⑤。

4．トラック運転者が勤務中途にフェリーに乗船する場合、フェリー乗船時間（乗船時刻から下船時刻まで）は、原則として、休息期間として取り扱う。改善基準第４条第４項④。

問６［解答　１，２］

1．改善基準第４条第４項③。

2．改善基準第４条第１項⑥。

3．「13時間を超える回数」⇒「14時間を超える回数」。改善基準第４条第１項③・④。

4．分割された休息期間については、２分割の場合は合計10時間以上、３分割の場合は合計12時間以上でなければならない。改善基準第４条第４項①イ・ロ。

問7 ［解答　2，3］

1．拘束時間とは、始業時刻から終業時刻までの時間で、労働時間と休憩時間の合計時間をいう。

2．改善基準第4条第2項。

3．改善基準第4条第1項⑦。

4．分割された休息期間については、2分割の場合は合計10時間以上、3分割の場合は合計12時間以上でなければならない。改善基準第4条第4項①イ・ロ。

問8 ［解答　1，3］

1．改善基準第4条第1項①。

2．「2週間について3回まで」⇒「1週間について2回まで」。改善基準第4条第1項③・④。

3．改善基準第4条第4項③。

4．分割された休息期間については、2分割の場合は合計10時間以上、3分割の場合は合計12時間以上でなければならない。改善基準第4条第4項①イ・ロ。

8　演習問題（総合［2］）

問1　下図は、貨物自動車運送事業に従事する自動車運転者の4日間の勤務状況の例を示したものであるが、「自動車運転者の労働時間等の改善のための基準」（以下「改善基準告示」という。）に定める連続運転時間及び4日間すべての日を特定日とした2日を平均し1日当たりの運転時間（以下「2日平均の運転時間」という。）に関する次の記述のうち、**正しいものを2つ**選びなさい。

1日目

乗務開始	運転	休憩	運転	休憩	運転	休憩	運転	休憩	運転	休憩	運転	乗務終了	運転時間
	1時間	20分	1時間	10分	2時間	1時間	2時間	20分	1時間	10分	1時間		8時間

2日目

乗務開始	運転	休憩	運転	休憩	運転	休憩	運転	休憩	運転	休憩	運転	乗務終了	運転時間
	2時間	20分	1時間30分	10分	1時間30分	10分	2時間	10分	1時間	10分	2時間		10時間

3日目

乗務開始	運転	休憩	運転	休憩	運転	休憩	運転	休憩	運転	休憩	運転	乗務終了	運転時間
	1時間	10分	2時間	10分	2時間	10分	1時間	30分	2時間	10分	1時間		9時間

4日目

乗務開始	運転	休憩	運転	休憩	運転	休憩	運転	休憩	運転	休憩	運転	乗務終了	運転時間
	1時間	10分	1時間30分	30分	2時間	10分	2時間	20分	1時間30分	20分	2時間		10時間

注）1日目の前日と4日目の翌日は休日とする。

1．連続運転の中断方法が改善基準告示に違反するのは1日目と4日目の勤務である。

2．連続運転の中断方法が改善基準告示に違反するのは2日目と3日目の勤務である。

3．4日間すべての日を特定日とした2日平均の運転時間は、改善基準告示に違反している。

4．4日間すべての日を特定日とした2日平均の運転時間は、改善基準告示に違反していない。

問２　下表の１～４は、貨物自動車運送事業に従事する自動車運転者の４日間の運転時間及び休憩等の勤務状況の例を示したものである。「自動車運転者の労働時間等の改善のための基準」（以下「改善基準告示」という。）に定める連続運転の中断方法及び２日（始業時刻から起算して48時間をいう。以下同じ。）を平均して１日当たりの運転時間に関する次の記述のうち、**正しいものを２つ**選びなさい。

［R4_CBT］

前日：休日

1

営業所														営業所
1日目	乗務開始	運転	休憩	運転	休憩	運転	休憩	運転	休憩	運転	休憩	運転	乗務終了	1日の運転時間の合計
		1時間50分	30分	2時間	10分	1時間	1時間	1時間30分	10分	1時間40分	15分	1時間		9時間

2

営業所														営業所
2日目	乗務開始	運転	休憩	運転	休憩	運転	休憩	運転	休憩	運転	休憩	運転	乗務終了	1日の運転時間の合計
		40分	15分	1時間20分	10分	2時間	1時間	2時間10分	10分	1時間50分	40分	2時間		10時間

3

営業所														営業所
3日目	乗務開始	運転	休憩	運転	休憩	運転	休憩	運転	休憩	運転	休憩	運転	乗務終了	1日の運転時間の合計
		1時間	20分	1時間20分	10分	1時間50分	1時間	2時間20分	10分	1時間40分	30分	50分		9時間

4

営業所														営業所
4日目	乗務開始	運転	休憩	運転	休憩	運転	休憩	運転	休憩	運転	休憩	運転	乗務終了	1日の運転時間の合計
		1時間30分	30分	2時間20分	10分	1時間30分	1時間	1時間20分	10分	1時間	15分	2時間20分		10時間

翌日：休日

（注）２日を平均した１日当たりの運転時間は、当該４日間のすべての日を特定日とする。

☐ 1．連続運転の中断方法が改善基準告示に違反している勤務日は、２日目及び４日目であり、１日目及び３日目は違反していない。

2．連続運転の中断方法が改善基準告示に違反している勤務日は、１日目及び４日目であり、２日目及び３日目は違反していない。

3．２日を平均し１日当たりの運転時間は、改善基準告示に違反していない。

4．２日を平均し１日当たりの運転時間は、改善基準告示に違反している。

問3　下図は、貨物自動車運送事業に従事する自動車運転者の３日間の勤務状況の例を示したものであるが、「自動車運転者の労働時間等の改善のための基準」（以下「改善基準告示」という。）に定める拘束時間及び連続運転時間に関する次の記述のうち、**正しいものを２つ**選びなさい。［R2. 8改］

前日：休日

1日目　始業時刻 6:30　終業時刻 18:30

1日目	乗務前点呼	運転	荷積み	運転	休憩	運転	休憩	荷下ろし	運転	休憩	運転	休憩	運転	乗務後点呼
	20分	2時間	15分	1時間	30分	1時間30分	1時間	20分	2時間10分	10分	1時間	15分	1時間	30分
	営業所													営業所

2日目　始業時刻 5:00　終業時刻 16:10

2日目	乗務前点呼	運転	荷積み	運転	休憩	運転	荷下ろし	休憩	運転	荷積み	運転	休憩	運転	乗務後点呼
	20分	1時間	20分	30分	15分	1時間30分	20分	30分	1時間	30分	3時間	15分	1時間10分	30分
	営業所													営業所

3日目　始業時刻 5:30　終業時刻 17:15

3日目	乗務前点呼	運転	荷下ろし	休憩	運転	荷積み	運転	休憩	運転	荷下ろし	運転	休憩	運転	乗務後点呼
	20分	2時間	30分	30分	2時間	30分	1時間	1時間	1時間30分	20分	1時間	5分	30分	30分
	営業所													営業所

翌日：休日

☐ 1．各日の拘束時間は、１日目は12時間、２日目は11時間10分、３日目は11時間45分である。

2．各日の拘束時間は、１日目は13時間30分、２日目は11時間10分、３日目は11時間45分である。

3．連続運転時間が改善基準告示に違反している勤務日は、１日目及び３日目であり、２日目は違反していない。

4．連続運転時間が改善基準告示に違反している勤務日は、１日目及び２日目であり、３日目は違反していない。

問４　下図は、貨物自動車運送事業に従事する自動車運転者の４週間の運転時間の例を示したものである。図の空欄Ａ、Ｂ、Ｃ、Ｄについて、次の選択肢１～４の運転時間の組み合わせを当てはめた場合、**２日を平均し１日当たりの運転時間及び２週間を平均し１週間当たりの運転時間が「自動車運転者の労働時間等の改善のための基準」に違反せず、かつ、当該４週間の運転時間の合計が最少となるものを１つ**選びなさい。なお、当該４週間の運転時間は１人乗務のものとする。

	前週	第１週							第２週						
	31日	1日	2日	3日	4日	5日	6日	7日	8日	9日	10日	11日	12日	13日	14日
運転時間等(時間)	休日	4	5	9	A	9	7	休日	5	9	B	10	6	8	休日
		(起算日)													

	第３週							第４週						
	15日	16日	17日	18日	19日	20日	21日	22日	23日	24日	25日	26日	27日	28日
運転時間等(時間)	10	C	8	4	4	9	休日	10	D	9	5	4	5	休日

(注１) ２日を平均した１日当たりの運転時間については、当該４週間のすべてを特定日とすること。
(注２) ２週間の起算日は１日とする。
(注３) 各労働日の始業時刻は午前８時とする。

☐		A(時間)	B(時間)	C(時間)	D(時間)	２週間を平均した１週間当たりの運転時間(時間) 第１週～第２週	第３週～第４週	第１週～第４週の４週間を平均した１週間当たりの運転時間(時間)
選択肢	1	8	9	8	9	44.5	42.5	43.5
	2	8	8	7	9	44.0	42.0	43.0
	3	9	6	10	5	43.5	41.5	42.5
	4	10	5	6	7	43.5	40.5	42.0

問5　下表は、貨物自動車運送事業に従事する自動車運転者の１ヵ月の勤務状況の例を示したものであるが、「自動車運転者の労働時間等の改善のための基準」に定める拘束時間等に照らし、次の１～４の中から**違反している事項を１つ**選びなさい。なお、１人乗務とし、「１ヵ月についての拘束時間の延長に関する労使協定」があり、下表の１ヵ月は、当該協定により１ヵ月についての拘束時間を延長することができる月に該当するものとする。また、解答に当たっては、各選択肢に記載されている事項以外は考慮しないものとする。［R2_CBT改］

（起算日）

		1日	2日	3日	4日	5日	6日	7日	週の合計時間
第１週	各日の運転時間	6	7	5	7	9	8	休日	42
	各日の拘束時間	9	13	10	10	12	12		66

		8日	9日	10日	11日	12日	13日	14日	週の合計時間
第２週	各日の運転時間	5	6	8	8	10	9	休日	46
	各日の拘束時間	8	9	10	14	14	13		68

		15日	16日	17日	18日	19日	20日	21日	週の合計時間
第３週	各日の運転時間	4	4	4	9	10	9	休日	40
	各日の拘束時間	8	7	8	11	15	11		60

		22日	23日	24日	25日	26日	27日	28日	週の合計時間
第４週	各日の運転時間	9	10	5	7	5	6	休日	42
	各日の拘束時間	13	14	9	13	12	13		74

		29日	30日	31日	週の合計時間	1ヵ月(第１週～第５週)の合計時間
第５週	各日の運転時間	8	6	7	21	191
	各日の拘束時間	12	10	13	35	303

（注１）　２週間の起算日は１日とする。
（注２）　各労働日の始業時刻は午前８時とする。

1．１日の最大拘束時間
2．当該５週間のすべての日を特定日とした２日を平均した１日当たりの運転時間
3．２週間を平均した１週間当たりの運転時間
4．１ヵ月の拘束時間

問６　下表は、貨物自動車運送事業に従事する自動車運転者の１ヵ月の勤務状況の例を示したものであるが、「自動車運転者の労働時間等の改善のための基準」に定める拘束時間及び運転時間等に照らし、次の１～４の中から**違反している事項をすべて**選びなさい。なお、１人乗務とし、「１ヵ月についての拘束時間の延長に関する労使協定」があり、下表の１ヵ月は、当該協定により１ヵ月についての拘束時間を延長することができる月に該当するものとする。また、「時間外労働及び休日労働に関する労働協定」があるものとする。［R2.8］

(起算日)

		1日	2日	3日	4日	5日	6日	7日	週の合計時間
第１週	各日の運転時間	7	6	8	6	7	9	休日	43
	各日の拘束時間	11	10	12	10	11	12		66

		8日	9日	10日	11日	12日	13日	14日	週の合計時間
第２週	各日の運転時間	9	10	9	5	7	5	休日	45
	各日の拘束時間	12	14	12	9	11	9		67

		15日	16日	17日	18日	19日	20日	21日	週の合計時間
第３週	各日の運転時間	9	5	10	6	9	5	休日	44
	各日の拘束時間	14	9	15	10	14	9		71

		22日	23日	24日	25日	26日	27日	28日	週の合計時間
第４週	各日の運転時間	6	7	5	9	9	8	休日	44
	各日の拘束時間	10	10	9	14	13	12		68

		29日	30日	31日	週の合計時間	1カ月(第１週～第５週)の合計時間
第５週	各日の運転時間	8	7	8	23	199
	各日の拘束時間	11	10	11	32	304

(注１)　２週間の起算日は１日とする。
(注２)　各労働日の始業時刻は午前８時とする。

□ １．１日についての最大拘束時間
２．当該５週間のすべての日を特定日とした２日を平均した１日当たりの運転時間
３．１日を起算日とし、２週間を平均した１週間当たりの運転時間
４．１日についての拘束時間が15時間を超える１週間の回数

◆解答＆解説

問１［解答　２，３］

改善基準第４条第１項⑥・⑦。

連続運転時間と２日平均の運転時間についてそれぞれ解いていく。

１＆２．連続運転時間とは、「１回が連続10分以上で、かつ、合計が30分以上の運転の中断をすることなく連続運転する時間」をいう。また、設問の図をわかりやすくするため、運転時間と中断時間に分けて書き換えてみる。

◎１日目は、最初の運転時間合計２時間に付随する中断時間は合計30分で適合している。次の運転時間２時間に付随する中断時間も１時間で適合している。その後の運転時間も合計３時間で付随する中断時間も合計30分であるため適合している。更にこの後、１時間運転後に乗務を終了しているため、**改善基準に適合している**。

乗務開始	運転	中断	運転	中断	運転	中断	運転	中断	運転	中断	運転	乗務終了
	１時間	20分	１時間	10分	２時間	１時間	２時間	20分	１時間	10分	１時間	

運転：２時間　中断：30分
運転：２時間　中断：１時間
運転：３時間　中断：30分
運転：１時間　乗務終了

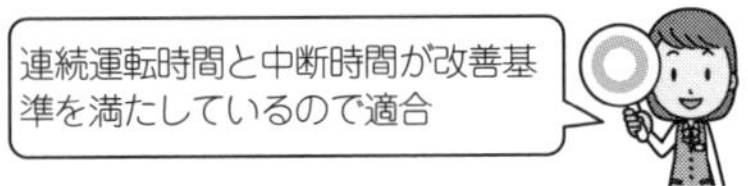

連続運転時間と中断時間が改善基準を満たしているので適合

◎２日目は、最初の運転時間合計３時間30分に付随する中断時間は合計30分で改善基準に適合している。しかし、次の運転時間の合計が４時間30分となり、連続運転時間の４時間を超えているため、改善基準違反となる。

乗務開始	運転	中断	運転	中断	運転	中断	運転	中断	運転	中断	運転	乗務終了
	２時間	20分	１時間30分	10分	１時間30分	10分	２時間	10分	１時間	10分	２時間	

運転：３時間 30 分　中断：30分
運転：**４時間30分**　中断：30分
運転：２時間　乗務終了

運転時間４時間30分で４時間を超えているため**改善基準に違反**

◎３日目は、最初の運転時間の合計が５時間となり、連続運転時間の４時間を超えているため、改善基準違反となる。

乗務開始	運転	中断	運転	中断	運転	中断	運転	中断	運転	中断	運転	乗務終了
	１時間	10分	２時間	10分	２時間	10分	１時間	30分	２時間	10分	１時間	

運転：**５時間**　中断：30分
運転：１時間　中断：30分
運転：３時間　乗務終了

運転時間５時間で４時間を超えているため**改善基準に違反**

◎4日目は、最初の運転時間合計2時間30分に付随する中断時間は合計40分で適合している。次の運転時間合計4時間に付随する中断時間も合計30分で適合している。更にこの後、合計3時間30分運転後に乗務を終了しているため、**改善基準に適合している**。

3＆4．「2日平均の運転時間」は、「特定日の前日と特定日」及び「特定日と特定日の翌日」の平均運転時間がともに9時間を超えている場合に改善基準違反となる。いずれか一方の平均運転時間が9時間以内の場合は改善基準違反とならない。

◎2日を平均した1日当たりの運転時間は以下のとおり。

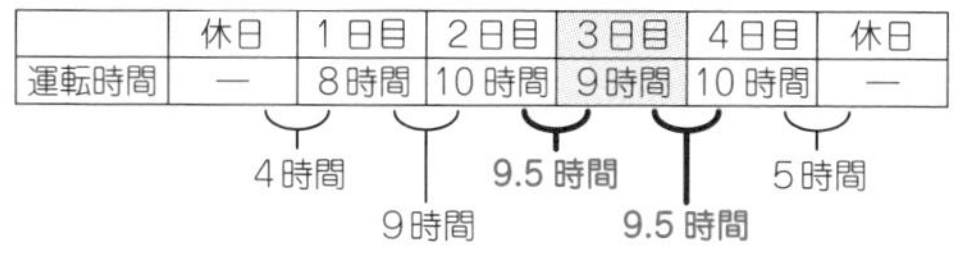

	休日	1日目	2日目	3日目	4日目	休日
運転時間	—	8時間	10時間	9時間	10時間	—

◎3日目を特定日とした場合、「特定日の前日（10時間）と特定日（9時間）」の平均運転時間は**9.5時間**。「特定日（9時間）と特定日の翌日（10時間）」の平均運転時間も**9.5時間**となり、いずれも9時間を超えているので、改善基準違反となる。

結果

◎連続運転の中断方法が改善基準告示に違反するのは2日目と3日目の勤務である。

◎4日間すべての日を特定日とした2日平均の運転時間は、改善基準告示に違反している。

問2［解答　2，4］

改善基準第4条第1項⑥・⑦。

連続運転時間と2日平均の運転時間についてそれぞれ解いていく。

1＆2．連続運転時間とは、「1回が連続10分以上で、かつ、合計が30分以上の運転の中断をすることなく連続運転する時間」をいう。また、設問の図をわかりやすくするため、運転時間と中断時間に分けて書き換えてみる。

◎1日目は、最初の運転時間1時間50分に付随する中断時間は30分で適合している。次の運転時間合計3時間に付随する中断時間も合計1時間10分で適合している。しかし、次の運転時間が合計4時間10分となり、連続運転時間の4時間を超えているため、改善基準違反となる。

乗務開始	運転	中断	運転	中断	運転	中断	運転	中断	運転	中断	運転	乗務終了
	1時間50分	30分	2時間	10分	1時間	1時間	1時間30分	10分	1時間40分	15分	1時間	

運転：1時間50分
中断：30分

運転：3時間
中断：1時間10分

運転：**4時間10分**
乗務終了

運転時間4時間10分で4時間を超えているため**改善基準に違反**

◎2日目は、最初の運転時間合計4時間に付随する中断時間は合計1時間25分で適合している。次の運転時間合計4時間に付随する中断時間も合計50分で適合している。その後は2時間運転後に乗務を終了しているため、**改善基準に適合している。**

乗務開始	運転	中断	運転	中断	運転	中断	運転	中断	運転	中断	運転	乗務終了
	40分	15分	1時間20分	10分	2時間	1時間	2時間10分	10分	1時間50分	40分	2時間	

運転：4時間
中断：1時間25分

運転：4時間
中断：50分

運転：2時間
乗務終了

連続運転時間と中断時間が改善基準を満たしているので適合

◎3日目は、最初の運転時間合計2時間20分に付随する中断時間は合計30分で適合している。次の運転時間1時間50分に付随する中断時間も1時間で適合している。その後の運転時間合計4時間に付随する中断時間も合計40分で適合している。さらにこの後は50分運転後に乗務を終了しているため、**改善基準に適合している。**

乗務開始	運転	中断	運転	中断	運転	中断	運転	中断	運転	中断	運転	乗務終了
	1時間	20分	1時間20分	10分	1時間50分	1時間	2時間20分	10分	1時間40分	30分	50分	

運転：2時間20分
中断：30分

運転：1時間50分
中断：1時間

運転：4時間
中断：40分

運転：50分
乗務終了

連続運転時間と中断時間が改善基準を満たしているので適合

◎4日目は、最初の運転時間1時間30分に付随する中断時間は30分で適合している。次の運転時間合計3時間50分に付随する中断時間も合計1時間10分で適合している。しかし、次の運転時間が合計4時間40分となり、連続運転時間の4時間を超えているため、改善基準違反となる。

乗務開始	運転	中断	運転	中断	運転	中断	運転	中断	運転	中断	運転	乗務終了
	1時間30分	30分	2時間20分	10分	1時間30分	1時間	1時間20分	10分	1時間	15分	2時間20分	

運転：1時間30分
中断：30分

運転：3時間50分
中断：1時間10分

運転：**4時間40分**
乗務終了

運転時間4時間40分で4時間を超えているため**改善基準に違反**

3＆4．「2日平均の運転時間」は、「特定日の前日と特定日」の平均運転時間と、「特定日と特定日の翌日」の平均運転時間がともに9時間を超えている場合に改善基準違反となる。いずれか一方の平均運転時間が9時間以内の場合は改善基準違反とならない。

◎2日を平均した1日当たりの運転時間は以下のとおり。

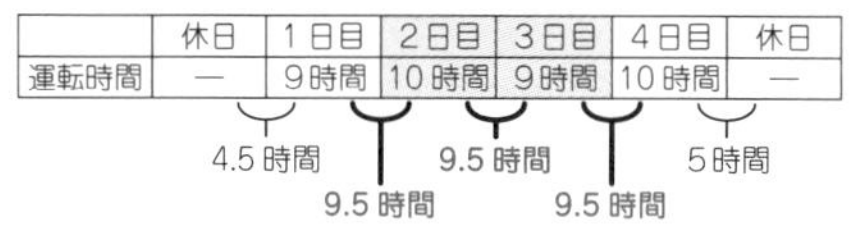

	休日	1日目	2日目	3日目	4日目	休日
運転時間	—	9時間	10時間	9時間	10時間	—

◎**2日目**を特定日とした場合、「特定日の前日（9時間）と特定日（10時間）」の平均運転時間は**9.5時間**。「特定日（10時間）と特定日の翌日（9時間）」の平均運転時間も**9.5時間**となり、いずれも9時間を超えているので、**改善基準違反**となる。

また、**3日目**を特定日とした場合も、「特定日の前日（10時間）と特定日（9時間）」の平均運転時間は**9.5時間**。「特定日（9時間）と特定日の翌日（10時間）」の平均運転時間も**9.5時間**となり、いずれも9時間を超えているので、**改善基準違反**となる。

結果

◎**選択肢「2」と「4」**の記述が正解となる。

問3［解答　2，4］

改善基準第4条第1項③・⑦。

1＆2．各日の「拘束時間」は次のとおりとなる。

◎**1日目**の拘束時間は12時間と2日目の1時間30分で合計**13時間30分**、**2日目**の拘束時間は**11時間10分**、**3日目**の拘束時間は**11時間45分**となる。

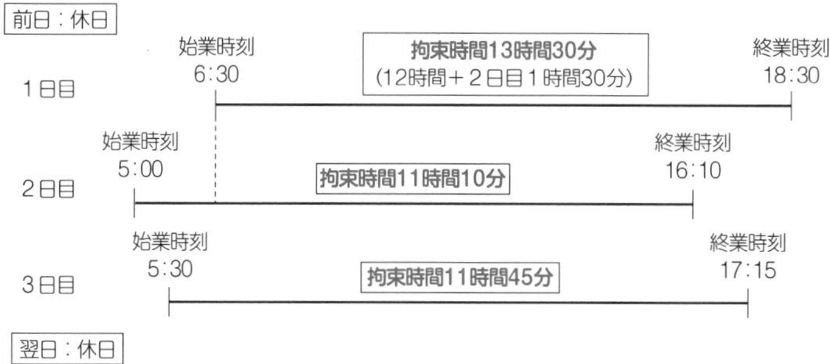

3＆4．連続運転時間とは、「1回がおおむね連続10分以上で、かつ、合計が30分以上の運転の中断をすることなく連続して運転する時間」をいう。そのため、改善基準で規定されている連続運転時間は合計4時間までであるが、運転時間が合計4時間にならなくても、中断時間が合計30分以上を満たした場合、連続運転時間は一区切りされる。また、休憩5分は「おおむね10分以上」と乖離するため、中断とみなさず、考慮しない（図では省略）。

設問の図をわかりやすくするため、運転時間と中断時間（運転の中断については、原則として休憩を与えるものとされているため、荷積み及び荷下ろしは運転時間とする）に分けて書き換えてみる。

◎1日目は、最初の運転時間合計３時間15分に付随する中断時間は30分で適合している。次の運転時間１時間30分に付随する中断時間は１時間で適合している。しかし、その後の**運転時間が合計４時間30分**となり、連続運転時間の４時間を超えているため、改善基準違反となる。

乗務開始　乗務終了

運転	運転	運転	休憩	運転	中断	運転	運転	中断	運転	中断	運転
2時間	15分	1時間	30分	1時間30分	1時間	20分	2時間10分	10分	1時間	15分	1時間

運転：３時間15分
中断：30分

運転：１時間30分
中断：１時間

運転：**４時間30分**
中断：25分

◎2日目は、最初の運転時間合計３時間40分に付随する中断時間は合計45分で適合している。しかし、その後の**運転時間が合計５時間40分**となり、連続運転時間の４時間を超えているため、改善基準違反となる。

乗務開始　乗務終了

運転	運転	運転	中断	運転	運転	中断	運転	運転	運転	中断	運転
1時間	20分	30分	15分	1時間30分	20分	30分	1時間	30分	3時間	15分	1時間10分

運転：３時間40分
中断：45分

運転：**５時間40分**
中断：15分

◎3日目は、最初の運転時間合計２時間30分に付随する中断時間は30分で適合している。次の運転時間合計３時間30分に付随する中断時間は１時間で適合している。その後の運転時間合計３時間20分であり、乗務終了しているため、**改善基準に適合している**。

乗務開始　乗務終了

運転	運転	中断	運転	運転	運転	中断	運転	運転	運転	運転
2時間	30分	30分	2時間	30分	1時間	1時間	1時間30分	20分	1時間	30分

運転：２時間30分
中断：30分

運転：３時間30分
中断：１時間

運転：３時間20分
乗務終了

※10分未満の中断は省略

結果

◎各日の拘束時間は、１日目は13時間30分、２日目は11時間10分、３日目は11時間45分。
◎連続運転時間が改善基準に違反している勤務日は、１日目及び２日目であり、３日目は違反していない。

問４［解答　3］

改善基準第４条第１項⑥。

ポイントは、①２日を平均し１日当たりの運転時間がいずれも９時間を超えないこと及び②２週間を平均した１週間当たりの運転時間が44時間を超えないこと、かつ、４週間の運転時間の合計が最少となるものを選ぶことに注意する。

1．A～Dに選択肢１の運転時間を入れてみると次のとおりになる。また、A、B、C、D以外を特定日としたときは改善基準に違反していないため省略する。

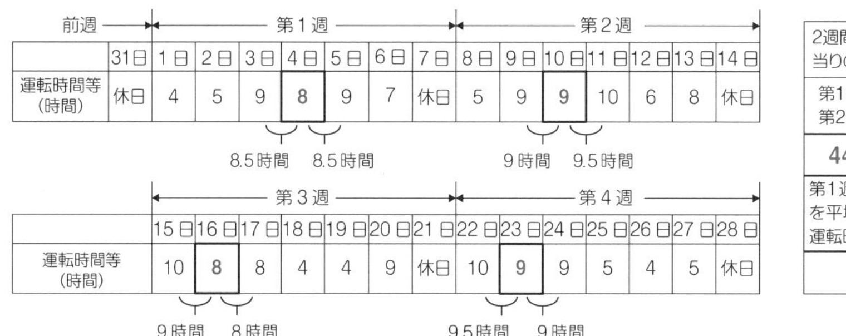

	前週	第１週							第２週						
	31日	1日	2日	3日	4日	5日	6日	7日	8日	9日	10日	11日	12日	13日	14日
運転時間等（時間）	休日	4	5	9	**8**	9	7	休日	5	9	**9**	10	6	8	休日

8.5時間　8.5時間　9時間　9.5時間

	第３週							第４週						
	15日	16日	17日	18日	19日	20日	21日	22日	23日	24日	25日	26日	27日	28日
運転時間等（時間）	10	**8**	8	4	4	9	休日	10	**9**	9	5	4	5	休日

9時間　8時間　9.5時間　9時間

2週間を平均した1週間当りの運転時間（時間）	
第1週～第2週	第3週～第4週
44.5	42.5
第1週～第4週の4週間を平均した1週間当りの運転時間（時間）	
43.5	

◎４日（A）を特定日とした場合、「特定日の前日と特定日」及び「特定日と特定日の翌日」の平均運転時間は8.5時間となり、改善基準に適合している。

◎10日（B）を特定日とした場合、「特定日の前日と特定日」の平均運転時間は９時間。「特定日と特定日の翌日」の平均運転時間は9.5時間となり、「特定日と特定日の翌日」は９時間を超えているが、「特定日の前日と特定日」が９時間を超えていないので、改善基準に適合している。

◎16日（C）を特定日とした場合、「特定日の前日と特定日」の平均運転時間は９時間。「特定日と特定日の翌日」の平均運転時間は８時間となり、改善基準に適合している。

◎23日（D）を特定日とした場合、「特定日の前日と特定日」の平均運転時間は9.5時間。「特定日と特定日の翌日」の平均運転時間は９時間となり、「特定日の前日と特定日」は９時間を超えているが、「特定日と特定日の翌日」が９時間を超えていないので、改善基準に適合している。

◎２日を平均し１日当たりの運転時間は改善基準に適合しているが、第１週～第２週を平均した１週間当りの運転時間が**44.5時間**と44時間を超えているため、**改善基準違反となる。**

◎ここで改善基準違反となったため、選択肢１は除外される。

2．A～Dに選択肢２の運転時間を入れてみると次のとおりになる。

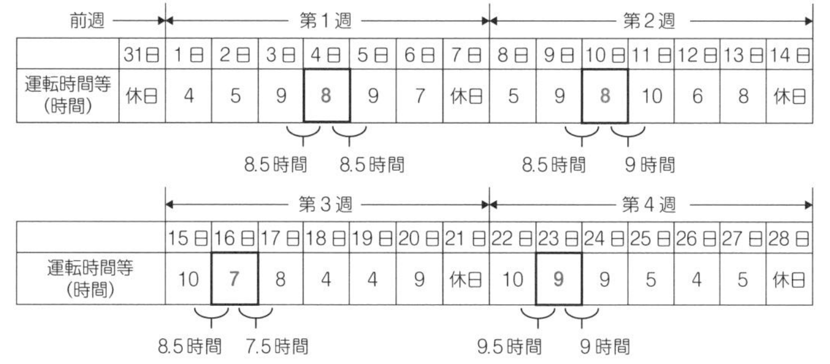

	前週	第１週							第２週						
	31日	1日	2日	3日	4日	5日	6日	7日	8日	9日	10日	11日	12日	13日	14日
運転時間等（時間）	休日	4	5	9	**8**	9	7	休日	5	9	**8**	10	6	8	休日

8.5時間　8.5時間　8.5時間　9時間

	第３週							第４週						
	15日	16日	17日	18日	19日	20日	21日	22日	23日	24日	25日	26日	27日	28日
運転時間等（時間）	10	**7**	8	4	4	9	休日	10	**9**	9	5	4	5	休日

8.5時間　7.5時間　9.5時間　9時間

2週間を平均した1週間当りの運転時間（時間）	
第1週～第2週	第3週～第4週
44.0	42.0
第1週～第4週の4週間を平均した1週間当りの運転時間（時間）	
43.0	

◎４日（A）を特定日とした場合、「特定日の前日と特定日」の及び「特定日と特定日の翌日」の平均運転時間は8.5時間となり、改善基準に適合している。

◎10日（B）を特定日とした場合、「特定日の前日と特定日」の平均運転時間は8.5時間。「特定日と特定日の翌日」の平均運転時間は９時間となり、改善基準に適合している。

◎16日（C）を特定日とした場合、「特定日の前日と特定日」の平均運転時間は8.5時間。「特定日と特定日の翌日」の平均運転時間は7.5時間となり、改善基準に適合している。

◎23日（D）を特定日とした場合、「特定日の前日と特定日」の平均運転時間は9.5時間。「特定日と特定日の翌日」の平均運転時間は９時間となり、「特定日の前日と特定日」は９時間を超えているが、「特定日と特定日の翌日」が９時間を超えていないので、改善基準に適合している。

◎２週間を平均し１週間当たりの運転時間は、第１週～第２週及び第３週～第４週ともに44時間を超えていないので、**改善基準に適合している。**

◎第１週～第４週の４週間を平均した１週間当たりの運転時間が43.0時間であり、４週間の運転時間の合計は43.0時間×４＝**172時間**となる。

3．A～Dに選択肢３の運転時間を入れてみると次のとおりになる。

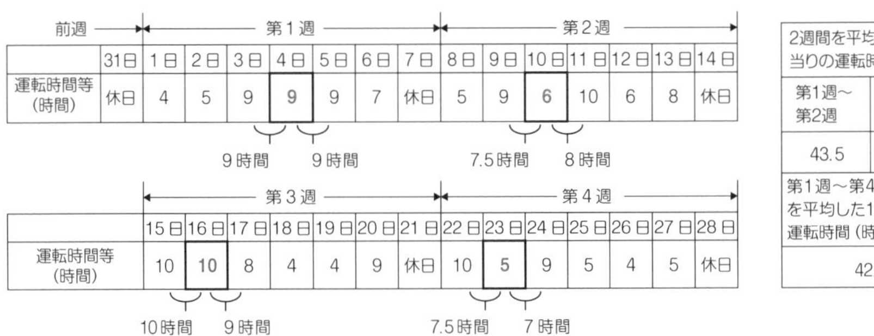

	前週	第１週							第２週						
	31日	１日	２日	３日	４日	５日	６日	７日	８日	９日	10日	11日	12日	13日	14日
運転時間等（時間）	休日	4	5	9	**9**	9	7	休日	5	9	**6**	10	6	8	休日

９時間　９時間　7.5時間　８時間

	第３週							第４週						
	15日	16日	17日	18日	19日	20日	21日	22日	23日	24日	25日	26日	27日	28日
運転時間等（時間）	10	**10**	8	4	4	9	休日	10	**5**	9	5	4	5	休日

10時間　９時間　7.5時間　７時間

2週間を平均した1週間当りの運転時間（時間）	
第1週～第2週	第3週～第4週
43.5	41.5
第1週～第4週の4週間を平均した1週間当りの運転時間（時間）	
42.5	

◎４日（A）を特定日とした場合、「特定日の前日と特定日」の平均運転時間及び「特定日と特定日の翌日」の平均運転時間は９時間となり、改善基準に適合している。

◎10日（B）を特定日とした場合、「特定日の前日と特定日」の平均運転時間は7.5時間。「特定日と特定日の翌日」の平均運転時間は８時間となり、改善基準に適合している。

◎16日（C）を特定日とした場合、「特定日の前日と特定日」の平均運転時間は10時間。「特定日と特定日の翌日」の平均運転時間は９時間となり、「特定日の前日と特定日」は９時間を超えているが、「特定日と特定日の翌日」が９時間を超えていないので、改善基準に適合している。

◎23日（D）を特定日とした場合、「特定日の前日と特定日」の平均運転時間は7.5時間。「特定日と特定日の翌日」の平均運転時間は７時間となり、改善基準に適合している。

◎２週間を平均し１週間当たりの運転時間は、第１週～第２週及び第３週～第４週ともに44時間を超えていないので、**改善基準に適合している。**

◎第１週～第４週の４週間を平均した１週間当たりの運転時間が42.5時間であり、４週間の運転時間の合計は42.5時間×４＝**170時間**となる。

4．A～Dに選択肢4の運転時間を入れてみると次のとおりになる。

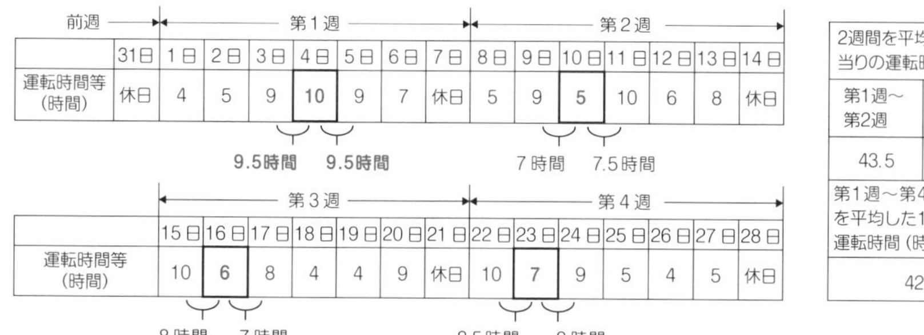

	前週	第1週							第2週						
	31日	1日	2日	3日	4日	5日	6日	7日	8日	9日	10日	11日	12日	13日	14日
運転時間等（時間）	休日	4	5	9	**10**	9	7	休日	5	9	**5**	10	6	8	休日

9.5時間　9.5時間　　7時間　7.5時間

	第3週							第4週						
	15日	16日	17日	18日	19日	20日	21日	22日	23日	24日	25日	26日	27日	28日
運転時間等（時間）	10	**6**	8	4	4	9	休日	10	**7**	9	5	4	5	休日

8時間　7時間　　8.5時間　8時間

2週間を平均した1週間当りの運転時間（時間）	
第1週～第2週	第3週～第4週
43.5	40.5
第1週～第4週の4週間を平均した1週間当りの運転時間（時間）	
42.0	

◎4日（A）を特定日とした場合、「特定日の前日と特定日」の平均運転時間は9.5時間。「特定日と特定日の翌日」の平均運転時間も9.5時間となり、いずれも9時間を超えているので、**改善基準違反となる**。

◎ここで改善基準違反となったため、選択肢4は除外される。

結果

◎2日を平均して1日当たりの運転時間及び2週間を平均した1週間当たりの運転時間が改善基準に適合しているのは**選択肢2と3**であり、そのうち4週間の運転時間の合計が最も最少となるのは170時間である選択肢3となる。

問5［解答　2］

改善基準第4条第1項①・③・⑥。

1．1日についての最大拘束時間は、15時間である。第1週から第5週までのすべてにおいて15時間を超える日がないため、1日の最大拘束時間は改善基準に**改善基準に適合している**。

2．2日を平均した1日当たりの運転時間は、「特定日の前日＋特定日」及び「特定日＋特定日の翌日」の平均運転時間がともに9時間を超えないこと。2日を平均した1日当たりの運転時間は、それぞれ次のとおりとなる。

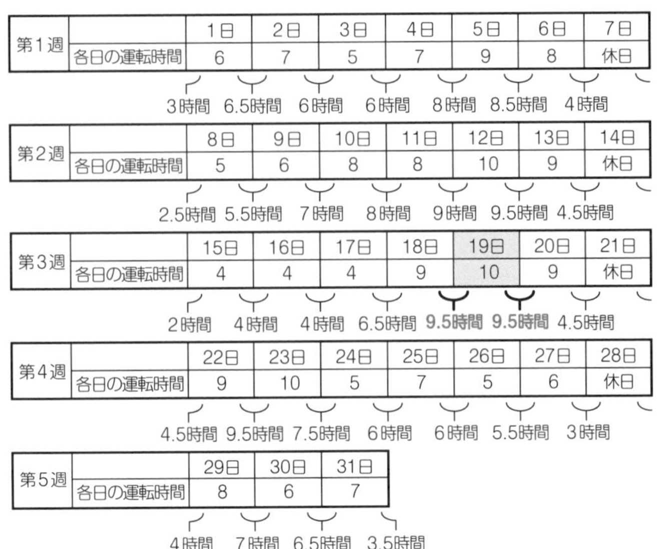

第１週		1日	2日	3日	4日	5日	6日	7日
	各日の運転時間	6	7	5	7	9	8	休日

3時間　6.5時間　6時間　6時間　8時間　8.5時間　4時間

第２週		8日	9日	10日	11日	12日	13日	14日
	各日の運転時間	5	6	8	8	10	9	休日

2.5時間　5.5時間　7時間　8時間　9時間　9.5時間　4.5時間

第３週		15日	16日	17日	18日	19日	20日	21日
	各日の運転時間	4	4	4	9	10	9	休日

2時間　4時間　4時間　6.5時間　**9.5時間**　**9.5時間**　4.5時間

第４週		22日	23日	24日	25日	26日	27日	28日
	各日の運転時間	9	10	5	7	5	6	休日

4.5時間　9.5時間　7.5時間　6時間　6時間　5.5時間　3時間

第５週		29日	30日	31日
	各日の運転時間	8	6	7

4時間　7時間　6.5時間　3.5時間

19日目を特定日とした場合、「特定日の前日（９時間）と特定日（10時間）」の平均運転時間は**9.5時間**。「特定日（10時間）と特定日の翌日（９時間）」の平均運転時間も**9.5時間**となり、いずれも９時間を超えているので、改善基準違反となる。

3．２週間を平均した１週間当たりの運転時間は、２週間を平均し１週間当たりの運転時間が44時間を超えないこと。

２週間の運転時間を平均すると、

第１週及び第２週は、88時間（42時間＋46時間）÷２＝44時間

第３週及び第４週は、82時間（40時間＋42時間）÷２＝41時間

となり、いずれも１週間当たりの運転時間が44時間を超えていないため**改善基準に適合している。**

4．１ヵ月の拘束時間は284時間を超えてはならないが、労使協定がある場合は１年のうち６ヵ月まで、310時間まで延長できる。表より１ヵ月の合計拘束時間は303時間のため、**改善基準に適合している。**

問6［解答　2］

改善基準第４条第１項③・⑥。

1．１日についての最大拘束時間は、15時間である。第１週から第５週までのすべてにおいて15時間を超える日がないため、１日の最大拘束時間は**改善基準に適合している。**

2．２日を平均した１日当たりの運転時間は、「特定日の前日＋特定日」及び「特定日＋特定日の翌日」の平均運転時間がともに９時間を超えないこと。２日を平均した１日当たりの運転時間は、それぞれ次のとおりとなる。

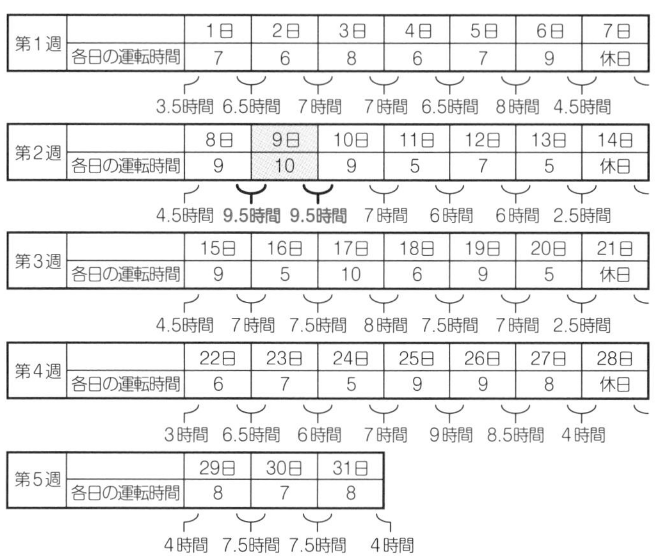

第１週		1日	2日	3日	4日	5日	6日	7日
	各日の運転時間	7	6	8	6	7	9	休日

3.5時間　6.5時間　7時間　7時間　6.5時間　8時間　4.5時間

第２週		8日	9日	10日	11日	12日	13日	14日
	各日の運転時間	9	10	9	5	7	5	休日

4.5時間　**9.5時間**　**9.5時間**　7時間　6時間　6時間　2.5時間

第３週		15日	16日	17日	18日	19日	20日	21日
	各日の運転時間	9	5	10	6	9	5	休日

4.5時間　7時間　7.5時間　8時間　7.5時間　7時間　2.5時間

第４週		22日	23日	24日	25日	26日	27日	28日
	各日の運転時間	6	7	5	9	9	8	休日

3時間　6.5時間　6時間　7時間　9時間　8.5時間　4時間

第５週		29日	30日	31日
	各日の運転時間	8	7	8

4時間　7.5時間　7.5時間　4時間

９日目を特定日とした場合、「特定日の前日（９時間）と特定日（10時間）」の平均運転時間は**9.5時間**。「特定日（10時間）と特定日の翌日（９時間）」の平均運転時間も**9.5時間**となり、いずれも９時間を超えているので、改善基準違反となる。

3．２週間を平均した１週間当たりの運転時間は、２週間を平均し１週間当たりの運転時間が44時間を超えないこと。

２週間の運転時間を平均すると、

第１週及び第２週は、88時間（43時間＋45時間）÷２＝44時間

第３週及び第４週は、88時間（44時間＋44時間）÷２＝44時間

となり、いずれも１週間当たりの運転時間が44時間を超えていないため**改善基準に適合している。**

4．１日についての拘束時間が14時間を超える回数は、超える回数をできるだけ少なくするように努めるものとする（目安としては、１週間について２回までとすること。）。

１ヵ月の勤務状況の例より、第１週から第２週及び第４週から第５週は14時間を超える日はないが、第３週の17日（15時間）に14時間を超えている。しかし、第３週で14時間を超える日は他にないため、１日についての拘束時間が14時間を超える１週間の回数については**改善基準に適合している。**

覚えておこう －労基法・改善基準告示編－

◇用語と日数・時間等

労働条件の原則	法律で定める労働条件の**基準は最低**のものであるから、労働関係の当事者は、この基準を理由として労働条件を**低下させてはならない**ことはもとより、その向上を図るように努めなければならない。
均等待遇	労働者の国籍、信条又は社会的身分を理由として、賃金、労働時間その他の労働条件について、**差別的取扱をしてはならない。**
労働者	職業の種類を問わず、事業又は事務所に**使用される者**で、賃金を**支払われる者。**
使用者	事業主又は事業の経営担当者その他その事業の労働者に関する事項について、**事業主のために行為をするすべての者。**
平均賃金	**3ヵ月間**の賃金の総額をその期間の**総日数**で除した金額。
労働契約の期間	一定の事業の完了に必要な期間を定めるもののほかは、**3年**（専門的知識等を有する労働者または満60歳以上の労働者との労働契約は、**5年**）を超える期間について締結してはならない。
労働条件の明示	労働契約の締結に際し、明示された労働条件が事実と相違する場合においては、労働者は、**即時**に労働契約を解除することができる。
賠償予定の禁止	労働契約の不履行について**違約金**を定め、又は損害賠償額を予定する契約をしてはならない。
解雇制限	疾病等による休業期間及びその後**30日間**、産前産後による休業期間及びその後**30日間**は解雇してはならない。
解雇の予告	**30日前**に予告（30日前に予告しない場合、30日分以上の平均賃金を支払う）。
金品の返還	労働者の死亡又は退職において権利者の請求があった場合は、**7日以内**に賃金を支払い、積立金、保証金、貯蓄金その他名称の如何を問わず、労働者の権利に属する**金品を返還**しなければならない。
出来高払制の保障給	労働時間に応じ**一定額**の賃金を保障する。
労働時間	休憩時間を除き1週間について**40時間を超えて**、労働させてはならない。1週間の各日については、休憩時間を除き1日について**8時間を超えて**、労働させてはならない。
休日	毎週少なくとも**1回**（4週間中に休日が4日以上の場合を除く）。
休憩	労働時間6時間超⇒**45分** / 労働時間8時間超⇒**1時間**
時間外、休日労働の割増賃金	労働日の賃金の計算額の**2割5分**～**5割**の範囲内で割増賃金を支払う。ただし、1ヵ月**60時間**を超える場合は**5割以上。** 有害業務の労働時間の延長は1日につき**2時間**を超えないこと。

まとめ④

時間計算	労働時間は、事業場を異にする場合においても、労働時間に関する規定の適用については**通算する**。
年次有給休暇	**6ヵ月間**継続勤務、**8割**以上出勤で**10労働日**。(※)
産前産後	産後**8週間**未満の女性の就業は不可（産後6週間以降で女性が請求し、医師が支障がないと認めた業務は可）。
育児時間	生後満一年に達しない生児を育てる女性は、休憩時間のほかに**1日2回**各々少なくとも**30分**、その生児を育てるための時間を**請求することができる**。
就業規則の作成	常時**10人以上**の労働者を使用する場合に作成。
作成の手続	就業規則を作成・変更する場合にあっては、労働者の**過半数で組織する労働組合**、労働組合がない場合は労働者の**過半数を代表する者**の意見を聴く。
記録の保存	使用者は、労働関係に関する重要な書類を**5年間**※保存。 ※ただし、経過措置として当分の間は3年間保存。

※：1週間の所定労働日数が相当程度少ない労働者は除く。

まとめ④

◇改善基準

拘束時間	・始業時刻から終業時刻までの時間で、労働時間と休憩時間（仮眠時間を含む）の合計時間。
休息期間	・勤務と次の勤務の間の時間で、睡眠時間を含む労働者の生活時間として、労働者にとって全く自由な時間。

■ 1ヵ月の拘束時間

・1カ月について**284時間**を超えず、かつ、1年について**3,300時間**を超えないこと。
・労使協定があり、次の①②の条件を満たす場合、1年について**6ヵ月**までは1カ月について**310時間**まで、かつ、1年について**3,400時間**まで延長することができる。

①284時間を超える月は連続3カ月まで
②1カ月の時間外・休日労働時間数が100時間未満

■ 1日の拘束時間

・1日は始業時刻から起算して24時間をいう。
・13時間を超えないこと。
・延長する場合でも、最大**15時間**を超えないこと。
・14時間を超える回数をできるだけ少なくするよう努めるものとし、**1週間について2回まで**が目安となる。
・休息期間は継続11時間以上与えるよう努め、最低でも**継続9時間以上**であること。
・フェリー乗船時間は**休息期間**として取り扱う。

■ 2日平均運転時間、2週間平均運転時間

・「特定日の前日＋特定日」及び「特定日＋特定日の翌日」の平均運転時間が**ともに9時間**を超えないこと。
・2週間を平均して1週間当たり44時間を超えないこと。

■ 連続運転時間

・**4時間**運転毎に**30分以上**の中断（1回が**おおむね連続10分**以上かつ、合計**30分**以上の中断時間が必要）。
・10分未満の中断が3回以上連続してはならない。
・中断時間は原則として休憩とする。
・SA（サービスエリア）やPA（パーキングエリア）に駐車できないためやむを得ず4時間を超える場合は、4時間30分まで延長可能。

■ 休日労働

・2週間について**1回**を超えないこと。

第5章

実務上の知識及び能力

1　運行管理者

1　演習問題の要点

■出題傾向と対策

①「実務上の知識及び能力」の範囲では、運行管理者の業務に関する問題が多く出されています。出題内容は主に、「第１章　貨物自動車運送事業法」に基づいたもので、運行管理者が行った業務上の措置の例を示し、それが法令に適合するかどうかを判断するという、法令の理解度や適用範囲を問うものです。さらに、運行管理者が立てた運行計画の内容の適否を問うものも出題されており、これを解くには第３章の「道路交通法」や第４章の「改善基準」の知識が必要となります。したがって、この項の演習問題は、各関係法令と併せて学習してください。

②演習問題から、出題の要点をまとめました。

《運行管理者の業務内容》

◎運行管理者の業務の範囲及び業務上の措置

◎運行管理者の役割　　◎運転者に対する指導・監督

◎補助者に対する指導・監督　　◎事業者への助言

◎運転者の健康管理

《点呼》

◎場所・状況などによる点呼の実施方法

◎酒気帯びの有無や健康状態等の点呼方法、点呼結果による運行業務の可否の決定

◎事業用自動車の状態等の点呼結果による運行の可否の決定

《運行計画》

◎運転時間、平均速度、適した車両、免許の種類等

《事故の再発防止対策》

◎事故の要因を分析し、直接的に有効な対策かどうかの判断

2　演習問題（業務内容）

問１　運行管理の意義、運行管理者の役割等に関する次の記述のうち、**適切なものをすべて**選びなさい。なお、解答にあたっては、各選択肢に記載されている事項以外は考慮しないものとする。

☐　１．運行管理者は、運転者等の指導教育を実施していく際、運転者一人ひとりの個性に応じた助言・指導（カウンセリング）を行うことも重要である。そのためには、日頃から運転者等の性格や能力、事故歴のほか、場合によっては個人的な事情についても把握し、そして、これらに基づいて助言・指導を積み重ねることによって事故防止を図ることも重要な役割である。

２．事業者が、事業用自動車の定期点検を怠ったことが原因で重大事故を起こしたことにより、行政処分を受けることになった場合、当該重大事故を含む運行管理業務上に一切問題がなくても、運行管理者は事業者に代わって事業用自動車の運行管理を行っていることから、事業者が行政処分を受ける際に、運行管理者が運行管理者資格者証の返納を命じられる。

３．運行管理者は、仮に事故が発生していない場合でも、同業他社の事故防止の取組事例などを参考にしながら、現状の事故防止対策を分析・評価することなどにより、絶えず運行管理業務の改善に向けて努力していくことも重要な役割である。

４．事業用自動車の点検及び整備に関する車両管理については、整備管理者の責務において行うこととされていることから、運転者が整備管理者に報告した場合にあっては、点呼において運行管理者は事業用自動車の日常点検の実施について確認する必要はない。

問2　運行管理者の日常業務の記録等に関する次の記述のうち、適切なものには「適」を、適切でないものには「不適」を記入しなさい。なお、解答にあたっては、各選択肢に記載されている事項以外は考慮しないものとする。

☐ 1．運行管理者は、選任された運転者等ごとに採用時に提出させた履歴書が、法令で定める運転者等台帳の記載事項の内容を概ね網羅していることから、これを当該台帳として使用し、索引簿なども作成のうえ、営業所に備え管理している。

2．運行管理者は、事業者が定めた勤務時間及び乗務時間の範囲内で、運転者等が過労とならないよう十分考慮しながら、天候や道路状況などを勘案しつつ、乗務割を作成している。なお、乗務については、早めに運転者等に知らせるため、事前に予定を示すことにしている。

3．運行管理者は、事業用自動車の運行中に暴風雪等に遭遇した場合、運転者から迅速に状況を報告させるとともに、その状況に応じて、運行休止を含めた具体的な指示を行うこととしている。また、報告を受けた事項や指示した内容については、異常気象時等の措置として、詳細に記録している。

4．運行管理者は、運転者等に法令に基づく運行指示書を携行させ、運行させている途中において、自然災害により運行経路の変更を余儀なくされた。このため、当該運行管理者は、営業所に保管する当該運行指示書の写しにその変更した内容を記載するとともに、当該運転者に対して電話等により変更の指示を行ったが、携行させている運行指示書については帰庫後提出させ、運行管理者自ら当該変更内容を記載のうえ保管し、運行の安全確保を図った。

問3　運行管理に関する次の記述のうち、**適切なものをすべて**選びなさい。なお、解答にあたっては、各選択肢に記載されている事項以外は考慮しないものとする。

［R2_CBT改］

☐ 1．運行管理者は、自動車運送事業者の代理人として事業用自動車の輸送の安全確保に関する業務全般を行い、交通事故を防止する役割を担っている。したがって、事故が発生した場合には、自動車運送事業者に代わって責任を負うこととなる。

2．運行管理者は、運行管理業務に精通し、確実に遂行しなければならない。そのためにも自動車輸送に関連する諸規制を理解し、実務知識を身につけると共に、日頃から運転者と積極的にコミュニケーションを図り、必要な場合にあっては運転者の声を自動車運送事業者に伝え、常に安全で明るい職場環境を築いていくことも重要な役割である。

3．運行管理者は、業務開始及び業務終了後の運転者等に対し、原則、対面又は対面による点呼と同等の効果を有するものとして国土交通大臣が定める方法で点呼を実施しなければならないが、遠隔地で業務が開始又は終了する場合、車庫と営業所が離れている場合、又は運転者等の出庫・帰庫が早朝・深夜であり、点呼を行う運行管理者が営業所に出勤していない場合等、運行上やむを得ず、対面又は対面による点呼と同等の効果を有するものとして国土交通大臣が定める方法での点呼が実施できないときには、電話、その他の方法で行う必要がある。

4．運行管理者は、事業用自動車が運行しているときにおいては、運行管理業務に従事している必要がある。しかし、1人の運行管理者が毎日、24時間営業所に勤務することは不可能である。そのため自動車運送事業者は、複数の運行管理者を選任して交替制で行わせるか、又は、運行管理者の補助者を選任し、点呼の一部を実施させるなど、確実な運行管理業務を遂行させる必要がある。

問4　運行管理者の日常業務の記録等に関する次の記述のうち、**適切なものをすべて**選びなさい。なお、解答にあたっては、各選択肢に記載されている事項以外は考慮しないものとする。［R4_CBT改/R2.8改］

☐ 1．運行管理者は、事業用自動車の運転者等が他の営業所に転出し当該営業所の運転者でなくなったときは、直ちに、運転者等台帳に運転者等でなくなった年月日及び理由を記載して1年間保存している。

2．運行管理者は、運行記録計により記録される「瞬間速度」、「運行距離」及び「運行時間」等により運転者等の運行の実態や車両の運行の実態を分析し、運転者等の日常の業務を把握し、過労運転の防止及び運行の適正化を図る資料として活用しており、この運行記録計の記録を1年間保存している。

3．運行管理者は、事業用自動車の運転者等に対し、事業用自動車の構造上の特性、貨物の正しい積載方法など事業用自動車の運行の安全を確保するために必要な運転の技術及び自動車の運転に関して遵守すべき事項等について、適切に指導を行うとともに、その内容等について記録し、かつ、その記録を営業所において3年間保存している。

4．運行管理者は、事業者が定めた勤務時間及び乗務時間の範囲内で、運転者等が過労とならないよう十分考慮しながら、天候や道路状況などを勘案しつつ、乗務割を作成している。なお、乗務については、早めに運転者等に知らせるため、事前に予定を示すことにしている。

◆解答＆解説

※第５章では、「適切なもの」について特筆すべき点がない場合は、解説を省略しています。

問１［解答　１，３］

２．不適：事業者が行政処分を受ける際に、運行管理者が運行管理者資格者証の返納を命じられることはない。ただし、適切な運行管理を行っていないことで重大事故が発生した場合は、厳しい処分を受ける場合がある。

４．不適：運転者が整備管理者に報告した場合であっても、運行管理者は点呼時に必ず日常点検の実施についての確認を行わなければならない。安全規則第７条（点呼等）第１項③。⇒45P

問２［解答　適－２，３　不適－１，４］

１．不適：履歴書を運転者等台帳として使用することはできない。一定の様式の運転者等台帳を作成しなければならない。安全規則第９条の５（運転者等台帳）第１項。⇒79P

２．適：乗務割は、早めに運転者に知らせることも大切であるため、１ヵ月分程度の予定を事前に示し、これに従って運転者等を運行の業務に従事させることが望ましい。安全規則第20条（運行管理者の業務）第１項③。⇒118P

３．適：安全規則第20条（運行管理者の業務）第１項⑮。⇒118P

４．不適：運行の途中において運行経路の変更が生じた場合は、運転者等に対し、電話等で変更の指示をし、また、携行させている運行指示書に変更の内容を記載させなければならない。安全規則第９条の３（運行指示書による指示等）第２項。⇒71P

問３［解答　２，４］

１．不適：事業者に代わって運行管理者が責任を負うことはない。ただし、適切な運行管理を行っていないことで交通事故が発生した場合は、厳しい処分を受ける場合がある。

３．不適：車庫と営業所が離れている場合や、出庫・帰庫が早朝、深夜で運行管理者が出勤していない場合などは「運行上やむを得ない場合」には含まれないため、電話等による点呼はできない。必要に応じて運行管理者や補助者を派遣して、対面点呼を確実に実施する。「安全規則の解釈及び運用」第７条第１項（１）。⇒46P

問４［解答　適－２，３，４］

１．不適：「１年間」⇒「３年間」。安全規則第９条の５（運転者等台帳）第２項。⇒79P

２．運行記録計の目的は、記録された運転者等の運行の実態や車両の運行の実態を分析し、秩序ある運行の確保に活用し、運転者等の日常の業務を把握し、過労運転等の防止及び運行の適正化を図る資料として活用できる。安全規則第９条（運行記録計による記録）第１項。⇒65P・安全規則第20条（運行管理者の業務）第１項⑩。⇒118P

３．安全規則第20条（運行管理者の業務）第１項⑭。⇒118P

４．乗務割は、早めに運転者等に知らせることが大切であるため、１ヵ月分程度の予定を事前に示し、これに従って運転者等を運行の業務に従事させることが望ましい。安全規則第20条（運行管理者の業務）第１項③。⇒118P

3　演習問題（点呼）

問１　下表は、貨物自動車運送事業者が、法令の規定により運転者等ごとに行う点呼の記録表の一例を示したものである。この記録表に関し、A、B、Cに入る**最もふさわしい事項を下の選択肢（①～⑧）から１つ**選びなさい。［R3_CBT］

年　月　日　曜日　　天候　　**点呼記録表**

所長		統括管理者		運行管理者		補助者	

＿＿＿＿営業所

		業務前点呼									
車番	氏名	点呼時間	点呼場所	点呼方法	アルコール検知器の使用の有無	酒気帯びの有無	疾病・疲労・睡眠不足等の状況	日常点検の確認	A	その他必要な事項	執行者の氏名
		：		面・電	有・無	有・無					
		：		面・電	有・無	有・無					
		：		面・電	有・無	有・無					
		：		面・電	有・無	有・無					

中間点呼									業務後点呼								
点呼時間	点呼場所	点呼方法	アルコール検知器の使用の有無	酒気帯びの有無	B	指示事項	その他必要な事項	執行者の氏名	点呼時間	点呼場所	点呼方法	アルコール検知器の使用の有無	酒気帯びの有無	自動車・道路・運行の状況	C	その他必要な事項	執行者の氏名
：		電	有・無	有・無					：		面・電	有・無	有・無				
：		電	有・無	有・無					：		面・電	有・無	有・無				
：		電	有・無	有・無					：		面・電	有・無	有・無				
：		電	有・無	有・無					：		面・電	有・無	有・無				

☐
① 車両の異常の有無　　② 貨物の積載状況
③ 運転者等交替時の通告内容　　④ 薬物の使用状況
⑤ 指示事項　　⑥ 日常点検の状況
⑦ 疾病・疲労・睡眠不足等の状況　　⑧ 自動車・道路・運行の状況

問2　点呼の実施等に関する次の記述のうち、**適切なものをすべて**選びなさい。なお、解答にあたっては、各選択肢に記載されている事項以外は考慮しないものとする。

□ 1．運行管理者は、業務開始及び業務終了後の運転者等に対し、原則、対面又は対面による点呼と同等の効果を有するものとして国土交通大臣が定める方法で点呼を実施しなければならないが、運行上やむを得ず対面での点呼が実施できないときには、電話その他の方法で行う必要があり、法で定める「電話その他の方法」には携帯電話は含まれる。

2．運行管理者は、アルコール検知器を常時有効に保持するため、毎日、アルコール検知器に損傷がなく、電源が確実に入ることを確認し、1週間に1回以上、確実に酒気を帯びていない者が当該アルコール検知器を使用した場合にアルコールを検知しないこと、及び液体歯磨き等アルコールを含有する液体又はこれを希釈したものをスプレー等により口内に噴霧した上で、当該アルコール検知器を使用した場合に、アルコールを検知することを確認している。

3．運行管理者は、運転者等に対し業務前の点呼を実施したところ、当該運転者等から「運行の業務に従事する事業用トラックのワイパーブレードの劣化により払拭状態が不良である」との報告を受けた。運行管理者は、本日の天気は晴れとの予報なので、運行には差し支えないと考え、整備管理者に確認を求めず出庫させた。

4．A営業所において、運行管理者は昼間のみの勤務体制となっており、当該営業所における点呼の総回数の6割を運行管理者が行っている。なお、昼間以外の時間帯は、事業者が選任した複数の運行管理者の補助者に点呼を実施させている。

問3　点呼の実施等に関する次の記述のうち、適切なものには「適」を、適切でないものには「不適」を記入しなさい。なお、解答にあたっては、各選択肢に記載されている事項以外は考慮しないものとする。

□ 1．業務前の点呼における運転者に対する酒気帯びの有無を確認するため、アルコール検知器を使用しなければならないが、アルコール検知器を使用する理由は、身体に保有しているアルコールの程度を測定し、道路交通法施行令で定める呼気1リットル当たり0.15ミリグラム以上であるか否かを判定するためである。

2．配送業務である早朝の業務前点呼において、これから運行の業務に従事する運転者の目が赤く眠そうな顔つきであったため、本人に報告を求めたところ、連日、就寝が深夜2時頃と遅く寝不足気味ではあるが、何とか運行の業務は可能であるとの申告があった。このため運行管理者は、当該運転者に対し途中で眠気等があった時には、自らの判断で適宜、休憩を取るなどして運行するよう指示し、出庫させた。

3．運行管理者は、業務開始及び業務終了後の運転者等に対し、原則、対面又は対面による点呼と同等の効果を有するものとして国土交通大臣が定める方法で点呼を実施しなければならないが、遠隔地で業務が開始又は終了する場合、車庫と営業所が離れている場合、又は運転者等の出庫・帰庫が早朝・深夜であり、点呼を行う運行管理者が営業所に出勤していない場合等、運行上やむを得ず、対面での点呼が実施できないときには、電話、その他の方法で行っている。

4．業務前の点呼において運転者等の健康状態を的確に確認することができるようにするため、健康診断の結果等から異常の所見がある運転者等又は就業上の措置を講じた運転者等が一目で分かるように、個人のプライバシーに配慮しながら点呼記録表の運転者等の氏名の横に注意喚起のマークを付記するなどして、これを点呼において活用している。

問４　点呼の実施等に関する次の記述のうち、<u>**適切なものをすべて**</u>選びしなさい。なお、解答にあたっては、各選択肢に記載されている事項以外は考慮しないものとする。

☐ 1．業務前の点呼において運転者等の健康状態を的確に確認することができるようにするため、健康診断の結果等から異常の所見がある運転者等又は就業上の措置を講じた運転者等が一目で分かるように、個人のプライバシーに配慮しながら点呼記録表の運転者等の氏名の横に注意喚起のマークを付記するなどして、これを点呼において活用している。

2．事業用自動車の運転者が運行中に道路のガードレールに接触するという物損事故を起こしたため、警察官の事故処理に立ち会った後に所属する営業所に帰庫した。業務後の点呼において、運転者から当該事故の報告を受けたが、物損事故であることから、点呼記録表に記録しなかった。

3．以前に自社の運転者が自動車運転免許証の停止の処分を受けているにもかかわらず、事業用自動車の運行の業務に従事していた事案が発覚したことがあったため、運行管理規程に業務前の点呼における実施事項として、自動車運転免許証の提示及び確認について明記した。その後、運行管理者は、業務前の点呼の際の運転免許証の確認については、各自の運転免許証のコピーにより行い、再発防止を図っている。

4．業務前の点呼においてアルコール検知器を使用し、運転者の酒気帯びの有無を確認したところ、呼気中のアルコール濃度が１リットル当たり0.17ミリグラムであったため、運行の業務に従事させることを中止させた。しかし、交替要員がないため、２時間休憩させ、あらためて、アルコール検知器を使用し、運転者の酒気帯びの有無を確認したところ、呼気中のアルコール濃度が１リットル当たり0.10ミリグラムとなったため、運行の業務に従事させた。

問５　貨物自動車運送事業の事業用自動車の運転者に対する点呼の実施等に関する次の記述のうち、適切なものには「適」を、適切でないものには「不適」を記入しなさい。なお、解答にあたっては、各選択肢に記載されている事項以外は考慮しないものとする。［R3.3改］

☐ 1．運行管理者は、業務開始及び業務終了後の運転者等に対し、原則、対面又は対面による点呼と同等の効果を有するものとして国土交通大臣が定める方法で点呼を実施しなければならないが、遠隔地で業務が開始又は終了する場合、車庫と営業所が離れている場合、又は運転者の出庫・帰庫が早朝・深夜であり、点呼を行う運行管理者が営業所に出勤していない場合等、運行上やむを得ず、対面での点呼が実施できないときには、電話、その他の方法で行っている。

2．３日間にわたる事業用トラックの運行で、２日目は業務前及び業務後の点呼を対面又は対面による点呼と同等の効果を有するものとして国土交通大臣が定める方法で行うことができない運行の業務に従事するため、携帯電話による業務前及び業務後の点呼を実施するほか、携帯電話による中間点呼を１回実施した。

3．同一の事業者内の輸送の安全の確保に関する取組が優良であると認められる営業所において、Ａ営業所とＢ営業所間で実施するIT点呼については、１営業日のうち連続する18時間以内としている。

4．業務前の点呼においてアルコール検知器を使用するのは、身体に保有している酒気帯びの有無を確認するためのものであり、道路交通法施行令で定める呼気中のアルコール濃度１リットル当たり0.15ミリグラム以上であるか否かを判定するためのものではない。

◆解答＆解説

問１［解答　Ａ－⑤，Ｂ－⑦，Ｃ－③］

安全規則第７条（点呼等）第１項・第２項・第３項。⇒45P

問２［解答　1，2，4］

1．「安全規則の解釈及び運用」第７条第１項（1）、（2）。⇒46P

2．「安全規則の解釈及び運用」第７条第２項（4）①・②。⇒50P

3．不適：日常点検の結果、保安基準に適合しない状態にあるときは必要な整備をしなければならない。また、日常点検の基準ではワイパーの払拭状態が不良でないこととされている。したがって、報告を受けたあと、すみやかにワイパーブレードを交換しなければならない。また、整備が必要になる場合は、整備管理者に確認し、出庫の有無を決定しなければならない。車両法第47条の２（日常点検整備）第３項。⇒165P

4．運行管理者が行う点呼が、点呼全体の３分の１以上を占めているため、適切である。「安全規則の解釈及び運用」第７条第１項（14）。⇒49P

問3［解答　適－4　不適－1，2，3］

1．不適：アルコール検知器を使用する理由は、呼気1ℓ当たり0.15mg以上であるか否かを判定するためではなく、微量であってもアルコールが残っていないかどうかを確認するためである。「安全規則の解釈及び運用」第7条第1項（13）。⇒47P

2．不適：健康状態に問題がありそうな場合は、安全な運行の業務が遂行できないと判断し、本人から業務可能であると申告があった場合でも、その運転者を運行の業務に従事させてはならない。安全規則第7条（点呼等）第1項。⇒45P・安全規則第20条（運行管理者の業務）第1項④の2。⇒118P

3．不適：車庫と営業所が離れている場合や出庫・帰庫が早朝、深夜で、運行管理者が出勤していない場合などは「運行上やむを得ない場合」には含まれないため、電話等による点呼はできない。必要に応じて運行管理者や補助者を派遣して、対面点呼を確実に実施する。「安全規則の解釈及び運用」第7条第1項（1）。⇒46P

4．適：安全規則第7条（点呼等）第1項。⇒45P・安全規則第20条（運行管理者の業務）第1項④の2。⇒118P

問4［解答　1］

1．安全規則第7条（点呼等）第1項。⇒45P・安全規則第20条（運行管理者の業務）第1項④の2。⇒118P

2．不適：業務後の点呼では、事業用自動車、道路及び運行状況についての報告を求め、その内容を記録しなければならない。物損事故は事業用自動車の状況に該当するため、点呼記録表に記録しなければならない。安全規則第7条（点呼等）第2項・第5項。⇒45P

3．不適：点呼の際は、自動車運転免許証のコピーによる確認ではなく、その都度、運転免許証の現物を提示させ、確認し、再発防止を図る。

4．不適：微量であってもアルコールが残っている場合は運行の業務に従事させてはならない。「安全規則の解釈及び運用」第7条第1項（13）。⇒47P・安全規則第20条（運行管理者の業務）第1項④。⇒118P

問5［解答　適－2，4　不適－1，3］

1．不適：車庫と営業所が離れている場合や、出庫・帰庫が早朝、深夜で、運行管理者が出勤していない場合などは「運行上やむを得ない場合」には含まれないため、電話等による点呼はできない。必要に応じて運行管理者や補助者を派遣して、対面点呼を確実に実施する。「安全規則の解釈及び運用」第7条第1項（1）。⇒46P

2．適：安全規則第7条（点呼等）第3項。⇒45P

3．不適：「18時間以内」⇒「16時間以内」。「安全規則の解釈及び運用」第7条第1項（5）①ウ。⇒47P

4．適：「安全規則の解釈及び運用」第7条第1項（13）。⇒47P

Check　点呼についてのまとめ［編集部］

点呼について**不適切なもの**をまとめました。試験対策の参考にしてください。

営業所と車庫が離れているので電話で所定の点呼を行った
深夜であったため電話で所定の点呼を行った
運転者は、酒気帯びの感じがすることを事業者に伝えてあったため、点呼の時に運行管理者には報告しなかった
補助者は、運転者の健康状態に問題がありそうだったが、本人から「問題なし」と報告があったのでそのまま運行の業務に従事させた
交替運転者を業務に従事させたとき、出庫時から運転を開始する運転者に対する点呼を営業所で対面で行い、交替運転者に対する点呼はあらかじめ指示した交替地点で、交替運転者が運行の業務を開始する前に携帯電話で行った
無事故無違反運転者またはベテラン運転者には、必要があるときのみ所定の点呼を行えばよい
定期健康診断の結果、異常なしとされた運転者については、業務前の点呼における疾病、疲労、睡眠不足等の有無の確認を行っていない
運転者からアルコールの臭いがしたが、本人より平気であると申告があったため、運行の業務に従事させた
日常点検の結果、安全上の問題があったが、整備管理者が「帰庫後に対処する」と運転者に指示したため、運行管理者もそのままその事業用自動車の運行の業務に従事させた
アルコール検知器が故障していたので、運転者からの申告と目視等で酒気帯びの有無を確認し、問題がないため運行の業務に従事させた
アルコール検知器が故障していたが、同僚の運転者が個人的に購入したアルコール検知器があったのでこれを使用した
業務前の点呼において、運転者のアルコール検知器による吸気中のアルコール濃度が0.15mg/ℓ以下だったので、運行の業務に従事させた
中間点呼であったため、アルコール検知器の使用を省略した
事故を起こしたが、物損事故であったため、点呼記録表に記録しなかった
安全な運行を行わなかった運転者のみ、点呼記録表にその内容を記載した
運行指示書を携行させているので、電話等による業務前の点呼では、改めて運行の安全の確保のための指示はしていない
勤務体制上、運行管理者がすべての業務を適切に行うことが困難なため、点呼については補助者に一任している
業務前の点呼において、運転免許証の確認は、コピーにより行っている

4 演習問題（指導及び監督）

問１　一般貨物自動車運送事業者が事業用自動車の運転者に対して行う指導・監督に関する次の記述のうち、**適切なものをすべて**選びなさい。なお、解答にあたっては、各選択肢に記載されている事項以外は考慮しないものとする。

☐ 1．運転中の携帯電話・スマートフォンの使用などは運転への注意力を著しく低下させ、事故につながる危険性が高くなる。このような運転中の携帯電話等の操作は法令違反であることはもとより、いかに危険な行為であるかを運行管理者は運転者に対し理解させて、運転中の使用の禁止を徹底する必要がある。

2．車両の重量が重い自動車は、スピードを出すことにより、カーブでの遠心力が大きくなるため横転などの危険性が高くなり、また、制動距離が長くなるため追突の危険性も高くなる。このため、法定速度を遵守し、十分な車間距離を保つことを運転者に指導する必要がある。

3．飲酒により体内に摂取されたアルコールを処理するために必要な時間の目安については、例えばアルコール度数15％の日本酒を２合（360ml）の場合、概ね８時間とされている。事業者は、これらを参考に、社内教育の中で酒気帯び運転防止の観点から飲酒が運転に及ぼす影響等について指導している。

4．国土交通大臣が認定する適性診断（以下「適性診断」という。）を受診した運転者の診断結果において、「感情の安定性」の項目で、「すぐかっとなるなどの衝動的な傾向」との判定が出た。適性診断は、性格等を客観的に把握し、運転の適性を判定することにより、運転業務に適さない者を選任しないようにするためのものであるため、運行管理者は、当該運転者は運転業務に適さないと判断し、他の業務へ配置替えを行った。

問2　一般貨物自動車運送事業者が事業用自動車の運転者に対して行う指導・監督に関する次の記述のうち、**適切なものをすべて**選びなさい。なお、解答にあたっては、各選択肢に記載されている事項以外は考慮しないものとする。

□ 1．雪道への対応の遅れは、雪道でのチェーンの未装着のため自動車が登り坂を登れないこと等により後続車両が滞留し大規模な立ち往生を発生させることにもつながる。このことから運行管理者は、状況に応じて早めのチェーン装着等を運転者に対し指導する必要がある。

2．運転者は貨物の積載を確実に行い、積載物の転落防止や、転落させたときに危険を防止するために必要な措置をとることが遵守事項として法令で定められている。出発前に、スペアタイヤや車両に備えられている工具箱等も含め、車両に積載されているものが転落のおそれがないことを確認しなければならないことを指導している。

3．四輪車を運転する場合、二輪車との衝突事故を防止するための注意点として、①二輪車は死角に入りやすいため、その存在に気づきにくく、また、②二輪車は速度が実際より速く感じたり、距離が近くに見えたりする特性がある。したがって、運転者に対してこのような点に注意するよう指導する必要がある。

4．近年、大型車のホイール・ボルトの折損等による車輪脱落事故が増加傾向にあり、冬季に集中して起こっている。特に冬用タイヤへの交換作業後1ヵ月以内に多く発生する傾向にある。このため、運転者やタイヤ交換作業者に対して、規定の締付トルクでの確実な締め付けや日常点検での目視等によるチェック等を徹底するよう指導している。

問3　一般貨物自動車運送事業者が事業用自動車の運転者に対して行う指導・監督に関する次の記述のうち、**適切なものをすべて**選びなさい。なお、解答にあたっては、各選択肢に記載されている事項以外は考慮しないものとする。［R4_CBT］

□ 1．時速36キロメートルで走行中の自動車を例に取り、運転者が前車との追突の危険を認知しブレーキ操作を行い、ブレーキが効きはじめるまでに要する空走時間を1秒間とし、ブレーキが効きはじめてから停止するまでに走る制動距離を8メートルとすると、当該自動車の停止距離は約13メートルとなるなど、危険が発生した場合でも安全に止まれるような速度と車間距離を保って運転するよう指導している。

2．危険ドラッグ等の薬物を使用して運転した場合には、重大な事故を引き起こす危険性が高まり、その結果取り返しのつかない被害を生じることもあることから、運行管理者は、常日頃からこれらの薬物を使用しないよう、運転者等に対し強く指導している。

3．大雨、大雪、土砂災害などの異常気象時の措置については、異常気象時等処理要領を作成し運転者全員に周知させておくとともに、運転者とも速やかに連絡がとれるよう緊急時における連絡体制を整えているので、普段から事業用自動車の運行の中断、待避所の確保、徐行運転等の運転に関わることについてはすべて運転者の判断に任せ、中断、待避したときは報告するよう指導している。

4．実際の事故事例やヒヤリハット事例のドライブレコーダー映像を活用して、事故前にどのような危険が潜んでいるか、それを回避するにはどのような運転をすべきかなどを運転者に考えさせる等、実事例に基づいた危険予知訓練を実施している。

問４　一般貨物自動車運送事業者が事業用自動車の運転者に対して行う指導・監督に関する次の記述のうち、**適切なものをすべて**選びなさい。なお、解答にあたっては、各選択肢に記載されている事項以外は考慮しないものとする。［R3_CBT］

☐ 1．運転者が交通事故を起こした場合、事故の被害状況を確認し、負傷者がいるときは、まず最初に運行管理者に連絡した後、負傷者の救護、道路における危険の防止、警察への報告などの必要な措置を講じるよう運転者に対し指導している。

2．他の自動車に追従して走行するときは、常に「秒」の意識をもって自車の速度と制動距離（ブレーキが効きはじめてから止まるまでに走った距離）に留意し、前車への追突の危険が発生した場合でも安全に停止できるよう、制動距離と同程度の車間距離を保って運転するよう指導している。

3．実際の事故事例やヒヤリハット事例のドライブレコーダー映像を活用して、事故前にどのような危険が潜んでいるか、それを回避するにはどのような運転をすべきかなどを運転者に考えさせる等、実事例に基づいた危険予知訓練を実施している。

4．飲酒は、速度感覚の麻痺、視力の低下、反応時間の遅れ、眠気が生じるなど自動車の運転に極めて深刻な影響を及ぼす。個人差はあるものの、体内に入ったビール500ミリリットル（アルコール５％）が分解処理されるのに概ね２時間が目安とされていることから、乗務前日の飲酒・酒量については、運転に影響のないよう十分気をつけることを運転者に指導している。

問５　一般貨物自動車運送事業者が事業用自動車の運転者に対して行う指導・監督に関する次の記述のうち、**適切なものをすべて**選びなさい。なお、解答にあたっては、各選択肢に記載されている事項以外は考慮しないものとする。［R2_CBT］

☐　１．時速36キロメートルで走行中の自動車を例に取り、運転者が前車との追突の危険を認知しブレーキ操作を行い、ブレーキが効きはじめるまでに要する空走時間を１秒間とし、ブレーキが効きはじめてから停止するまでに走る制動距離を８メートルとすると、当該自動車の停止距離は約13メートルとなるなど、危険が発生した場合でも安全に止まれるような速度と車間距離を保って運転するよう指導している。

２．運転者は貨物の積載を確実に行い、積載物の転落防止や、転落させたときに危険を防止するために必要な措置をとることが遵守事項として法令で定められている。出発前に、スペアタイヤや車両に備えられている工具箱等も含め、車両に積載されているものが転落のおそれがないことを確認しなければならないことを指導している。

３．運転者の目は、車の速度が速いほど、周辺の景色が視界から消え、物の形を正確に捉えることができなくなるため、周辺の危険要因の発見が遅れ、事故につながるおそれが高まることを理解させるよう指導している。

４．飲酒により体内に摂取されたアルコールを処理するために必要な時間の目安については、例えばビール500ミリリットル（アルコール５%）の場合、概ね４時間とされている。事業者は、これを参考に個人差も考慮して、体質的に酒に弱い運転者のみを対象として、飲酒が運転に及ぼす影響等について指導を行っている。

問６　一般貨物自動車運送事業者が事業用自動車の運転者に対して行う指導・監督に関する次の記述のうち、**適切なものをすべて**選びなさい。なお、解答にあたっては、各選択肢に記載されている事項以外は考慮しないものとする。［R3. 3改］

☐　１．自動車が追越しをするときは、前の自動車の走行速度に応じた追越し距離、追越し時間が必要になるため、前の自動車と追越しをする自動車の速度差が大きい場合には追越しに長い時間と距離が必要になることから、無理な追越しをしないよう指導した。

２．ある運転者が、昨年今年と連続で追突事故を起こしたので、運行管理者は、ドライブレコーダーの映像等をもとに事故の原因を究明するため、専門的な知識及び技術を有する外部機関に事故分析を依頼し、その結果に基づき指導した。

3．１人ひとりの運転者が行う日常点検や運転行動、または固縛作業は、慣れとともに、各動作を漫然と行ってしまうことがある。その行動や作業を確実に実施させるために、「指差呼称」や「安全呼称」を習慣化することで事故防止に有効であるという意識を根付かせるよう指導した。

4．令和４年中に発生した事業用トラックによる交通事故の類型別発生件数をみると、追突事故が最も多く、全体の約半分を占めており、また、昼間の時間帯に多く発生している。このため、運転者に対して、追突事故を防止するための適正な車間距離の確保や、前方不注意の危険性等に関し指導した。

問７　一般貨物自動車運送事業者が事業用自動車の運転者に対して行う指導・監督に関する次の記述のうち、**適切なものをすべて**選びなさい。なお、解答にあたっては、各選択肢に記載されている事項以外は考慮しないものとする。［R2.8］

☐ 1．車長が長い自動車は、①内輪差が大きく、左折時に左側方のバイクや歩行者を巻き込んでしまう、②狭い道路への左折時には、車体がふくらみ、センターラインをはみ出してしまう、③右折時には、車体後部のオーバーハング部が隣接する車線へはみ出して車体後部が後続車に接触する、などの事故の要因となり得る危険性を有していることを運転者に対し指導している。

2．鉄道車両など関係法令の制限を超えた積載物を運搬する場合は、関係当局から発行された許可証を携行するとともに、許可の際に付された通行経路・通行時間等の条件を遵守し、運送するよう指導している。また、運行前には、必ず、通行経路の事前情報を入手し、許可された経路の道路状況を確認するよう指導している。

3．国土交通大臣が認定する適性診断（以下「適性診断」という。）を受診した運転者の診断結果において、「感情の安定性」の項目で、「すぐかっとなるなどの衝動的な傾向」との判定が出た。適性診断は、性格等を客観的に把握し、運転の適性を判定することにより、運転業務に適さない者を選任しないようにするためのものであるため、運行管理者は、当該運転者は運転業務に適さないと判断し、他の業務へ配置替えを行った。

4．飲酒により体内に摂取されたアルコールを処理するために必要な時間の目安については、個人差はあるが、例えばチューハイ350ミリリットル（アルコール７％）の場合、概ね２時間とされている。事業者は、これらを参考に、社内教育の中で酒気帯び運転防止の観点から飲酒が運転に及ぼす影響等について指導している。

◆解答＆解説

問１［解答　１，２，３］

２．自動車の特性をふまえ、法定速度を遵守させ、十分な車間距離を保つように指導しているので適切である。「自動車に働く力」。⇒458P

３．「指導及び監督の指針」第１章２（10）。⇒84P・「アルコールの１単位」。⇒405P

４．不適：適性診断は、運転者の運転行動や運転態度が安全運転にとって好ましい方向へ変化するように動機付けを行うことにより、運転者自身の安全意識を向上させるためのものであり、**運転者を選任する際の判断材料ではない**。「適性診断」。⇒443P

問２［解答　１，２，４］

１．安全規則第11条（異常気象時等における措置）第１項。⇒96P

２．スペアタイヤや車両に備えられている工具箱等も転落防止の措置を行う積載物に含まれるため、確認するよう指導する。道交法第71条（運転者の遵守事項）第１項④。⇒249P

３．不適：四輪車を運転する場合、二輪車は速度が実際より**遅く**感じたり、距離が**遠く**に見えたりするため注意をするよう指導する必要がある。「四輪車から見た二輪車」。⇒453P

４．「ホイール・ボルトの折損等」。⇒444P

問３［解答　２，４］

１．不適：停止距離は空走距離＋制動距離で求められるが、空走距離がわからないため、はじめに空走距離を求める。

空走時間が１秒であることから、時速36kmで走行中の自動車が１秒間に走行する距離を求めるため、時速を秒速に変換する。１km は1000m、１時間は3600秒（s）である。

$$36\text{km/h} = \frac{36\times1000\text{m}}{3600\text{s}} = \frac{360\text{m}}{36\text{s}} = 10\text{m/s} \quad \Rightarrow 10\text{m}$$

空走距離が10mとわかったので、停止距離を求める。

停止距離＝空走距離＋制動距離＝10m ＋８m ＝18m

したがって、停止距離は**18m**となることを指導する。「停止距離」。⇒459P

２．運転者等に対して、覚醒剤等の薬物が身体に与える影響や薬物使用が重大な事故につながるおそれがあることについて十分理解させるとともに、薬物使用の禁止についてあらゆる機会を通じて強力に指導すること。「指導及び監督の指針」第１章 ２（10）。⇒84P

３．不適：異常気象時における事業用自動車の運行の中断、待避所の確保、徐行運転等の運転に関わることについては、運転者の判断に任せるのではなく、事業者が状況を的確に把握したうえで、**適切な指示を行い、また、必要な措置を講じなければならない**。安全規則第11条（異常気象時等における措置）第１項。⇒96P

４．「指導監督の指針」第１章 ２（７）。⇒83P

問４［解答　３］

１．不適：事故を起こした場合は、まず**最初に負傷者の救護等必要な措置**を行い、その後、運行管理者に連絡をし、指示を受けるよう指導する。道交法第72条（事故の場合の措置）第１項。⇒258P

2．不適 ：自車の速度と**停止距離（危険認知から自動車が止まりきるまでの総走行距離）**に留意し、安全に**停止できるような速度**又は車間距離を保って運転するよう指導する。

4．不適 ：ビール500mℓ（アルコール５%）を処理するために必要な時間の目安は、概ね**4時間**とされている。「指導及び監督の指針」第１章 2（10)。⇒84P・「アルコールの１単位」。⇒405P

問5 ［解答　2，3］

1．不適：問３ 1．を参照「停止距離」。⇒459P

3．運転者の視野は、速度が増すごとに狭くなる。低速では、路側の障害物やその他の潜在的な危険を視認することが可能である。しかし、高速では視野が狭くなるため、潜在的な危険を認識する能力が大きく減退し、近くから飛び出してくる歩行者や自転車などを見落としやすくなることを理解させるよう指導する。「速度と視野」。⇒454P

4．不適 ：飲酒が運転に及ぼす影響については、**体質的に酒に弱い者のみに限定せず、すべての運転者**に対し、指導・監督を行わなければならない。「指導及び監督の指針」第１章 2（10)。⇒84P・「アルコールの１単位」。⇒405P

問6 ［解答　2，3，4］

1．不適 ：「自動車の速度差が大きい場合」⇒「自動車の速度差が**小さい場合**」。「追い越しに必要な距離」。⇒458P

4．令和４年中に発生したトラックによる交通事故14,383件のうち、約90%（12,993件）を占めているのが「他車との事故」である。その中でも、追突事故が最も多く、全体の約45%（5,944件）を占めている。追突事故の発生時間帯は、６時～18時台が多く、全体の約80%（4,756件）を占め、ピークは10時～12時台で、962件となっている。［参考 ：交通事故統計（令和４年版)］。

問7 ［解答　1，2］

1．「車長が長い自動車」。⇒454P

2．「許可運送」。⇒444P

3．不適 ：適性診断は、運転者の運転行動や運転態度が安全運転にとって好ましい方向へ変化するように動機付けを行うことにより、運転者自身の安全意識を向上させるためのものであり、**運転者を選任する際の判断材料ではない**。「適性診断」。⇒443P

4．不適 ：チューハイ350mℓ（アルコール７%）を処理するために必要な時間の目安は、概ね**４時間**とされている。「指導及び監督の指針」第１章 2（10)。⇒84P・「アルコールの１単位」。⇒405P

5　演習問題（運行計画）

問1　荷主から貨物自動車運送事業者に対し、B地点で荷積みをし、C地点に12時に到着させるよう運送の依頼があった。これを受けて、運行管理者として運転者に対し当該運送の指示をするため、次に示す〔当日の運行計画を策定するための前提条件〕に基づき運行計画を立てた。この運行に関する次のア～ウについて解答しなさい。なお、解答にあたっては、〔当日の運行計画を策定するための前提条件〕に記載されている事項以外は考慮しないものとする。

〔当日の運行計画を策定するための前提条件〕

○　A営業所を出庫し、30キロメートル離れたB地点まで平均時速30キロメートルで走行する。

○　B地点において30分間の荷積みを行い、その後、30分の休憩をとる。

○　B地点から165キロメートル離れたC地点までの間、一部高速自動車国道を利用し、平均時速55キロメートルで走行して、C地点に12時に到着する。

○　30分間の荷下ろし後、1時間の休憩をとる。休憩後、A営業所に帰庫するため、C地点を13時30分に出発、一部高速自動車国道を利用し、150キロメートル先のD地点まで平均時速50キロメートルで走行して到着後、15分の休憩をとる。

○　D地点からA営業所まで平均時速30キロメートルで走行して、A営業所に17時45分に帰庫する。

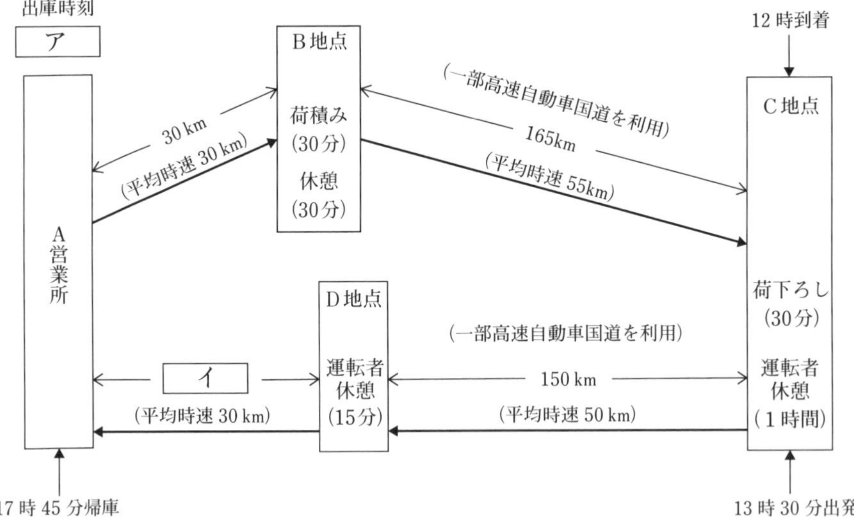

☐ ア．C地点に12時に到着させるためにふさわしいA営業所の出庫時刻（ア）について、次の１～４の中から**正しいものを１つ**選びなさい。

１．６時30分　　２．７時00分
３．７時30分　　４．８時00分

イ．D地点とA営業所間の距離（イ）について、次の１～４の中から**正しいものを１つ**選びなさい。

１．15キロメートル　　２．30キロメートル
３．45キロメートル　　４．60キロメートル

ウ．当日の全運行において、連続運転時間は「自動車運転者の労働時間等の改善のための基準」に照らし、違反しているか否かについて、次の１～２の中から**正しいものを１つ**選びなさい。

１．違反していない　　２．違反している

問2　運行管理者は、荷主からの運送依頼を受けて、下の図に示す運行計画を立てた。この運行に関する次の1～3の記述について、解答しなさい。なお、解答にあたっては、〈運行計画〉及び各選択肢に記載されている事項以外は考慮しないものとする。［R4_CBT改］

〈運行計画〉
A地点から、重量が3,250キログラムの荷物をB地点に運び、その後、戻りの便にて、C地点から3,000キログラムの荷物をD地点に運ぶ行程とする。当該運行は、最大積載量4,000キログラムの貨物自動車を使用し、運転者1人乗務とする。

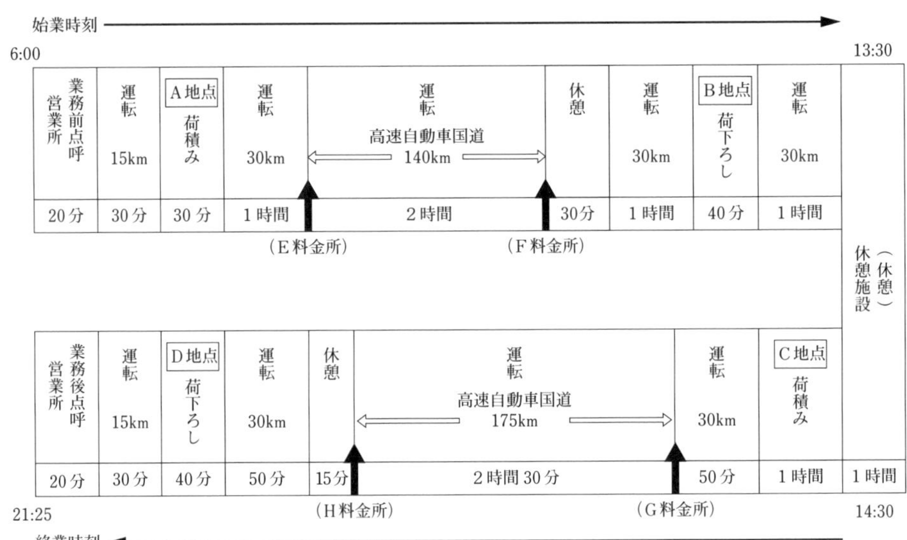

☐ 1．Ｅ料金所からＦ料金所までの間の高速自動車国道（本線車道に限る。以下同じ。）の運転時間を２時間、及びＧ料金所からＨ料金所までの間の高速自動車国道の運転時間を２時間30分と設定したことは、道路交通法令に定める制限速度に照らし適切か否かについて、**正しいものを１つ**選びなさい。

①適切　　　　　　②不適切

2．当該運転者は前日の運転時間が８時間30分であり、また、翌日の運転時間を８時間30分とした場合、当日を特定の日とした場合の２日を平均して１日当たりの運転時間が「自動車運転者の労働時間等の改善のための基準」（以下「改善基準告示」という。）に違反しているか否について、**正しいものを１つ**選びなさい。

①違反していない　　　　②違反している

3．当該運行の連続運転時間の中断方法について「改善基準告示」に照らし、違反しているか否かについて、**正しいものを１つ**選びなさい。

①違反していない　　　　②違反している

問３　荷主から貨物自動車運送事業者に対し、往路と復路において、それぞれ荷積みと荷下ろしを行うよう運送の依頼があった。これを受けて運行管理者は下の図に示す運行計画を立てた。この運行に関する次の１～３の記述について、解答しなさい。なお、解答にあたっては、〈運行計画〉及び各選択肢に記載されている事項以外は考慮しないものとする。[R2_CBT改]

〈運行計画〉

Ｂ地点から、重量が5,500キログラムの荷物をＣ地点に運び、その後、戻りの便にて、Ｄ地点から5,250キログラムの荷物をＦ地点に運ぶ行程とする。当該運行は、最大積載量6,250キログラムの貨物自動車を使用し、運転者１人乗務とする。

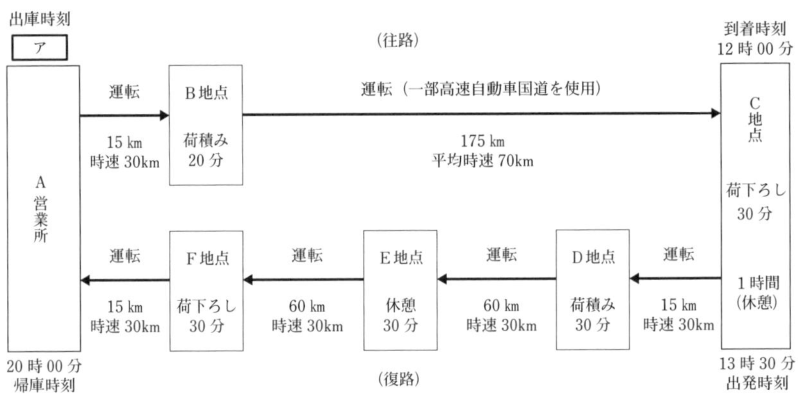

☐　１．当該運行においてＣ地点に12時00分に到着させるためにふさわしいＡ営業所の出庫時刻（ア）について、次の①～③の中から**正しいものを１つ**選びなさい。

①８時20分　　②８時30分　　③８時40分

２．当該運転者は前日の運転時間が９時間20分であり、また、翌日の運転時間を９時間30分とした場合、当日を特定の日とした場合の２日を平均して１日当たりの運転時間が自動車運転者の労働時間等の改善のための基準告示（以下「改善基準告示」という。）に違反しているか否について、**正しいものを１つ**選びなさい。

①違反していない　　②違反している

３．当日の全運行において、連続運転時間は「改善基準告示」に、違反しているか否かについて、**正しいものを１つ**選びなさい。

①違反していない　　②違反している

問４　荷主から貨物自動車運送事業者に対し、往路と復路において、それぞれ荷積みと荷下ろしを行うよう運送の依頼があった。これを受けて運行管理者は下の図に示す運行計画を立てた。この運行に関する次の１～３の記述について、解答しなさい。なお、解答にあたっては〈運行計画〉及び各選択肢に記載されている事項以外は考慮しないものとする。［R3_CBT］

〈運行計画〉

Ａ営業所を出庫し、Ｂ地点で荷積みし、Ｅ地点で荷卸し、休憩の後、戻りの便にて、Ｆ地点で再度荷積みし、Ｇ地点で荷卸しした後、Ａ営業所に帰庫する行程とする。当該運行は、車両総重量8トン、最大積載量5トンの貨物自動車を使用し、運転者１人乗務とする。

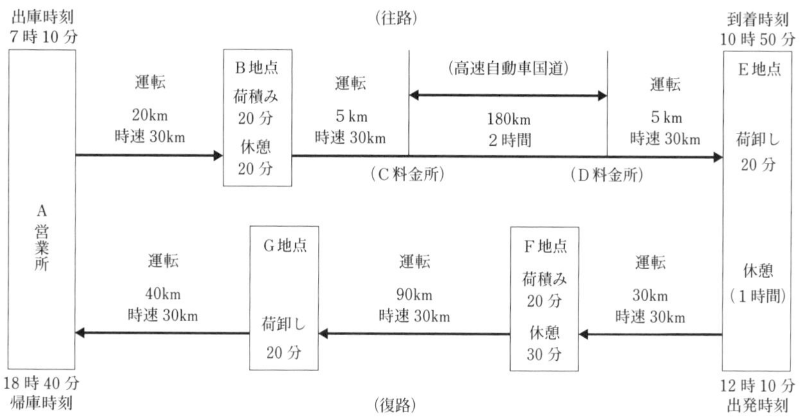

1．Ｃ料金所からＤ料金所までの間の高速自動車国道の運転時間を、２時間と設定したことは、道路交通法令に定める制限速度に照らし適切か否かについて、**いずれか正しいものを１つ**選びなさい。

①　適切　　　　　　②　不適切

2．当該運転者の前日の運転時間は９時間20分であり、また、当該運転者の翌日の運転時間は９時間20分と予定した場合、当日を特定日とした場合の２日を平均した１日当たりの運転時間は、「自動車運転者の労働時間等の改善のための基準」（以下「改善基準告示」という。）に照らし、違反しているか否かについて、**いずれか正しいものを１つ**選びなさい。

①　違反している　　②　違反していない

3．当日の全運行において、連続運転時間は「改善基準告示」に照らし、違反しているか否かについて、**いずれか正しいものを１つ**選びなさい。

①　違反している　　②　違反していない

問5　荷主から下の運送依頼を受けて、A営業所の運行管理者が次のとおり運行の計画を立てた。この計画に関するア～イについて解答しなさい。なお、解答にあたっては、〈運行の計画〉及び各選択肢に記載されている事項以外は考慮しないものとする。[R3.3]

〈荷主からの運送依頼〉

B工場で重量が3,000キログラムの電化製品を積み、各拠点（F地点、H地点）の配送先まで運送する。

〈運行の計画〉

○　次の運行経路図に示された経路に従い運行する。

○　道路標識等により最高速度が指定されていない高速自動車国道（高速自動車国道法に規定する道路。以下「高速道路」という。）のC料金所とD料金所間（走行距離135キロメートル）を、運転の中断をすることなく1時間30分で走行する。

○　F地点とG地点間の道路には が、G地点とH地点間の道路には の道路標識が設置されているので、これらを勘案して通行可能な事業用自動車を配置する。

（道路標識は、「文字及び記号を青色、斜めの帯及び枠を赤色、縁及び地を白色とする。」）

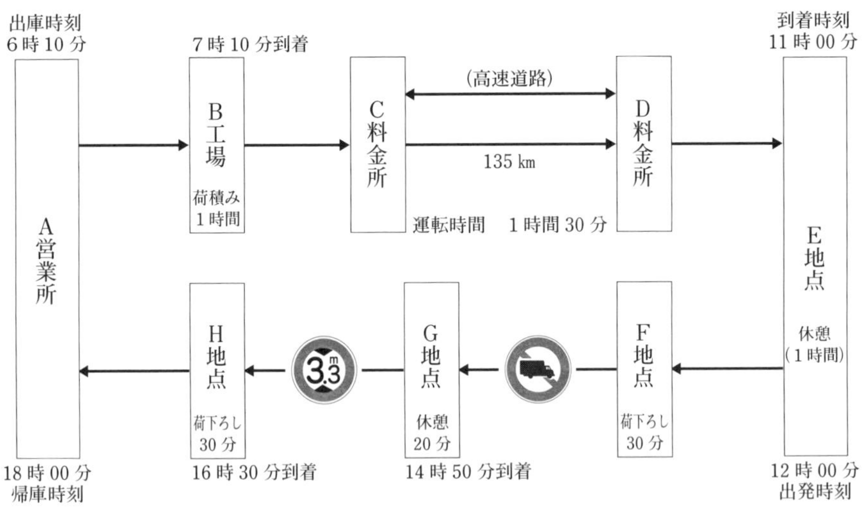

☐ ア．当該運行に適した車両として、次の１～３の事業用自動車の中から**正しいものを１つ**選びなさい。

事業用自動車	乗車定員(人)	車両重量(kg)	最大積載量(kg)	車両総重量(kg)	自動車の大きさ（m）		
					長さ	幅	高さ
1	2	8,600	11,200	19,910	11.99	2.49	3.14
2	2	4,270	6,300	10,680	8.18	2.45	3.07
3	2	3,760	3,500	7,370	7.16	2.43	3.00

イ．高速道路のＣ料金所とＤ料金所間の運転時間を１時間30分としたことについて、次の１～２の中から**正しいものを１つ**選びなさい。

１．適切

２．不適切

問６　荷主から貨物自動車運送事業者に対し、往路と復路において、それぞれ荷積みと荷下ろしを行うよう運送の依頼があった。これを受けて、運行管理者は次に示す「当日の運行計画」を立てた。

この事業用自動車の運行に関する次のア〜ウについて解答しなさい。なお、解答にあたっては、「当日の運行計画」及び各選択肢に記載されている事項以外は考慮しないものとする。［R2.8］

「当日の運行計画」

往路

○　A営業所を出庫し、30キロメートル離れたB地点まで平均時速30キロメートルで走行する。

○　B地点にて20分間の荷積みを行い、30分の休憩をとる。

○　B地点から195キロメートル離れたC地点までの間、一部高速自動車国道を利用し、平均時速65キロメートルで走行して、C地点に12時に到着する。15分間の荷下ろし後、１時間の休憩をとる。

復路

○　C地点にて15分間の荷積みを行い、13時30分に出発し、60キロメートル離れたD地点まで平均時速30キロメートルで走行する。D地点で30分間の休憩をとる。

○　休憩後、D地点からE地点まで平均時速25キロメートルで走行して、E地点に18時に到着し、20分間の荷下ろしを行う。

○　E地点から20キロメートル離れたA営業所まで平均時速30キロメートルで走行し、19時に帰庫する。

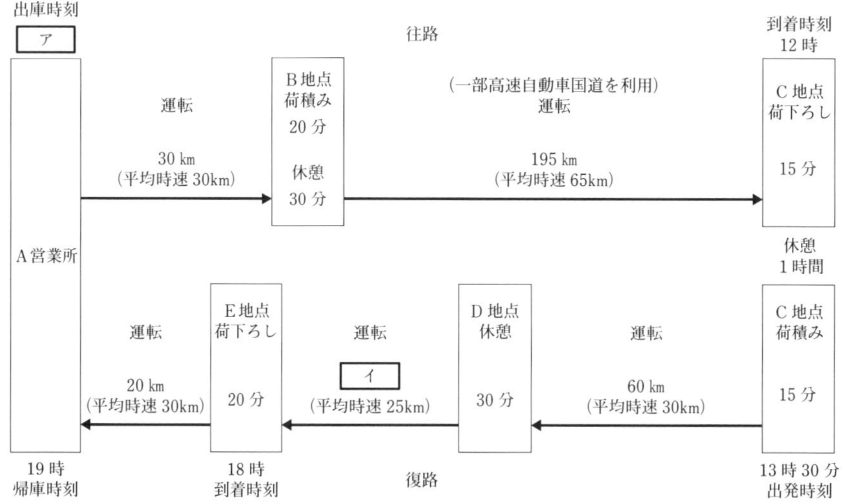

ア．C地点に12時に到着させるためにふさわしいA営業所の出庫時刻（ア）について、次の①～④の中から**正しいものを１つ**選びなさい。

① ７時00分
② ７時10分
③ ７時20分
④ ７時30分

イ．D地点とE地点間の距離（イ）について、次の①～④の中から**正しいものを１つ**選びなさい。

① 45キロメートル
② 50キロメートル
③ 55キロメートル
④ 60キロメートル

ウ．当日の全運行において、連続運転時間は「自動車運転者の労働時間等の改善のための基準」に照らし、違反しているか否かについて、次の①～②の中から**正しいものを１つ**選びなさい。

① 違反していない
② 違反している

問7　貨物自動車運送事業者の運行管理者は複数の荷主からの運送依頼を受けて、下のとおり4日にわたる運行計画を立てた。この運行に関する、次の1～3の運行管理者の判断について、**正しいものをすべて**選びなさい。なお、解答にあたっては、〈4日にわたる運行計画〉及び各選択肢に記載されている事項以外は考慮しないものとする。［R3.3］

〈4日にわたる運行計画〉

前日　当該運行の前日は、この運行を担当する運転者は、休日とする。

1日目　始業時刻 5時00分　出庫時刻 5時30分　到着時刻 21時45分　終業時刻 22時00分

業務前点呼等	運転	荷積み	休憩	運転	フェリー乗船	運転	休憩	運転	荷下ろし	運転	業務後点呼等	宿泊所
30分	1時間	30分	30分	3時間	4時間	3時間	30分	2時間	45分	1時間	15分	

2日目　始業時刻 4時00分　出庫時刻 4時30分　到着時刻 17時15分　終業時刻 17時30分

業務前点呼等	運転	荷積み	休憩	運転	休憩	運転	中間点呼休憩	運転	荷下ろし	運転	業務後点呼等	宿泊所
30分	1時間	30分	30分	2時間	15分	2時間30分	1時間	2時間30分	1時間	1時間30分	15分	

3日目　始業時刻 4時00分　出庫時刻 4時30分　到着時刻 17時15分　終業時刻 17時30分

業務前点呼等	運転	荷積み	休憩	運転	休憩	運転	中間点呼休憩	運転	荷下ろし	運転	業務後点呼等	宿泊所
30分	1時間	30分	30分	2時間	15分	2時間30分	1時間	2時間30分	1時間	1時間30分	15分	

4日目　始業時刻 6時00分　出庫時刻 6時30分　到着時刻 18時45分　終業時刻 19時00分

業務前点呼等	運転	荷積み	休憩	運転	休憩	運転	休憩	運転	荷下ろし	運転	業務後点呼等
30分	1時間	30分	30分	3時間	1時間	2時間	15分	2時間	1時間	1時間	15分

翌日　当該運行の翌日は、この運行を担当する運転者は、休日とする。

1．1人乗務とした場合、1日についての最大拘束時間及び休息期間が「自動車運転者の労働時間等の改善のための基準」（以下「改善基準告示」という。）に違反すると判断して、当該運行には交替運転者を配置する。

2．1人乗務とした場合、すべての日を特定の日とした場合の2日を平均して1日当たりの運転時間が改善基準告示に違反すると判断して、当該運行には交替運転者を配置する。

3．1人乗務とした場合、連続運転時間が改善基準告示に違反すると判断して、当該運行には交替運転者を配置する。

◆解答＆解説

問1［解答　ア－2，イ－2，ウ－1］

ア．A営業所～B地点及びB地点～C地点の運転時間を求める。

◎A営業所～B地点の運転時間

$$運転時間 = \frac{距離}{平均速度} = \frac{30km}{30km/h} = \textbf{1時間}$$

◎B地点～C地点の運転時間

$$運転時間 = \frac{距離}{平均速度} = \frac{165km}{55km/h} = \textbf{3時間}$$

C地点に12時に到着予定のため、求めたそれぞれの時間を12時から引けばA営業所の出庫時刻がわかる。

A営業所の出庫時刻＝12時－３時間－休憩30分－荷積み30分－１時間＝7時

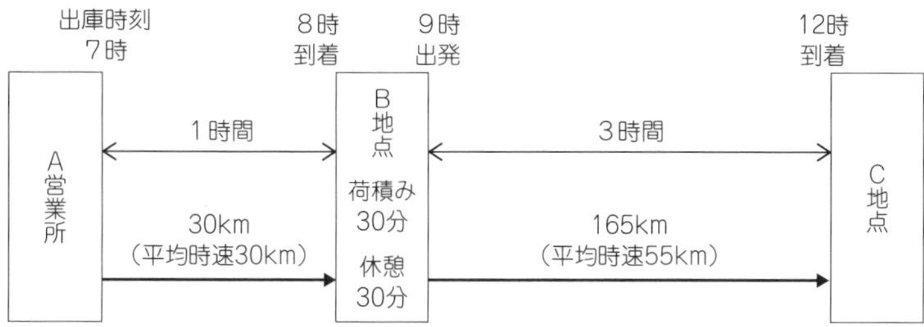

イ．C地点～D地点の運転時間を求める。

$$運転時間 = \frac{距離}{平均速度} = \frac{150km}{50km/h} = 3時間$$

C地点～D地点の運転時間が３時間のため、D地点に到着時刻は16時30分（13時30分＋３時間）となる。

D地点で15分休憩をとっているので、D地点の出発時刻は16時45分（16時30分＋15分）となる。

D地点～A営業所の運転時間は１時間（17時45分－16時45分）となるため、D地点～A営業所の距離は次のとおり。

距離＝平均速度×運転時間＝30km/h×１時間＝30km

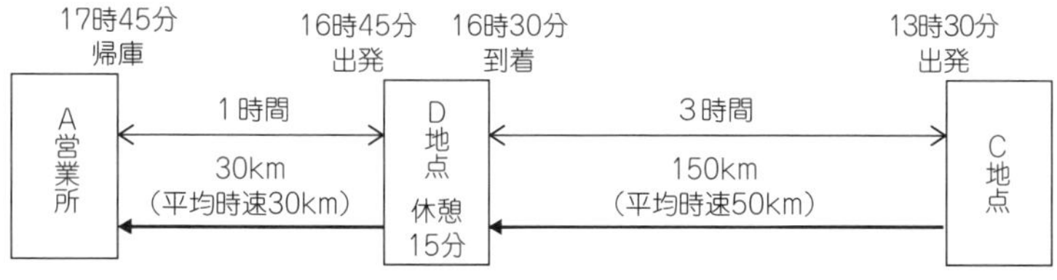

ウ．連続運転時間（１回がおおむね連続10分以上で、かつ、合計が30分以上の運転の中断をすることなく連続して運転する時間）の問題は、運転時間が合計４時間以内又は４時間運転直後に合計30分以上の中断時間があるかどうかがポイントになる。なお、中断時間は原則として休憩でなくてはならないため、荷積み及び荷下ろしは運転時間として考える。

休憩を中断時間、それ以外を運転時間として書き換えると各々次のとおりとなる。

乗務開始　　　　乗務終了

運転	運転	中断	運転	運転	中断	運転	中断	運転
1時間	30分	30分	3時間	30分	1時間	3時間	15分	1時間
運転合計：1時間30分 中断：30分			運転合計：3時間30分 中断：1時間			運転：4時間 中断：15分＋乗務終了		

左から順に、合計１時間30分運転後に30分の中断、合計３時間30分運転後に１時間の中断、合計４時間運転後に15分の中断だが乗務終了しているため、改善基準に違反していない。改善基準第４条第１項⑦。⇒299P

問２［**解答　１－①，２－②，３－②**］

１．適切：Ｅ料金所からＦ料金所まで及びＧ料金所からＨ料金所までの走行距離と走行時間から平均速度を計算する。

◎Ｅ料金所からＦ料金所までの平均速度

平均速度＝距離÷時間＝140km÷２＝70km/h

◎Ｇ料金所からＨ料金所までの平均速度

２時間30分は、60分×２＋30分＝150分となるため、$\frac{150}{60}$時間とする。

平均速度＝距離÷時間 ＝175km÷$\frac{150}{60}$時間

$$=\frac{175\text{km}\times 60}{150}=\frac{10500}{150}=\mathbf{70km/h}$$

設問の最大積載量4,000キログラムの中型貨物自動車の高速道路での最高速度は100km/hであるため、道路交通法令に定める制限速度に照らし、適切である。道交法施行令第27条（高速道路の最高速度）第１項①。⇒204P

２．はじめに、当日の運転時間を求める。

30分＋１時間＋２時間＋１時間＋１時間＋50分＋２時間30分＋50分＋30分＝**10時間10分**

次に、勤務当日を特定の日とした場合の２日を平均した１日当たりの運転時間を求める。

◎「特定日の前日と特定日」の平均運転時間は、（８時間30分＋10時間10分）÷２＝９時間20分。

◎「特定日と特定日の翌日」の平均運転時間は、（10時間10分＋８時間30分）÷２＝９時間20分。

ともに９時間を超えているので、改善基準に違反している。改善基準第４条第１項⑥。⇒298P

3．休憩を中断時間、それ以外を運転時間として書き換えると各々次のとおりとなる。

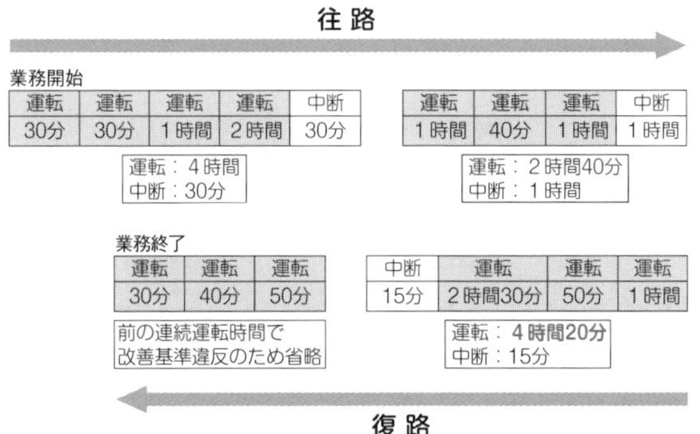

往路は業務開始から順に、合計４時間の運転時間後に30分の中断、合計２時間40分の運転時間後に１時間の中断で適合している。しかし、この後の復路の業務で、運転時間合計が合計４時間20分となり、連続運転時間の４時間を超えているため、改善基準に違反している。改善基準第４条第１項⑦。⇒299P

問３［解答　１－③，２－②，３－①］

1．Ａ営業所～Ｂ地点及びＢ地点～Ｃ地点の運転時間を求める。

◎Ａ営業所～Ｂ地点は次のとおり。

$$所要時間 = \frac{距離}{速度} = \frac{15km}{30km/h} = \frac{1}{2}時間$$

$$\Rightarrow \frac{1}{2}時間 \times 60分 = \mathbf{30分}$$

◎Ｂ地点～Ｃ地点は次のとおり。

$$所要時間 = \frac{距離}{速度} = \frac{175km}{70km/h} = 2.5時間 = \mathbf{2時間30分}$$

Ｃ地点に12時00分に到着するためには、求めたそれぞれの時間を12時00分から引けばＡ営業所の出庫時刻がわかる。

Ａ営業所の出庫時刻＝12時00分－運転２時間30分－荷積み20分－運転30分＝８時40分

2．はじめに、勤務当日の運転時間を求める。

往路は設問１で求めた運転時間を合計して**３時間**（30分＋２時間30分）。

復路は、以下のとおり運転時間を求めて合計する。

◎Ｃ地点～Ｄ地点の運転時間

$$所要時間 = \frac{距離}{速度} = \frac{15km}{30km/h} = \frac{1}{2}時間$$

$$\Rightarrow \frac{1}{2}時間 \times 60分 = \mathbf{30分}$$

◎Ｄ地点～Ｅ地点の運転時間

$$所要時間 = \frac{距離}{速度} = \frac{60km}{30km/h} = \mathbf{2時間}$$

◎Ｅ地点～Ｆ地点の運転時間

$$所要時間 = \frac{距離}{速度} = \frac{60km}{30km/h} = \mathbf{2時間}$$

◎Ｆ地点～Ａ営業所の運転時間

$$所要時間 = \frac{距離}{速度} = \frac{15km}{30km/h} = \frac{1}{2}時間 = \mathbf{30分}$$

各運転時間を合計すると復路は**５時間**（30分＋２時間＋２時間＋30分）。

往路と復路の運転時間を合計すると当日の運転時間は**８時間**（３時間＋５時間）となる。

次に、勤務当日を特定の日とした場合の２日を平均した１日当たりの運転時間を求める。

◎「特定日の前日と特定日」の平均運転時間は、（９時間20分＋８時間）÷２

＝８時間40分。

◎「特定日と特定日の翌日」の平均運転時間は、（８時間＋９時間30分）÷２

＝８時間45分。

いずれも９時間を超えていないので、改善基準に違反していない。改善基準第４条第１項⑥。⇒298P

３．休憩を中断時間、それ以外を運転時間として書き換えると各々次のとおりとなる。

出庫から順に、①合計３時間50分の運転時間後に１時間の中断、②合計３時間の運転時間後に30分の中断、③合計３時間の運転時間後に業務終了しているため、改善基準に**違反していない**。改善基準第４条第１項⑦。⇒299P

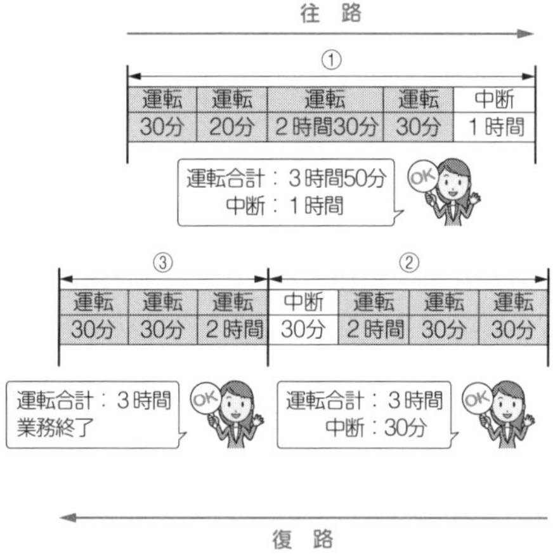

問４［解答　１－①，２－②，３－①］

１．Ｃ料金所からＤ料金所までの走行距離180km、走行時間２時間から、平均速度を計算する。２時間は120分（60分×２）と考える。

平均速度＝距離÷時間

$$=180km \div \frac{120}{60}時間 = \frac{180km \times 60}{120} = \mathbf{90km/h}$$

車両総重量８トン以上、最大積載量５トン以上の中型トラックの高速道路での**最高速度は90km/h**であるため、Ｃ料金所からＤ料金所までの運転時間を２時間と設定したことは適切である。道交法施行令第27条（高速道路の最高速度）第１項②。⇒204P

2．はじめに、それぞれの地点間の運転時間を合計して、当日の運転時間を求める。

◎Ａ営業所～Ｂ地点の運転時間

$$運転時間 = \frac{距離}{平均速度} = \frac{20km}{30km/h} = \frac{2}{3} 時間 \Rightarrow \frac{2}{3} \times 60分 = \mathbf{40分}$$

◎Ｂ地点～Ｃ料金所の運転時間

$$運転時間 = \frac{距離}{平均速度} = \frac{5km}{30km/h} = \frac{1}{6} 時間 \Rightarrow \frac{1}{6} \times 60分 = \mathbf{10分}$$

◎Ｃ料金所～Ｄ料金所の運転時間＝**２時間**（設問のイラストより）

◎Ｄ料金所～Ｅ地点の運転時間

$$運転時間 = \frac{距離}{平均速度} = \frac{5km}{30km/h} = \frac{1}{6} 時間 \Rightarrow \frac{1}{6} \times 60分 = \mathbf{10分}$$

◎Ｅ地点～Ｆ地点の運転時間

$$運転時間 = \frac{距離}{平均速度} = \frac{30km}{30km/h} = \mathbf{1時間}$$

◎Ｆ地点～Ｇ地点の運転時間

$$運転時間 = \frac{距離}{平均速度} = \frac{90km}{30km/h} = \mathbf{3時間}$$

◎Ｇ地点～Ａ営業所の運転時間

$$運転時間 = \frac{距離}{平均速度} = \frac{40km}{30km/h} = \frac{4}{3} 時間 \Rightarrow \frac{4}{3} \times 60分 = 80分 = \mathbf{1時間20分}$$

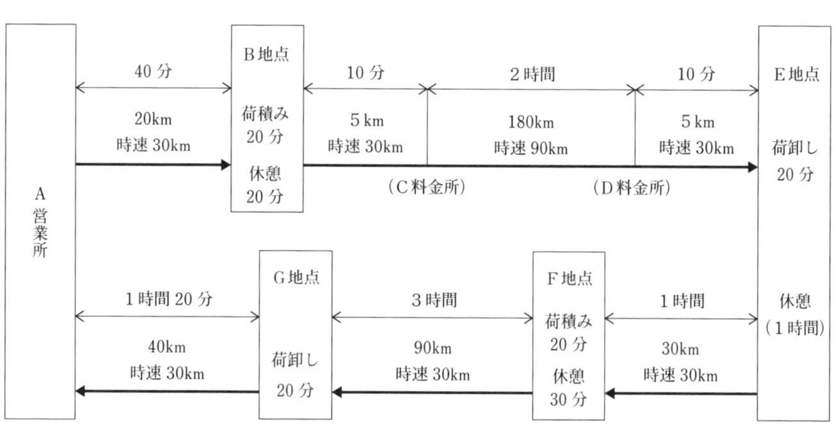

これらを合計すると当日の運転時間は、**８時間20分**（40分＋10分＋２時間＋10分＋１時間＋３時間＋１時間20分）となる。

次に、勤務当日を特定の日とした場合の２日を平均した１日当たりの運転時間を求める。

「特定日の前日と特定日」の平均運転時間は（９時間20分＋８時間20分）÷２
＝**８時間50分。**

「特定日と特定日の翌日」の平均運転時間は（８時間20分＋９時間20分）÷２
＝**８時間50分。**

ともに９時間を超えていないので、改善基準に違反していない。改善基準第４条第１項⑥。⇒298P

3．休憩を中断時間、それ以外を運転時間として書き換えると各々次のとおりとなる。

業務開始　　　　　　　　　　　　　　　　　　　　　　　　　　　　業務終了

運転	運転	中断	運転	運転	運転	運転	中断	運転	運転	中断	運転	運転	運転
40分	20分	20分	10分	２時間	10分	20分	１時間	１時間	20分	30分	３時間	20分	１時間20分

運転：３時間40分
中断：１時間20分

運転：１時間20分
中断：30分

運転：**４時間40分**
中断：業務終了

左から順に、合計３時間40分の運転時間後に合計１時間20分の中断、合計１時間20分の運転時間後に30分の中断で適合している。しかし、この後の運転時間が合計４時間40分となり、連続運転時間の４時間を超えているため、改善基準に違反している。改善基準第４条第１項⑦。⇒299P

問５［解答　ア－３，イ－１］

ア．この運行は「大型貨物自動車等通行止め」と「高さ制限」の道路標識が設置されている道路を通行する。道交法より「大型貨物自動車等通行止め」は、大型貨物自動車（車両総重量11,000kg以上又は最大積載量6,500kg以上）、特定中型自動車（車両総重量8,000kg以上11,000kg未満又は最大積載量5,000kg以上6,500kg未満）は通行できない。

選択肢１は大型貨物自動車、選択肢２は特定中型自動車に該当するため通行できない。また、「高さ制限」より3.3m以下であれば通行できる。選択肢３の事業用トラックは高さ3.00m、車両総重量7,370kg、最大積載量3,500kgの準中型トラックであり、２つの標識の条件を満たしているため、運行に適した車両となる。道交法第３条（自動車の種類）第１項。⇒194P・「道路標識の名称と意味」。⇒261P

イ．Ｃ料金所からＤ料金所までの走行距離135km、走行時間１時間30分から、平均速度を計算する。１時間30分は90分（60分＋30分）と考える。

平均速度＝距離÷時間

$$=135\text{km} \div \frac{90}{60}\text{時間} = \frac{135\text{km} \times 60}{90} = \mathbf{90km/h}$$

アで選んだ準中型トラック（車両総重量8,000kg未満、最大積載量5,000kg未満）の高速道路での最高速度は100km/hであるため、適切である。道交法施行令第27条（高速道路の最高速度）第１項①。⇒204P

問6［解答　アー②，イー②，ウー①］

ア．A営業所～B地点及びB地点～C地点の運転時間を求める。

◎A営業所～B地点の運転時間

$$運転時間 = \frac{距離}{平均速度} = \frac{30km}{30km/h} = \mathbf{1時間}$$

◎B地点～C地点の運転時間

$$運転時間 = \frac{距離}{平均速度} = \frac{195km}{65km/h} = \mathbf{3時間}$$

C地点に12時に到着予定のため、求めたそれぞれの時間を12時から引けばA営業所の出庫時刻がわかる。

A営業所の出庫時刻＝12時－３時間－休憩30分－荷積み20分－１時間＝<u>7時10分</u>

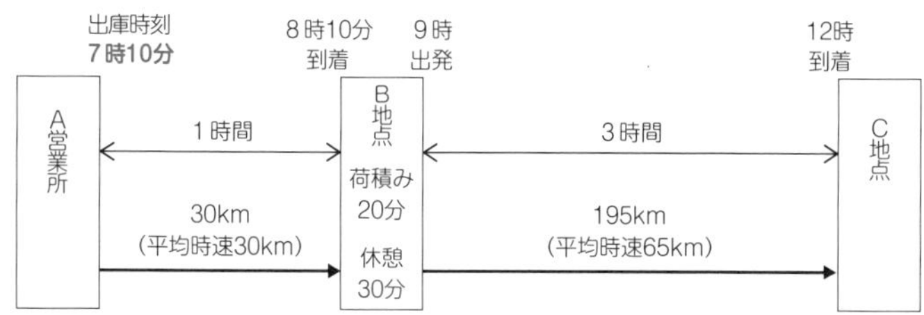

イ．C地点～D地点の運転時間を求める。

$$運転時間 = \frac{距離}{平均速度} = \frac{60km}{30km/h} = \mathbf{2時間}$$

C地点～D地点の運転時間が２時間のため、D地点への到着時刻は15時30分（13時30分＋２時間）となる。

D地点で30分休憩をとっているので、D地点の出発時刻は16時00分（15時30分＋30分）となる。

E地点の到着時刻が18時であるため、D地点～E地点の運転時間は２時間（18時00分－16時00分）となり、D地点～E地点の距離は次のとおり。

距離＝速度×運転時間＝25km/h×２時間＝<u>50キロメートル</u>

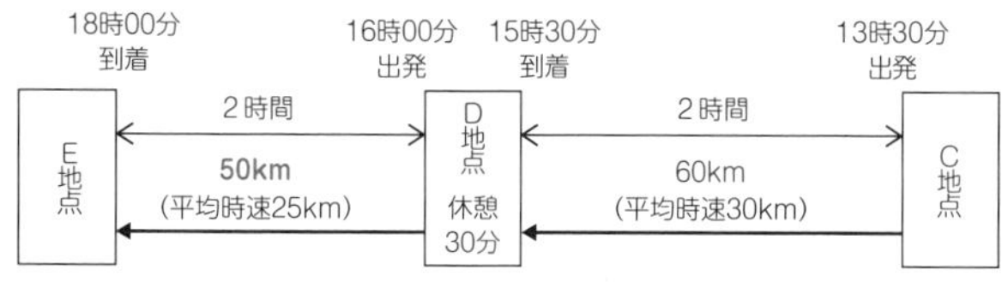

ウ．休憩を中断時間、それ以外を運転時間として書き換えると各々次のとおりとなる。なお、E地点～A営業所の運転時間は40分（E地点18時20分発→A営業所19時帰庫）である。

業務開始

運転	運転	中断
1時間	20分	30分

合計運転：1時間20分
中断：30分

運転	運転	中断
3時間	15分	1時間

合計運転：3時間15分
中断：1時間

運転	運転	中断
15分	2時間	30分

合計運転：2時間15分
中断：30分

業務終了

運転	運転	運転
2時間	20分	40分

合計運転：3時間
業務終了

左から順に、合計１時間20分の運転時間後に30分の中断、合計３時間15分の運転時間後に１時間の中断、合計２時間15分の運転時間後に30分の中断、合計３時間の運転時間後に乗務終了しているため、改善基準に違反していない。改善基準第４条第１項⑦。⇒299P

問７［解答　２，３］

改善基準第４条第１項③・④・⑤・⑥・⑦。⇒298P

１．各日の「１日についての拘束時間及び休息期間」は次のとおりとなる。

◎拘束時間は、１日目**14時間**（17時間（始業５時～終業22時）－フェリー乗船時間４時間＋翌日１時間）、２日目**13時間30分**、３日目**13時間30分**、４日目**13時間**となり、最大拘束時間の15時間を超えているものはない。

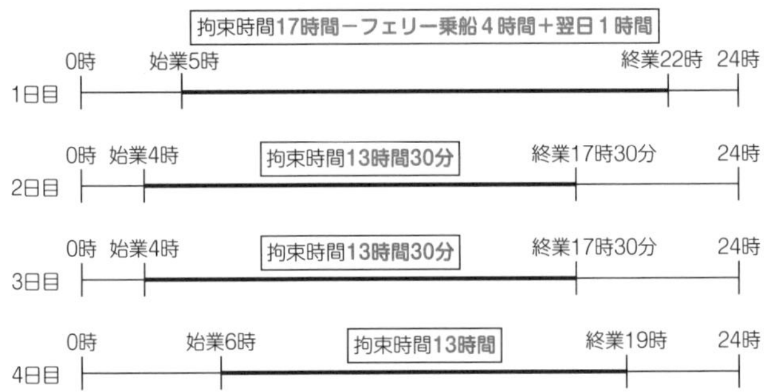

◎フェリー乗船時間（４時間）は休息期間として取り扱うため、与えられるべき休息期間（９時間）から減らすことができる。ただし、その場合は、減算後の休息期間（９時間－４時間＝５時間）は、フェリー下船時刻（14時30分）から勤務終了時刻（22時）までの間の時間（７時間30分）の２分の１（３時間45分）を下回ってはならない。したがって、１日目の休息期間は**６時間**で、減算後の休息期間が３時間45分以上であるため適切となる。また、２日目は**10時間30分**、３日目は**12時間30分**となり、休息期間は改善基準に違反していない。

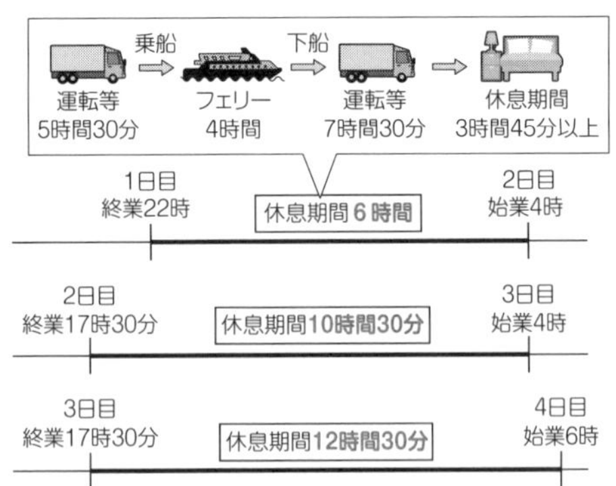

◎したがって、１日についての拘束時間及び休息期間は改善基準に違反していないため、交替運転者を配置する必要がない。

2．１日目から４日目までの運転時間のみを書き出してみる。すべての日を特定日とした場合の２日を平均した１日当たりの運転時間は次のとおりとなる。

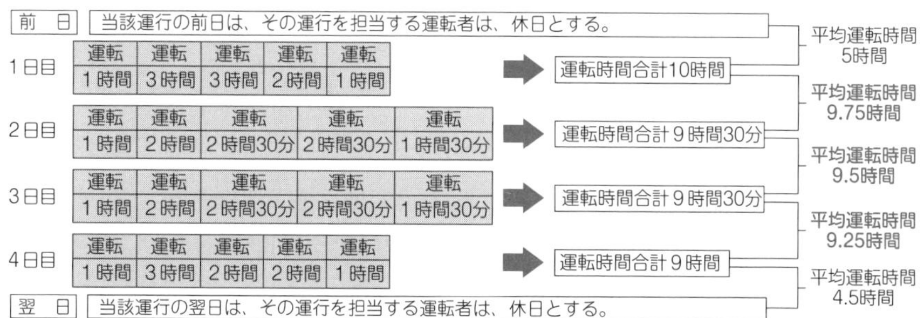

◎２日目を特定日としたとき、「特定日の前日（１日目）＋特定日（２日目）」が**9.75時間**、「特定日（２日目）＋特定日の翌日（３日目）」が**9.5時間**となり、いずれも９時間を超えているため、改善基準に違反する。

◎３日目を特定日としたとき、「特定日の前日（２日目）＋特定日（３日目）」が**9.5時間**、「特定日（３日目）＋特定日の翌日（４日目）」が**9.25時間**となり、いずれも９時間を超えているため、改善基準に違反する。

◎したがって、すべての日を特定日とした場合の２日を平均して１日当たりの運転時間は改善基準に違反しているため、交替運転者を配置する必要がある。

3．休憩を中断時間、それ以外を運転時間として書き換えると各々次のとおりとなる。

◎１日目は左から順に、合計１時間30分の運転時間後に30分の中断、３時間運転後にフェリー乗船４時間、３時間運転後に30分の中断、合計３時間45分の運転時間後に業務終了しているため改善基準に適合している。

業務開始　　　　業務終了

運転	運転	中断	運転	フェリー乗船	運転	中断	運転	運転	運転
１時間	30分	30分	３時間	４時間	３時間	30分	２時間	45分	１時間
合計運転：１時間30分 中断：30分			運転：３時間 中断：４時間		運転：３時間 中断：30分		合計運転：３時間45分 業務終了		

◎２日目は左から順に、合計１時間30分の運転時間後に30分の中断で改善基準に適合しているが、この後の運転時間が合計**４時間30分**となる。連続運転時間が４時間を超えているため、改善基準違反となる。

業務開始　　　　業務終了

運転	運転	中断	運転	中断	運転	中断	運転	運転	運転
１時間	30分	30分	２時間	15分	２時間30分	１時間	２時間30分	１時間	１時間30分
運転：１時間30分 中断：30分			運転：**４時間30分** 中断：15分			前の連続運転時間で改善基準違反のため省略			

◎連続運転時間が改善基準に違反するかどうかを判断する問題であり、２日目が改善基準に違反しているため、３日目と４日目は省略する。

◎したがって、連続運転時間が改善基準に違反しているため、交替運転者を配置する必要がある。

2　運転者の健康管理

1　健康管理に関する要点

■健康診断

①運転者には**健康診断**を必ず受診させることが必要である。法令によって義務付けられている健康診断は、「雇入時の健康診断」、「雇用後の定期健康診断」、「特定業務従事者（深夜業に従事する者等）の健康診断」、の３つである。

②健康診断の結果に「異常の所見」があった場合には、次のような対応をとる。

イ．事業者は、医師に対し、その運転者の乗務の可否、乗務させる場合の配慮事項等について意見を求めなければならない。
ロ．その際、その意見は、その運転者の健康診断個人票の「医師の意見」欄に記入してもらう。
ハ．健康上の問題点をはっきりさせるために、必要に応じて、さらに精密検査等を受けるよう運転者を指導することが望まれる。

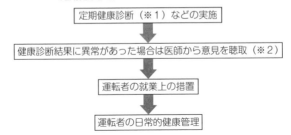

定期健康診断などの結果に基づく健康管理

定期健康診断（※１）などの実施

↓

健康診断結果に異常があった場合は医師から意見を聴取（※２）

↓

運転者の就業上の措置

↓

運転者の日常的健康管理

※１：事業者は、労働者に対し、１年以内ごとに１回、健康診断を受けさせなければならない。ただし、深夜を中心とした業務に常時従事する場合の定期健康診断は、すべての運転者が**６ヵ月に１回**受診しなければならない。

※２：原則として健康診断受診日から３か月以内（深夜業に従事する労働者の自発的健康診断の場合は提出日から２か月以内）に医師から意見を聴取。

※「第４章　労働基準法　４．健康診断（⇒291P）」も併せて学習して下さい。

■生活習慣病

①生活習慣病とは、「体の負担となる生活習慣」を続けることによって引き起こされる病気の総称をいう。

②具体的には、高血圧症、脳卒中、心臓病、糖尿病などが該当する。かつては「成人病」と呼ばれていた。

③暴飲暴食や運動不足などの習慣が積み重なって発病するので、定期的な健康診断の結果に基づいて**生活習慣の改善**を図るよう運転者に対し呼びかける。

■脳血管疾患

①脳血管疾患の種類は、脳の血管が詰まることによって起こるもの（脳梗塞）や脳の血管が破れることによって起こるもの（脳出血、くも膜下出血）がある。

②脳血管疾患の**初期症状**には、**意識の異常**（意識がもうろうとしているなど）、**言葉の異常**（ろれつが回らないなど）、**手足の異常**（体の半分がうまく動かないなど）、**目の異常**（視野が半分になるなど）、めまいや頭痛等がある。

③脳血管疾患は、早期に発見して治療を開始することで、より症状が重い疾患の発症を防ぎ、可能な限り後遺症を軽くすることができる。そのため、事業者や運行管理者は、運転者に脳血管疾患の初期症状があり、普段と様子が違うときは、すぐに専門医療機関で受診させ、また、運転者に対し、脳血管疾患の主な初期症状を理解させ、同様の症状があった際はすぐに**申告**させるようにする。

④また、脳血管疾患は、定期健康診断では容易に発見することができないため、検査項目に異常の所見があると診断された労働者に対し、必要に応じてさらに精密検査等を受けるよう指導する。

■心臓疾患

①自動車の運転中に、心臓疾患（心筋梗塞、心不全等）や、大血管疾患（急性大動脈解離、大動脈瘤破裂、急性肺血栓塞栓症等）が起こると、ショック状態、意識障害、心停止等を生じ、運転者が事故を回避するための行動をとることができなくなり、重大事故を引き起こすおそれがあるため、健康起因事故※を防止するには、発症する前の**早期発見や予防が重要**となる。

②健康起因事故につながる心臓疾患、大血管疾患は、生活習慣の悪化及び就労環境の影響の結果として段階を追って発症リスクが高まる疾病であり、早期の段階で対策を講じることで未然に発症を防ぐことが可能であると考えられる。

③そのため、日ごろから点呼等で運転者の健康状態を把握するとともに、心臓疾患や大血管疾患の注意すべき症状である**『胸痛』**、**『めまい・失神』**、**『動悸』**、**『呼吸困難』**を見逃さないよう注意する必要がある。

※健康起因事故とは、脳・心臓疾患や体調不良等、運転者の健康状態の急激な悪化により自動車の運転に支障を及ぼしたことによる交通事故、乗務中断のことをいう。

■睡眠時無呼吸症候群（SAS）

①睡眠時無呼吸症候群（以下、「SAS」という）は、睡眠中に舌がのどの奥に沈下することにより気道がふさがれ、呼吸が止まったり、止まりかけたりする状態が断続的に繰り返される病気である。

②SASになると、質の良い睡眠がとれなくなるため、日中に眠気を感じるようになり、漫然運転や居眠り運転による事故が発生しやすくなる。

③SASは治療が可能な病気である。本人に**自覚がない**ことが多く、安全運転の面から早期発見・早期治療が重要である。

④SASの症状は次のようなものである。

夜間	睡眠中に呼吸が止まる、大きないびき、寝ている間に頻繁に目が覚める。
昼間	熟睡感がない、頭痛がする、強い眠気がする、集中力が低下する。

⑤SASになると、睡眠中に呼吸停止と再開が繰り返されるため、血圧が上昇し、血液も固まりやすくなることから、高血圧、糖尿病、**狭心症、心筋梗塞**、脳卒中などの**重大な合併症を引き起こす**リスクが高まる。

⑥近年の研究では、中程度～重度のSASになっている場合でも、日中に強い眠気を感じない人が多いことが分かってきている。これは、慢性の睡眠不足状態により自覚的な眠気を感じない状態となっていることや、コーヒーなどに含まれるカフェイン、喫煙（ニコチン）による覚醒効果によるものと考えられる。

⑦軽症の場合は、残業を控えるなど業務上での負荷の軽減や、睡眠時間を多く取る、過度な飲酒を控えるなどの生活習慣の改善によって、業務が可能な場合があるので、医師と相談して慎重に対応する。

■SASスクリーニング検査

①SASスクリーニング検査とは、SASの早期発見を目的としてより多くの人を対象に行うもので、SASの確定診断のための精密検査が必要かどうかを判断する簡易検査をいう。

②SASスクリーニング検査は、本人の自覚症状による問診票だけで検査対象者を絞ってしまうと、重症のSAS患者を見過ごしてしまうリスクがある。

③そのため、運転者全員を対象に、**３年に１度**を目安とし、定期的に医療機器によるSASスクリーニング検査を受けることが重要である。また、雇入れ時に行い、体重が急増したような場合にも検査を行うと良い。

④運転に集中できなかったり、疲れを感じる運転者も、SASスクリーニング検査を受診してSASの有無を調べることが必要である。また、SASと診断された場合は、その程度を知っておくことが安全運転と健康管理の両方において重要である。

■アルコールの１単位

①翌日に持ち越すことのない節度ある適度な飲酒の目安としては、純アルコール20g（以下「１単位」という。）と言われており、その１単位（アルコール５％のビールの場合500mℓ）のアルコールを処理するための必要な時間の目安は、**４時間**とされている。

②アルコールの１単位の純アルコール約20gを含む酒類は、アルコール５％のビールの場合500mℓ、アルコール15％の日本酒の場合１合（180mℓ）、アルコール７％の缶チューハイ350mℓなどとなる。

■アルコール依存症

①アルコール依存症は、身体的にアルコールへの依存に陥っている病気である。ただし、治療をすれば回復する病気でもある。

②アルコール依存症になると、アルコールによる害がわかっていても、飲酒せざるを得ない状態になる。アルコール依存症が進むと、手足の震え、幻聴、妄想などの症状が現れてくる。

③アルコール依存症は、回復してもその後に飲酒すると、**再び依存症に陥るケースが多い**。

■身体面の健康管理

①トラック運転者は、単独で判断する、連続作業をする、とっさの対応が必要、同じ姿勢で何時間も過ごす、などから、心身の状態が運行に及ぼす影響は大きい。

②そのため、健康状態を保持することが必要不可欠であるという意識を運転者に定着させるとともに、運転者に対して次のような指導を徹底する。

・疾病が交通事故の要因となるおそれがあることを理解させ、疾病等を必ず申告するよう指導を行う。
・運転中に**体調の異常を感じた時**に、無理に運行を続けると非常に危険であることを理解させ、運転中に運転に支障を来す可能性がある体調の異常を少しでも感じた場合、速やかに**営業所に連絡する等**の指導を行う。

2　演習問題

問１　事業用自動車の運転者の健康管理に関する次の記述のうち、**適切なものをすべて**選びなさい。なお、解答にあたっては、各選択肢に記載されている事項以外は考慮しないものとする。

☐ 1．事業者は、健康診断の結果、運転者に心疾患の前兆となる症状がみられたので、当該運転者に医師の診断を受けさせた。その結果、医師より「直ちに入院治療の必要はないが、より軽度な勤務において経過観察することが必要」との所見が出されたが、繁忙期であったことから、運行管理者の判断で２週間に限り従来と同様の乗務を続けさせた。

2．事業者は、法令により定められた健康診断を実施することが義務づけられているが、運転者が自ら受けた健康診断（人間ドックなど）であっても法令で必要な定期健康診断の項目を充足している場合は、法定健診として代用することができる。

3．運転中に心臓疾患や大血管疾患が起こると、重大事故を引き起こすおそれがある。そのため、事業者は日ごろから点呼等で運転者の健康状態を把握するとともに、心臓疾患や大血管疾患の注意すべき５大症状の『頭痛』、『胸痛』、『めまい・失神』、『動悸』、『呼吸困難』を見逃さないようにしなければならない。

4．事業者は、運転者が軽症度の睡眠時無呼吸症候群（SAS）と診断された場合は、残業を控えるなど業務上での負荷の軽減や、睡眠時間を多く取る、過度な飲酒を控えるなどの生活習慣の改善によって、業務が可能な場合があるので、医師と相談して慎重に対応している。

問２　事業用自動車の運転者の健康管理に関する次の記述のうち、**適切なものをすべて**選びなさい。なお、解答にあたっては、各選択肢に記載されている事項以外は考慮しないものとする。

☐ 1．漫然運転や居眠り運転の原因の一つとして、睡眠時無呼吸症候群（SAS）と呼ばれている病気がある。安全運転を確保するためには、この病気の早期発見が重要であることから、事業者は、SASスクリーニング検査を希望した者にだけ受診させている。

2．事業者は、日頃から運転者の健康状態を把握し、点呼において、意識の異常、目の異常、めまい、頭痛、言葉の異常、手足の異常等の申告又はその症状が見られたら、脳血管疾患の初期症状とも考えられるためすぐに専門医療機関で受診させるよう対応する。

3．事業者は、深夜業（22時～5時）を含む業務に常時従事する運転者に対し、法令に定める定期健康診断を6ヵ月以内ごとに1回、必ず、定期的に受診させるようにしている。

4．事業者は、ある高齢運転者が夜間運転業務において、加齢に伴う視覚機能の低下が原因と思われる軽微な接触事故が多く見られたため、昼間の運転業務に配置替えをした。しかし、繁忙期であったことから、運行管理者の判断で点呼において当該運転者の健康状態を確認しつつ、以前の夜間運転業務に短期間従事させる対応を行った。

問3　一般貨物自動車運送事業者（以下「事業者」という。）が行う事業用自動車の運転者の健康管理に関する次の記述のうち、**適切なものをすべて**選びなさい。なお、解答にあたっては、各選択肢に記載されている事項以外は考慮しないものとする。

［R4_CBT］

☐ 1．事業者は、業務に従事する運転者に対し法令で定める健康診断を受診させ、その結果に基づいて健康診断個人票を作成して5年間保存している。また、運転者が自ら受けた健康診断の結果を提出したものについても同様に保存している。

2．事業者は、日頃から運転者の健康状態を把握し、点呼において、意識の異常、眼の異常、めまい、頭痛、言葉の異常、手足の異常等の申告又はその症状が見られたら、脳血管疾患の初期症状とも考えられるためすぐに専門医療機関で受診させるよう対応している。

3．トラック運転者は、単独で判断する、連続作業をする、とっさの対応が必要、同じ姿勢で何時間も過ごすなどから、心身の状態が運行に及ぼす影響は大きく、健康状態を保持することが必要不可欠である。このため、事業者は、運転者が運転中に異常を感じたときには、運行継続の可否を自らの判断で行うよう指導している。

4．睡眠時無呼吸症候群（SAS）は、大きないびきや昼間の強い眠気などの症状があるが、必ずしも眠気を感じることがない場合もある。SASスクリーニング検査を実施する場合には、本人の自覚症状による問診票だけで検査対象者を絞ってしまうと、重症のSAS患者を見過ごしてしまうリスクがあるため、定期的に、また、雇い入れ時等のタイミングで医療機器によるSASスクリーニング検査を受けることが重要である。

問4　事業用自動車の運転者の健康管理に関する次の記述のうち、**適切なものをすべて**選びなさい。なお、解答にあたっては、各選択肢に記載されている事項以外は考慮しないものとする。［R3_CBT］

☐ 1．事業者は、業務に従事する運転者に対し法令で定める健康診断を受診させ、その結果に基づいて健康診断個人票を作成して3年間保存している。また、運転者が自ら受けた健康診断の結果を提出したものについても同様に保存している。

2．事業者は、運転者が軽症度の睡眠時無呼吸症候群（SAS）と診断された場合は、残業を控えるなど業務上での負荷の軽減や、睡眠時間を多く取る、過度な飲酒を控えるなどの生活習慣の改善によって、業務が可能な場合があるので、医師と相談して慎重に対応している。

3．常習的な飲酒運転の背景には、アルコール依存症という病気があるといわれている。この病気は専門医による早期の治療をすることにより回復が可能とされているが、一度回復しても飲酒することにより再発することがあるため、事業者は、アルコール依存症から回復した運転者に対しても飲酒に関する指導を行う必要がある。

4．運転者が運転中に安全運転の継続が困難となるような体調不良や異常を感じた場合、速やかに安全な場所に事業用自動車を停止させ、運行管理者に連絡し、指示を受けるよう指導している。また、交替運転者が配置されていない場合は、その後の運行再開の可否については、体調の状況を運転者が自ら判断し決定するよう指導している。

問5　事業用自動車の運転者の健康管理に関する次の記述のうち、**適切なものをすべて**選びなさい。なお、解答にあたっては、各選択肢に記載されている事項以外は考慮しないものとする。［R2_CBT改］

☐ 1．事業者は、運転者が医師の診察を受ける際は、自身が職業運転者で勤務時間が不規則であることを伝え、薬を処方されたときは、服薬のタイミングと運転に支障を及ぼす副作用の有無について確認するよう指導している。

2．事業者は、法令により定められた健康診断を実施することが義務づけられているが、運転者が自ら受けた健康診断（人間ドックなど）において、法令で必要な定期健康診断の項目を充足している場合であっても、法定健診として代用することができない。

3．事業者は、健康診断の結果、運転者に心疾患の前兆となる症状がみられたので、当該運転者に医師の診断を受けさせた。その結果、医師より「直ちに入院治療の必要はないが、より軽度な勤務において経過観察することが必要」との所見が出されたが、繁忙期であったことから、運行管理者の判断で短期間に限り従来と同様の乗務を続けさせた。

4．令和4年中のすべての事業用自動車の乗務員に起因する重大事故報告件数は約1,500件であり、このうち、運転者の健康状態に起因する事故件数は約300件となっている。病名別に見てみると、心筋梗塞等の心臓疾患と脳梗塞等の脳疾患が多く発生している。

問6　事業用自動車の運転者の健康管理に関する次の記述のうち、適切なものには「適」を、適切でないものには「不適」を記入しなさい。なお、解答にあたっては、各選択肢に記載されている事項以外は考慮しないものとする。[R3. 3]

☐ 1．事業者は、深夜業（22時～5時）を含む業務に常時従事する運転者に対し、法令に定める定期健康診断を6ヵ月以内ごとに1回、必ず、定期的に受診させるようにしている。

2．一部の運転者から、事業者が指定する医師による定期健康診断ではなく他の医師による当該健康診断に相当する健康診断を受診し、その結果を証明する書面を提出したい旨の申し出があったが、事業者はこの申し出を認めなかった。

3．事業者は、脳血管疾患の予防のため、運転者の健康状態や疾患につながる生活習慣の適切な把握・管理に努めるとともに、法令により義務づけられている定期健康診断において脳血管疾患を容易に発見することができることから、運転者に確実に受診させている。

4．事業者は、運転者が軽症度の睡眠時無呼吸症候群（SAS）と診断された場合は、残業を控えるなど業務上での負荷の軽減や、睡眠時間を多く取る、過度な飲酒を控えるなどの生活習慣の改善によって、業務が可能な場合があるので、医師と相談して慎重に対応している。

問７　事業用自動車の運転者の健康管理及び就業における判断・対処に関する次の記述のうち、適切なものには「適」を、適切でないものには「不適」を記入しなさい。なお、解答にあたっては、各選択肢に記載されている事項以外は考慮しないものとする。［R2. 8改］

□ １．自動車の運転中に心臓疾患（心筋梗塞、心不全等）や、大血管疾患（急性大動脈解離、大動脈瘤破裂等）が起こると、ショック状態、意識障害、心停止等を生じ、運転者が事故を回避するための行動をとることができなくなり、重大事故を引き起こすおそれがある。そのため、健康起因事故を防止するためにも発症する前の早期発見や予防が重要となってくる。

２．事業者は、業務に従事する運転者に対し法令で定める健康診断を受診させ、その結果に基づいて健康診断個人票を作成して５年間保存している。また、運転者が自ら受けた健康診断の結果を提出したものについても同様に保存している。

３．令和４年中のすべての事業用自動車の乗務員に起因する重大事故報告件数は約1,500件であり、このうち、運転者の健康状態に起因する事故件数は約300件となっている。病名別に見てみると、心筋梗塞等の心臓疾患と脳梗塞等の脳疾患が多く発生している。

４．睡眠時無呼吸症候群（SAS）は、大きないびきや昼間の強い眠気など容易に自覚症状を感じやすいので、事業者は、自覚症状を感じていると自己申告をした運転者に限定して、SASスクリーニング検査を実施している。

◆解答&解説

問1［解答　2，4］

1．不適：医師より「より軽度な勤務における経過観察が必要」との所見が出された場合は、短期間であっても従来と同様の乗務を続けさせてはならない。繁忙期であるなしに関わらず、運転者の配置転換等を行う。

2．法令で必要な定期健康診断の項目を、運転者が自ら受けた健康診断が充足している場合は、法定健診として代用できる。

3．不適：重篤な心臓疾患、大血管疾患を見逃さないために注意すべき症状は、「胸痛」「めまい・失神」「動悸」「呼吸困難」の4つとされている。［参考：国土交通省自動車局『自動車運送事業者における 心臓疾患、大血管疾患 対策ガイドライン』］。

問2［解答　2，3，4］

1．不適：SASは本人に自覚がないことが多いため、運転者全員を対象に3年に1度を目安にSASスクリーニング検査を実施し、また、雇入れ時や職種変更、体重急増時等にも検査を行う。

2．脳血管疾患は、早期に発見をして治療を開始することで、より症状が重い疾患の発症を防ぎ、可能な限り後遺症を軽くすることができる。そのため、事業者や運行管理者は、運転者に脳血管疾患と思われる初期症状があり普段と様子が違うときは、すぐに専門医療機関で受診させること。また、運転者に対し、脳血管疾患の主な初期症状を理解させ、同様の症状があった際はすぐに申告させるように指導する。

3．衛生規則第45条（特定業務従事者の健康診断）第1項。⇒292P

4．不適：当該運転者は夜間運転業務時に、加齢に伴う視覚機能の低下が原因と思われる軽微な接触事故を起こしたため配置替えされたのであり、繁忙期を理由に再び夜間運転業務に従事させたことは不適切である。

問3［解答　1，2，4］

1．衛生規則第51条（健康診断結果の記録の作成）第1項。⇒292P

3．運転者が運転中に異常を感じたときには、運行継続の可否を運転者自らの判断で行うのではなく、速やかに営業所に連絡する等の指導を行う。

4．SASスクリーニング検査の具体的な頻度は3年に1度が目安となっていて、雇入れ時や職種変更、体重急増時のような場合にも有効である。

問4［解答　2，3］

1．不適：作成した健康診断個人票は5年間保存する。衛生規則第51条（健康診断結果の記録の作成）第1項。⇒292P

4．不適：交替運転者が配置されているいないにかかわらず、運転者から連絡を受けた運行管理者が運転者の体調の状況を判断し、その後の運転再開の可否を決定する。

問5［解答　1，4］

1．薬は病気のコントロールや治療上必要なものであるが、眠気などの副作用が生じる場合がある。そのため、薬を処方された場合は、服用のタイミングや運転に支障を及ぼす副作用の有無について医師に確認するよう、運転者に指導する。

2．不適：運転者が自ら受けた健康診断（人間ドックなど）が、法令で必要な定期健康診断の項目を充足している場合は、法定健診として代用することができる。

3．不適：医師より「より軽度な勤務における経過観察が必要」との所見が出された場合は、短期間であっても従来と同様の乗務を続けさせてはならない。繁忙期であるなしに関わらず、運転者の配置転換等を行う。

4．令和４年中の事業用自動車の乗務員に起因する重大事故報告件数は1,432件で、このうち、運転者の健康状態に起因する事故件数は312件であった。そのうち心臓疾患による事故件数は37件、脳疾患による事故件数は36件であった。［参考：事故統計年報（令和４年版）］。

問6［解答　適－1，4　不適－2，3］

1．適：衛生規則第45条（特定業務従事者の健康診断）第１項。⇒292P

2．不適：法令で必要な定期健康診断の項目を、運転者が自ら受けた健康診断が充足している場合は法定健診として代用できるため、運転者からその結果を証明する書面の提出の申し出があった場合は、認めなければならない。

3．不適：脳血管疾患は、定期健康診断では容易に発見することができない。定期健康診断において脳血管疾患及び心臓疾患に関連する血圧、血糖値等の検査項目に異常の所見があると診断された労働者に対し、脳血管及び心臓の状態を把握するため必要に応じてさらに精密検査等を受けるよう指導する。

問7［解答　適－1，2，3　不適－4］

1．適：心臓疾患等の健康起因事故を防止するためには、早期発見や予防が重要である。定期健康診断において心臓疾患に関連する血圧等の検査項目に異常の所見があると判断された労働者に対し、必要に応じて精密検査等を受けるように指導する。

2．適：衛生規則第51条（健康診断結果の記録の作成）第１項。⇒292P

3．適：令和４年中の事業用自動車の乗務員に起因する重大事故報告件数は1,432件で、このうち、運転者の健康状態に起因する事故件数は312件であった。そのうち心臓疾患による事故件数は37件、脳疾患による事故件数は36件であった。［参考：事故統計年報（令和４年版）］。

4．不適：SASは本人に自覚がないことが多いため、運転者全員を対象に３年に１度を目安にSASスクリーニング検査を実施し、また、雇入れ時や職種変更、体重急増時等にも検査を行う。

3 交通事故等緊急事態

1 交通事故等緊急事態に関する要点

■交通事故の場合の措置

①交通事故を起こした場合には次の措置をとらなければならない。

◎事故の続発を防ぐため、他の交通の妨げにならないような**安全な場所に自動車を移動し**、エンジンを切る。

◎負傷者等がいる場合、救急車の出動要請、救急車の到着までの応急処置を行う。

◎ハザードランプの点灯、**発炎筒**の着火、停止表示器材の設置により他の自動車に事故の発生を知らせるなど、安全に留意しながら道路における危険防止の措置をとる。

◎警察署に事故発生の報告をし、指示を受ける。このとき、報告をした警察官から事故現場を離れないよう指示があった場合は、事故現場を**離れてはならない**。

■踏切内での故障時の措置

①踏切内で自動車が故障し動かなくなったときは、**直ちに**列車の運転士などに知らせるとともに、自動車を踏切の外に移動することに努める。

②運転士に知らせる方法として、警報機が備えられている踏切では、踏切支障報知装置（踏切非常ボタン）を活用し、踏切支障報知装置が備えられていない踏切においては、自動車に備えられている非常信号用具等を使用して、踏切内に自動車が立ち往生していることを知らせる。

■高速道路での故障時の対応

①高速道路での故障の場合は、急ブレーキをかけずに緩やかに減速し、路肩や非常駐車帯に停車させ、停車後は、発炎筒や停止表示器材で、**後続車**に事故車や**故障車の存在を知らせる**。また、非常電話を使用し、事故・故障状況を通報する。

②運転者と同乗者は通行車両に注意しながら車を助手席側から降りて、ガードレールの外側など安全な場所にすみやかに避難する。車内や車の前後での待機は、後続車から追突されるといった二次事故につながる恐れがあり、大変危険である。

■大地震発生時の運転者の対応

①自動車の運転中に大地震が発生した場合、運転者は次の対応をとらなければならない。

◎急ハンドル、急ブレーキを避けるなど、できるだけ安全な方法により道路の左側に自動車を停止させる。

◎自動車の停止後、カーラジオ等により地震情報や交通情報を聞き、その情報や周囲の状況に応じて行動する。

◎自動車を置いて避難するときは、できるだけ道路外の場所に移動しておく。これは、大地震発生後、ほとんどの主要道路で交通規制が行われ、道路上に放置された車両は強制的に移動、撤去されることになっているためである。

◎やむを得ず道路上に自動車を置いて避難するときは、道路の左側に寄せて駐車し、エンジンを止め、**エンジンキーは付けたまま**にし、窓を閉め、ドアはロックしない。窓を閉めるのは、火炎を引き込まないようにするためである。

◎車検証や保険証などの貴重品は車内に残さない。また、連絡先を書いたメモを車内に残しておく。

◎避難のため、自動車を使用してはならない。

■踏切通過時の対応

①踏切内を通過するときには、エンストを防止するため、変速しないで、発進したときの低速ギアのまま一気に通過する。また、歩行者や対向車に注意しながら、落輪しないようにやや中央寄りを通ること。

2 演習問題

問1　交通事故及び緊急事態が発生した場合における運行管理者又は事業用自動車の運転者の措置に関する次の記述のうち、適切なものには「適」を、適切でないものには「不適」を記入しなさい。なお、解答にあたっては、各選択肢に記載されている事項以外は考慮しないものとする。

☐ 1．大型トラックに荷物を積載して運送中の運転者から、営業所の運行管理者に対し「現在走行している地域の天候が急変し、雪が強く降りはじめた。視界も悪くなってきたので、一時運転を中断している。」との連絡があった。連絡を受けた運行管理者は、「営業所では判断できないので、運行する経路を運転者自ら判断し、また、運行することが困難な状況に至った場合は、適当な待避場所を見つけて運転者自らの判断で運送の中断等を行うこと」を指示した。

2．運転者は、中型トラックで走行中にオートバイと接触事故を起こした。オートバイの運転者が足を負傷し自力で動けなかったので、当該運転者を救護するため歩道に移動させた。その後、双方の事故車両を道路脇に移動させ、発炎筒を使用して後続車に注意を促すとともに、救急車の手配と警察への通報を行い、運行管理者に連絡し、到着した警察官に事故について報告した。

3．運転者が大型トラックを運転して踏切を通過中、後輪が脱輪して運行不能となった。このため、当該運転者は、直ちに踏切支障報知装置の非常ボタンを押すとともに、発炎筒を使用して列車の運転士等に踏切内において当該トラックが運行不能となっていることを知らせた。その後、当該トラックを踏切の外に移動させるための措置を講じた。

4．事業用自動車の運転者が運転中、交差点内で接触事故を起こした。当方及び相手方の運転者にけがはなく、双方の自動車の損傷も軽微なものであった。相手方の運転者との話し合いの結果、事故はお互いの過失によるものであることから、自動車の修理費用についてはお互いが自己負担することとし、警察官には事故の報告をしないことにした。

問2　交通事故及び緊急事態が発生した場合における事業用自動車の運行管理者又は運転者の措置に関する次の記述のうち、適切なものには「適」を、適切でないものには「不適」を記入しなさい。なお、解答にあたっては、各選択肢に記載されている事項以外は考慮しないものとする。

☐ 1．大型トラックに荷物を積載して運送中の運転者から、営業所の運行管理者に対し、「現在走行している地域の天候が急変し、集中豪雨のため、視界も悪くなってきたので、一時運転を中断している」との連絡があった。連絡を受けた運行管理者は、「営業所では判断できないので、運行する経路を運転者自ら判断し、また、運行することが困難な状況に至った場合は、適当な待避場所を見つけて運転者自らの判断で運送の中断等を行うこと」を指示した。

2．運転者は、中型トラックで高速道路を走行中、大地震が発生したのに気づき当該トラックを路側帯に停車させ様子を見ていた。この地震により高速道路の車両通行が困難となったので、当該運転者は、運行管理者に連絡したうえで、エンジンキーを持ってドアをロックして当該トラックを置いて避難した。

3．運転者は、交通事故を起こしたので、二次的な事故を防ぐため、事故車両を安全な場所に移動させるとともに、ハザードランプの点灯、発炎筒の着火、停止表示器材の設置により他の自動車に事故の発生を知らせるなど、安全に留意しながら道路における危険防止の措置をとった。

4．運転者が中型トラックを運転して踏切にさしかかりその直前で一旦停止した。踏切を渡った先の道路は混んでいるが、前の車両が前進すれば通過できると判断し踏切に進入したところ、車両の後方部分を踏切内に残し停車した。その後、踏切の警報機が鳴り、遮断機が下り始めたが、前方車両が動き出したため遮断機と接触することなく通過することができた。

◆解答＆解説

問1［解答　適－2，3　不適－1，4］

1．不適：異常気象時は、輸送の安全を最優先に考え、輸送の安全を確保するために必要な措置を講じなければならない。運転者から連絡を受けた運行管理者は、気象状況や道路状況の情報収集に努め、状況を的確に把握し、運転者に対し、運送中断等の指示を行う必要がある。状況がわからないという理由で運転者に判断を任せてはならない。安全規則第20条（運行管理者の業務）第１項⑮。⇒118P

2．適：交通事故の場合の措置である①負傷者を救護（負傷者を歩道へ移動）②危険防止の措置（車両を道路脇に移動）及び③警察官に交通事故の内容報告、を行っているため適切となる。道交法第72条（交通事故の場合の措置）第１項。⇒258P

3．適：踏切内での故障時の措置である①列車の運転士に知らせる（踏切支障報知装置（踏切非常ボタン）や自動車に備えられている非常信号用具等）②その後、車両を踏切外へ移動させる、を行っているため適切となる。

4．不適：道路交通法により、交通事故を起こしたときはたとえ軽微なものであっても、警察への報告が義務付けられている。道交法第72条（交通事故の場合の措置）第１項。⇒258P

問2［解答　適－3　不適－1，2，4］

1．不適：異常気象時は、輸送の安全を最優先に考え、輸送の安全を確保するために必要な措置を講じなければならない。運転者から連絡を受けた運行管理者は、気象状況や道路状況の情報収集に努め、状況を的確に把握し、運転者に対し、運送中断等の指示を行う必要がある。状況がわからないという理由で運転者に判断を任せてはならない。安全規則第20条（運行管理者の業務）第１項⑮。⇒118P

2．不適：自動車の運転中に大地震が発生し、やむを得ず道路上に自動車を置いて避難するときは、道路の左側に寄せて駐車し、エンジンを止め、エンジンキーは付けたままにし、窓を閉め、貴重品は車内に残さず、ドアはロックしない。

3．適：交通事故の場合の措置である①安全な場所に自動車を移動　②他の自動車に事故の発生を知らせる（ハザードランプの点灯等）を行っているため適切となる。

4．不適：踏切の前方の道路が混雑している場合は、踏切内で停止するおそれがあると判断し、踏切内に入ってはならない。道交法第50条（交差点等への進入禁止）第２項。⇒225P

4　事故の再発防止対策

1　演習問題

問１　運行管理者が次の大型トラックの事故報告に基づき、この事故の要因分析を行ったうえで、同種事故の再発防止対策として、**最も直接的に有効と考えられる組合せを、下の枠内の選択肢（①～⑧）から１つ**選びなさい。なお、解答にあたっては、〈事故の概要〉及び〈事故関連情報〉に記載されている事項以外は考慮しないものとする。

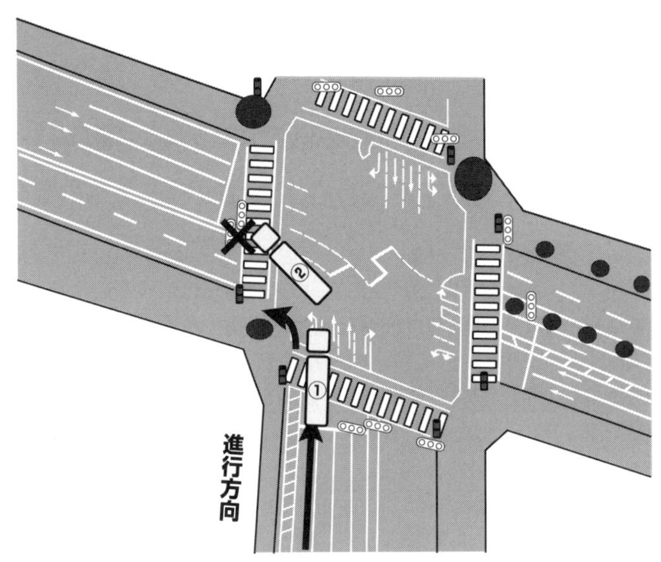

〈事故の概要〉

大型トラックの運転者は、国道の交差点において、左折しようとしたところ、横断歩道の右方向から自転車が横断してきたため、この自転車を見送ったあと左折した。その際、当該横断歩道を左側から横断していた車いす利用者を轢過する事故を引き起こした。

〈事故関連情報〉

○当該事故は、運転者が、横断歩道の右方向から横断してきた自転車のみに気を取られ、左方の安全確認を十分に行わなかったため、左側から横断していた車いす利用者に全く気付かず、車両の前部中央付近で轢過したことで起きたものである。

○当該運転者は、健康診断において特に問題は確認されておらず、また、SASのスクリーニング検査においても問題ないとの結果が出ていた。
○当該営業所では、補助者が選任されておらず、運行管理者１名により運行管理業務を行っていたが、対面による点呼は問題なく行われていた。
○事故当日、運行管理者が当該運転者に対して行った業務前点呼では、健康状態に特に異常は認められなかった。
○当該運転者が受けた適性診断では、「信号の変化や他の交通の動きを予測した運転を行うことや、歩行者や自転車のかたわらを通過する際は思いやりのある運転を心がけること」という診断結果が出ていたが、運行管理者は、これらを踏まえるなどした指導・教育を行っていなかった。
○運行管理者は、事故現場の交差点が日ごろから歩行者等との事故が多発していた場所であると認識していたが、当該運転者に対して事故防止に関する指導をしていなかった。

〈事故の再発防止及び被害軽減対策〉
ア．運転者に対し、過労が運転に及ぼす危険性を認識させ、疲労を感じたときは、適切な休憩を取るなどの対応を指導する。
イ．運転者に対し適性診断の結果を伝達し、「横断歩道等における歩行者等の優先」の徹底や歩行者等が安全に道路を通行できるよう、思いやり運転を身につけるよう継続的に教育・指導を行う。
ウ．対面による点呼が行えるよう要員の配置を整備する。
エ．運転者に対し、交差点で左折又は右折する場合は、直接視界及び間接視界により、車両の左右及び前方下方に歩行者等がいないか十分確認するよう指導・教育を行う。
オ．運転者に対し、SASが交通事故の要因となるおそれがあることを正しく理解させ、定期的なスクリーニング検査結果に基づき、自ら生活習慣の改善を図るなど、適切な心身の健康管理を行うことの重要性を理解させる。
カ．運転者に対して、主として運行する経路における道路及び交通の状況や事故の発生状況をあらかじめ把握するよう指導するとともに、これらの状況を踏まえ、事業用自動車を安全に運転するために留意すべき事項を指導する。
キ．運行管理者は、道路交通法又は道路標識等により指定された最高速度を遵守して運転するだけではなく、道路、交通及び車両等の状況に応じた安全な速度と方法で運転するように運転者に対し、指導する。

☐	① アウオ	② アウエ	③ アオキ	④ イエカ
	⑤ イオカ	⑥ イカキ	⑦ エオキ	⑧ エカキ

問2　運行管理者が次の大型トラックの事故報告に基づき、この事故の要因分析を行ったうえで、同種事故の再発を防止するための対策として、**最も直接的に有効と考えられる組合せを、下の枠内の選択肢（1～8）から1つ**選びなさい。なお、解答にあたっては、〈事故の概要〉及び〈事故関連情報〉に記載されている事項以外は考慮しないものとする。

〈事故の概要〉

運転者は、営業所に21時に出社し、運行管理者の補助者の業務前点呼を受け、あらかじめ積置きした積載重量8トンの大型トラックに乗務し、配送先に向け21時30分に出庫した。最寄りの高速道路のインターチェンジまでの一般道路が渋滞しており、予定時刻より大幅に遅れて高速道路のインターチェンジに入った。当夜は濃霧であり制限速度が時速50キロメートルに規制されていたが、当該運転者は時速80キロメートルで走行していたところ、途中休憩をはさみ翌日1時30分頃に、前方を走行していた小型トラックに追突し、重軽傷者2人の事故を惹き起こした。

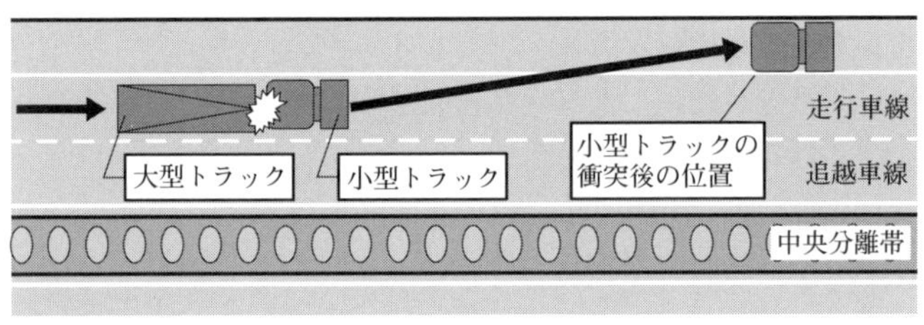

〈事故関連情報〉

○　当該運転者は前日が休日であり、22時に就寝し、当日7時に起床した。運行管理者の補助者は、当該運転者に対する業務前の点呼において、疲労等に問題がないことを確認していた。

○　当該運転者は、営業所を出発後、一般道路の渋滞により、大幅に到着時刻が遅れることを気にしながら運転していた。

○　当該一般道路は、頻繁に渋滞が発生しており、これまでの運行においても遅延が多発していた。その状況は、運行管理者も把握していたが、当該運転者に対し指導はしていなかった。

○　事故当時、濃霧のため視界が悪く、高速道路は道路標識等により時速50キロメートルの速度制限が課せられていたため、当該運転者は、さらに遅れがひどくなることを心配していた。

○　当該運転者は、3ヵ月前に定期健康診断を受診した際、肥満及び高血圧を指摘され、精密検査の受診を勧められていたが、まだ、精密検査は受診していなかった。

〈再発防止対策〉

ア．貨物自動車運送事業は、公共的な輸送事業であり、貨物を安全、確実に輸送することが社会的使命であることを運転者に認識させる。

イ．運行管理者は、道路交通法令又は道路標識等により指定された最高速度を遵守して運転するだけではなく、道路、交通及び車両等の状況に応じた安全な速度と方法で運転するように運転者に対し、指導する。

ウ．点呼の確実な実施体制を整備する。

エ．運行管理者は、十分な睡眠時間の確保等、勤務に影響を及ぼさない日常生活の過ごし方についても指導する。

オ．運行管理者は、運転者に安全性の確保、事故の防止のための知識・技能を習得させるため、「貨物自動車運送事業者が事業用自動車の運転者に対して行う指導及び監督の指針」に基づき、運転者に対して指導・監督を継続的、計画的に実施するとともに、事故惹起運転者等に対して特別な指導を実施する。

カ．運行管理者は、運転者に対して、主として運行する経路における道路及び交通の状況をあらかじめ把握するよう指導するとともに、これらの状況を踏まえ、事業用自動車を安全に運転するために留意すべき事項を指導する。

キ．運行管理者は、運転者の健康状態を常に把握し、コミュニケーションを十分図る等により、運転者に対する指導の効果を向上させる。

ク．運行管理者は、運行経路等の調査を十分に行い、適切な運行計画の作成を行うよう努める。

☐ 1．ア・ウ・エ・カ　　2．イ・エ・カ・ク
3．ア・ウ・オ・キ　　4．イ・オ・カ・ク
5．ア・ウ・カ・キ　　6．イ・エ・オ・キ
7．ア・エ・キ・ク　　8．イ・ウ・オ・ク

問3　運行管理者が、次の大型トラックの事故報告に基づき、この事故の要因分析を行ったうえで、同種事故の再発を防止するための対策として、**最も直接的に有効と考えられる組合せを、下の枠内の選択肢（1～8）から1つ**選びなさい。なお、解答にあたっては、〈事故の概要〉及び〈事故関連情報〉に記載されている事項以外は考慮しないものとする。

〈事故の概要〉

運転者及び交替運転者は、事故日前日の23時50分に営業所に隣接した車庫にて電話点呼を受けたのち、アルミサッシ類を積み置きしてあった車両総重量19トンの大型トラックにて出庫した。翌日（事故日）の23時30分に片側2車線の高速道路にて前方を走行していた大型トラックの後方約70メートルを時速90キロメートルで追従走行していたところ、前方の大型トラックが急に追い越し車線に進路変更したため、走行車線前方に横転していた車両の発見が遅れ、ハンドル操作で右に回避しようとしたが間に合わず当該横転車両に衝突した。この衝突の衝撃により当該横転車両に乗っていた運転者は車外に放り出され、頭部挫傷により死亡した。

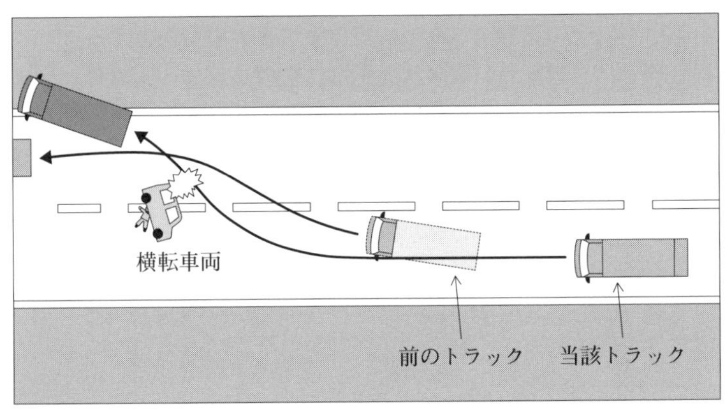

〈事故関連情報〉

○この運行は、2人乗務により荷主から直接運送の依頼を受けた長距離定期運行として行っているものであり、この事故惹起運転者も過去において何度も同経路の運行を行っていた。

○この2名の運転者は、事故日前日の23時50分に運行管理者の電話による点呼を受けた後、初めに当該運転者が運転して出庫した。当該運転者は、途中15分の休憩をはさみ翌日7時10分に交替運転者に運転を代わり、運転席後方のベットにて休息した。17時に起床して、19時に再び運転を交替し、途中10分の休憩を取った後、23時30分に事故を起こした。

○当該運転者は、事故日前１ヵ月間の勤務において、４時間を超える連続運転及び１日最大拘束時間等について「自動車運転者の労働時間等の改善のための基準」(以下「改善基準」という。）に違反した運行を複数回行っていた。また、運行記録計のデータからも、この間に数回の速度超過が確認された。

○当該営業所においては、補助者は選任されておらず、運行管理者１名により運行管理業務を行っていた。

○当該営業所では、１ヵ月に１回、従業員全員が参加する安全会議を実施していた。

○事業者は、健康診断及び適性診断を定期的に実施し、すべての運転者に受診させていた。当該運転者も、健康診断を年２回、適性診断を毎年受診しており、適性診断結果に基づき運行管理者から指導を受けていた。

〈事故の再発防止対策〉

ア．運転者に対し、過労が運転に及ぼす危険性を認識させ、疲労を感じたときは、適切な休憩を取るなどの対応を指導する。

イ．連続運転時間などが改善基準に違反しない乗務計画を作成し、運転者に対する適切な運行指示を徹底する。

ウ．漫然運転や脇見運転による追突事故を防止する観点から、衝突被害軽減ブレーキ装着車の導入を促進する。

エ．深夜・早朝においても、対面による点呼を確実に実施できる運行管理者等を配置し、高速道路においても、安全運行に関し運転者に常時適切な指示を行える体制を整える。

オ．運転者に対し、偏荷重が生じないような貨物の積載方法及び運搬中に荷崩れが生じないような貨物の固縛方法を指導する。

カ．運転者に対し、夜間の高速道路においては、運転操作が単調になる等、脇見運転や漫然運転の危険性が高くなることを、安全会議などで周知・徹底する。

キ．運転者に対し、疾病が交通事故の要因となるおそれがあることを事例で示し説明すること等により理解させ、定期的な健康診断の結果に基づいて適切な健康管理を行うことを指導する。

ク．運行管理者は、安全を確保するために必要な運転に関する知識・技能を習得させるため、運転者に対する指導・監督を継続的、計画的に実施し、適切な車間距離の確保、危険を予測し適切に回避するための運転、制限速度を遵守した安全な運行等を徹底させる。

☐		
	1．ア・イ・ウ・キ	2．ア・ウ・カ・キ
	3．ア・エ・オ・カ	4．ア・イ・オ・カ
	5．イ・エ・カ・ク	6．イ・オ・キ・ク
	7．ウ・エ・オ・ク	8．ウ・エ・キ・ク

問４　運行管理者が次の事業用普通トラックの事故報告に基づき、事故の要因分析を行ったうえで、同種事故の再発を防止するための対策として、**最も直接的に有効と考えられるものを〈事故の再発防止対策〉から３つ**選びなさい。なお、解答にあたっては、〈事故の概要〉及び〈事故関連情報〉に記載されている事項以外は考慮しないものとする。［R4_CBT/R3_CBT改］

〈事故の概要〉

当該トラックは、17時頃、霧で見通しの悪い高速道路を走行中、居眠り運転により渋滞車列の最後尾にいた乗用車に追突し、４台がからむ多重衝突事故が発生した。

当時、霧のため当該道路の最高速度は時速50キロメートルに制限されていたが、当該トラックは追突直前には時速80キロメートルで走行していた。

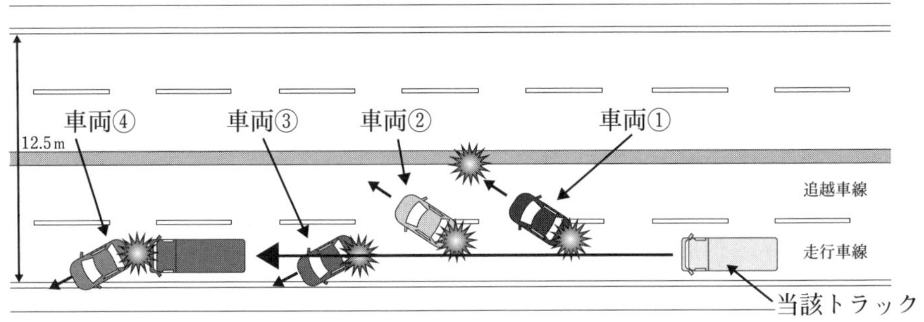

1.〈事故関連情報〉

○　当該運転者（35歳）は、事故日前日、運行先に積雪があり、帰庫時間が５時間程度遅くなって業務を早朝５時に終了した。その後、事故当日の正午に業務前点呼を受け出庫した。

○　当該運転者は、事故日前１ヵ月間の勤務において、拘束時間及び休息期間について複数回の「自動車運転者の労働時間等の改善のための基準」（以下「改善基準告示」という。）違反があった。

○　月１回ミーティングを実施していたが、交通事故を惹起した場合の社会的影響の大きさや疲労などによる交通事故の危険性などについての指導・教育が不足していた。

○　当該運転者は、事業者が行う定期健康診断において、特に指摘はなかった。

2.〈事故の再発防止対策〉

① 運行管理者は、運転者に対して、交通事故を惹起した場合の社会的影響の大きさや過労が運転に及ぼす危険性を認識させ、疲労や眠気を感じた場合は直ちに運転を中止し、休憩するよう指導を徹底する。

② 事業者は、運転者に対して、疾病が交通事故の要因となるおそれがあることを理解させ、健康診断結果に基づき、生活習慣の改善を図るなど、適切な心身の健康管理を行うことを理解させる。

③ 運行管理者は、「改善基準告示」に違反しないよう、適切な乗務割を作成するとともに、点呼の際適切な運行指示を行う。

④ 運行管理者は、法定等に定められた適齢診断を運転者に確実に受診させるとともに、その結果を活用し、個々の運転者の特性に応じた指導を行う。

⑤ 運行管理者は、点呼を実施する際、運転者の体調や疲労の蓄積などをきちんと確認し、疲労等により安全な運転を継続することができないおそれがあるときは、当該運転者を交替させる措置をとる。

⑥ 法令で定められた日常点検及び定期点検整備を確実に実施する。その際、速度抑制装置の正常な作動についても、警告灯により確認する。

問5　運行管理者が運転者に対し実施する危険予知訓練に関し、下図の交通場面の状況において考えられる〈運転者が予知すべき危険要因〉とそれに対応する〈運行管理者による指導事項〉として、**最も ふさわしい〈選択肢の組み合わせ〉を1～10の中から3つ**選びなさい。[R2_CBT]

【交通場面の状況】

・住宅街の道路を走行している。

・前方に二輪車が走行している。

・右側の脇道から車や自転車が出ようとしている。

・前方の駐車車両の向こうに人影が見える。

〈運転者が予知すべき危険要因〉

①二輪車を避けようとしてセンターラインをはみ出すと、対向車と衝突する危険がある。

②駐車車両に進路を塞がれた二輪車が右に進路を変更してくることが予測されるので、このまま進行すると二輪車と衝突する危険がある。

③前方右側の脇道から左折しようとしている車の影に見える自転車が道路を横断してくると衝突する危険がある。

④後方の状況を確認せずに右側に進路変更をすると、後続の二輪車と接触する危険がある。

⑤駐車車両の先に歩行者が見えるが、この歩行者が道路を横断してくるとはねる危険がある。

〈運行管理者による指導事項〉

ア　住宅街を走行する際に駐車車両があるときは、その付近の歩行者の動きにも注意しスピードを落として走行する。

イ　単路でも、いつ前車が進路変更などのために減速や停止をするかわからないので、常に車間距離を保持しておく。

ウ　進路変更するときは、必ず後続車の有無を確認するとともに、後続車があるときは、決して強引な進路変更はしない。

エ　右側の脇道から自転車が出ようとしているので、周辺の交通状況を確認のうえ、脇道の自転車の動きに注意し走行する。仮に出てきた場合は先に行かせる。

オ　二輪車は、後方の確認をしないまま進路を変更することがよくあるので、二輪車を追い越そうとはせず先に行かせる。

〈選択肢の組み合わせ〉

☐ 1．①－イ	2．①－ウ
3．②－エ	4．②－オ
5．③－ア	6．③－エ
7．④－イ	8．④－オ
9．⑤－ア	10．⑤－ウ

問6　平成28年中のトラック（最大積載量5トン以上）による死亡・重傷事故について、事業用自動車の交通事故統計及び自動車事故報告規則により提出された事故報告書に基づき、下記のとおり、事故の特徴やその要因についての分析結果が導かれた。この分析結果をもとに、【事業者及び運行管理者が実施すべき事故低減対策のポイント】の中から【事故防止のための指導】として、A、B、Cに当てはまる**最も直接的に有効と考えられる組合せを下の枠内の選択肢（①～⑧）からそれぞれ1つ**選びなさい。なお、解答にあたっては、下記に記載されている事項以外は考慮しないものとする。［R2. 8］

【死亡・重傷事故の特徴】

平成28年中の最大積載量5トン以上のトラックによる死亡・重傷事故381件について、車両の走行等の態様別にみると、直進時が73％、右折時が13％、左折時が9％となっている。		
直進時の事故	右折時の事故	左折時の事故
・直進時の事故のうち72％が他の車両等との事故で、このうち高速道路等での追突事故が一番多い。 ・一般道路での歩行者等との事故は夜間が多い。	右折時の事故は、歩行者等と他の車両等との事故がそれぞれ約半数となっている。	左折時の事故のうち70％が自転車との事故で、バス・タクシーと比べて巻き込み事故が多い。

【事故の主な要因】

(高速道路等での事故) ・故障車両などの停止車両への追突 ・たばこや携帯電話の操作 (一般道路での事故) ・飲酒運転 ・動静不注意 ・伝票の整理によるわき見運転	・対向車から譲られた時の安全確認不足 ・二輪自動車等の対向車のスピードの誤認 ・対向車の後方の安全確認不足	・徐行・一時停止の不履行、目視不履行 ・左折前の確認のみで、左折時の再度の確認の不履行 ・前方車両への追従 ・大回りで左折する際の対向車等への意識傾注 ・車体が大きく死角が多い

【事故防止のための指導】

A	B	C

【事業者及び運行管理者が実施すべき事故低減対策のポイント】

ア．右折するときは、対向車に注意して徐行するとともに、右折したその先の状況にも十分注意を払い走行するよう運転者に対し指導する。

イ．運転中は前方不注視となるのを防ぐため、喫煙や携帯電話の使用などは停車してから行うよう運転者に対し指導する。

ウ．右折するときは、対向車の速度が遅い場合などは自車の速度を落とさず交差点をすばやく右折するよう運転者に対し指導する。

エ．大型車などは、内輪差が大きく、左側方の自転車や歩行者を巻き込んでしまう危険があることから、慎重に安全を確認してから左折するよう運転者に対し指導する。

オ．右折時に対向車が接近しているときは、その通過を待つとともに、対向車の後方にも車がいるかもしれないと予測して、対向車の通過後に必ずその後方の状況を確認してから右折するよう運転者に対し指導する。

カ．運転者の飲酒習慣を把握し、必要と考えられる運転者に対し、運転者の画像が確認できるアルコールチェッカーを運行時に携帯させ、随時運転者の飲酒状況をチェックできるようにする。

キ．衝突被害軽減ブレーキを装着したトラックの運転者に対しては、当該装置は、いかなる走行条件においても、前方の車両等に衝突する危険性が生じた場合には、確実にレーダー等で検知したうえで自動的にブレーキが作動し、衝突を確実に回避できるものであることを十分理解させる。

ク．二輪自動車は車体が小さいため速度を誤認しやすいことから、右折の際は、対向する二輪自動車との距離などに十分注意するよう運転者に対し指導する。

ケ．左折するときは、あらかじめ交差点の手前からできる限り道路の左側端に寄り、かつ、できる限り道路の左側端に沿って徐行するよう運転者に対し指導する。

コ．伝票等の確認は、走行中はわき見が原因で事故につながる可能性が高いことから、安全な場所に移動し停止した後に行うよう運転者に対し指導する。

サ．交差点を左折するときに、その進路の前方にある横断歩道を横断しようとする歩行者がいる場合は、当該横断歩道を徐行し、かつ、できる限り安全な速度と方法で進行するよう運転者に対し指導する。

シ．左折する際は、左折前の確認に加えて、左折時にも再度歩行者や自転車等がいないかをミラーや直視で十分確認するように運転者に対し指導する。

☐	① アウオ	② アウク	③ アオク	④ イカキ
	⑤ イカコ	⑥ イカサ	⑦ エケサ	⑧ エケシ

問７　運行管理者が運転者に対して実施する危険予知訓練に関する次の記述において、問題に示す【交通場面の状況等】を前提に、危険要因などを記載した表中の**A、Bに最もふさわしいものを**【運転者が予知すべき危険要因の例】の**①～⑤の中から**、また、**C、Dに最もふさわしいものを**【運行管理者による指導事項】の**⑥～⑩の中からそれぞれ１つ**選びなさい。

☐【交通場面の状況等】

・信号機のある交差点を右折しようとしている。 ・右折先の道路に駐車車両があり、その陰に歩行者が見える。 ・対向直進車が接近している。	・制限速度：時速60キロ ・路　　面：乾燥 ・天　　候：晴 ・車　　両：４トン車 ・運 転 者：年齢48歳 ・運転経験：17年

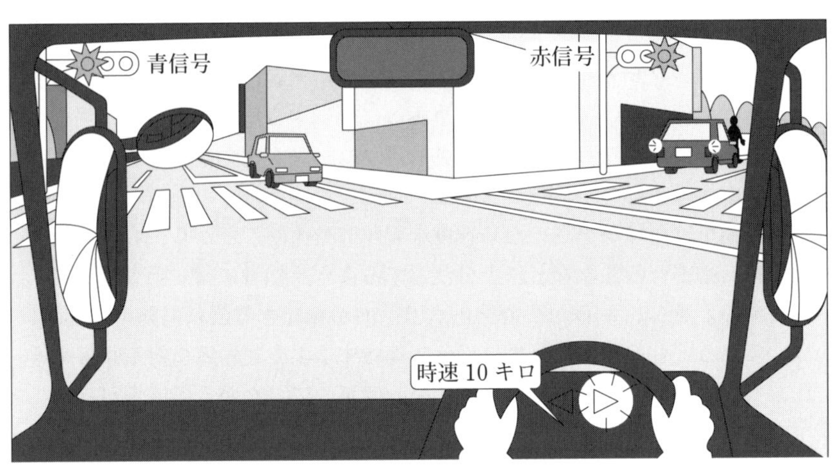

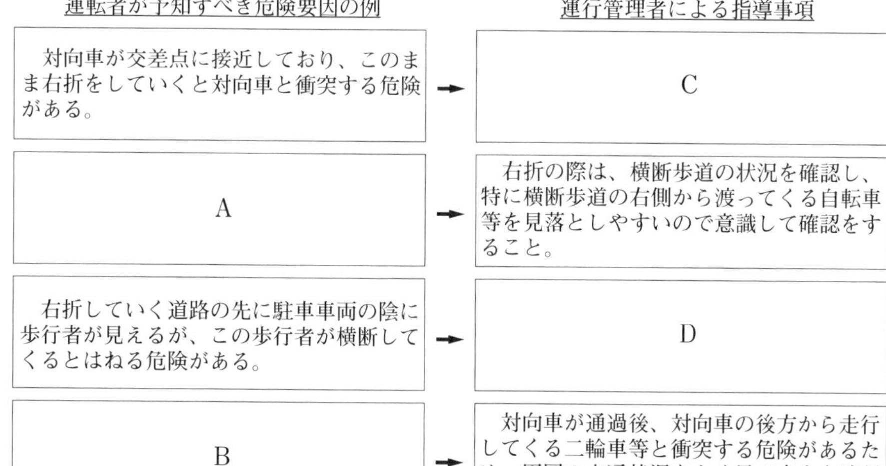

運転者が予知すべき危険要因の例
運行管理者による指導事項
対向車が交差点に接近しており、このまま右折をしていくと対向車と衝突する危険がある。
C
A
右折の際は、横断歩道の状況を確認し、特に横断歩道の右側から渡ってくる自転車等を見落としやすいので意識して確認をすること。
右折していく道路の先に駐車車両の陰に歩行者が見えるが、この歩行者が横断してくるとはねる危険がある。
D
B
対向車が通過後、対向車の後方から走行してくる二輪車等と衝突する危険があるため、周囲の交通状況をよく見て安全を確認してから右折すること。

【運転者が予知すべき危険要因の例】

① 右折時の内輪差による二輪車・原動機付自転車などの巻き込みの危険がある。

② 横断歩道の右側から自転車又は歩行者が横断歩道を渡ってくることが考えられ、このまま右折をしていくと衝突する危険がある。

③ 車幅が広いため、右折する交差点で対向車線へはみ出して衝突する危険がある。

④ 右折時に対向車の死角に隠れた二輪車・原動機付自転車を見落とし、対向車が通過直後に右折すると衝突する危険がある。

⑤ 急停止すると後続車に追突される危険がある。

【運行管理者による指導事項】

⑥ 対向車の速度が遅い時などは、交差点をすばやく右折し、自転車横断帯の自転車との衝突の危険を避けること。

⑦ スピードを十分落として交差点に進入すること。

⑧ 対向車があるときは無理をせず、対向車の通過を待ち、左右の安全を確認してから右折をすること。

⑨ 交差点に接近したときは、特に前車との車間距離を十分にとり、信号や前車の動向に注意しながら走行すること。

⑩ 交差点内だけでなく、交差点の右折した先の状況にも十分注意を払い走行すること。

問8　運行管理者が次の事業用大型トラックの事故報告に基づき、この事故の要因分析を行ったうえで、同種事故の再発を防止するための対策として、**最も直接的に有効と考えられる組合せを、下の枠内の選択肢（1～8）から1つ**選びなさい。なお、解答にあたっては、【事故の概要】及び【事故の推定原因・事故の要因】に記載されている事項以外は考慮しないものとする。

【事故の概要】

当該運転者は、当日早朝に出勤し運行管理者の電話点呼を受けたのち、貨物の納入先へ向け運行中、信号機のない交差点に差しかかり、前方の普通トラックが当該交差点から約10メートル先の踏切で安全確認のため一時停止したため、それに続いて当該交差点の横断歩道上に停止した。その後前方のトラックが発進したことをうけ、車両前方を母子が横断していることに気付かず発進し、母子と接触し転倒させた。この事故により、母親とベビーカーの子供が重傷を負った。

なお、当該車両にはフロントガラス下部を覆う高さ約30センチメートルの装飾板が取り付けられていた。

・事故発生：午前10時20分
・天候　　：晴れ
・道路　　：幅員8.0メートル
・運転者　：45歳　運転歴14年

【事故の推定原因・事故の要因】

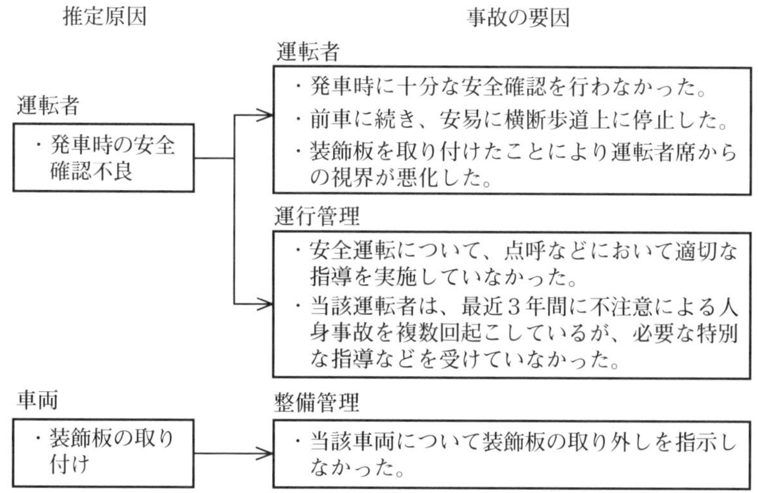

推定原因
事故の要因
運転者
・発車時の安全確認不良
運転者
・発車時に十分な安全確認を行わなかった。
・前車に続き、安易に横断歩道上に停止した。
・装飾板を取り付けたことにより運転者席からの視界が悪化した。
運行管理
・安全運転について、点呼などにおいて適切な指導を実施していなかった。
・当該運転者は、最近３年間に不注意による人身事故を複数回起こしているが、必要な特別な指導などを受けていなかった。
車両
・装飾板の取り付け
整備管理
・当該車両について装飾板の取り外しを指示しなかった。

【事故の再発防止対策】

ア．対面による点呼が行えるよう要員の配置を整備する。

イ．装飾板等により運転者の視界を妨げるものについては、確実に取り外させるとともに、装飾板等取り付けが運転者の死角要因となることを運転者に対して、適切な指導を実施する。

ウ．運転者に対して、交通事故を惹起した場合の社会的影響の大きさや過労が運転に及ぼす危険性を認識させ、疲労や眠気を感じた場合は直ちに運転を中止し、休憩するよう指導を徹底する。

エ．事故惹起運転者に対して、安全運転のための特別な指導を行うとともに、適性診断結果を活用して、運転上の弱点について助言・指導を徹底することにより、安全運転のための基本動作を励行させる。

オ．運転者に対して、運行開始前に直接見ることができない箇所について後写鏡やアンダーミラー等により適切な視野の確保を図ったうえで、発車時には十分な安全確認を行うよう徹底する。

カ．過労運転等の防止を図るため、自動車運転者の労働時間等の改善のための基準に違反しない乗務計画を作成し、運転者に対する適切な運行指示を徹底する。

キ．安全運転教育において、横断歩道、交差点などの部分で停止しないよう徹底するとともに、横断歩道に接近する場合及び通過する際に、横断しようとする者がいないことを確実に確認するよう徹底する。

ク．運転者に対して、疾病が交通事故の要因となるおそれがあることを正しく理解させ、定期的な健康診断結果に基づき、自ら生活習慣の改善を図るなど、適切な心身の健康管理を行うことの重要性を理解させる。

☐	1．ア・イ・オ・ク	2．ア・イ・カ・キ
	3．ア・オ・キ・ク	4．ア・ウ・オ・キ
	5．イ・ウ・エ・カ	6．イ・エ・オ・キ
	7．ウ・エ・キ・ク	8．ウ・エ・オ・カ

◆解答＆解説

問１［解答　④］

「事故の概要」と「事故関連情報」から、再発防止対策として直接的に有効であるかどうかを判断する。

ア．直接的に有効ではない：過労が原因で起きた事故ではないため、同種事故の再発防止対策として直接的に有効ではない。

イ＆エ＆カ．直接的に有効である：運転者が、横断歩道の右方向から横断してきた自転車にのみ気を取られ、左方の安全確認を十分に行わなかったために起きた事故であり、また、事故多発現場に関する指導や、適性診断の結果に基づいた指導も不適切であった。そのため、適性診断の結果をもとに、「横断歩道等における歩行者等の優先」を徹底し、歩行者等が安全に道路を通行できるよう、思いやり運転を身につける教育・指導や、交差点での左折又は右折の際は、直接視界及び間接視界により、車両の左右及び前方下方に歩行者等がいないか十分確認すること、運行する経路における道路及び交通の状況や事故の発生状況をあらかじめ把握するよう指導・教育することは、同種事故の再発防止対策として有効である。

ウ．直接的に有効ではない：点呼要員の不足により起きた事故ではないため、同種事故の再発防止対策として直接的に有効ではない。

オ．直接的に有効ではない：当該運転者はSASのスクリーニング検査において問題ないとの結果が出ており、SASが原因で起きた事故ではないため、同種事故の再発防止対策として直接的に有効ではない。

キ．直接的に有効ではない：速度超過によって起きた事故ではないため、同種事故の再発防止対策として直接的に有効ではない。

以上の結果、同種事故の再発防止対策として、最も直接的に有効と考えられる組合せは、イ・エ・カとなり、選択肢「④」が正解となる。

問2［解答　4］

「事故の概要」と「事故関連情報」から、再発防止策として直接的に有効であるかどうかを判断する。

ア．直接的に有効ではない：貨物自動車運送事業の社会的使命については、今回の事故には関係がないため、同種事故の再発を防止するための対策として直接的に有効ではない。

イ．直接的に有効である：濃霧により時速50キロメートルに速度規制されていたにも関わらず、時速80キロメートルで走行したために起きた事故である。道路、交通及び車両等の状況に応じた安全な速度と方法で運転するように運転者に対し指導することは有効な事故再発防止策である。

ウ．直接的に有効ではない：点呼は適切に行われていたので、同種事故の再発を防止するための対策として直接的に有効ではない。

エ．直接的に有効ではない：居眠り運転等が原因の事故でないため、同種事故の再発を防止するための対策として直接的に有効ではない。

オ＆カ＆ク．直接的に有効である：通行した一般道路が頻繁に渋滞することを運行管理者が把握していたにも関わらず、運転者に対し指導せず、また、渋滞を考慮した調査及び運行計画を作成しなかったことにより起きた事故であるため、有効な事故再発防止策である。

キ．直接的に有効ではない：運転者の健康状態は常に把握しなければならないが、コミュニケーション不足で起きた事故ではないため、同種事故の再発を防止するための対策として有効ではない。

以上の結果、同種事故の再発を防止するための対策として、最も直接的に有効と考えられる組合せは、イ・オ・カ・クとなり、選択肢「4」が正解となる。

問3［解答　5］

「事故の概要」と「事故関連情報」から、再発防止策として直接的に有効であるかどうかを判断する。

ア．直接的に有効ではない：過労が原因により起きた事故ではないため、同種事故の再発を防止するための対策として直接的に有効ではない。

イ．直接的に有効である：当該運転者は事故日前１ヵ月間の勤務において、４時間を超える連続運転など改善基準に違反した運行や速度超過を複数回行っていた。改善基準に違反しない乗務計画を作成し、運転者に対する適切な運行指示を徹底することは、同種事故の再発を防止するための対策として有効である。

ウ．直接的に有効ではない：適切な車間距離をとっておらず、また、速度超過（大型トラックの高速道路における最高速度は80km/h）によって起きた事故である。漫然運転や脇見運転による追突事故を防止する観点からの衝突被害軽減ブレーキの導入の促進は、同種事故の再発を防止するための対策として直接的に有効ではない。

エ．直接的に有効である：運行上やむを得ない場合以外は、業務前の点呼を電話で行ってはならない。深夜・早朝においても対面による点呼を確実に実施できる運行管理者等を配置し、高速道路においても安全運行に関し運転者に常時適切な指示を行える体制を整えることは、同種事故の再発を防止するための対策として有効である。

オ．直接的に有効ではない：貨物の積載方法及び固縛方法の不備によって起きた事故でないため、同種事故の再発を防止するための対策として直接的に有効ではない。

カ．直接的に有効である：過去において何度も同経路の運行を行っており、また、事故当時は夜間運行であったため、夜間の高速道路においては、運転操作が単調になる等、脇見運転や漫然運転の危険性が高くなることを、安全会議などで周知・徹底することは、同種事故の再発を防止するための対策として有効である。

キ．直接的に有効ではない：健康診断を年２回受けており、適性診断結果に基づき運行管理者から指導も受けていたので、適切な健康管理を行うことを指導することは、同種事故の再発を防止するための対策として直接的に有効ではない。

ク．直接的に有効である：適切な車間距離をとっておらず、また、速度超過によって起きた事故であるため、運転者に対する指導・監督を継続的、計画的に実施し、適切な車間距離の確保、危険を予測し適切に回避するための運転、制限速度を遵守した安全な運行等を徹底させることは、同種事故の再発を防止するための対策として有効である。

以上の結果、同種事故の再発を防止するための対策として、最も直接的に有効と考えられる組合せは、イ・エ・カ・クとなり、選択肢「5」が正解となる。

問4〔解答　①，③，⑤〕

①直接的に有効である：当該事故は居眠り運転により起きた事故である。運転者に対し、交通事故を惹起した場合の社会的影響の大きさや、過労が運転に及ぼす危険性を認識させ、疲労や眠気を感じた場合は直ちに運転を中止し、休憩するよう指導や教育を徹底することは、同種事故の再発を防止するための対策として有効である。

②直接的に有効ではない：疾病により起きた事故ではなく、また、当該運転者は定期健康診断で特に指摘もなかったため、同種事故の再発を防止するための対策として直接的に有効ではない。

③直接的に有効である：事故前日の業務終了が事故当日の早朝５時で、同日の正午に業務前点呼を受けており、休息期間が法で定める９時間未満となっている。また、事故日前１ヵ月間の勤務において、拘束時間及び休息期間について複数回の改善基準違反があったことから、運行管理者は、改善基準に違反しない。適切な乗務割を作成し、運転者に対して点呼時に適切な運行指示を行うことは、同種事故の再発を防止するための対策として有効である。

④直接的に有効ではない：当該運転者は35歳であり、適齢診断を受ける年齢ではないため、同種事故の再発を防止するための対策として直接的に有効ではない。

⑤直接的に有効である：当該運転者に対する業務前点呼が対面で行われていたにもかかわらず、居眠り運転を起こしてしまった。点呼を実施する際は、運転者の体調や疲労の蓄積などをきちんと確認し、疲労、睡眠不足等により安全な運転を継続することができないおそれがあるときに、当該運転者を交替させる措置をとることは、同種事故の再発を防止するための対策として有効である。

⑥直接的に有効ではない：日常点検及び定期点検整備の未実施により起きた事故ではないため、同種事故の再発を防止するための対策として直接的に有効ではない。

以上の結果、同種事故の再発を防止するための対策として、最も直接的に有効と考えられる、①，③，⑤が正解となる。

問5［解答　4，6，9］

〈運転者が予知すべき危険要因〉とそれに対応する〈運行管理者による指導事項〉として最もふさわしい組み合わせを〈選択肢の組み合わせ〉の中から3つ選ぶ。

危険要因①：図より対向車は確認されない。また、前方右側の脇道からの左折車と衝突する危険があるものの、選択肢の組み合わせとして用意されている指導事項イ・ウは、どちらも適切な指導ではない。

危険要因②：二輪車に対する危険予知である。二輪車は、後方の確認をしないまま進路を変更することがよくあるため、二輪車を追い越そうとはせず、先に行かせるという指導事項オは、適切な指導である。

危険要因③：自転車に対する危険予知である。右側の脇道から自転車が出ようとしているので、周辺の交通状況を確認のうえ、脇道の自転車の動きに注意して走行し、仮に出てきた場合は先に行かせるという指導事項エは、適切な指導である。

危険要因④：図より後方には後続車等は確認されないため省略。

危険要因⑤：歩行者に対する危険予知である。住宅街を走行する際に駐車車両があるときは、その付近の歩行者の動きにも注意しスピードを落として走行するという指導事項アは、適切な指導である。

以上の結果、最も適切な組み合わせは4．「②ーオ」、6．「③ーエ」、9．「⑤ーア」である。

問6［解答　A－⑤，B－③，C－⑧］

「死亡・重傷事故の特徴」と「事故の主な要因」から、「事故低減対策のポイント」ア～シの内容が、Aの直進時の事故、Bの右折時の事故、Cの左折時の事故、の防止のための指導として直接的に有効であるかどうかをそれぞれ判断する。

ア．右折時の事故の主な要因として「対向車から譲られたときの安全確認不足」があげられているため、右折するときは、対向車に注意して徐行するとともに、右折したその先の状況にも十分注意を払い走行するよう運転者に対し指導することは、事故防止のための指導Bとして最も直接的に有効と考えられる。（B）

イ．直進時の事故の主な要因として「たばこや携帯電話の操作」があげられているため、喫煙や携帯電話の使用などは停車してから行うよう運転者に対し指導することは、事故防止のための指導Aとして最も直接的に有効と考えられる。（A）

ウ．右折時はあらかじめその前からできる限り道路の中央に寄り、かつ、交差点の中心の直近の内側を徐行し、また、対向車があるときは、進行妨害をしてはならないため、有効ではない指導である。（×）

エ．左折時の事故の主な要因として「大回りで左折する際の対向車等への意識傾注」があげられているため、慎重に安全を確認してから左折するよう運転者に対し指導することは、事故防止のための指導Cとして最も直接的に有効と考えられる。（C）

オ．右折時の事故の主な要因として「対向車の後方の安全確認不足」があげられているため、対向車の通過を待つとともに、対向車の後方にも車がいるかもしれないと予測して、対向車の通過後に必ずその後方の状況を確認してから右折するよう運転者に対し指導することは、事故防止のための**指導Bとして最も直接的に有効**と考えられる。（B）

カ．直進時の事故の主な要因として「飲酒運転」があげられているため、運転者の飲酒習慣を把握し、必要と考えられる運転者に対し、運転者の画像が確認できるアルコールチェッカーを運行時に携帯させ、随時運転者の飲酒状況をチェックできるようにすることは、事故防止のための**指導Aとして最も直接的に有効**と考えられる。（A）

キ．衝突被害軽減ブレーキを装着したトラックに関する事故の主な要因はあげられておらず、また、当該装置は衝突を確実に回避できるものではないため、有効でない指導である。（×）

ク．右折時の事故の主な要因として「二輪自動車等の対向車のスピードの誤認」があげられているため、右折の際は、対向する二輪自動車との距離などに十分注意するよう運転者に対し指導することは、事故防止のための**指導Bとして最も直接的に有効**と考えられる。（B）

ケ．左折時の事故の主な要因として「徐行・一時停止の不履行、目視不履行」があげられているため、あらかじめ交差点の手前からできる限り道路の左側端に寄り、かつ、できる限り道路の左側端に沿って徐行するよう運転者に対し指導することは、事故防止のための**指導Cとして最も直接的に有効**と考えられる。（C）

コ．直進時の事故の主な要因として「伝票の整理によるわき見運転」があげられているため、伝票等の確認は、安全な場所に移動し停止した後に行うよう運転者に対し指導することは、事故防止のための**指導Aとして最も直接的に有効**と考えられる。（A）

サ．横断歩道に横断しようとしている歩行者等がいる場合は、横断歩道の直前で一時停止し、かつ、その通行を妨げないようにしなければならないため、不適切な指導である。（×）

シ．左折時の事故の主な要因として「左折前の確認のみで、左折時の再度の確認の不履行」があげられているため、左折する際は、左折前の確認に加えて、左折時にも再度歩行者や自転車等がいないかをミラーや直視で十分確認するように運転者に対し指導することは、事故防止のための**指導Cとして最も直接的に有効**と考えられる。（C）

《結果》

・事故防止のための指導Aに当てはまるのは**⑤（イカコ）**。
・事故防止のための指導Bに当てはまるのは**③（アオク）**。
・事故防止のための指導Cに当てはまるのは**⑧（エケシ）**。

問７［解答　A－②，B－④，C－⑧，D－⑩］

A：「運行管理者による指導事項」のポイントは、①右折、②横断歩道の状況を確認、③自転車等を見落としやすい、であるため、「運転者が予知すべき危険要因の例」のうち、「**右折、横断歩道、自転車**」を含んでいるものを選択する。したがって、「**②**」が正解となる。

B：「運行管理者による指導事項」のポイントは、①対向車が通過後、②二輪車等と衝突する危険、③安全を確認してから右折、であるため、「運転者が予知すべき危険要因の例」のうち、「**対向車、二輪車、右折**」を含んでいるものを選択する。したがって、「**④**」が正解となる。

C：「運転者が予知すべき危険要因の例」のポイントは、①対向車が交差点に接近、②右折していくと対向車と衝突する危険、であるため、「運行管理者による指導事項」のうち、「対向車と衝突する危険を回避」できる内容のものを選択する。したがって、「⑧」が正解となる。

D：「運転者が予知すべき危険要因の例」のポイントは、①右折していく道路の先、②駐車車両の陰に歩行者、③はねる危険、であるため、「運行管理者による指導事項」のうち、「右折先の歩行者をはねる危険を回避」できる内容のものを選択する。したがって、「⑩」が正解となる。

問8［解答　6］

「事故概要」と「事故の推定原因・事故の要因」から、再発防止策としてより直接的に有効であるかどうかを判断する。

ア．直接的に有効ではない：対面による点呼の要員不足で起きた事故ではないため、同種事故の再発を防止するための対策として直接的に有効ではない。

イ．直接的に有効である：装飾板により視界が遮られたことで起きた事故である。そのため、装飾板等の運転者の視界を妨げるものについては確実に取り外させるとともに、装飾板等の取り付けが運転者の死角要因となることを運転者に対し適切に指導することは、同種事故の再発を防止するための対策として有効である。また、前面ガラスへの装飾板の装着は不正改造車となり、行政処分や道路運送車両法による罰則が科せられることも指導する。

ウ．直接的に有効ではない：疲労や眠気によって起きた事故ではないため、同種事故の再発を防止するための対策として直接的に有効ではない。

エ．直接的に有効である：運転者は最近３年間に複数回、不注意による人身事故を起こしており、その際に必要な特別な指導を受けていなかった。そのため、安全運転のための特別な指導を行うとともに、適性診断結果を活用して、運転上の弱点について助言・指導を徹底し、安全運転のための基本動作を励行させることは、同種事故の再発を防止するための対策として有効である。

オ．直接的に有効である：発進時に十分な安全確認を怠ったことで起きた事故である。そのため、運転者に対して、運行開始前に直接見ることができない箇所について、後写鏡等により適切な視野の確保を図ったうえで、発車時には十分な安全確認を行うよう徹底することは、同種事故の再発を防止するための対策として有効である。

カ．直接的に有効ではない：過労によって起きた事故ではないため、同種事故の再発を防止するための対策として直接的に有効ではない。

キ．直接的に有効である：前車に続き、安易に横断歩道上に停止したことで起きた事故である。そのため、安全運転教育において、横断歩道や交差点などの部分で停止しないよう徹底するとともに、横断歩道に接近する場合及び通過する際に、横断しようとする者がいないことを確実に確認するよう徹底することは、同種事故の再発を防止するための対策として有効である。

ク．直接的に有効ではない：疾病によって起きた事故ではないため、同種事故の再発を防止するための対策として直接的に有効ではない。

以上の結果、同種事故の再発を防止するための対策として、最も直接的に有効と考えられる組合せは、イ・エ・オ・キとなり、選択肢「6」が正解となる。

5　交通事故防止等

1　交通事故防止等に関する要点

■ドライブレコーダー

①ドライブレコーダーは、自動車の運行中、運転者の視点から自車と周辺情報を記録するもので、交通事故や急ブレーキ、急ハンドルなどにより自動車が一定以上の衝撃を受けると、衝突前と衝突後の**前後10数秒間の映像**などを**自動的に記録**する装置である。

②ドライブレコーダーの中にはヒヤリ・ハットの直前直後の現場映像だけでなく、運転者のブレーキ操作・停止状況・ハンドル操作・右左折操作などの運転状況を記録し解析診断することで、運転者も気づかない運転のクセ等を読み取ることができるものもある。

③GPSと連動したドライブレコーダー等では、GPSによる位置情報や運転者の作業情報などを記録・管理できるものもある。

④あらかじめ登録されている事故多発地点のゾーンに接近すると、車載器の警告灯が点滅したり警報が鳴るなどの運転者に注意を施すサービスを提供するものもある。

⑤最近、**自動車事故を未然に防止**する有効な手段の一つとして活用が広がりつつある。

■車線逸脱警報装置

①車線逸脱警報装置は、走行車線を認識し、車線から逸脱した場合あるいは逸脱しそうになった場合には、運転者が車線中央に戻す操作をするよう警報が作動する。

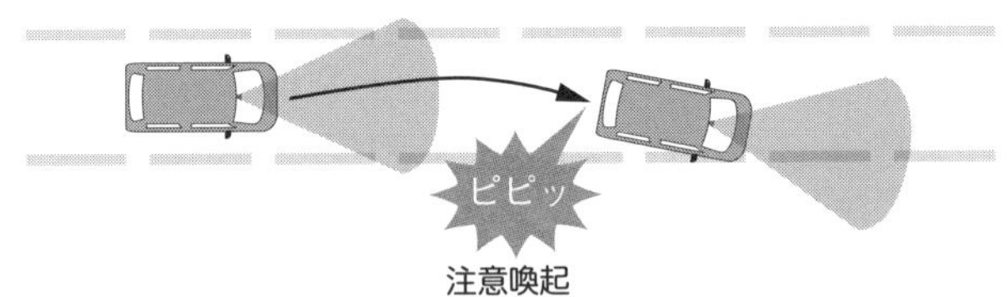

【車線逸脱警報装置】

■衝突被害軽減ブレーキ

①衝突被害軽減ブレーキは、レーダー等で検知した前方の車両等に衝突する危険性が生じた場合に運転者にブレーキ操作を行うよう促し、**さらに衝突する可能性が高くなると**自動的に**ブレーキが作動**し、衝突による被害を軽減させるためのものである。ただし、いかなる走行条件においても衝突を確実に回避できる装置ではないため、当該ブレーキが備えられている自動車に乗務する運転者に対しては、当該ブレーキの機能等を正しく理解させる必要がある。

【衝突被害軽減ブレーキ】

■ふらつき注意喚起装置

①ふらつき注意喚起装置は、運転者の低覚醒状態や低覚醒状態に起因する挙動を検知し、運転者に注意を喚起するようにする。

②ただし、ふらつき注意喚起装置は、居眠り運転や脇見運転の防止を可能とする装置ではない。また、検出できない環境や運転操作があるため、走行中すべての状況を網羅したモニター装置ではない。

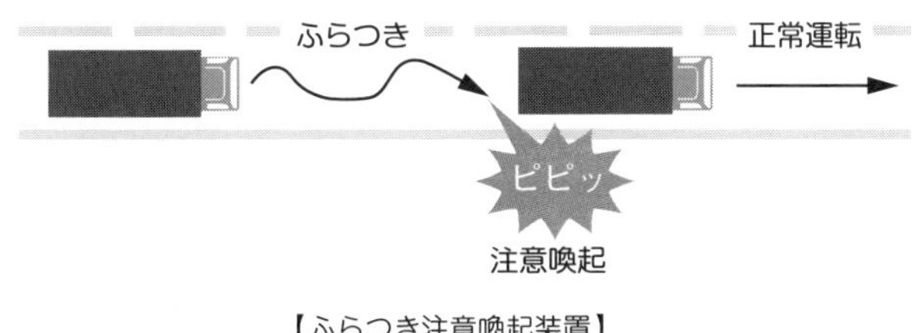

【ふらつき注意喚起装置】

■車両安定性制御装置

①急なハンドル操作や積雪がある路面の走行などを原因とした横転の危険を、警報音などにより運転者に知らせるとともに、エンジン出力やブレーキ力を制御し、横転の危険を軽減させるものである。

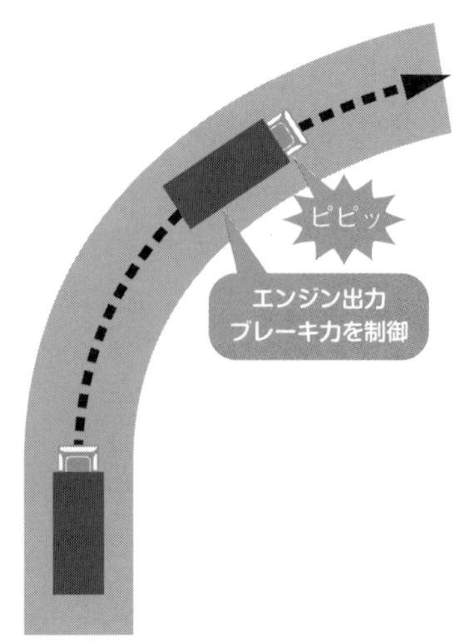

【車両安定性制御装置】

■アンチロック・ブレーキシステム（ABS）

①ABSとは、急ブレーキをかけた時などにタイヤがロック（回転が止まること）するのを防ぐことにより、車両の進行方向の安定性を保ち、また、ハンドル操作で障害物を回避できる可能性を高める装置である。

②ブレーキ時にABSを効果的に作動させるためには、**できるだけ強くブレーキペダルを踏み続ける**ことが重要となる。

③ABSの作動は、「ブレーキ・ペダルを強く踏み続ける→タイヤがロックしそうになる→センサが感知しブレーキ力が弱まる→タイヤの回転数が回復する→センサが感知してブレーキ力を最適にする」が素早く繰り返され、タイヤのロックを防ぎながら停止する。この仕組みにより、最適なブレーキ力が得られ、車両の進行方向の安定性が保たれ、また、ハンドル操作も効く。

■デジタル式運行記録計

①デジタル式運行記録計は、自動車の各種の運行データをデジタル化し、ハードディスクなどの電子記録媒体に記録できる装置である。

②各種の運行データがデジタル化されたことにより、解析作業を素早く、正確に処理することが可能になる。それにより、記録された運転者の運行の実態や車両の運行の実態を分析し、秩序ある運行の確保に活用し、運転者の日常の乗務を把握し、**過労運転等の防止**や**事故の防止**、**運行の適正化**を図る資料として活用できる。その他にも、省力化やコスト削減などへの幅広いデータの活用が可能である。

③デジタル式運行記録計の記録図表（24時間記録図表や12分間記録図表）等では、運行毎の最高速度が▼マークで表される。その記録図表等を用いて、最高速度の▼マークなどを確認することにより最高速度超過はないか、また、急発進、急減速の有無についても確認し、その記録データを基に運転者に対し**安全運転、経済運転の指導**を行う。

■適性診断

①適性診断は、運転者の運転行動や運転態度が安全運転にとって好ましい方向へ変化するように**動機付け**を行うことにより、運転者自身の安全意識を向上させるためのものである。

②適性診断は**ヒューマンエラーによる事故の発生を未然に防止**するための有効な手段となっている。

■指差呼称

①指差呼称は危険予知活動の一環として行われており、運転者の錯覚、誤判断、誤操作等を防止するための手段である。

②具体的には、道路の信号や標識などを指で差し、その対象が持つ名称や状態を声に出して確認することをいう。安全確認に重要な運転者の**意識レベルを高める**など、自動車事故防止対策に有効な手段となっている。

■ヒヤリ・ハットとハインリッヒの法則

①いわゆるヒヤリ・ハットとは、運転者が運転中に他の自動車等と衝突、または接触するおそれがあったと認識することをいう。事故に至る事例の背景には、それよりはるかに多数のヒヤリ・ハット事例が潜んでいる。

②ヒヤリ・ハット事例を収集し、分析して、再発を防ぐ手立てを考え、その情報を共有することが交通事故防止対策に有効な手段となっている。

③米国の労災保険会社の調査・統計技師のハインリッヒが調査研究した結果、「**1件の重大災害**（死亡・重傷）が発生する背景に、**29件の軽傷事故**と**300件のヒヤリ・ハット**」があることを発見した。これを**ハインリッヒの法則**という。

■交通安全対策のサイクル

①交通事故の防止対策を効率的かつ効果的に講じていくためには、事故情報を多角的に分析し、事故実態を把握した上で、①**計画**の策定（Plan）、②対策の**実施**（Do）、③効果の**評価**（Check）、④対策の**見直し及び改善**（Action）、という一連の交通安全対策の**PDCAサイクル**を繰り返すことが重要である。

交通事故の発生の背景

①交通事故の発生の背後には、車両面、走行環境面、あるいは運行管理面などの問題が存在している可能性がある。
②交通事故の発生を未然に防止するための対策を講じていくためには、運転者の人的要因とともに、事故が発生した要因について様々な角度から情報を収集、分析する必要がある。また、事故の再発防止対策の検討においては、背後に潜在する危険要因を排除することが重要となる。

許可運送

①許可運送は、法令で規定する制限を超えた積載物を運送するため、特殊な運行となり、許可証の携行、指定条件の遵守、道路状況の事前確認などが必要である。

特殊車両通行許可証など、許可時に地方整備局長、警察署長等から発行された許可証を必ず携行する。
指定されている通行時間、通行期間、通行経路を遵守し、誘導車等の配置が義務付けられている場合には、必ず誘導車を手配する。
運行前には、必ず、通行経路の事前情報を入手し、許可された経路の道路状況を確認する。
万が一、事故を引き起こした場合には、ただちに応急措置をとり、道路管理者に報告する。

ホイール・ボルトの折損等

①近年、大型自動車のホイール・ボルト折損等による車輪脱落事故の発生件数は増加傾向にあり、11月から３月の冬季に集中して起こっている。
②主な推定原因として、冬用タイヤ交換時のホイール・ナットの締め忘れ、又は、締付けトルク管理不足などの作業ミス、ホイールのボルト穴部の変形や亀裂、ホイール・ボルトやホイール・ナットの発錆などの経年劣化などがあげられる。
③このため、タイヤ交換及び日頃の点検において、「規定のトルクでの確実な締め付け」「タイヤ交換後、50～100km走行後の増し締め」「日常（運行前）点検での確認」「専用ボルト及びナットの使用」を徹底するよう指導する必要がある。

2　演習問題

問1　近年普及の進んできた安全運転支援装置等に関する次の文中、A、B、C、Dに入るべき字句を下の**枠内の選択肢（1～6）**から選びなさい。

（A）は、走行車線を認識し、車線から逸脱した場合あるいは逸脱しそうになった場合には、運転者が車線中央に戻す操作をするよう警報が作動する装置

（B）は、レーダー等により先行車との距離を常に検出し、追突の危険性が高まったら、まずは警報し、運転者にブレーキ操作を促し、それでもブレーキ操作をせず、追突、若しくは追突の可能性が高いと車両が判断した場合において、システムにより自動的にブレーキをかけ、衝突時の速度を低く抑える装置

（C）は、急なハンドル操作や積雪がある路面の走行などを原因とした横転の危険を、運転者へ警告するとともに、エンジン出力やブレーキ力を制御し、横転の危険を軽減させる装置

（D）は、交通事故やニアミスなどにより急停止等の衝撃を受けると、その前後の映像とともに、加速度等の走行データを記録する装置（常時記録の機器もある。）

☐　1．衝突被害軽減ブレーキ	2．映像記録型ドライブレコーダー
3．ふらつき注意喚起装置	4．車線逸脱警報装置
5．デジタル式運行記録計	6．車両安定性制御装置

問2　交通事故防止対策に関する次の記述のうち、**適切なものをすべて**選びなさい。なお、解答にあたっては、各選択肢に記載されている事項以外は考慮しないものとする。

☐ 1．交通事故は、そのほとんどが運転者等のヒューマンエラーにより発生するものである。したがって、事故惹起運転者の社内処分及び再教育に特化した対策を講ずることが、交通事故の再発を未然に防止するには最も有効である。そのためには、発生した事故の調査や事故原因の分析よりも、事故惹起運転者及び運行管理者に対する特別講習を確実に受講させる等、ヒューマンエラーの再発防止を中心とした対策に努めるべきである。

2．輸送の安全に関する教育及び研修については、知識を普及させることに重点を置く手法に加えて、問題を解決することに重点を置く手法を取り入れるとともに、グループ討議や「参加体験型」研修等、運転者が参加する手法を取り入れることも交通事故防止対策の有効な手段となっている。

3．アンチロック・ブレーキシステム（ABS）は、急ブレーキをかけた時などにタイヤがロック（回転が止まること）するのを防ぐことにより、車両の進行方向の安定性を保ち、また、ハンドル操作で障害物を回避できる可能性を高める装置である。ABSを効果的に作動させるためには、ポンピングブレーキ（ブレーキを強く踏む、緩めるを繰り返し行う操作）を行うことが重要であり、この点を運転者に指導する必要がある。

4．自動車が追越しをするときは、前の自動車の走行速度に応じた追越し距離、追越し時間が必要になる。前の自動車と追越しをする自動車の速度差が小さい場合には追越しに長い時間と距離が必要になることから、無理な追越しをしないよう運転者に対し指導する必要がある。

問3　交通事故防止対策に関する次の記述のうち、**適切なものをすべて**選びなさい。なお、解答にあたっては、各選択肢に記載されている事項以外は考慮しないものとする。

☐ 1．交通事故は、そのほとんどが運転者等のヒューマンエラーにより発生するものである。したがって、事故惹起運転者の社内処分及び再教育に特化した対策を講ずることが、交通事故の再発を未然に防止するには最も有効である。そのためには、発生した事故の調査や事故原因の分析よりも、事故惹起運転者及び運行管理者に対する特別講習を確実に受講させる等、ヒューマンエラーの再発防止を中心とした対策に努めるべきである。

2．衝突被害軽減ブレーキは、いかなる走行条件においても前方の車両等に衝突する危険性が生じた場合に確実にレーダー等で検知したうえで自動的にブレーキが作動し、衝突を確実に回避できるものである。当該ブレーキが備えられている自動車に乗務する運転者に対しては、当該ブレーキ装置の故障を検知し表示による警告があった場合の対応を指導する必要がある。

3．輸送の安全に関する教育及び研修については、知識を普及させることに重点を置く手法に加えて、問題を解決することに重点を置く手法を取り入れるとともに、グループ討議や「参加体験型」研修等、運転者が参加する手法を取り入れることも交通事故防止対策の有効な手段となっている。

4．指差呼称は、運転者の錯覚、誤判断、誤操作等を防止するための手段であり、道路の信号や標識などを指で差し、その対象が持つ名称や状態を声に出して確認することをいい、安全確認に重要な運転者の意識レベルを高めるなど交通事故防止対策に有効な手段の一つとして活用されている。

問4　交通事故防止対策に関する次の記述のうち、**適切なものをすべて**選びなさい。なお、解答にあたっては、各選択肢に記載されている事項以外は考慮しないものとする。

☐ 1．いわゆる「ヒヤリ・ハット」とは、運転者が運転中に他の自動車等と衝突又は接触するおそれなどがあったと認識した状態をいうが、このヒヤリ・ハットを調査し減少させていくことは、交通事故防止に効果がないとされているため、ヒヤリ・ハットの報告や調査は行っていない。

2．ドライブレコーダーは、事故時の映像だけでなく、運転者のブレーキ操作やハンドル操作などの運転状況を記録し、解析診断することで運転のクセ等を読み取ることができるものがあり、運行管理者が行う運転者の安全運転の指導に活用されている。

3．指差呼称は、運転者の錯覚、誤判断、誤操作等を防止するための手段であり、道路の信号や標識などを指で差し、その対象が持つ名称や状態を声に出して確認することをいい、安全確認に重要な運転者の意識レベルを高めるなど交通事故防止対策に有効な手段の一つとして活用されている。

4．アンチロック・ブレーキシステム（ABS）は、急ブレーキをかけた時などにタイヤがロック（回転が止まること）するのを防ぐことにより、車両の進行方向の安定性を保ち、また、ハンドル操作で障害物を回避できる可能性を高める装置である。ABSを効果的に作動させるためには、できるだけ強くブレーキペダルを踏み続けることが重要であり、この点を運転者に指導する必要がある。

問5　交通事故防止対策に関する次の記述のうち、**適切なものをすべて**選びなさい。なお、解答にあたっては、各選択肢に記載されている事項以外は考慮しないものとする。［R4_CBT］

☐ 1．交通事故は、そのほとんどが運転者等のヒューマンエラーにより発生するものである。したがって、事故惹起運転者の社内処分及び再教育に特化した対策を講ずることが、交通事故の再発を未然に防止するには最も有効である。そのためには、発生した事故の要因の調査・分析を行うことなく、事故惹起運転者及び運行管理者に対する特別講習を確実に受講させる等、ヒューマンエラーの再発防止を中心とした対策に努めるべきである。

2．ドライブレコーダーは、事故時の映像だけでなく、運転者のブレーキ操作やハンドル操作などの運転状況を記録し、解析することにより運転のクセ等を読み取ることができるものがあり、運行管理者が行う運転者の安全運転の指導に活用されている。

3．指差呼称は、運転者の錯覚、誤判断、誤操作等を防止するための手段であり、道路の信号や標識などを指で差し、その対象が持つ名称や状態を声に出して確認することをいい、安全確認に重要な運転者の意識レベルを高めるなど交通事故防止対策に有効な手段の一つとして活用されている。

4．適性診断は、運転者の運転能力、運転態度及び性格等を客観的に把握し、運転の適性を判定することにより、運転に適さない者を運転者として選任しないようにするためのものであり、ヒューマンエラーによる交通事故の発生を未然に防止するための有効な手段となっている。

問6　交通事故防止対策に関する次の記述のうち、**適切なものをすべて**選びなさい。なお、解答にあたっては、各選択肢に記載されている事項以外は考慮しないものとする。［R2_CBT］

☐ 1．大型トラックの原動機に備えなければならない「速度抑制装置」とは、当該トラックが時速100キロメートルを超えて走行しないよう燃料の供給を調整し、かつ、自動車の速度の制御を円滑に行うためのものである。したがって、運行管理者はこの速度を考慮して運行の計画を立てる必要があり、運転者に対しては、速度抑制装置の機能等を理解させるとともに、追突事故の防止等安全運転に努めさせる必要がある。

2．指差呼称は、運転者の錯覚、誤判断、誤操作等を防止するための手段であり、信号や標識などを指で差し、その対象が持つ名称や状態を声に出して確認することをいうが、安全確認に重要な運転者の意識レベルは、個人差があるため有効な交通事故防止対策の手段となっていない。

3．交通事故の防止対策を効率的かつ効果的に講じていくためには、事故情報を多角的に分析し、事故実態を把握したうえで、①計画の策定、②対策の実施、③効果の評価、④対策の見直し及び改善、という一連の交通安全対策のPDCAサイクルを繰り返すことが重要である。

4．デジタル式運行記録計は、自動車の運行中、交通事故や急ブレーキ、急ハンドルなどにより当該自動車が一定以上の衝撃を受けると、その前後数十秒の映像などを記録する装置、または、自動車の運行中常時記録する装置であり、事故防止対策の有効な手段の一つとして活用されている。

問７　交通事故防止対策に関する次の記述のうち、適切なものには「適」を、適切でないものには「不適」を記入しなさい。なお、解答にあたっては、各選択肢に記載されている事項以外は考慮しないものとする。［R3.3］

☐ 1．交通事故は、そのほとんどが運転者等のヒューマンエラーにより発生するものである。したがって、事故惹起運転者の社内処分及び再教育に特化した対策を講ずることが、交通事故の再発を未然に防止するには最も有効である。そのためには、発生した事故の要因の調査・分析を行うことなく、事故惹起運転者及び運行管理者に対する特別講習を確実に受講させる等、ヒューマンエラーの再発防止を中心とした対策に努めるべきである。

2．ドライブレコーダーは、事故時の映像だけでなく、運転者のブレーキ操作やハンドル操作などの運転状況を記録し、解析することにより運転のクセ等を読み取ることができるものがあり、運行管理者が行う運転者の安全運転の指導に活用されている。

3．いわゆる「ヒヤリ・ハット」とは、運転者が運転中に他の自動車等と衝突又は接触するおそれなどがあったと認識した状態をいい、１件の重大な事故（死亡・重傷事故等）が発生する背景には多くのヒヤリ・ハットがあるとされており、このヒヤリ・ハットを調査し減少させていくことは、交通事故防止対策に有効な手段となっている。

4．適性診断は、運転者の運転能力、運転態度及び性格等を客観的に把握し、運転の適性を判定することにより、運転に適さない者を運転者として選任しないようにするためのものであり、ヒューマンエラーによる交通事故の発生を未然に防止するための有効な手段となっている。

問8　自動車運送事業者において最近普及の進んできたデジタル式運行記録計を活用した運転者指導の取組等に関する次の記述のうち、**適切なものをすべて**選びなさい。なお、解答にあたっては、各選択肢に記載されている事項以外は考慮しないものとする。

☐　1．運行管理者は、大型トラックに装着された運行記録計により記録される「瞬間速度」、「運行距離」及び「運行時間」等により運行の実態を分析して安全運転等の指導を図る資料として活用しており、この運行記録計の記録を6ヵ月間保存している。

2．衝突被害軽減ブレーキは、いかなる走行条件においても前方の車両等に衝突する危険性が生じた場合に確実にレーダー等で検知したうえで自動的にブレーキが作動し、衝突を確実に回避できるものである。当該ブレーキが備えられている自動車に乗務する運転者に対しては、当該ブレーキ装置の故障を検知し表示による警告があった場合の対応を指導する必要がある。

3．運行管理者は、デジタル式運行記録計の記録図表（24時間記録図表や12分間記録図表）等を用いて、最高速度記録の▼マークなどを確認することにより最高速度超過はないか、また、急発進、急減速の有無についても確認し、その記録データを基に運転者に対し安全運転、経済運転の指導を行う。

4．デジタル式運行記録計は、自動車の運行中、交通事故や急ブレーキ、急ハンドルなどにより当該自動車が一定以上の衝撃を受けると、衝突前と衝突後の前後10数秒間の映像などを記録する装置であり、事故防止対策の有効な手段の一つとして活用されている。

◆解答＆解説

問1［解答　A－4，B－1，C－6，D－2］

A：車線逸脱警報装置。

B：衝突被害軽減ブレーキ。

C：車両安定性制御装置。

D：映像記録型ドライブレコーダー。

問2［解答　2，4］

1．不適：交通事故の再発を未然に防止するためには、運転者の人的要因とともに、事故が発生した要因について**様々な角度から情報を収集し、調査や事故原因の分析を行う**ことが必要である。なお、特別講習とは、死亡又は重傷者を生じた事故を惹起した営業所の運行管理者又は行政処分を受けた営業所の運行管理者が対象である。

3．不適：ABSを効果的に作動させるためには、**できるだけ強くブレーキペダルを踏み続けることが重要**である。「アンチロック・ブレーキシステム（ABS）」。

問3［解答　3，4］

1．不適：交通事故の再発を未然に防止するためには、運転者の人的要因とともに、事故が発生した要因について**様々な角度から情報を収集し、調査や事故原因の分析を行う**ことが必要である。

2．不適：衝突被害軽減ブレーキは、いかなる走行条件においても衝突を**確実に回避できる装置ではない**ため、当該ブレーキが備えられている自動車に乗務する運転者に対しては、当該**ブレーキの機能等を正しく理解させる**必要がある。

4．指差呼称は、危険予知活動の一環として行われており、有効な交通事故防止対策の１つである。

問4［解答　2，3，4］

1．不適：ヒヤリ・ハット事例を収集し、分析して、再発を防ぐ手立てを考え、その情報を共有することは、交通事故防止対策に**有効な手段**となっている。

2．ドライブレコーダーの中には、ヒヤリ・ハットの直前直後の現場映像だけでなく、運転者のブレーキ操作・停止状況・ハンドル操作・右左折操作などの運転状況を記録し解析することで、運転者も気づかない運転のクセ等を読み取ることができるものもあるため、安全運転の指導に活用できる。

3．「指差呼称」。

4．「アンチロック・ブレーキシステム（ABS）」。

問５［解答　２，３］

1．不適：交通事故の再発を未然に防止するためには、運転者の人的要因とともに、事故が発生した要因について様々な角度から情報を収集し、調査や事故原因の分析を行うことが必要である。

3．「指差呼称」。

4．不適：適性診断は、運転者の運転行動や運転態度の長所や短所を診断し、運転のクセ等に応じたアドバイスを提供するためのもので、運転者を選任する際の判断材料ではない。

問６［解答　３］

1．不適：速度抑制装置は、自動車が時速90キロメートルを超えて走行しないよう燃料の供給を調整し、かつ、自動車の速度の制御を円滑に行うものである。保安基準第８条（原動機及び動力伝達装置）第５項。⇒175P

2．不適：指差呼称は、安全確認に重要な運転者の意識レベルを高めるなど、自動車事故防止対策の有効な手段となっている。

3．「交通安全対策のサイクル」。

4．不適：設問の内容はドライブレコーダー。デジタル式運行記録計は、自動車の各種の運行データをデジタル化し、ハードディスクなどの電子記録媒体に記録するものである。

問７［解答　適－２，３　不適－１，４］

1．不適：交通事故の再発を未然に防止するためには、運転者の人的要因とともに、事故が発生した要因について様々な角度から情報を収集し、調査や事故原因の分析を行うことが必要である。

3．適：設問は「ヒヤリ・ハット」についての内容であり、「ハインリッヒの法則によると」と書かれていないため、１件の重大事故に対し「多くのヒヤリ・ハット」となっていても適切となる。

4．不適：適性診断は、運転者の運転行動や運転態度の長所や短所を診断し、運転のクセ等に応じたアドバイスを提供するためのもので、運転者を選任する際の判断材料ではない。

問８［解答　３］

1．不適：運行記録計による記録は１年間保存しなければならない。安全規則第20条（運行管理者の業務）第１項⑩。⇒118P

2．不適：衝突被害軽減ブレーキは、いかなる走行条件においても衝突を確実に回避できる装置ではないため、当該ブレーキが備えられている自動車に乗務する運転者に対しては、当該ブレーキの機能等を正しく理解させる必要がある。

3．「デジタル式運行記録計」。

4．不適：設問の内容はドライブレコーダー。デジタル式運行記録計は、自動車の各種の運行データをデジタル化し、ハードディスクなどの電子記録媒体に記録するもの。

6　視覚と視野

1　視覚と視野に関する要点

■運転席の高さと視界

①トラックやバスなどの大型車とタクシーなどの乗用車とでは、前方の見え方や視界が全く異なる。

②前方の自動車を大型車と乗用車から同じ距離でみた場合には、運転者席が高い位置にある**大型車**の場合は**車間距離に余裕がある**ように感じ、**乗用車**の場合は大型車の場合と反対に**余裕がない感じ**を受けることとなる。

■四輪車から見た二輪車

①一般的に**二輪車**は四輪車に比べて動きが早く、車体も小さいため四輪車の運転者からは見えにくく、また、実際の**速度が遅く**感じたり、**距離が**実際より**遠く**感じるという遠近感と速度感覚がずれやすいという危険性がある。

②四輪車の後方は死角も多く、バックミラー等の限られた視認手段に頼らざるを得ないので、後方から追い抜きをかけようとする二輪車に気付きにくいという傾向がある。このため、追い抜こうとする二輪車に気付かず車線変更や右左折を開始して、二輪車を巻き込む事故が起こる。

■内輪差

①自動車のハンドルを切り旋回した場合、左右及び前後輪はおのおの別の軌跡を通る。

②ハンドルを左に切った場合、左側の後輪が左側の前輪の軌跡に対し**内側**を通ることとなり、この前後輪の軌跡の差を**内輪差**という。

③ホイールベースの長い大型車ほど、この内輪差が大きくなる。したがって、このような大型車を運転する場合には、交差点での左折時には、内輪差による歩行者や自転車等との接触、巻き込み事故に注意する。

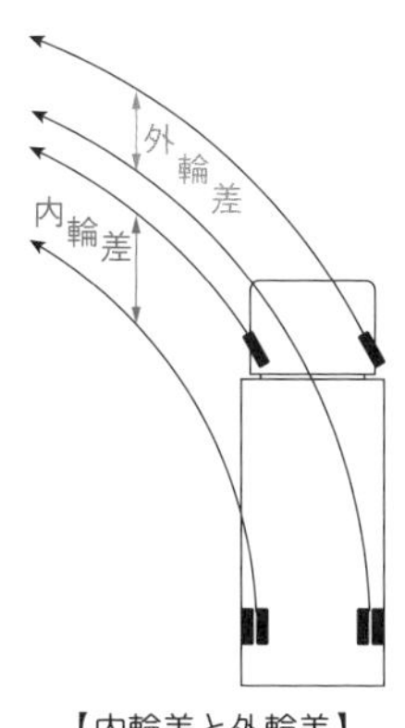

【内輪差と外輪差】

■車長が長い自動車

①車長が長いトラックは、ホイールベースが長いため、内輪差が大きくなる特性がある。そのため、左折時に左側方の二輪車や歩行者等を巻き込んでしまう危険がある。
②狭い道路への左折時には、内輪差が大きいため車体がふくらみ、センターラインをはみ出して左折するケースが多くあり、危険である。
③また、右折時に車体後部のオーバーハング部がはみ出すため、車体後部が後続車に接触することがあり、事故の要因となる。
④したがって、大型車を運転する運転者に対し、右・左折時には内輪差による歩行者や自転車等との接触、巻き込み事故に注意するよう指導する必要がある。

■死　角

①トラックは、車体の大きさ、バン型などの車両特性から死角が大きくなる。
②**左側後方の死角**が特に大きく、左側方から左後方にかけてはミラーに写る範囲以外はほとんど死角となっている。
③バン型トラックの後方はほとんど死角となって見えない状態となることから後退時の事故の要因となることがある。そのため、一旦下車して後方の安全を確認するか、誘導してもらうことが必要となる。
④後方の死角が大きい大型トラックには、**バックアイカメラ**を装着して死角を大きく減少させることができるが、バックアイカメラにも限界があるため、**過信しないよう**に運転者に指導する。

■速度と視野

①運転者の視野は、**速度が増すごとに狭く**なる。
②時速40km前後の低速では、運転者に100度の範囲の視野があり、路側の障害物やその他の潜在的な危険を視認することが可能である。
③しかし、時速130km前後の高速では視野が30度の範囲まで狭くなるため、潜在的な危険を認識する能力が大きく減退する。
④そのため、高速時は近くから飛び出してくる歩行者や自転車などを見落としやすくなることを理解させるよう指導する。

2 演習問題

問1 交通事故防止対策に関する次の記述のうち、**適切なものをすべて**選びなさい。なお、解答にあたっては、各選択肢に記載されている事項以外は考慮しないものとする。［R3_CBT］

☐ 1．ドライブレコーダーは、事故時の映像だけでなく、運転者のブレーキ操作やハンドル操作などの運転状況を記録し、解析することにより運転のクセ等を読み取ることができるものがあり、運行管理者が行う運転者の安全運転の指導に活用されている。

2．前方の自動車を大型車と乗用車から同じ距離で見た場合、それぞれの視界や見え方が異なり、大型車の場合には運転席が高いため、車間距離をつめてもあまり危険に感じない傾向となるので、この点に注意して常に適正な車間距離をとるよう運転者を指導する必要がある。

3．四輪車を運転する場合、二輪車との衝突事故を防止するための注意点として、①二輪車は死角に入りやすいため、その存在に気づきにくく、また、②二輪車は速度が実際より速く感じたり、距離が近くに見えたりする特性がある。したがって、運転者に対してこのような点に注意するよう指導する必要がある。

4．自動車のハンドルを左に切り旋回した場合、左側の後輪が左側の前輪の軌跡に対し外側を通ることとなり、この前後輪の軌跡の差を内輪差という。大型車などホイールベースが長いほど内輪差が小さくなることから、運転者に対し、交差点での左折時には、内輪差による歩行者や自転車等との接触、巻き込み事故に注意するよう指導する必要がある。

問２　自動車の運転に関する次の記述のうち、**適切なものをすべて**選びなさい。なお、解答にあたっては、各選択肢に記載されている事項以外は考慮しないものとする。

［R2_CBT］

☐ １．運転中の車外への脇見だけでなく、車内にあるカーナビ等の画像表示用装置を注視したり、スマートフォン等を使用することによって追突事故等の危険性が増加することについて、日頃から運転者に対して指導する必要がある。

２．自動車がカーブを走行するとき、自動車の重量及びカーブの半径が同一の場合には、速度が２倍になると遠心力の大きさも２倍になることから、カーブを走行する場合の横転などの危険性について運転者に対し指導する必要がある。

３．自動車の夜間の走行時においては、自車のライトと対向車のライトで、お互いの光が反射し合い、その間にいる歩行者や自転車が見えなくなることがあり、これを蒸発現象という。蒸発現象は暗い道路で特に起こりやすいので、夜間の走行の際には十分注意するよう運転者に対し指導する必要がある。

４．四輪車を運転する場合、二輪車との衝突事故を防止するための注意点として、①二輪車は死角に入りやすいため、その存在に気づきにくく、また、②二輪車は速度が実際より遅く感じたり、距離が実際より遠くに見えたりする特性がある。したがって、運転者に対してこのような点に注意するよう指導する必要がある。

問３　自動車の運転に関する次の記述のうち、適切なものには「適」を、適切でないものには「不適」を記入しなさい。なお、解答にあたっては、各選択肢に記載されている事項以外は考慮しないものとする。［R2.8］

☐ １．四輪車を運転する場合、二輪車との衝突事故を防止するための注意点として、①二輪車は死角に入りやすいため、その存在に気づきにくく、また、②二輪車は速度が実際より速く感じたり、距離が近くに見えたりする特性がある。したがって、運転者に対してこのような点に注意するよう指導する必要がある。

２．アンチロック・ブレーキシステム（ABS）は、急ブレーキをかけた時などにタイヤがロック（回転が止まること）するのを防ぐことにより、車両の進行方向の安定性を保ち、また、ハンドル操作で障害物を回避できる可能性を高める装置である。ABSを効果的に作動させるためには、できるだけ強くブレーキペダルを踏み続けることが重要であり、この点を運転者に指導する必要がある。

3．バン型トラックの後方は、ほとんど死角となって見えない状態となることから、後退時の事故の要因となることがある。その対策として、バックアイカメラを装着して、死角を大きく減少させることができるが、その使用にあたっては、バックアイカメラにも限界があり、過信しないよう運転者に指導する必要がある。

4．車両の重量が重い自動車は、スピードを出すことにより、カーブでの遠心力が大きくなるため横転などの危険性が高くなり、また、制動距離が長くなるため追突の危険性も高くなる。このため、法定速度を遵守し、十分な車間距離を保つことを運転者に指導する必要がある。

◆解答＆解説

問1 ［解答　1，2］

2．大型車の方が運転席が高い位置にあり、遠くまで見通せることにより視界が広く感じるため、大型車の場合は車間距離に余裕があるように感じ、乗用車の場合は車間距離にあまり余裕がないように感じる。

3．不適：四輪車を運転する場合、二輪車は速度が実際より遅く感じたり、距離が遠くに見えたりするため注意をするよう指導する必要がある。「四輪車から見た二輪車」。

4．不適：ハンドルを左に切り旋回した場合、左側の後輪が左側の前輪の軌跡に対し内側を通ることとなり、この前後輪の軌跡の差を内輪差という。大型車などホイールベースが長いほど内輪差が大きくなる。

問2 ［解答　1，3，4］

2．不適：自動車の重量及びカーブの半径が同一の場合には、速度が2倍になると遠心力は4倍となる。「自動車に働く力」。⇒458P

問3 ［解答　適－2，3，4　不適－1］

1．不適：四輪車を運転する場合、二輪車は速度が実際より遅く感じたり、距離が遠くに見えたりするため注意をするよう指導する必要がある。「四輪車から見た二輪車」。

2．適：「アンチロック・ブレーキシステム（ABS）」。⇒442P

3．適：「死角」。

4．適：「自動車に働く力」。⇒458P

7 走行時に働く力と諸現象

1 走行時に働く力と諸現象に関する要点

■自動車に働く力

慣性力	物体の慣性※1によって生じる力。慣性力は、物体の運動エネルギーの大きさに応じて大きくなる。
遠心力	円運動をする物体に働く円の外側に向かう力のことで、自動車では、主にカーブするときに発生する。遠心力の大きさは、物体の重量や速度、カーブの大きさによって次のように決まる。 ▪物体が**重いほど大きくなる**（➡ 重量に比例して大きくなる）。 ▪速度が速いほど加速度的に大きくなる（➡ **速度の二乗に比例する**）。 ▪同一速度で走行する場合、**カーブの半径が小さくなるほど大きくなる** （➡ カーブ半径が1/2になると遠心力は２倍になる※2）。
衝撃力	衝突によって生じる力で、慣性力の一種。衝撃力は、物体の重量や速度、力が作用する時間によって次のように決まる。 ▪物体が重いほど大きくなる（➡ **重量に比例して大きくなる**）。 ▪速度が速いほど加速度的に大きくなる（➡ **速度の二乗に比例する**）。 ▪衝撃が作用する時間が短いほど大きくなる。

※１：止まっているものは止まっていようとし、動いているものは動き続けようとする性質。
※２：重量と速度が同じ場合。

■追い越しに必要な距離

①自動車で走行中に前の自動車を追い越そうとするときは、前の自動車の走行速度に応じた追い越し距離、追い越し時間が必要となる。
②前の自動車と追越しをする自動車の**速度差が小さい**場合には、追越しに**長い時間と距離**が必要になる。

■シートベルトの必要性

①走行している自動車が衝突した場合、自動車は停止しても、自動車の乗員は慣性の法則によって前へ進もうとするため前のめりになる。
②このとき、加えられた力を、乗車中の人間が両手で支えられることのできる重量は50kg程度、両足でも100kg程度、両手両足を使っても**体重の約２～３倍**程度が限界と言われている。これは、自動車が**時速７km程度**で衝突した時の力に相当する。

③したがって、時速**7km**を超える速度で衝突した場合、両手両足では支えきれずにフロントガラスなどに衝突してしまうため、シートベルトを着用してこの力を支えなければならない。

■停止距離

①**空走距離**とは、運転者が危険認知からその状況を判断し、ブレーキを操作するという動作に至る間に自動車が走り続けた距離をいう。

②**制動距離**とは、ブレーキが実際に効き始めてから止まるまでに走行した距離をいう。車両の重量が重い自動車は制動距離が長くなる。

③**停止距離**は、危険認知から自動車が止まりきるまでの総走行距離で、空走距離と制動距離の和となる。

④自動車を運転するとき、特に他の自動車に追従して走行するときは、自車の速度と停止距離（危険認知から自動車が止まりきるまでの総走行距離）に留意し、危険が発生した場合でも安全に停止できるような速度又は車間距離を保って運転するよう運転者に対し指導する必要がある。

■蒸発現象

①自動車の夜間の走行時においては、自車のライトと対向車のライトで、お互いの光が反射し合い、その間にいる**歩行者や自転車が見えなくなる**ことがあり、これを蒸発現象という。

②蒸発現象は暗い道路で特に起こりやすいので、夜間の走行の際には十分注意するよう運転者に対し指導する必要がある。

■ハイドロプレーニング現象

①この現象は、路面が水でおおわれているときに高速で走行したとき、タイヤが水上スキーのように**水の膜の上を滑走**することをいう。

②ハイドロプレーニング現象を防ぐには、スピードを抑えるとともに、タイヤの空気圧を高めにしておく。

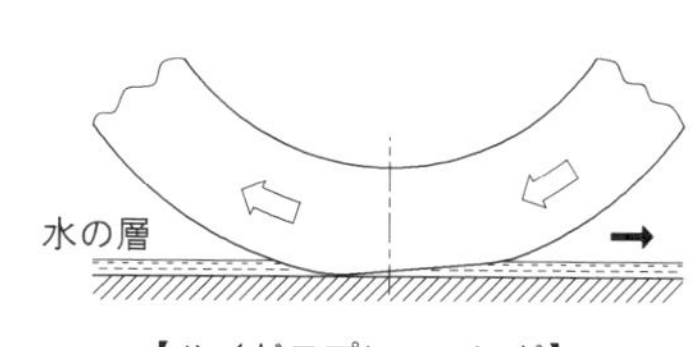

【ハイドロプレーニング】

③hydroは「水の～」の意の連結形、planingは「板張り」の意味。

フェード現象

①この現象は、フット・ブレーキの使いすぎで、ブレーキ・ドラムやブレーキ・ライニングが摩擦のため過熱することにより、ドラムとライニングの間の**摩擦力が減り**、ブレーキの効きが悪くなることをいう。
②フェード現象を防ぐには、急な下り坂や長い下り坂などでは、エンジン・ブレーキを使うようにする。
③fadeは「衰える」の意味。

ベーパー・ロック現象

①この現象は、フット・ブレーキの使いすぎによりドラムとライニングが過熱し、その熱のためブレーキ液の中に**気泡**が生じ、ブレーキの効きが悪くなる現象をいう。管内やホース内の圧力が正しく伝わらないことで生じる。
②ベーパー・ロック現象を防ぐには、長い下り坂などでは、エンジン・ブレーキを使うようにする。
③vaporは「蒸気」、lockは「動けなくする」の意味。

スタンディングウェーブ現象

①この現象は、タイヤの空気圧不足で高速走行したとき、タイヤ接地部の後方に**波打ち現象**が生じ、セパレーション（剥離）やコード切れが発生することをいう。
②スタンディングウェーブ現象を防ぐには、高速走行するときには、予め空気圧を標準よりやや高めにしておく。

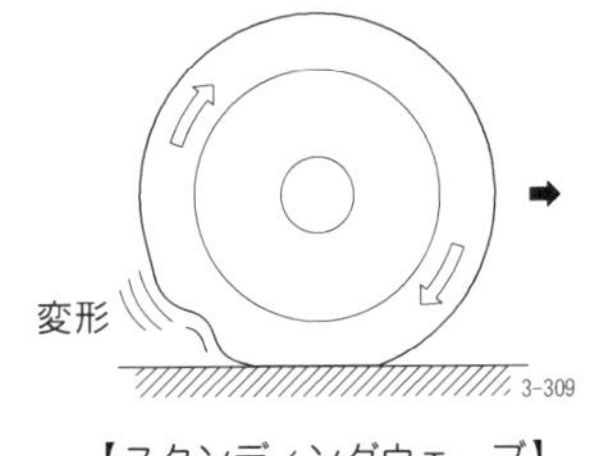

【スタンディングウェーブ】

③standingは「（機械が）止まった～」、waveは「波」の意味。

ジャックナイフ現象

①この現象は、トラクタとトレーラを連結した**連結車両**が、滑りやすい路面で急ハンドルや急ブレーキなどの急な運転操作を行ったときに、車輪がロックしてタイヤが滑り、トラクタとトレーラが連結部のところで折れ曲がり、**くの字**になることをいう。
②ジャックナイフ現象が起きると、車両のコントロールが失われ、転覆などの重大な事故につながるおそれがあるため、連結車両の運転者に対し、急ハンドルや急ブレーキなどの「**急**」のつく車両操作に注意するよう指導する。
③jackknifeは「折り畳み式のナイフ」、「折れ曲がる」の意味。

■ウェット・スキッド現象

①この現象は、**雨の降りはじめ**に、タイヤと路面の間に滑りが生じて自動車の方向が急激に変わったり、流されたり、または**スリップ**したりすることをいう。

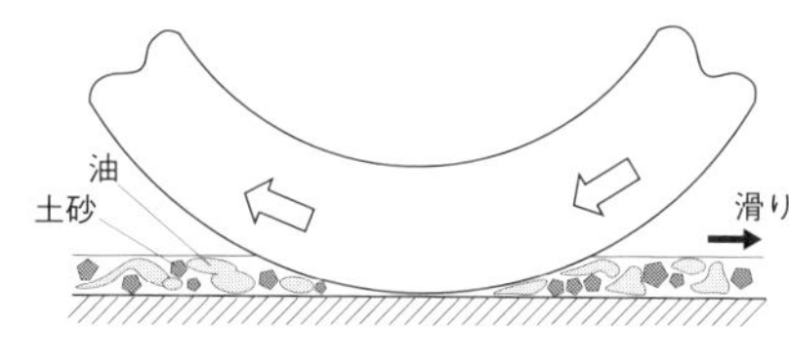

【ウェット・スキッド】

②ウェット・スキッド現象を防ぐには、雨の降りはじめには、不用意な急ハンドルや急ブレーキを避けるようにする。また、両手でハンドルを押さえてエンジン・ブレーキで静かに速度の落ちるのを待ち、タイヤの回転摩擦を回復する。

③wetは「濡れた～」、skidは「（自動車などの）滑り」の意味で、日本語のスリップにあたる。

■クリープ現象

①エンジンがアイドリング状態のときに、**アクセルペダルを踏んでいなくても車両が動く現象**で、クリーピングともいう。

②ブレーキを離すだけでなく、緩めるだけでも車が動き出すため、意図せず車が動き出さないようブレーキを踏み続ける必要がある。

③エンジンを始動した直後やエアコンを入れた時など、エンジンの回転数が高くなる時は、クリープ現象が通常時より強く出ることがあるため注意が必要である。

④creepは「ゆっくりした動きで徐々に進む」の意味。

2　演習問題

問１　自動車の運転の際に車に働く自然の力等に関する次の記述のうち、**適切なものをすべて**選びなさい。なお、解答にあたっては、各選択肢に記載されている事項以外は考慮しないものとする。

☐　１．遠心力は速度の二乗に比例するため、速度が速くなるほど加速度的に大きくなる。

２．自動車が衝突するときの衝撃力は、車両総重量が２倍になると４倍になる。

３．フット・ブレーキの使いすぎで、ブレーキ・ドラムやブレーキ・ライニングが摩擦のため過熱することにより、ドラムとライニングの間の摩擦力が減り、ブレーキの効きが悪くなることをフェード現象という。

４．車線逸脱警報装置は、走行車線を認識し、車線から逸脱した場合あるいは逸脱しそうになった場合には、運転者が車線中央に戻す操作をするよう警報が作動する。

問２　自動車の運転等に関する次の記述のうち、**適切なものを２つ**選びなさい。なお、解答にあたっては、各選択肢に記載されている事項以外は考慮しないものとする。

［R4_CBT］

☐　１．自動車の夜間の走行時において、自車のライトと対向車のライトで、お互いの光が重なり合い、その間にいる歩行者や自転車が見えなくなることをクリープ現象という。

２．自動車の乗員が自分の両手両足で支えられる力は、自分の体重のせいぜい２～３倍が限度といわれている。これは、自動車が時速７キロメートル程度で衝突したときの力に相当することになる。このため、危険から自身を守るためにシートベルトを着用することが必要である。

３．自動車がカーブを走行するとき、自動車の重量及びカーブの半径が同一の場合に、速度を２分の１に落として走行すると遠心力の大きさは２分の１になる。

４．自動車が衝突するときの衝撃力は、速度が２倍になると４倍になる。

問３　自動車の運転に関する次の記述のＡ、Ｂ、Ｃ、Ｄに入るべき字句として**いずれか正しいものを１つ**選びなさい。［R3_CBT］

１．自動車の夜間の走行時において、自車のライトと対向車のライトで、お互いの光が反射し合い、その間にいる歩行者や自転車が見えなくなることを（A）という。

２．自動車がカーブを走行するとき、自動車の重量及びカーブの半径が同一の場合に、速度を２分の１に落として走行すると遠心力の大きさは（B）になる。

３．長い下り坂などでフット・ブレーキを使い過ぎるとブレーキ・ドラムやブレーキ・ライニングなどが摩擦のため過熱することによりドラムとライニングの間の摩擦力が減り、制動力が低下することを（C）という。

４．自動車が衝突するときの衝撃力は、車両総重量が２倍になると（D）になる。

☐
A	① 蒸発現象	② クリープ現象
B	① ４分の１	② ２分の１
C	① ベーパー・ロック現象	② フェード現象
D	① ２倍	② ４倍

問４　自動車の走行時に生じる諸現象とその主な対策に関する次の文中、Ａ、Ｂ、Ｃに入るべき字句として**いずれか正しいものを１つ**選びなさい。

１．乗車中の人間が両手両足で支えることのできる重量は、体重の約２～３倍程度といわれている。これは自動車が時速（A）km程度で衝突したときの力に相当する。

２．トラクタとトレーラを連結した連結車両が、滑りやすい路面で急ハンドルや急ブレーキなどの急な運転操作を行ったときに、車輪がロックしてタイヤが滑り、トラクタとトレーラが連結部のところで折れ曲がり、「くの字」になることを（B）という。

３．（C）は、走行車線を認識し、車線から逸脱した場合あるいは逸脱しそうになった場合には、運転者が車線中央に戻す操作をするよう警報が作動する装置

☐
A	① 7	② 10
B	① トレーラスイング現象	② ジャックナイフ現象
C	① ふらつき注意喚起装置	② 車線逸脱警報装置

問５　自動車の運転の際に車に働く自然の力等に関する次の文中、Ａ、Ｂ、Ｃに入るべき字句としていずれか正しいものを１つ選びなさい。［R3.3］

1．同一速度で走行する場合、カーブの半径が（Ａ）ほど遠心力は大きくなる。
2．まがり角やカーブでハンドルを切った場合、自動車の速度が２倍になると遠心力は（Ｂ）になる。
3．自動車が衝突するときの衝撃力は、車両総重量が２倍になると（Ｃ）になる。

□ Ａ　①小さい　②大きい
Ｂ　①２倍　②４倍
Ｃ　①２倍　②４倍

◆解答＆解説

問１［解答　1，3，4］

2．不適：車両総重量が２倍になると、衝撃力も２倍になる。

問２［解答　2，4］

1．不適：設問の内容は蒸発現象。蒸発現象は、暗い道路で特に起こりやすいので、夜間の走行の際には十分注意するよう運転者に対し指導する必要がある。なお、クリープ現象は、エンジンがアイドリング状態のときに、アクセルペダルを踏んでいなくても車両が動く現象のことである。
3．不適：遠心力は、自動車の重量及びカーブの半径が同一の場合、速度の２乗に比例するため、速度を２分の１に落とすと遠心力の大きさは４分の１になる。
4．衝撃力は、速度が速いほど加速度的に大きくなり、速度の２乗に比例する。

問３［解答　Ａ－①，Ｂ－①，Ｃ－②，Ｄ－①］

問４［解答　Ａ－①，Ｂ－②，Ｃ－②］

問５［解答　Ａ－①，Ｂ－②，Ｃ－①］

8 自動車に関する計算問題

1 計算問題の要点

■約　分

①試験会場では電卓が使えないため、紙の上で計算をしなくてはならない。この際に役に立つのが、「約分」である。

$$\frac{123\times13}{65}$$

この場合、123×13＝1599　⇒　1599÷65　でも計算できるが、計算が難しくなる。同時に、間違いやすくもなる。

②そこで、次のように約分する。65＝13×５であることから、

$$\frac{123\times13}{65}=\frac{123\times13}{13\times5}=\frac{123}{5}$$

１回だけの簡単なわり算で計算が完了する。

■時速⇒秒速への変換

①試験では、「時速○○km/h」と「走行距離◇◇m」という設定がよく出てくる。この場合、単位が異なるため、どちらかに合わせなければならない。一般に、「メートル」の方に合わせるので、「km/h」を「m/s」に変換しなければならない。例えば、100km/hは次のようになる。１時間 ⇒ 60分×60秒＝3600秒とする。

$$100\text{km/h}=\frac{100\times1000\text{m}}{1\text{時間}}=\frac{100\times1000\text{m}}{3600\text{秒}}=\frac{1000}{36}\text{ m/s}$$

■分⇔時間への変換

①同じように、「分」を「時間」に変換しなければならないケースがよくでてくる。

60分 ⇒１時間であることから、例えば10分 ⇒ $\frac{10}{60}$時間＝$\frac{1}{6}$時間となる。

また、20分 ⇒ $\frac{20}{60}$時間＝$\frac{1}{3}$時間となる。

②逆に、「時間」を「分」に変換しなければならないケースもある。

0.1時間＝0.1×60分＝６分。また、$\frac{1}{3}$時間＝$\frac{1}{3}$×60分＝$\frac{60}{3}$分＝20分。

2　演習問題

問１　高速自動車国道において、Ａ自動車（車両総重量８トンの事業用トラック）が前方のＢ自動車とともにほぼ同じ速度で50メートルの車間距離を保ちながらＢ自動車に追従して走行していたところ、突然、前方のＢ自動車が急ブレーキをかけたのを認め、Ａ自動車も直ちに急ブレーキをかけ、Ａ自動車、Ｂ自動車とも停止した。Ａ自動車、Ｂ自動車とも安全を確認した後、走行を開始した。この運行に関する次のア～ウについて解答しなさい。

なお、下図は、Ａ自動車に備えられたデジタル式運行記録計で上記運行に関して記録された６分間記録図表の一部を示す。［R2.8］

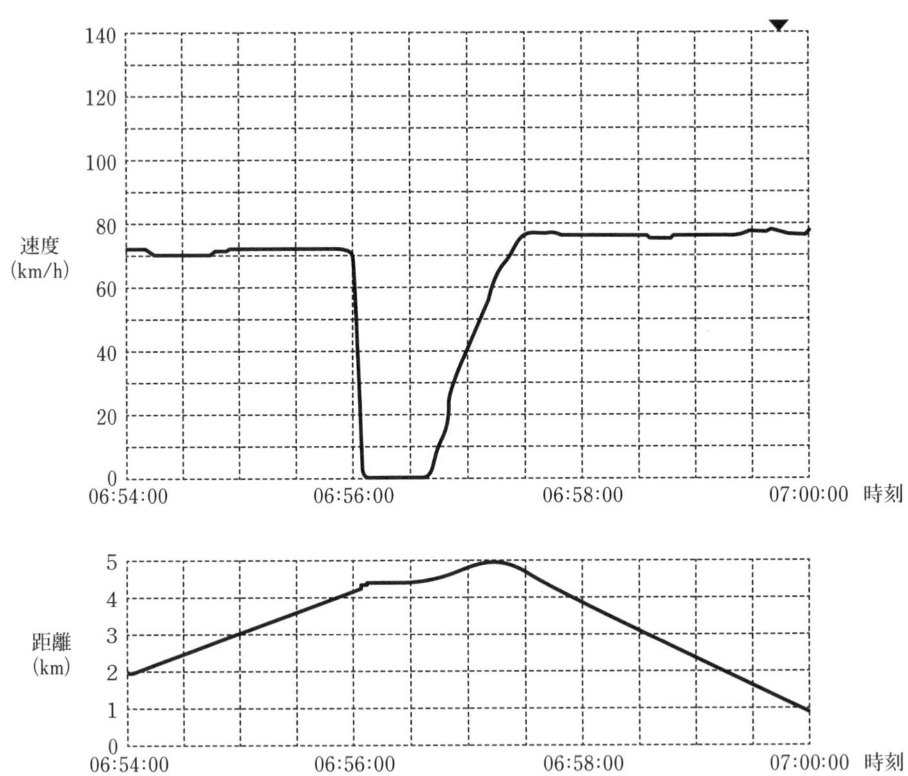

☐ ア．左の記録図表からA自動車の急ブレーキを操作する直前の速度を読み取ったうえで、当該速度における空走距離（危険認知から、その状況を判断してブレーキを操作するという動作に至る間（空走時間）に自動車が走行した距離）を求めるとおよそ何メートルか。次の①～②の中から**正しいものを１つ**選びなさい。なお、この場合の空走時間は１秒間とする。

① 15メートル
② 20メートル

イ．A自動車の急ブレーキを操作する直前の速度における制動距離（ブレーキが実際に効き始めてから止まるまでに走行した距離）を40メートルとした場合、A自動車が危険を認知してから停止するまでに走行した距離は、およそ何メートルか。次の①～②の中から**正しいものを１つ**選びなさい。なお、この場合の空走時間は１秒間とする。

① 55メートル
② 60メートル

ウ．B自動車が急ブレーキをかけA自動車、B自動車とも停止した際の、A自動車とB自動車の車間距離は、およそ何メートルか。次の①～②の中から**正しいものを１つ**選びなさい。なお、この場合において、A自動車の制動距離及び空走時間は上記イに示すとおりであり、また、B自動車の制動距離は、35メートルとする。

① 25メートル
② 30メートル

問２　乾燥した高速自動車国道において、Ａ車（バス：時速90キロメートル）が100メートルの車間距離を保ち、前方のＢ車（小型トラック：時速90キロメートル）に追従して走行していたところ、前方のＢ車が突然、急ブレーキをかけたのを認めて、Ａ車も直ちに急ブレーキをかけ、Ａ車、Ｂ車ともに停止した。Ａ車、Ｂ車とも安全を確認した後、走行を開始した。この運行に関して、次の１～３にそれぞれ解答しなさい。

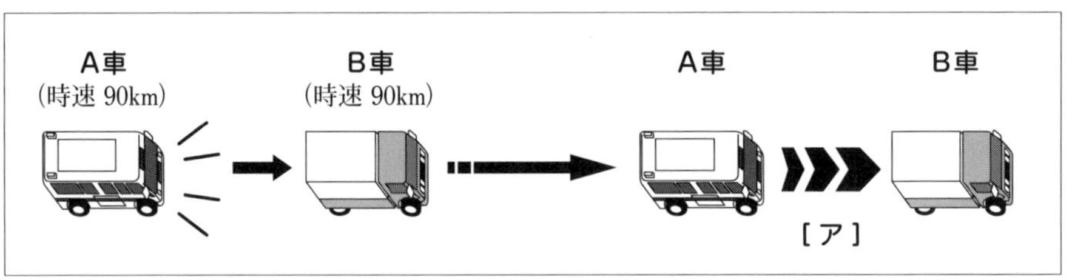

（注）各車両は、一定速度で走行しているものとする。

1．Ａ車の急ブレーキを操作する直前の速度における空走距離（危険認知から、その状況を判断してブレーキを操作するという動作に至る間（空走時間）に自動車が走行した距離）として、次の①～②の中から**正しいものを１つ**選びなさい。なお、この場合の空走時間は１秒間とする。

①25メートル　　②28メートル

2．Ａ車の急ブレーキを操作する直前の速度における制動距離（ブレーキが実際に効き始めてから止まるまでに走行した距離）を46メートルとしたとき、Ａ車の危険を認知してから停止するまでの走行距離として、次の①～②の中から**正しいものを１つ**選びなさい。なお、この場合の空走時間は１秒間とする。

①71メートル　　②74メートル

3．Ｂ車が急ブレーキをかけ、Ａ車、Ｂ車ともに停止したときのＡ車とＢ車の車間距離［ア］として、次の①～②の中から**正しいものを１つ**選びなさい。なお、この場合において、Ａ車の制動距離及び空走時間は上記２．に示すとおりであり、また、Ｂ車の制動距離は46メートルとする。

①72メートル　　②75メートル

◆解答＆解説

問1［解答　ア－②，イ－②，ウ－①］

ア．６分間記録図表から、「6:56:00」直後に速度のグラフが０になっているため、この時に急ブレーキをかけたことが分かる。直前の速度を読み取ると、70km/h付近である。空走時間が１秒であることから、70km/hで走行中の自動車が１秒間に走行する距離を求める。時速を秒速に変換する。１kmは1000m、１時間は3600秒（s）である。

$$70\text{km/h} = \frac{70 \times 1000\text{m}}{3600\text{s}} = \frac{700\text{m}}{36\text{s}} = 19.4\cdots\text{m/s} \quad \Rightarrow 19.4\text{m}$$

したがって、Ａ自動車の空走距離はおよそ20mとなる。

イ．危険を認知してから停止するまでに走行した距離は、停止距離といい、空走距離と制動距離の和から求める。

停止距離＝空走距離＋制動距離

アで求めた空走距離は20mであるため、Ａ自動車が危険を認知してから停止するまでに走行した距離は、20m＋40m＝60mとなる。

ウ．Ａ自動車とＢ自動車のそれぞれの停止距離を確認する。Ａ自動車の停止距離はイより、60m。Ｂ自動車は危険を認識後、ブレーキ・ペダルを踏み込む。この時点からＢ自動車は制動距離35mを走行して停止する。

Ａ自動車とＢ自動車の車間距離は50mであるため、Ｂ自動車はＡ自動車の50m先から35m移動して停止する。一方、Ａ自動車は60m移動して停止する。したがって、停止時のＡ自動車とＢ自動車の車間距離は（50m＋35m）－60m＝25mとなる。

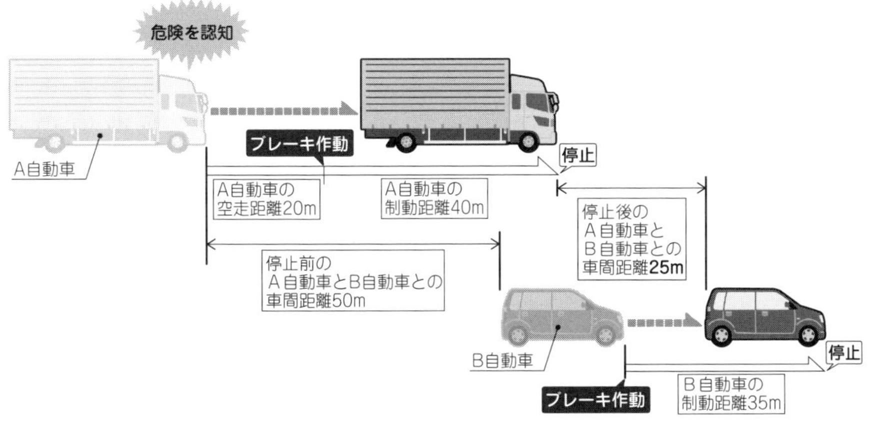

問２［解答　１－①，２－①，３－②］

１．問題の文章から、Ａ車が急ブレーキをかけたのは時速90kmであり、空走時間は１秒であることから、90km/hで走行中の自動車が１秒間に走行する距離を求める。時速を秒速に変換する。１kmは1000m、１時間は3600秒（s）である。

$$90\text{km/h} = \frac{90 \times 1000\text{m}}{3600\text{s}} = \frac{900\text{m}}{36\text{s}} = 25\text{m/s} \quad \Rightarrow 25\text{m}$$

したがって、Ａ自動車の空走距離は25mとなる。

２．危険を認知してから停止するまでに走行した距離を停止距離といい、空走距離と制動距離の和から求める。

停止距離＝空走距離＋制動距離

１．で求めた空走距離は25mであるため、Ａ車が危険を認知してから停止するまでに走行した距離は、25m＋46m＝71mとなる。

３．Ａ車とＢ車のそれぞれの停止距離を確認する。Ａ車の停止距離は２．より、71m。Ｂ車は危険を認識後、ブレーキ・ペダルを踏み込む。この時点からＢ車は制動距離46mを走行して停止する。

Ａ車とＢ車の車間距離は100mであるため、Ｂ車はＡ車の100m先から46m移動して停止する。一方、Ａ車は71m移動して停止する。したがって、停止時のＡ車とＢ車の車間距離は（100m＋46m）－71m＝75mとなる。

覚えておこう －実務上の知識及び能力編－

◇運転者の健康管理

脳血管疾患

- 早期発見、早期治療で症状が**重い疾患の発症を防ぐことができる**
  ⇒脳血管疾患の初期症状を理解させ、症状があった際はすぐに申告させる
- 定期健康診断では**容易に発見することができない**
  ⇒異常の所見があると診断された者に精密検査等を受けるよう指導する

睡眠時無呼吸症候群（SAS）

- 狭心症、心筋梗塞等の**合併症を引き起こすおそれがある**
- **本人に自覚がない**ことが多い
  ⇒スクリーニング検査等を行い、早期治療を受けさせる

健康診断

・深夜を中心とした業務に常時従事する運転者
　⇒**6ヵ月に1回**受診させる

◇交通事故等緊急時の措置

交通事故を起こした場合の措置

①事故の続発防止のため、安全な場所に自動車を止め、**エンジンを切る**
②負傷者等がいる場合、救急車の出動要請、救急車の到着まで**応急処置を行う**
③**発煙筒や停止表示器材等**で他車に事故の発生を知らせる
④警察署に事故発生の**報告をし、指示を受ける**
⑤報告した警察官から事故現場を離れないよう指示があった場合は、事故現場を**離れてはならない**

踏切内で自動車が故障し動かなくなったときの措置

①**直ちに**列車の運転士などに**知らせ**、自動車を踏切の**外に移動することに努める**
［運転士に知らせる方法］
　◎警報機がある踏切…**踏切支障報知装置**（踏切非常ボタン）を使用
　◎踏切支障報知装置がない踏切…**非常信号用具等を使用**

高速道路における事故又は故障時の措置

①急ブレーキをかけずに緩やかに減速し、**路肩や非常駐車帯に停車**
②停車後は、**発炎筒や停止表示器材**で後続車に事故車や故障車の存在を知らせる
③非常電話を使用し、**事故・故障状況を通報**する
④運転者と同乗者は通行車両に注意しながら車を降り、**ガードレールの外側など安全な場所に避難**する

自動車の運転中に大地震が発生した場合の措置

①できるだけ安全な方法により道路の**左側に自動車を停止**させる
②自動車の停止後、カーラジオ等により地震情報や交通情報を聞き、その**情報や周囲の状況に応じて行動**する
③自動車を置いて避難するときは、できるだけ**道路外の場所に移動**する
④やむを得ず道路上に自動車を置いて避難するときは、
◎道路の**左側に寄せて駐車**
◎エンジンを**止め**、**エンジンキーは付けたまま**にする
◎窓を**閉め**、ドアは**ロックしない**
◎貴重品は**車内に残さない**

◇交通事故防止

ドライブレコーダー	交通事故などにより自動車が一定以上の衝撃を受けると、**衝突前と後の前後10秒ほどの映像を自動的に保存**する装置。
車線逸脱警報装置	走行車線を認識し、車線から逸脱した場合や逸脱しそうになった場合には、運転者が車線中央に戻す操作をするよう警報が作動する。
衝突被害 軽減ブレーキ	常にレーダーが前方の状況を監視し、前方の障害物等に衝突しそうになると音声などで警告が発せられ、衝突が避けられなくなった時点で**自動的にブレーキを掛けて被害の軽減**を図るシステム。ただし、衝突を確実に回避できる装置ではない。
ABS （アンチロック・ブレーキシステム）	急ブレーキをかけた時などにタイヤがロックするのを防ぐことで、車両の進行方向の安定性を保ち、ハンドル操作で障害物を回避できる可能性を高める装置。
デジタル式運行記録計	瞬間速度、運行距離、運行時間に加え、急発進、急ブレーキなどの広範な**運行データをデジタル化してハードディスクなどに記録**できる。各種運行データのデジタル化により、解析作業が素早く、正確に処理されるため、事故防止、運行管理、燃費管理、労務管理等への幅広いデータ活用が可能。
適性診断	運転者の安全意識を向上させ、ヒューマンエラーによる**事故の発生を未然に防止するための手段**。
指差呼称	運転者の**意識レベルを高め**、運転者の錯覚や誤判断、誤操作等を**防止するための手段**。
ヒヤリ・ハットとハインリッヒの法則	運転者が運転中に他の**自動車等と衝突**、または**接触するおそれがあったと認識すること**をいう（⇒ヒヤリ・ハット）。1件の重大災害が起こる背景には**29件**の軽傷事故と**300件**のヒヤリ・ハットがある（⇒ハインリッヒの法則）。

◇ 視野等

運転席の高さ、視野※	大型車の場合は**車間距離に余裕があるように感じる。** 乗用車の場合は大型車の場合と**反対に余裕がないように感じる。**
四輪から見た二輪車	二輪車は、実際の速度より**遅く感じたり**、距離が実際より**遠く感じたりする。**
死角	トラックは、**左側後方の死角**が特に大きく、左側方から左後方にかけてはミラーに写る範囲以外はほとんど死角となっている。
内輪差	ハンドルを左に切ると、左側の後輪が前輪の軌跡に対し内側を通る。ホイールベースの長い**大型車ほど内輪差が大きい**ため、左折時には歩行者や自転車等との事故に注意する。

※前方の自動車を大型車と乗用車から同じ距離でみた場合。

◇ 走行時に働く力

カーブ走行時の遠心力	重量及び速度が同じ場合 ▪カーブの**半径が２分の１** ⇒ 遠心力は**２倍** ▪カーブの半径が**２倍** ⇒ 遠心力は**２分の１倍**
遠心力、衝撃力	速度の**二乗に比例**する。
追越し	前車と速度差が**小さいほど**、追越しに**長い時間と距離が必要**になる。

◇ 自動車に生じる諸現象

蒸発現象	夜間に走行中、自車と対向車のライトで、道路中央付近の歩行者が**見えにくくなる現象。**
フェード現象	ブレーキ系統の過熱により**摩擦力が減り**、ブレーキの効きが悪くなること。
ベーパー・ロック現象	ブレーキ系統の過熱により**ブレーキ液に気泡が生じ**、ブレーキの効きが悪くなること。
ジャックナイフ現象	連結車両が、滑りやすい路面で急ハンドルなどを行ったときに、車輪がロックしてタイヤが滑り、**「くの字」**になること。

◇ 計算問題のポイント

速度	$\frac{距離}{時間}$	**時間**	$\frac{距離}{速度}$	**距離**	速度 × 時間
時間⇒分	時間 ×60 分	**分⇒時間**	$\frac{分}{60分}$	**時速Ⓐkm/h ⇒秒速 m/s**	$\frac{Ⓐ\times1000m}{3600s}$
停止距離	空走距離＋制動距離			**燃料消費率**	$\frac{走行距離}{燃料消費量}$

まとめ⑤

運行管理者試験　問題と解説
貨物編　令和６年８月
CBT試験受験版

定価2,640円／送料300円（共に税込）

■発行日　令和６年５月　　初版

※電話でのお問合せは受け付けておりません。
※落丁・乱丁・書籍の内容に誤り等がございましたら、P.10「本書籍に関するお問い合わせ」に記載の問合せフォームよりご連絡ください。

■発行所　株式会社　公論出版
〒110－0005
東京都台東区上野３－１－８
TEL：03-3837-5731（編集）
HP：https://www.kouronpub.com/